AF407164

【当代华语世界思想者文库】

从五四到六四

——20 世纪中国专制主义批判

From May 4th Movement to
June 4th Tiananmen Square Incident 1

（第一卷）

张博树文集

从五四到六四多卷本系列

张博树　著

By Zhang Boshu

博登书屋
Bouden House
New York

【当代华语世界思想者文库】

学术顾问：黎安友、郭汤姆

主　　编：荣　伟

副 主 编：罗慰年

Academic Adviser: Andrew J. Nathan, Tom Kellogg
Chief Editor:　　　David Rong
Deputy Editor:　　 William Luo

Published by Bouden House, New York
ISBN:　979-8-90257-010-3 (Paperback)
　　　　979-8-90257-011-0 (eBook)

From May 4th Movement to June 4th Tiananmen Square Incident 1
By Zhang Boshu

张博树文集·从五四到六四多卷本系列

从五四到六四——20 世纪中国专制主义批判（第一卷）
作　者：张博树

出　版：博登书屋·纽约（Bouden House·New York）
邮　箱：boudenhouse@gmail.com
发　行：谷歌图书（电子版）、亚马逊（纸质版）
版　次：2026 年 1 月 第 1 版 第 1 次印刷
字　数：335 千字
定　价：$38.00 美元

作者介绍

　　张博树，北京人，1955 年出生。中国社会科学院哲学博士。早年致力于建构"总体人学"。六四天安门事件后重构学术目标——创建"中国批判理论"，全面解析 20 世纪中国政治演变成败得失，在史观层面破旧立新；同时，为当下中国政治转型和未来民主中国建设提供可操作的宪政蓝本。人生信条：为学以诚，为人以正。所留文字足为时人悟后人磨，否则不写。

全书总目录

本卷目录

序　言

2025 年第一卷、第二卷、第三卷第 1 册序

记得 15 年前（2010 年）本书第 1 卷在香港重印时，笔者曾言：人生短促，我今年 55 岁，只要身体条件尚可，我相信 70 岁之前，当能向读者奉上完整的《从五四到六四》全套著作。而今笔者即将满 70 岁矣！却未能如约把 6 卷书全部写完，这是我首先要向读者致歉的。

未能按时完成的原因，一是插入中国宪政改革的研究与写作，以及到美国后在哥伦比亚大学任教、又创办《中国战略分析》杂志，一晃 10 多年过去了。重新回到本书写作，已经是 2019 年。二是这部书越写越大。原本计划本书 6 卷每卷 1 册，200 万字以内应能结束。第 1 卷（理论架构）30 万字，大体符合原来规划；第 2 卷（"历史的准备"）却用了 60 万字，不得不分为两册；第 3 卷（进入正题）的头一章就写了 30 万字，不得不单僻一册，而整个第 3 卷则需要 5 册的篇幅。照此比例，后边的第 4、5、6 卷，各需 3 册，这样全书就是 6 卷 17 册、500 万字矣！何其巨著也！

不过，考虑到历史需要，花半个世纪心血写这样一部巨著是值得的。

笔者去国 12 年（2011 年至 2023 年），回来后发现，党国体制的陈珂依然沉重。诚然，这个国家在经济上已经取得巨大成就。高铁穿行于高山峻岭之间，仍以每小时 300 公里以上时速在隧道内运行，令人叹为观止。在川陕云贵一带小城村落走马观花，到处可见的农民二层小楼也给人深刻印象。但，国家政治仍然是封闭的，掌权者仍然

不允许平头百姓批评政府、对公共事务说三道四。在意识形态领域，党钦定的党国史观仍然支配着学术研究、学校教育、媒体平台及各类影视艺术，且越来越呈铺天盖地之势，稍有不同声音即被斥为"历史虚无主义"横遭扼杀。国内人文社科艺术各类出版物几乎都要经过几道审查，从作者自我审查到一层层"送审"，阉割结果，精华自然所剩无几。200 年、500 年后我们的后人，还能读到真实的历史么？

由"胜利者"书写的历史本来就喜欢自我炫耀，丑化前朝；由专制者书写的历史更是充满忌讳，千疮百孔。要说"历史虚无主义"，这才是典型的历史虚无主义：一切以统治者的需要为转移。而这样的史书已经"教育"了中国几代人，至今仍在继续。

这就是本书必须写出来的理由。

必须让我们的后人看到，历史并非全然像官方史学叙述的那样；历史是可以有、也应该有不同解释的。

要给我们的后人以比较、鉴别的机会。

本书的最初动议，本源于六四天安门镇压的强刺激，当时要整明白的是"共产党何以会走到今天这一步"。但数十年艰苦研究的结果，让本书的主题进一步扩展了、拓深了，历史哲学与政治哲学的韵味也越加浓厚。本书试图建构一套"中国批判理论"，从根本上重释 1840 年以来的中国近现代史与当代史。就此而言，本书也可以用"中国批判理论视野内的近两百年中国史"为标题。当然，核心仍然是解剖中国共产党当政以来的历史。这个解剖是全方位的，涵盖政治、经济、社会三大领域，探寻它们之间的相互关系，追溯其历史演进的轨迹；还要兼顾不断变化的国际背景，厘清"党专制"体制的起源、演变与国际政治格局变化间的关系。——以上这些，就是"20 世纪中国专制主义批判"的基本含义。本书同时又是经验的，涉及 20 世纪一些关键史实的重新研究与梳理。而党国官史中故意遗漏、模糊、曲解、掩盖的地方竟如此之多，还历史真相的任务就显得极其复杂、极其繁重，这也是本书越写越大、越写越长的原因。

梳理被扭曲、被埋没的史实；建构更合理、更科学的史观。

这就是本书作者给自己定下的任务。

未来民主中国也需要它，需要一个更开阔、更包容的历史视野，以滋养我们的后人。

老夫 70 矣！但愿意为完成这个任务再奋斗 20 年。

本书第 1 卷 2008 年在香港出版，市场上早已无货。这次将第 1 卷与新完成的第 2 卷（两册）及第 3 卷第 1 册合并推出，希望就教于读者。后续各卷各册的研究写作仍在继续，将陆续与读者见面。

关于本书阅读，笔者愿作如下提示：由于本书涉及面广泛，历史的纵的面向和横的面向交错在一起，各卷讨论的内容既各自独立，又有很多相互呼应之处。理论层面的不断展开和史实层面的相互印证也需要认真阅读才能更好地领会。当然，读者也可根据兴趣、需要，任选某一卷、某一章开始阅读。为了方便读者，本书各卷在行文中间或使用括号提示，提醒读者有关讨论曾经出现在前文哪卷哪章哪节，以便查找。总的说，本书如同一座大厦，其中既有钢梁骨架，又有无数细节，括号提示起到某种指示牌作用，帮助读者把整座大厦连在一起。就像一部交响乐或一幅巨型油画，乐思（画思）的宏大、织体的细腻和其中包含的思想、情感、艺术张力皆是判断作品水平的重要标尺；而听者（观者）能否充分领悟、洞察其中的奥妙，则是对听者（观者）智商情商的考验。一部学术作品的创作（对作者而言）和研读（对读者而言），同样如此。

还请注意：历史是由一个个活生生的个体的活动所组成的，无论那些显赫一时的领袖人物，还是所谓"芸芸众生"，他们都在历史进程中留下过自己的足迹。作为研究者，我们尊重每个人生命价值的平等，虽然每个人对历史进程的影响可能完全不同。像毛泽东这样的人物，当然对塑造历史成其所是发挥了巨大作用，而普通民众则更多作为无意识群体力量（正面的、负面的或中性的）留存于历史记忆中。研究者的任务正在于发现、阐释各类行动者间的行动张力，由此探寻历史演变的机制与动力。此外，每个行动者都是复杂的，本书不会因为批判共产党专制，就简单化乃至丑化中共历史人物；恰恰相反，我们要还原历史的丰富性，就必须把历史人物置于其生活的具体环境中，探讨其性格、事业、成败的生成性特征，这样，历史人物的行为才是可理解的，历史本身也才是可理解的。根本上，本书处理的是大历史和大历史演变中的大逻辑，但本书作者用了很大心力通过一个个具有典型特征的行动者的个人事例去折射、反映、丰富这个大历史。比如，本书第 2 卷对蒋介石，第 3 卷第 1 册对李大钊、陈独秀、毛泽东、瞿秋白、张国焘、周恩来、王实味、周扬、李锐、范元甄等人物的讨论，在方法论上都有这个特点。作者阅读中，亦不妨仔细揣摩。

末了，还有若干小问题需略作说明：

首先，本书第 1 卷虽写于 20 年前，但此次再版没有作任何修改。这不是偷懒，而是想保持这部作品生成过程的原貌。

其次，本书（特别是第 2 卷和第 3 卷）注释很多，引用历史文献原文也较多，这是为了凸显重新梳理的有根有据，同时也希望增加现场感，让历史当事人自己说话。

再次，笔者喜在行文中用加重号（黑体）强调想强调的部分。在直接引文时，原本还注意保持引文原貌，但后来兴之所至，也往往在引文中对自己认为重要、需加强调的地方加上了黑体。这本来不够规范，也只能敬请读者谅解了。

笔者要向直接、间接为本书做出贡献的朋友们致谢。本书第 2 卷关于民国宪政经验与教训的研究，黎安友（Andrew Nathan）教授的有关藏书让我受益良多。在哥大任教 10 年，安友教授安排我与他共用一个办公室，这让我有机会充分利用他的私人藏书，包括大量民国书籍。我在哥大开课，其中一门就叫"当代中国政治：学生应该了解的 12 个问题"，这 12 个问题恰恰都是本书必须处理者，与学生的多年互动，自然有助于笔者深化对这些问题的思考。在美期间，还有很多朋友关心、鼓励本书的研究与写作，这种友情至今难忘。我特别想指出的是，两年前回到北京，感受这里的氛围，观察这里的变与不变，利用本土研究的资源，进行在地研究和写作，这对本书的完成同样重要，乃至更加重要。为此，我必须对那些为我回国提供了方便的朋友们表示感谢。感谢你们的理解。我也从中看到了中国进步的潜力。

纽约博登书屋荣伟兄、罗慰年兄一向支持我的研究工作，近几年我的几部学术著作都是由博登书屋资助出版的。这次与二兄再度合作，出版这个大部头，二兄的高谊令我感动！

目前，本书尚无法在中国大陆出版。但我相信，这一天迟早是会来的。

我也要向已经故去的本书第 1 卷出版人孟浪先生致敬。学术大厦的建构是靠一代代辛勤的著作人、出版人累积起来的。让我们继续努力！

张博树

2025 年 10 月 17 日初稿

10 月 28 日定稿于北京

2010 年第 1 卷重印致读者

很高兴本书重印。我想利用这个机会，把这部著作问世两年来朋友们的一些质疑、询问和建议做一个回复。

一是关于本书的主题。这部书的"导论"开篇即言："本书的主题是 20 世纪中国专制主义批判。就学术意义言，我把这项工作理解为建构中国批判理论的开始。"

"批判理论"这个词本来是舶来品。德国法兰克福学派为欧洲左翼思想重镇，他们首创"批判理论"，至今已有半个多世纪。但欧洲批判理论的主题是批判资本主义、批判"现代性"，这个主题是欧陆思想语境和社会语境的产物。本书所要建构的"中国批判理论"则全然不同，它汲取了理性批判的基本原则，但却生发于中国本土社会演进和政治变革的深刻需要。在 2008 年 9 月德国召开的"法兰克福学派在中国的影响"学术研讨会上，我有一个发言，这个发言从四个方面阐述了我对建构一个"中国批判理论"的基本看法：

第一，中国批判理论的主题是现代中国的专制制度，特别是中国共产党的"党专制"制度。因此，中国批判理论秉承了批判的核心精神，但又迥异于西方马克思主义的左翼批判立场。中国批判学者的立场是宪政自由主义，同时汲取左翼思想资源中的一切合理成分。（有些外国学者分不清中国语境中的"左"和"右"，所以常常闹笑话。中国批判理论在中国语境中是"右"而不是"左"。）

第二，鉴于中共党专制体制已有 60 年的演变，它的内部矛盾已经充分暴露，建构中国批判理论的客观条件和主观条件已经成熟。

第三，中国批判学者面临的困难首先是争取自由表达权。从当下中国的后极权制度语境看，今日中国批判学者比当年法兰克福学派第一代创业者的生存条件更严酷，更苛刻。但反过来讲，这又是中国自由学者的光荣，是中国批判理论家的光荣。恰恰是与专制体制做近距离的博弈过程中，我们的勇气和智力被不断挑战，研究工作充满了快感和历史动感。

正因为这样，第四，中国批判学者的特征是反思中的行动者与行动中的反思者的统一。中国批判理论家既要反思过去，又要面对现在，还要筹划未来。

中国批判理论的建构，无论就主题挖掘还是概念创设言，都将是原创性的。我们当然要站在当今人类已经达到的思想和认知高度，汲取各国的先进思想成果为我所用，但我们更要针对自己的特殊问题，发展出独有的、适合于中国问题分析的概念系统，给出系统的、有说服力的回答。这就是我所理解的原创学术。

敝人不才，但这部《从五四到六四》，愿意为中国批判学术的建设，贡献绵薄。

其二，关于本书的语言、行文。有些朋友反映这本书"不好读"，有些表述过于艰深，乃至晦涩。对此，我先要表示歉意。不过，我马上要说明的是，这不是笔者的过错，甚至多少有点故意为之。毕竟，这首先是一部哲学性著作，其中涉及大量政治哲学、历史哲学话题。更重要的是，研究对象的整体性、系统性要求我们必须采取整体的、系统的概念表述和逻辑建构的方式。本书创设了一些重要范畴、概念，在阐释和运用这些范畴、概念时，我首先考虑的是如何使它们更好地服务于本书主题的论证，而不是"通俗"。我宁愿假设我的读者是喜欢动脑筋的，愿意接受这种思想的、逻辑的、智力的挑战。

当然，"通俗"并不意味着没有思想。有些很通俗的著作照样洋溢着思想的光辉。但就本书主题言，我更倾向于使用系统的、概念化的语言，尤其在这个第一卷，这一卷要处理的是中国批判理论的"理论框架"，阐释中国现代专制主义的"总体化逻辑"，概念必须力求准确，论证则要尽可能严密，抽象的专业术语用得比较多。以后各卷讨论具体历史时，情况会好些。但总的讲，这部书是作为专业著作、而不是通俗作品来写的。这一点现在就应该向我的读者讲明。

最近刚刚出版的我的另一部著作《中国批判理论建构十讲》，因系讲课录音整理而成，相对通俗、易懂。这个系列讲座的主要内容，其实就是在讲解这个第一卷。有兴趣的读者，可以找来参考。

其三，关于本书的后续各卷。常有朋友询问后几卷的写作进展，甚至有朋友到互联网去搜寻后几卷的文字。这里，我先要向朋友们表达我的谢意和歉意，并老老实实地讲：本书第2～6卷，到目前为止，还没有正式动笔，尽管全书大纲乃至每一卷要谈的核心内容，早已有了一个基本谋划。

造成这种拖延的主要原因是宪政改革研究系列的插入。读者可能知道，近年来笔者以《中国宪政改革可行性研究报告》为名，发表了一系列有关中国宪政改革的研究作品。这些作品都出自《从五四到六四》第一卷杀青之后。那么为什么不接着写后几卷，而要中间插入宪政研究这一块？实在也是时事逼迫，不得不为。众所周知，中国今天正处在社会政治转型的紧要关头，对中国现代专制主义的学理研究固然重要，但从可行性、操作性角度探究中国政治转型的目标、路径、方法、约束条件等，在某种意义上讲更加重要，也更加急迫，因为毕竟我们就生活在这个体制中，改变这个不合理的、害人的体制是我们这一代、乃至下一代人的"宿命"。我们责无旁贷。正因为如此，在2006年夏完成《从五四到六四》第一卷的写作后，我就打定主意，用3年时间，插入宪政改革的研究和写作，然后再回到《从五四到六四》的后几卷写作上来。到现在为止，4年半过去了，这个宪政改革的系列研究还没有完成，后边还有几个分报告要写，关于台湾问题和民族问题的专题研究也还有待进行。这样看来，真正转回到《从五四到六四》后续各卷的研究和写作，大约还得两年以后！

向读者交了这个底，我心里反倒踏实了。人生短促。我今年55岁，只要身体条件尚可，我相信70岁之前，当能向读者奉上完整的《从五四到六四》全套著作！

作　者

2010 年 12 月 19 日，于北京望京寓所

8

2008 年第 1 卷初版序

英国历史学家汤因比曾言："如果我们研究大历史学家的思想史，我们便可发现在大多数场合，某种重大的、往往也是惊人的公共事件是一种挑战，它激起了以历史诊断为形式的一种应战。"（《历史研究》）

我不敢妄称是什么"大历史学家"，但本书的写作的确是一个重大的、惊人的公共事件挑战的结果。这个事件就是发生于 1989 年的"六四"天安门民主运动和中国共产党政府当局对它的镇压。

当时，我正在北京的中国社会科学院研究生院攻读博士学位。六四的血腥结局促使我下了一个决心：暂缓原来的"总体人学"研究课题，倾全力搞清楚中国共产党何以会走到今天这一步。"从五四到六四"这个研究题目，就是从那个时候定下的。研究和写作方案则在长达数年的时间内几经修改，最后确定为现在的六卷本写作计划。

题材的性质决定了本书的风格：这部著作不是一般地叙述历史，而是要发现历史背后隐藏的东西。中国共产党的一党专制是 20 世纪中国制度现代化进程中出现的重大扭曲。这种悖谬的发生只有把它放在过去 100 年中国现代制度转型所遭遇的种种困境这个大背景中才能真正理解。所以，本书的副标题定名为"20 世纪中国专制主义批判"。这里，被纳入研究范围的，将不仅是中国共产党的一党专制制度，而且包括中国共产党掌权以前的民国史。当然，在本书中，对民国史、特别是对国民党"以党治国"政治实践的研究，是作为某种背景和对比材料，服务于对中共党专制这个中心课题的研究的。

我把中国共产党的党专制体制视为中国现代专制主义最成熟的形式。要对它做一个总的清算，我们就必须有更宽广的历史视界，有更犀利的哲学洞察力，有像外科医生一样的对一具内部结构复杂的躯体实施解剖的能力。同时还要看到，党专制体制今天还没有死亡，它仍然是"活生生"的，所以我们又不能像解剖一具尸体那样去"解剖"它，而要在其体温尚存的条件下"号"它的"脉"，并做出精确的病理学诊断。

总之，本书首先是哲学的，其次才是历史学的、其他经验科学的。我们首先要做的是"前提批判"，其次才是历史学、政治学、经济学和社会学的经验分析。我把这两方面工作的结合理解为建构中国批判理论的一种努力。

2002 年，本书开始动笔写作。目前已经完成的是这部六卷本著作中的第一卷。这一卷是专门讨论中国现代专制主义研究的理论框架和方法论问题的。鉴于这个课题所内具的高度现实意义，我愿意把它先行奉献给海内外广大读者。

借本卷出版机会，我要对所有支持本书写作的朋友们表示感谢。来自知名的或不知道姓名的各方朋友们的关心、鼓励与期待，足以证明现代专制主义批判是一项有关全民族命运与未来的集体事业。

我还要说的是，与课题本身的宏大、它所具有的学术价值和社会意义相比，在完成这个课题中经历的任何个人困难、挫折，付出的任何个人代价都无足挂齿。但我要感谢我的家人，我的夫人和儿子，他们毕竟因为我长达十几年从事这样的研究、写作而承受了本不该由他们承受的经济和精神压力。我在决定写这本书时，儿子还是个刚刚上学的小学生，今天他已经大学快毕业了。看着儿子的健康成长，是我最为欣慰的事情。我不由得常常这样想：为了他们这一代人，这部书也一定要写好，要完成。

作　者

2006 年 5 月 27 日

于北京东郊望京寓所

导 论

中国批判理论的历史使命

本书的主题是 20 世纪中国专制主义批判。就学术意义言，我把这项工作理解为建构中国批判理论的开始。

这篇"导论"作为一部多卷本著作的开场白，将首先阐明中国现代批判理论的难产与中国现代专制制度之间的内在联系，正是从这种联系中，人们可以很清楚地看到成长中的批判理论何以必然聚焦于中国专制主义现实、并从中摄取"养分"的历史合理性。其次，鉴于系统地、反思性地理解、把握中国现代专制主义是一项迄今为止尚很少人做、或几乎无人做过的工作，更没有相对成熟、已形成学界共识的批判性话语系统，向读者交待一下本书作者的有关思考、尤其是关于中国专制主义批判方法论原则的思考，就成为十分必要的事情。读者会看到，本书将建立一套理解、阐释 20 世纪中国现代化进程及其制度扭曲中专制主义演变的独特的概念系统，这对本书的全部研究是非常关键的。但在本导论中，这个问题将只给出原则性的演示。最后，如同大部分学术著作一样，这篇导论的结尾部分将就全书的逻辑结构与分卷安排做个大致说明，以便于读者把握阅读要领。对于一部上百万字的著作来讲，这样的说明自然更为必要。

1. 为什么 20 世纪中国没有产生自己的批判学术？

如果我们把批判学术定义为以现代社会或现代文明批判为目标，以哲学、政治学、社会学、历史学、法学、经济学或以上学科之综合为学术支撑的理论体系，且该理论体系满足反省性、科学性、原创性和实践性这样四个本质特征，那么，在刚刚过去的 100 年中，中国没有产生符合上述界定的、真正属于自己的批判学术。

——反省性：批判思维之第一要则在于对现存社会及其自我标示系统、自我阐释系统的理性怀疑，对构成上述系统之知识的、存在的、"历史的"各种前提的理性反思。因此，反省性的批判思维首先是对人们习以为常的，或当权者有意为之、刻意雕琢的意识形态的前提批判，同时，也是对此类意识形态由以呈示或掩饰的社会存在本身（包括它的结构原则及其历史表达方式）的前提批判。

——科学性：科学性通常指理论把握对象达到的客观性与系统性。这里尚无必要就批判理论作为人文学术势必遭遇的解释学难题及其对"科学客观性"之含义的影响进行更多的讨论（第 10 节我们将展开讨论这个话题）；就本书主题言，我更想强调科学的批判思维必须具有独立的、非依附性的品格。社会科学理论的客观性、系统性之有可能获得，乃以研究者心灵的自由、研究主体自由意识的充分展开为前提，为基础，虽然该自由对研究结果本身的科学性只是必要条件，而非充分条件。

——原创性：批判思维的原创性指研究者并非简单地模仿、照搬、甚至挪用外来思想资源，而是立足于对本土社会结构、历史、各行动者集团的关系之内在张力性质的深刻把握，创造性地、构建性地发展出独属于自己的批判话语系统，形成既能包容人类文明统一性、又着力于本土社会批判与文化省思之特殊项的强有力的解释框架和知识体系。

——实践性：批判地反思历史的目的在于批判地重构历史，对这一点，从马克思（K·Marx）到霍克海默（Max Horkheimer）到萨特（Jean-Paul Sartre）各式各样的批判主义者都不曾讳言。二战期间的卡尔·波普尔（K·R·Popper）虽安处远离战火的新西兰，仍以《开放社会及其敌人》（The Open Society and its Enemies）的写作、出版"为战争尽了一份力"。可见，以思想表达行动（就思想者本身言）、影响行动乃至推进行动（就思想者置身其中的历史言），实为思想者之天职，用霍克海默的话说就是批判理论"不仅仅是人类当下事业中显示其价值的一种研究假说，更是创造出一个满足人类需求和力量的世界之历史性努力的根本成分。"[1]

按照这四条标准，中国迄今尚无自己的批判理论，是一个无需多论的事实。

然而，20 世纪的中国又是一个对思想者而言充满刺激、诱惑的国度。在这 100 年中，这个古老民族经历的变革、痛苦，面临"牺牲已到最后关头"的挣扎，仿佛如喷薄欲出的红日般给人以希望的新生，以及乌托邦工程破产后重构现代制度体系的反复，把历史进程的复杂、多变和历史逻辑内在的狡黠演绎得淋漓尽致。这样一个巨大的、丰富的、活生生的从前现代专制主义社会向现代社会转型的变革场域，为思想者生产"思想"，提供了不可多得又不可穷尽的原始素材。

首先，中国在这百年中的变化、进步是不可否认的。北京有个紫禁城，是至今保存完好的中国最大的皇宫建筑群。站在太和殿的三层石阶上环顾四周，你才会真切地感受到什么叫华夏前现代社会绵延数千年的皇权威严。就是在这座金銮大殿上，迄今不过 100 个光阴的 1908 年，由清王朝最后一个专制主义当权者慈禧太后把年仅 3 岁的幼童溥仪送上了皇帝宝座，接受群臣、百姓的朝拜；而这样的故事，慈禧已经是第三次导演了（前两次一次是她的亲儿子、不成材料的同治，一次是她的亲姨侄、因支持变法维新被置于死地的光绪）。今天，这一切似乎已成历史，成为影视作品表现的对象；紫禁城已经作为"中华人民共和国国家级文物保护单位"对中外游人开放，原属皇城一部分的太庙如今被称为"劳动人民文化宫"成为情侣们出入的场所。

1　　麦·霍克海默（Max Horkheimer）《批判理论》（Critical Theory），李小兵等译，重庆出版社 1989 年版，页 232。

　　谁能说，这不是一个翻天覆地的变化呢？

　　清末民初，中国人口总数为4个亿；2000年这个数字已经上升到12个亿。用今天"党和政府"的说法，中国用不足世界7%的耕地养活了占世界总量22%的人口。这的确是个事实。不仅如此，中国还把自己的卫星、飞船送上了太空。国际舞台上，中国如今是联合国五大常任理事国之一，"综合国力"的增强使中国在国际事物中有了越来越重的分量。那张画于20世纪初、给人深刻印象的列强如群兽般分割中国的"时局图"，如今只是在中学生的历史课本中才能见到，意在提醒后人，不要忘记这段屈辱的历史。

　　这难道不是巨大的进步么？

　　当然，世界在这100年中也变化了许多。横向比较，中国的变化也许并不像中国人自己感觉的那样明显。但衡量中国变化有一个重要的参照系却是世界许多国家所没有的，那就是她的5000年之久的文明史。一个拥有5000年漫长历史的前现代社会在我们刚刚经历的100年中开始了向现代社会的艰难迈进，这难道不是一个激动人心的事实么？

　　以上所论固然都没有错，但它们只是中国百年沧桑的一个方面，一个令人感到"光明"的方面，一个执政者喜欢张扬（或者，用今天时髦的语言，喜欢"做秀"）的方面。还有另一个方面，当政者不愿意提及、甚或千方百计加以掩盖的方面，就是我们在过去100年、尤其是过去50年中遭到的挫折和失败。

　　中国人在20世纪最大的失败是什么？我认为，这个百年记录中最大的失败乃是中国民主政治建设的失败。由于民主化乃制度现代化的核心，民主政治建设的失败从根本上反映、呈示了中国制度现代化进程的扭曲。

　　诚然，从1912年开始，中国就已经进入了"民国"时代；1919年五四运动的口号之一就是呼吁"民主"；孙中山的宪政构想也曾激起一代人对中国民主未来的可预期性的渴望。但北洋政府和把孙中山尊为"国父"的蒋介石南京政府却没能兑现民国庄严的民主承诺。

列强干涉，外敌侵入，连年不断的内战使民族陷入空前的浩劫；救亡形势之急迫亦在客观上强化极权体制的同时，使民主进程的内在要求退居幕后——这些当然都是民国时代中国民主政治遭遇挫折的现实原因。正因为此，人们有理由期望新的执政者——中国共产党在1949年建立的中华人民共和国这个新的历史起点上，在相对和平的国际环境和得到民众支持的合法性基础上，有效而实际地推进民主化进程。

然而，这个期望又一次落空了。政治建构方面，"新政协"所呈示的多党协商、合作建国的格局不过是中国共产党一党垄断权力的对外掩饰工具；1954年制订的"宪法"则第一次以根本大法的形式确认了中国共产党党专制的合法地位；"三大改造"的启动意味着在经济领域实施全面控制的开始；1957年"反右运动"时毛泽东的翻手为云、覆手为雨，又彻底葬送了本来已很微弱的中国公共领域。当然，最足以表现历史之诡秘的，还是毛泽东建立在激进、空想基础上的乌托邦社会改造工程：这个以960万平方公里国土为空间、近10亿人口动员的巨大规模建构的"共产主义"实验场，以其悲壮的结局给全世界留下了一份难以释读的遗产。中国共产党自命为"中国无产阶级的先锋队"，是中国人民最根本利益的"代表者"，而且——我个人至今仍相信——至少就它的第一代创业者言，这的确是共产党人曾经拥有的崇高信仰；但建立在此种信仰基础上的自我定位并没有阻止中国共产党在执掌政权后的岁月中迅速蜕变为顽固坚持一党独裁的现代专制主义者，正是在中国共产党身上，完成了中国专制主义从前现代皇权专制向现代一党专制的最终转变（与共产党相比，国民党的一党专制不过是这个转变过程中的过渡或插曲而已）。——应该说，这是20世纪中国现代化进程之制度扭曲中最为刻骨铭心的一段叙事；毛以后的"邓时代"和邓以后的"江时代"，从这个角度看，都无非是中国现代专制主义的延续和发展，尽管其表现形式和结构特征已经有了很大不同。

那么，在如此强烈的对象刺激、如此丰富的研究素材面前，为什么没有激发出堪与对象本身的深刻性、复杂性相媲美的中国现代批判学术呢？

有一个答案似乎是明摆着的：中国现代专制主义本身造成了反思行动者及其产物——中国现代批判学术——的缺位。

专制主义从来都是与思想自由水火不容的。以"党专制"为特征的现代专制主义可以制造激情，也可以制造平庸，但就是不允许思想。一方面，当权者利用手中的传媒工具向公众灌输党"一贯正确"的形象，有意抹掉自己历史上的污点，冀图靠淡忘历史记忆、甚或篡改历史的办法来消灭历史；[2] 另一方面，又对有可能产生异见或叛逆主张的社会阶层（特别是知识阶层）实施思想监控。手段之一是实行作品出版（上演、播出…）前的送审制和出版（上演、播出…）后的追惩制，迫使作者、编者到出版者自觉承担起"检察官"的角色；手段之二是收买和"招安"：只要按照"党"的要求"弘扬主旋律"，则课题经费、职称、房子、出国等等好处就会滚滚而来。毕竟凡夫俗子还是大多数，在一"硬"一"软"两种手段的夹持下，又有几个"不识时务"者能不就范？

由此看来，专制主义淫威下知识阶层的"阳痿症"似乎不可避免了？也不尽然。批判客体的性质本身扼杀了批判主体出现的可能，固

2　这一点，六四后的"江时代"表现尤其明显。2001 年 7 月在北京中国革命博物馆举办的"中国共产党建党 80 周年光辉历程展览"中，不但看不到六四天安门镇压的真实历史（或者，哪怕是从"党的立场"出发对事件的简单描述），甚至看不到对文化大革命、60 年代初大饥荒、1957 年"反右派"等由于"党的错误"造成的巨大历史灾难的最一般、最简略的叙述。历史被完全装点成了另外一副模样。这倒使我想起毛泽东在读《二十四史》时就曾评点"一部二十四史大半都是假的"，"每一部史书都是由封建的新王朝臣子奉命修撰的，凡关系到本朝统治者不光彩的地方，自然不能写，也不敢写"。"封建社会有一条'为尊者讳'的伦理道德标准，皇帝或父亲的恶行，或是隐而不书，或是把责任推给臣下或他人。"（柳文郁、唐夫主编《毛泽东评点古今诗书文章》，红旗出版社 2002 年版，上册，页 2～3）可见，拥有中国历史渊博学识的毛泽东对中国"封建时代"专制主义搞的这套鬼把戏是一清二楚的。由现代中国最大的专制主义者毛泽东对历史做出如此评判，似乎颇有些黑色幽默的味道。

然是专制主义语境下大部分经验事实呈示的真理，然表达乃人类之天性，生动地表达苦难更是处于苦难中的人类心灵的崇高要求。否则，我们就难以解释为什么在前苏联劳改营里度过了 11 年光阴的亚力山大·索尔仁尼琴要费尽千辛万苦，结合本人的亲身体验和 227 名有同样经历之难友的口述、回忆和书信写成那部不朽的《古拉格群岛》。中国没有产生自己的《古拉格群岛》，但中国并非没有同样胆略与情怀的勇士。回到文化大革命刚刚爆发的 1967 年，当时的《中学文革报》第 1 期登载了署名"北京家庭出身问题研究小组"的文章"出身论"。此文的真实作者叫遇罗克。文章对当时盛行的"血统论"进行了批判。正是因为这个批判，遇罗克以现行反革命罪被判死刑。11 年后的 1978 年，北京西单民主墙上贴出了魏京生的文章"第五个现代化"，明确提出政治民主化才是中国的希望。后果尽人皆知：魏京生为此坐了十几年牢房，也因此成为中国最著名的民主斗士之一。

我个人对当代中国民主事业的先驱者深表敬意；现在的问题是：类似"出身论""第五个现代化"等中国当代史上的重要文献固然是作者内心情感、勇气与人格力量的真实表达，但这些作品达到的理性认知水平却不能不受到当时历史条件的局限。作品所张扬的批判主旨是非常明确的；但批判所内具的历史力量、深度则有赖于客体（批判对象）和主体（批判者本身）是否达到了历史所能容限的成熟度。

这样，我们的讨论又深入了一层：造成现当代中国反思行动者及其批判性学术成果缺位的原因，除了现代专制主义的制度性限制以外，行动者作为反思主体与他（或她）所面对的对象本身的历史成熟程度、矛盾展开程度，以及由此决定的知识（批判认识活动）和存在（专制主义现实）之间的内在张力性质，乃是理解缺位现象之更深层的哲学—历史根据。

为了说明这一点，让我们看个例子：法国哲学家让—保罗·萨特在其晚期批判斯大林主义的专著《辩证理性批判》中，曾表达了这样的观点：为什么今天我们能够从从事辩证理性的批判？此乃因为先前已经有了黑格尔（F·Hegel）和马克思的辩证法，尔后又有斯大林主义的唯心主义彻底僵化了认识论的方法与实践。正因为如此，只有在今天这个后斯大林主义时期，批判经验才能够作为思想重整的唯理论表现而发生。萨特特别指出"假如总体化产生出一种作为它的总体化实践的必然体现的批评意识的契机，那么很明显，这一契机只能出现于特殊的时间与地点。在它的深层实在以及在它的显现模式中，它受到这种特殊的总体化的综合规则特点的制约，也受到它必须根据这条规则而在自身超越和保留的先期环境的制约。"[3] 用本书的语言来表述，必须注意的是下列两点：首先，批判客体自身的总体化（这里我们借用了萨特的术语，后文将给出这个词在本书中的特定含义）是反思行动者作为批判主体形成思想的前提。很清楚，如果没有毛泽东乌托邦社会改造工程在中华人民共和国党－政－军政治构架和落后、乃至原始的城乡二元结构及大众动员水平场域内的发生，人们就不可能理解现代专制主义何以会成为浪漫的社会改造工程的制度化形式；同样，如果没有邓小平时代和后邓时代经济开放与政治垄断并行的威权主义社会矛盾发生到如此炙烈的程度，人们也不会理解一党专制之现代专制主义的逻辑终局是什么。这是一个方面。其次，对已经充分展示其内在矛盾与张力的批判客体之把握，又要求批判主体的认识、认知、洞察与感受能力达到与其自身使命相当的水平，而该能力获得的前提则是社会开放达到一定程度，使得外来学术的译介（作为必要的可参考思想资源）和本土信息、本土经验的获取（作为批判主体的认知－体验平台）成为可能。显然，这是一个历史性条件。无论对批判客体或批判主体历史意义上的生成而言，这个条件都是必须的，不可逾越的。

明确了这一点，我们就可以转入下一节的讨论了——

3　让-保罗·萨特（Jean-Paul Sartre）《辩证理性批判》（Critique de la Raison Dialectique），林骧华等译，安徽文艺出版社 1998 年版，页 184。

2. 真正的批判学术之可能，
建立在对象合法性危机的前设性条件中

按照现代政治科学的定义，"合法性"通常指被统治者对统治权利的承认。[4] 这个界定有两个要点需要注意：一是"权利"——统治者获得对被统治者实施统治的"权利"而不是"权力"；权力往往意味着暴力，而权利在这里只表示统治者与被统治者自愿达成的一种关系。二是"承认"，正是由于被统治者对统治者的认可，才使统治者获得统治"权利"，尽管事实上他可能并非没有"权力"去统治。以上还只是对"合法性"概念之认可意义上的抽象界定。其实，历史地看，认可作为一个主体判断范畴，本身就是特定时代之历史进化水平的呈示。历史进化作为客观进程，与主体判断之间存在着内在的互动关系。比如，大唐帝国的臣民认同李世民的合法性，乃是建立在中国前现代社会以儒家学说为核心的民本主义认知基础和社会整合水平上的。现代社会合法性认同的特点则在于认可乃基于公民社会和民主政制框架内的认可，这是更高阶段的历史进化过程在主体判断及其前提——主客体关系中的呈示。因此，严格地说，现代合法性所涉及的并非统治者与被统治者之间的关系，而是在民主政治中委托人（公民）与受托管理者之间的关系。如果对这种关系以及由此产生的权利（受托管理者代行公共职权之权利）的认可发生了危机，那么自然意味着上述关系本身已经发生了危机。

这是问题的一个方面。另一方面，"合法性"还可以从既定社会体系之制度潜能的角度予以定义：与诉诸被统治者或公民之认同的主体判断相比，这个定义更强调社会体系本身作为客观实存的制度性质，包括制度表达与制度实践间的张力。当一个社会体系的制度潜

4　　让-马克·夸克（Jean-Marc Coicaud）《合法性与政治》（Legitimite et Politique），佟新平等译，中央编译出版社 2002 年版，页 12。

能还有挖掘的可能，体系内含的矛盾远未充分展开、拟或仅仅稍露苗头而不足以构成威胁时，该体系的合法性尚能存在或尚可维持（从判断主体角度说就是，该体系的合法性尚能得到臣民或公民的认可）；而当社会体系的制度潜能日益枯竭、制度表达与制度实存间的鸿沟日益加深、体系内含的"对抗性"矛盾充分暴露、体系已很难用传统的整合方式弥补巨大的社会裂痕时，合法性危机的到来就成为不可避免。从批判理论角度言，我把上述批判客体（社会体系）之内在矛盾的充分暴露、展开与成熟理解为对象合法性危机的前设性条件，或者，也可以这样说，一个社会体之制度潜能的枯竭化（原有制度框架无力调节日益尖锐的社会结构性冲突，而原有制度表达——后文我们将把这种表达定义为意识形态——已经堕落为扭曲、粉饰制度罪恶的工具），乃是该体系合法性危机的前设性条件。

正是这种前设性条件，这种标示着合法性危机已经来临，社会已陷入空前的结构性矛盾而不能自拔，公民对现存体制的认可已成疑问或全面动摇，当权者或改弦更张、接受社会的裁决，或顽固不化、走上更危险的道路——一句话，标示着历史鉴于上述一切已经处于发展或倒退的十字路口——的前设性条件，孕育并将产生真正的批判学术。

那么，就现代中国而言，这样的合法性危机是否已经发生，又是何时发生的呢？

我把1989年春夏之交蔓延全国的民主运动及其标志性结果——"六四"天安门惨案——理解为当代中国社会合法性危机爆发的明确表征。

屈指算来，这个当时曾令全世界为之震惊的"六四"天安门事件已经过去了13年，然往事历历，仿佛像刚刚发生一般：天安门广场人如潮涌，由学生、大专院校知识分子、以非组织方式组织起来的各企事业单位的员工、普通市民以及来自外地的支持者组成数以十万、百万计的游行者大军，把王府井、六部口、东单、西单等长安街上的主要路口堵得水泄不通。——这是从5月17日始到5月20日每天都可看到的情景。人们以力所能及的方式声援天安门广场绝食中的学生，呼吁政府尽快与高校学生自己成立的组织直接对话；知识界的知名人士联合签署了"5.16"声明，赞扬学生的民主运动"是一次继承和超越了五四精神的民族大觉醒"，要求中共中央撤销"4.26"社论对学生运动的错误结论；平素习惯于与共产党"保持一致"的各"民主党派""人民团体"也纷纷表态，要求加快反腐败与政治体制改革的进程；甚至"党的喉舌"中央电视台等新闻媒体，也出现了从当政者看来种种"失控"的迹象……。然而，超出所有善良人的想象，戒严发生了。几十万全副武装的解放军士兵包围了北京城，但被数量更多的普通北京市民堵在了郊外和进入城区的各个路口。老百姓给"子弟兵"送去了开水、食品，同时告诉他们北京乃至全国正在发生什么……。僵持 10 余天后，更严重的事态发生了：6 月 3 日傍晚至 6 月 4 日凌晨，军队在"上级"的命令下强行入城，与学生、市民发生公开冲突；从木樨地、复兴门到西长安街一线向广场开进的军队在坦克的隆隆声中向手无寸铁的学生和市民开了枪，至少数百人在枪弹下毙命。北京市内各主要街道上到处留下了坦克压过后深深的印痕，用于阻挡军队入城的大型公交电、汽车横七竖八地倒卧街头，有的还燃起熊熊烈火……

　　这是 20 世纪临近结束时，中国当代史惊心动魄的一幕。70 年前，也是在同一个地点，这里曾爆发反帝爱国的五四运动，但其背景是民族救亡，是为了对外讨回一个古老民族的尊严；70 年后的六四惨案却是在既无外患、又无内乱，和平的国际、国内环境中发生的。一个身处承平年代、且自称"代表人民"的政府怎么可以在光天化日之下向"自己的"人民开枪呢？一个已执政 40 年的政党怎么会沦落到在内政、外交并无直接威胁、抗议者又是用和平方式表达自己政治观点的情况下，却要靠暴力平息公民的声音呢？这使我想起汉娜·阿伦特（Hannah Arendt）的名言："无论如何，权威排除对强制的使用；一旦武力被运用，权威本身便失败了。"针对平民使用暴力，既是一个政权遭遇到自身合法性危机的最明白无误的标志（因为它说明执政者已不再得到公民的认可），也是一个政权自身合法性丧失的确凿证明（因为靠暴力支撑的只能是强权，而非建立在委托人—受托管理者平等关系基础上的权利）。然而，更深刻的问题是：执政者是怎么走到这一步的？从历史的逻辑看，六四悲剧的酿成是前此社会矛盾积聚演化的结果，亦是中共一党专制的现代专制主义与成长中的中国民主化之内在要求发生碰撞的结果。毛泽东时代这样的冲突并不明显，那是因为极权主义的政治体制作为乌托邦社会改造工程的制度形式一方面窒息了严格意义上的民主化冲动，另一方面也阻碍了权力本身向更加罪恶的深渊异化的可能。这种可能是谁开启的呢？邓小平。邓时代以继续维护共产党垄断权力为前提的有限的经济改革迅速被市场化本身之内在逻辑所突破；一党专制之现代专制主义的威权主义阶段在市场化以及随之而来的民主化要求面前，把毛式极权主义阶段隐而不显的矛盾充分凸显了出来，这些矛盾不但是认知意义上的（就像六四事件处理中暴露的邓小平等中共元老僵化的政治思维逻辑所表明的那样），[5] 更是社会结构与利益分化意义上的（权贵私有化趋势的出现已经成为不争的事实）。可以说，到改革进入第 2 个 10 年的 1989 年，中国民主化进程中专制主义总体化各个层面上的矛盾都已基本展开，按照以上给出的合法性危机之前设性条件的定义，这样的条件确实在一个个地成熟。就此而言，六四天安门事件实乃成长中的民主化要求与总体化矛盾已充分显露出来的中国现代专制主义之间必然发生冲突的悲剧性结果。

现在，让我们考虑批判主体一方。

是的，我们（包括本书作者在内的所有具备反思能力和社会责任感的同代人）亲身经历了整个过程；我们不像西方记者、游客、汉学家那样，只是从外部观察中国（尽管此类观察大多充满了善意），而是作为参与者，用自己的心、自己的行动从内部介入到历史进程中。

5　署名"张良"、2001 年在美国出版的《中国六四真相》（英文版书名为 The Tiananmen Papers）一书以翔实的第一手材料提供了大量有关证据。

同时，作为参与者的我们，又不再是情绪激昂而头脑简单的盲动者，而具备了更多理性思考的品格和特征。这种理性特征的获得既受惠于对象（批判客体）本身在其总体化矛盾展开过程中已经以相对成熟的形式呈示给我们（作为批判主体）的素材之深刻性与丰富性，又受惠于开放时代（与毛泽东的封闭年代相比）更加广阔的视野平台、更加多方面的信息来源和更趋多元化的外来思想、学术资源。对于上述两方面"资源"的合理汲取与吸收，使我们这一代思想者开始具备既生活于专制主义时代、又有幸超越这个时代的识见与"视域"。套用黑格尔反思哲学的语言，当我们自觉意识到这个视域对我们自己而言是战胜了客体对主体的先在性制约而又反思性地将其纳入自己的前提批判领域之时，"必然"对我们已成为"自由"，运用这种"自由"则成为我们的义务。[6]

简言之，批判主体不是"书斋型"不问世事的形而上沉思者，更不是甘为五斗米折腰的知识庸人；批判主体之最鲜明的特征乃是反思中的行动者和行动中的反思者的统一。我们正在用这种方式介入历史，为历史之更光明——或至少更少黑暗——的可能尽一份力。

真正的批判学术的建立，严格的、诚实的、符合现代学术标准又无愧于时代本身之深刻性与丰富性的批判学术的建立，应该是这种努力的结晶。

无庸讳言，就思想者个体而言，在专制主义时代（一个不允许思想的时代）从事思想，本是一件既危险又奢侈的事情。法兰克福学派的第一代思想者可能会有类似的体会，尤其是在他们遭受纳粹迫害、无家可归的时候。欧洲批判理论今天的传人（包括哈贝马斯

6　"无疑的，必然作为必然还不是自由，但是自由以必然为前提，包含必然性在自身内。作为被扬弃了的东西，一个有德行的人自己意识到他的行为内容的必然性和自在自为的义务性。由于这样，他不但不感到他的自由受到了妨碍，甚至可以说，正由于有了这种必然性与义务性的意识，他才首先达到真正的内容充实的自由，有别于从刚愎任性而来的空无内容的和单纯可能性的自由。"（黑格尔《小逻辑》，贺麟译，商务印书馆 1981 年版，页323）

J·Habermas 这样的大师在内）事实上已不再知晓现代思想控制究竟意味着什么（至少他们不可能真正体验这种东西）。就中国目前情况言，威权主义胡萝卜加大棒的"威胁"与"招安"并举之策，往往使意志薄弱者在风险面前望而却步。这自然是可以理解的社会现实。然"奢侈"又从何谈起？须知六四后的后邓时代在社会一文化生活领域中的最大特点，就是制造平庸。开放年代利用各种手段暴富的有钱人和官僚"新贵"们在歌舞升平中消费平庸；日常的谋生需要又迫使绝大多数普通百姓（工薪阶层、下岗者、农民、进城打工者）"沉沦"于无尽无休的生存奋斗中，去体验平庸。在如此背景下，有条件从事思想难道不是一种奢侈？——该条件既指批判客体本身的成熟（我已经谈过，这样的事情并不是每一代人都能遇到的），也指批判主体有能力（知识、勇气方面的积累）、有可能（包括时间的保障和基本生存之需之最低意义上的满足）来从事这样的工作。我们难道还不应该为此而庆幸？

同时，思想者个体又不是孤立无助的。内中蕴含着民主化目标的中国公共领域在威权主义政治语境中的复兴，虽然极其艰难，虽然往往要采取迂回曲折的形式，但毕竟正在成长。那些秉承社会良知，为公正呐喊、为弱者撑腰的新闻、司法、教育、学界的仁人志士，都是批判学术的同道；批判学术创造者的独特之处只在于：他是以毫无隐晦的、直白的方式展示思想自身的力量，并以此直面专制主义丑恶的躯体。他要打的是面对面的"攻坚战""阵地战"而不是"游击战"。因此，批判思想者比他（或她）在公共领域内的同道们来得更彻底、更直接、更符合自己的历史品格。历史已经赋予批判者这样的力量和智慧，只要他（或她）有足够的勇气去展示他们。

时间倒推 200 年，1794 年 5 月的耶拿大学，哲学家费希特（V·G·Fichte）在这里发表了《论学者的使命》的著名讲演。费希特宣称"我们的一切研究都必须以达到人类的最高目标，即达到人类的改善为归宿。"学者的使命即在于"注视人类一般的实际发展过程，并经常促进这种过程"。鉴于科学在社会生活中的主导地位，"学者的进步决定着人类发展的一切其他领域的进步；他应该永远走在其他领域的前头，以便为他们开辟道路，研究这条道路，引导他们沿着这条道路前进"。[7] 这样的"大话"在如今一平如水的欧洲似乎很少听到了。学者们往往更多"专业"而较少亢奋。但我们这些今天的东方人却更能理解费希特，知道当年费希特面对的乃是西欧强有力的君主专制主义，所以才需要大声疾呼学者的使命。更明确地说，我们理解费希特是因为我们今天也面临类似的专制主义语境。就此而言，中国当今的批判思想者是与当年的费希特心灵相通的。

3．中国制度现代化反思与中国专制主义批判

现在，让我们进入本书主题。

本书的标题是"从五四到六四：20 世纪中国专制主义批判"。时空跨度这里已明确给出：我们要研究的是过去 100 年、尤其是 1949 年中国共产党掌握政权后中国专制主义演变的历史，我们要研究它的独特的起源、性质、运作特征，以及决定上述一切又与之发生互动的中国社会总体化之品质。前面两节已经说明我们何以可能从事这项工作；现在则要说明这项工作的大致范围和它要达到的目标。

中国现代专制主义在世界范围内也是一个十分独特的现象，虽然西方学界已经对一般意义上的现代极权主义（后文将证明"极权主义"这个词在本书中与现代专制主义有概念上的联属关系）作过不少研究，但其结论对我们的帮助并不甚大。比如，在西方很有影响的关于现代极权主义的定义由下面 6 个方面构成：（1）极权主义意识形态；（2）由独裁者领导的单一执政党；（3）实施政治恐怖的秘密警察；（4）垄断大众的交流；（5）垄断政治组织以及（6）对经济的垄断性国家控制。在西方学者眼中，典型的极权主义制度通常指希特勒统治

7　费希特《论学者的使命》，梁志学译，商务印书馆 1980 年版，页 37～38。

下的德国、斯大林统治下的苏联和毛泽东统治下的中国。[8]

这个定义基本是描述性的，要点并不在发生学意义上的解释；而且，严格说来，作为描述性定义，如果把希特勒治下的德国、斯大林治下的苏联和毛泽东治下的中国相提并论，也会造成许多概念上和事实上的混淆。在德国，极权主义是和疯狂的种族主义与对外扩张相联系的，它固然对世界造成极大伤害，但却是一段相对短暂的历史。斯大林主义则以大清洗和秘密警察的恐怖作用而臭名昭著，同时又在自命优越的"共产主义"意识形态基础上发展出一整套极权社会制度。中国与上述两者都不同，尤其与希特勒德国的不同更明显：无论从文化传统还是从中国在现代世界中的位置讲，中国都不存在种族主义和对外扩张之可能。中国与苏联确曾同属马克思列宁主义意识形态统领下的国度，但斯大林与毛泽东的极权主义表现方式仍有诸多差异。比如，毛泽东并不十分看重秘密警察，而更相信"群众动员""群众运动"在实现社会监控方面的作用。

甚至这样的比较也过于表面化了：中国毛泽东时代的专制主义固然符合上述极权主义定义中的大部分标准（6 条中至少占 5 条），但形成这种东西的原因却极其复杂，既有历史的（中国古代皇权专制在现代改头换面的延续），也有现实的（落后的城乡二元社会结构，巨大的、农民构成主体的人口规模，军队在专制政权中的突出作用，20 世纪中国启蒙运动遭遇的挫折，建立在一系列可以理解的误读基础上的对乌托邦"共产主义"社会的追求，以及所有这些因素间的相互作用，等等）。尤其令人匪夷所思的是，这种极权型专制主义的形成竟是在毛泽东一代中共领导者自认为代表"人民的利益"，甚至在推进"人民民主"的过程中发生的；理想与实践间的巨大反差以极其尖锐的形式表明历史是以怎样冷峻而无情的逻辑摧毁了一切浪漫的想象。可以说，以毛泽东为代表的中共极权型专制主义，特别是该体

8　参见黎安友（Andrew J · Nathan）《蜕变中的中国》（China' Transition），柯洛漪译，台湾麦田出版公司 2000 年版，页 83。

制与它立于其上的道义基础和意欲达到的原初目标之间的巨大冲突，乃是当今世界独一无二的现象。毛泽东继承了从秦始皇到蒋介石的中国专制主义遗产的全部精髓，但这种继承恰恰是在中国共产党人决心"走出封建历史怪圈"的过程中成其所就的。这是一个方面。另一方面，毛泽东的极权主义专制体制又在后来的历史进程中演变为邓小平和江泽民的威权主义专制体制。乌托邦激情不见了，一个权力和金钱相结合的社会代替了原先那个崇尚信仰的社会。但是，一党制独裁仍然没有变。在市场经济复苏的背景下，威权主义作为新的独裁体制之表现形式与成长中的公共领域的斗争呈现出更加复杂的特点，远非经典极权主义的定义所能概括。比如上述6条定义，有些已经弱化（明显者为第6条"对经济生活的国家控制"）；有些则更加强化（如第5条"垄断政治组织"）。至于"垄断大众交流"一条则呈复杂、多面之特点：在传媒技术飞速发展的今天，威权主义政体若想实施新闻与思想的有效控制，就必须比极权主义时代的极权更加极权，但采取的形式、技巧则可能较过去隐蔽而老练。在信息高速公路已经把全球连成一体的互联网时代试图完成对13亿人口的思想监控，难道不是一个举世独有的奇观？！

列举上述这些，无非想说明一点：中国现代专制主义是一个比通常想象更为复杂、历史纵深感更强、更深刻的批判学术概念。中国共产党一党独裁之专制主义体制（包括毛泽东的极权主义阶段和邓、江的威权主义阶段）乃中国现代专制主义的成熟形态；在它之前，还有北洋政府和国民党专制政权的两个历史时段。然无论国民党还是共产党，其专制体制的形成、运作和可预期结果都不能仅仅从专制体制自身来解释；毋宁说，它们乃发生于一个更大的历史存在或历史进程之中。要想理解中国的现代专制主义，就必须理解构成其前提并与之发生剧烈碰撞的这个历史进程本身。

该历史进程指什么？——这就是我所理解的建立在哲学人类学基础上、构成世界现代化大趋势之组成部分的中国制度现代化历程。

1994年我在广东一份短命的刊物上发表了"制度现代化：我们

不应该再次失去历史"一文，[9] 这是我个人首次在自己的文章中使用
这个经过若干年思考得出的概念。与官方界定的器物意义上的现代
化不同，制度现代化乃指从传统农业文明向向现代工业文明转变过
程中"一系列新的政治、经济、社会整合以及个性建构原则对原有制
度规范的取代"。三年后写就的另一篇文章"制度现代化研究的若干
方法论问题"则进一步把这个概念中的"制度"一词界定为"人类在
协调群体实践行为过程中形成的结构方式与组织原则，这些方式规
则制约甚至支配着人们公共与私人生活的性质与形式，制约甚至支
配着各类资源的获得方式与使用效率，从而——在最终意义上——
制约甚至支配着人类与外在自然之间以及人类自身内部依据不同定
义而形成的各种群体之间关系的性质。制度现代化，就是这些结构方
式与组织规则的现代化。"[10] 从宏观看，制度现代化由三大结构性板
块组成：政治结构、经济结构和社会整合结构。所谓前现代农业文明
向现代工业文明的转变，从上述结构角度看，就是君主专制政治向现
代民主政治的转变，传统自然经济向现代商品经济的转变和建立在
血缘家族或贵族庄园基础上的农业社会整合向现代公民社会的转
变；而所谓制度现代化其实就是上述三个转变过程的统一。

不难发现，当我们把反思的视域定位于这样一个更具历史纵深
意义和全方位特征的研究领域时，以现代专制主义为对象的批判学
术将获得前所未有的、足以容纳课题本身之复杂性、深刻性的伸展平
台。举个例子：制度现代化是一个经过合理抽象、可以在规范意义上
界定的普适过程；同时，作为一个过程，它又必然带有任何过程进行
中不可避免的过渡性特征。制度现代化一般原则的普遍性与实施主
体（现代世界中以主权划分的民族国家）之各各不同的初始条件、实
施进程中遭遇的不同情境、以及实施者对此做出的不同反应等等特
殊因素之间，可能会产生巨大的张力、无穷无尽的偶然性和各类非线

9　这个短命的刊物指中山大学何博传主编的《现代与传统》。"制度现代化"
　　一文发表于该刊的第 5 期。

10　张博树《现代性与制度现代化》，学林出版社 1998 年版，页 161～162。

性的因果关系。中国不就是这样么？作为文明古国和现代化的后来者，有多少矛盾、苦恼、问题、悖论在过去这个世纪中搅得几代人心神不安？民族主义、自由主义、激进与保守、救亡与启蒙…，这些问题自然都与本书主题——现代专制主义——有关系，或是该主题在实践－行动层面的展开，或是在文化－传统层面的展开，或是在国际语境层面的展开；但真的要拨开重重迷雾，从根本上把握对象的全貌和内在机理，我们就必须把问题还原到 20 世纪中国制度现代化进程及其扭曲这个大语境中才有可能。换言之，中国现代专制主义的可理解性乃建立在社会转型过程之无数行动者（包括孙中山、蒋介石、毛泽东这样的重要历史人物，也包括作为大众的普通人）和既定政治、经济、社会"结构"间不断的互动过程及其结果中，建立在 20 世纪中国制度现代化进程的初始条件、限制因素、对这些因素的突破和突破所引发的新的反复及其斗争中；"传统"与"革新"，知识与存在，历史与现实，"资本主义"与"社会主义"之种种对立及对立的消解，也只有在这个大语境及其造就的总体化情境中才能获得圆满的解释。

简言之，从制度现代化及其扭曲角度理解中国现代专制主义，是本书重要的学术立场和研究切入点。或者，更准确地说，制度现代化理论将构成本书对中国现代专制主义批判的基础平台。制度现代化虽包括市场化、民主化、公民社会的构建等诸多方面，但核心则是政治民主化（后文将证明，市场和公民社会其实都可以理解为从不同结构测度对民主化界定的补充）。相对于现代专制制度言，民主化过程即是对专制体制的解构过程；反过来说，现代专制主义的形成本身，又是民主化发生扭曲的结果。在这个意义上，对制度现代化进程的反思和对现代专制主义的批判，乃是说的同一件事情。或者也可以这样表述：中国制度现代化反思的核心即是对现代化之扭曲——现代专制主义的反思。另一方面，制度现代化又是一个涵盖面更广的范畴，"结构"概念几乎可以延伸到社会的各个层面、各个角落。这又意味着，我们对现代专制主义的体察、把握与理解，不仅可以通过那些足以"影响"历史的重大事件，通过决策层非程序化、非制度化的明争暗斗（这种明争暗斗几乎充斥整个 20 世纪的中国史），通过当权者人为制造的规模宏大、场面壮观的"红旗飘舞，歌声嘹亮"之群众游行队伍等外在现象来获得，同样可以通过无数更加烦琐、更加隐秘、更令人熟视无睹或视而不见的社会生活场景、生活细节来获得，正是它们，往往在更深层次、更深意义上反映、呈示了社会结构的本质、特征与变化。我们可以从蒋介石时代"新生活运动"的失败中、从共产党掌权后延续几十年的"单位"制度中、从"解放后"农民与基层干部（书记、村长、乡长）时而亲密时而紧张的关系中、从"党指挥枪"原则中派生出来的军队的日常训练和"洗脑"中、从大中小学学生"爱国主义"的"德育"课本和老师们的教案中、从威权主义时代商业化大众化电视节目的编排中、从人流涌动灯红酒绿的歌舞厅咖啡厅中、从私营企业老板的政治性剧场行为中、从大大小小各类官吏的灰色收入中、从官方对腐败案件报道的"尺度"中……等等，等等，去体味现代专制主义是什么，它的活的源泉、动力和使其所是的更为宽广、深厚的社会基础。我们的目的，则是通过所有这一切，去挖掘真实的历史，发现历史背后的意义，从而洞察中国制度现代化进程及其扭曲——中国现代专制主义——的历史可理解性。

4. 建构制度现代化与中国专制主义批判的概念系统

然而，到此为止，我们还只是提出了任务，而没有界定完成任务的途径或方法。我们尚不清楚：我们如何挖掘"真正的历史"？如何去发现"历史的意义"？当我们使用"真实""历史"或"历史的意义"这类词汇的时候，我们要表达的究竟是什么意思？什么东西能证明我们作为批判主体对批判对象"感受"或"洞察"的客观有效性？什么东西能证明个人的一己工作可以经由经验的特殊性上升为历史运动之内在"规律"的普遍性？

　　显然，我们需要这样的工具或方法去达到上述目标。而所谓"工具""方法"者，不可能是别的什么，只能是批判学术自身所建构的概念系统。

　　自有人类的智识活动以来，任何可称之具有科学特征的理论都表现为由一系列概念、判断和推理组成的逻辑体系。概念作为同一性与非同一性、共相与殊相、抽象与具体、主体与客体的统一，历来是人类用以阐释此时此刻他们所理解的世界的基本手段。批判理论最核心的东西是它的反思性特征。这里，反思性意味着批判活动所依仗的思维构造将同时把对对象的思考和对这种思考本身的思考纳入其中，概念的建构过程同时也是概念建构的反思过程。作为中国人，我们于此面临的特殊困境乃在于：我们似乎是在一片平地上从头开始自己的工作，尽管它的目标明确，素材也已准备停当。我们不曾有过这样的批判而非歌颂的学术传统，就此而言，中国批判理论的构建缺乏——比如说——欧洲学术的历史连续性基础。另一方面，我们在启动批判活动的构建工程之前，又必须先做一些清障工作，即把先在于我们、且已经成为我们思维方式之习惯性框架、基础的那些东西剔除出来，或至少要有明确的剔除意识；就此而言，我们又非真的从一片平地开始，因为那里还有很多尚须清理的垃圾。我们必须解构那些有碍自己从事批判思维的陈旧概念和理论框架，并使之反过来成为批判概念系统建构的酵母或刺激源。

　　现在，我想用更直白的语言继续上面的讨论：在建构中国批判理论概念系统之前，我们首先需要解构（或对之有明确解构意识）的东西是什么呢？

　　这就是中国型正统马克思主义意识形态曾经教给我们的一切。

　　是的，"马克思列宁主义毛泽东思想"对我们这一代人来说，具有无可回避的意识形态的"先在性"特征。我们从出生起，就被置于这个意识形态编织的思维网络的包围之中，它已经成为我们思维方式乃至日常思维存在的一部分，不管我们对此是否拥有足够的自觉；

毋宁说：它对我们的影响往往是在不自觉状态下发生的，这种情况对于一个连续经历了"信仰狂热"和"信仰危机"的民族及其知识群体来说，似乎有些不可思议。人们往往从内心里指责被明确写进宪法的"坚持四项基本原则"所内具的思想暴力本质，却没有对思想暴力的内容本身做出严格意义的梳理。换言之，我们对正统意识形态的前反思性接受很少接受作为反思行动者的我们自身的反思性批判检验，尽管我们已明明白白地知道"此在"的现实生活与这些僵死教条的距离已经有多么遥远。

所有这一切都把"前提批判"这一批判学术的根本要求再一次凸显出来。

不妨举个例子：很多中国人已经从实际生活、特别是蔓延全国的腐败中感悟到政治建构中权力制衡的重要，威权主义时代相对开放的新闻媒体又使人们了解了西方政治运作中立法、行政、司法独立的实际效果，所以喜欢思考的中国人对中共总书记江泽民直到最近仍在坚持的"抵制西方多党制和三权鼎立等政治模式的影响"[11] 之类意识形态主张多不以为然，或至少心存疑虑。但人们很少追究共产党上述主张的"逻辑根据"是什么、是否有这样的"逻辑根据"？前不久由中共中央政治局委员、中国社科院院长李铁映署名，实为一个创作班子创作的《论民主》一书在北京出版，恰恰提供了这种逻辑根据的官方最新版本。该书讲：为什么"对党和国家权力的监督不能照搬资产阶级民主中那种多党竞选和三权分立的模式，而是通过改革党和国家的领导制度、建立监督机制的途径和形式来实现对党和国家权力的监督"，是因为工人阶级政党"不可能与其它党派轮流执政"![12]据说，"工人阶级政党的领导是社会主义民主的核心，是区别于资产阶级民主的特征。"[13] 然而，"工人阶级"又是什么？或者更宽泛地

11　江泽民《在庆祝中国共产党成立八十周年大会上的讲话》，人民出版社 2001年版，页 35。
12　李铁映《论民主》，人民出版社、中国社会科学出版社 2001 年版，页 79。
13　同上，页 77。

讲，"阶级"本身又是什么？凭什么可以断言从起源上讲一群向旧制度造反的知识分子组成的政党就代表"工人阶级"，而且保证没有它自己的"特殊利益"，尤其在掌握政权以后？中共意识形态每天都在宣传人民当家作主，什么是"人民"？什么叫"人民主权"？卢梭（J•J•Rousseau）曾倡导过"契约论"意义上的"人民主权"，却被后来的贡斯当（B•Constant）斥为有可能转变为"骇人听闻的暴政"；[14] 那么自命比"资产阶级民主"更高明的"无产阶级民主"或"人民民主"又会如何？这些关于"阶级""人民""民主"的抽象意识形态阐释何以会同千百万现实的中国工人、农民、教师、小商人、下岗者等等的实际存在有如此巨大的差异乃至冲突？可以说，现实生活本身早已宣布了中共"人民民主"之意识形态童话的死亡；但我们真的要从学理上反驳《论民主》之类的专制主义逻辑，就必须解构"阶级""人民"等构成专制主义论证的逻辑元概念，考察它们何以从第一代马克思主义思想者严肃的理论，从早期共产主义行动者不无崇高的信仰，逐渐堕落为现代专制主义自我粉饰的工具。显然，这种解构本身就是十分严肃的学术工作，它既是批判话语构造的前提，又是批判理论的一个组成部分。

上面这段话还有一层意思：所谓"解构正统马克思主义意识形态曾经教给我们的一切"并不意味着对与马克思这位 19 世纪的历史人物有关、或曾被归属于"马克思主义"名下的各种思想、观点的全盘否定。卡尔•马克思本来是一位杰出的学者，是严格意义上的批判理论的真正先驱。他的思想遗产至今仍是批判学术重要的精神资源——本书后文将证明，我个人对批判理论的思考与建构，也从马克思那里获益匪浅。但马克思主义又的确与 20 世纪专制主义（包括斯大林的极权主义和毛泽东的乌托邦"社会主义"）有重要历史联系，这既与马克思理论中的缺点有关，也与马克思主义在苏俄、中国等不同文

14　参见 B•贡斯当《古代人的自由与现代人的自由》，阎克文等译，商务印书馆 1999 年版，第一编"古代人的自由与现代人的自由之比较"。

化历史和政治传统之国度中遭遇的误读、异化、意识形态化以及由此引起的全部后果有关。从经典马克思主义到列宁主义到斯大林主义再到毛泽东主义，是一个过于复杂的故事，这里不可能充分展开（事实上，这正是本书后文论证中国现代专制主义总体化的一个重要环节）。无论如何——我在这里想说的是：以"教师爷"身份与 20 世纪"共产主义"专制体制发生联系，对马克思来讲是一种历史性不幸；而还这位批判理论先驱以"清白"、且用以表示我们对所有真诚的思想者之敬意的最佳方法，乃是以同样真诚的方式把他们也纳入"前提批判"的视野之中，解构历史总体化进程中强加给他们的种种污秽，同时亦对其思想遗产中已经死亡的东西和仍旧有生命力的东西做出清理、分析。一句话，我们拒绝历史理解中的非历史方法，拒绝对历史做出非此即彼的简单化解释。

在构建中国专制主义批判的概念系统时，还有一个问题提请注意：那就是如何对待近现代西方学术资源，如何理解西学对中国问题研究的意义。

从广义的社会进化和哲学人类学基点看，16 世纪以来的欧美学术发展本身即世界现代化进程之产物；如果这个进化过程从本质上说是普遍的，那么它在思想层面的结晶物自然也拥有普遍性的品格，而不管它是由什么肤色的人用何种语言"生产"的，——后者只能说明"产品"的特殊性，即产品生产之特殊语境与它所揭示的社会进化之一般逻辑间带有张力性质的"对立统一"关系。中国与"西方"同属于世界现代化进程这个整体，就此意义言，双方是休戚与共、互为映照的，社会进化之哲学人类学意义上的逻辑普遍性超越了发展过程所拥有的一切具体差异：这正是近现代西方学术对中国现代化研究同样拥有意义的根本理由。然而，另一方面，由中国制度现代化进程及其扭曲所呈示的总体化特征又是极其独特，甚至独一无二的，它同样超越了西学作为欧美语境之产物的经验范围。就此而言，西学对中国问题的研究意义又是有限的；无原则的机械套用可能产生有害、甚至灾难性的后果。

就历史发展进程的表象而言，由于欧美是现代化的先行者，中国是现代化的后来者，这使得现代化对中国人来说成为一个"外部刺激"与"内部回应"不断互动的痛苦过程。面对文化保守势力的顽固抵抗和专制主义的制度封锁，中国先进的思想者向西方寻求"真理"成为十分自然的事情。20 世纪 20 年代的罗素（B·Russell）、杜威（J·Dewey）来华讲学曾引起轰动；大约四分之三个世纪后的 2001 年，哈贝马斯来到中国，又成中国学界之盛事，竟至中国社会科学院的学术报告厅内座无虚席，连过道里都站满了前来听讲的人。西学翻译在过去的 100 年中曾几起几落；改革开放初起到六四之前的 80 年代和最近几年勃发的新的"翻译热"是威权主义时代中国学界一个非常引人注目的现象。西学翻译的产品——我们姑且称之为"引语"（从外"引进"之意）或"译语"——在现实中国有着十分独特的社会功能：它既是文化传播的手段，更是中国学人借以抒怀、借以表意的工具。恰值威权主义当政者拒斥民主化在实质意义上的展开、一党专制的"主旋律"越演越烈之时，书店里出现了大量的西方自由主义政治哲学的最新译本，不就是一个最好的证明么？威权主义时代知识分子的抗争艺术和由此衍生出来的知识社会学将是本书一个重要的研究课题；但就"引语"或"译语"本身讲，我还是要说：它们是远远不够的，它们不能成为构建中国批判理论的真正骨架。西学中关于一般意义上的人文科学方法论的阐释和有助于揭示现代社会发展进程之内在逻辑本质的科学论述将成为中国思想者构筑自己的批判学术的重要思想资源；而西学中更贴近中国研究的部分（如西学中的汉学，特别是"汉学"中的现当代"中国学"）对我们尤其有重要的参考价值。但任何西方学术都不能代替中国思想者自己的创造，道理很简单——除了中国人自己，没有别的什么人能同时充当"反思中的行动者和行动中的反思者"的双重角色。

关于"引语"或"译语"的上述讨论，再一次强调了中国批判学术应具的原创性品格。由此又使我联想起与"引语"有关的另一种现象，我们不妨称之"隐语"现象，它所涉及的乃是批判学术构建的独立性（非依附性）或彻底性品格。根据本书前边的定义，这个问题最终将归结为学术构建本身的科学性。

什么是"隐语"？"隐语"乃是从非官方的批判立场出发，以本土政治社会问题关切为中心，但又采取非直面专制主义逻辑本身的方式来阐述自己的学术观点。最典型的"隐语"话语运作见于近年中国学界的"自由主义"与"新左派"之间的争论。无论"自由主义"者也好，"新左派"也好，他们的着眼点乃在于迅速变化而又危机四伏的中国社会现实；他们的讨论以犀利的语言和论辩逻辑（自然，这当中大量使用了"引语"）凸显了"自由""民主""公正"在当下中国的匮乏现实，尽管强调的角度各不相同。从揭露而不是姑息种种社会丑恶、并试图从独立学术角度对之进行理论概括的意义上讲，"自由主义"和"新左派"的出现都是威权主义背景下中国公共领域的进步。但我的赞美只能到此为止。由于我的这些同代学者没有能把分析触角直面中国专制主义的逻辑本身，对现象的揭露就无法深入到本质层面。比如，持自由主义立场的学者秦晖提出"中国由于是在公共资产基础上通过产权改革进入市场经济的，因此除了要建立市场竞争的秩序外，更重要的是面临产权初始配置的问题"。鉴于中国这样的国家产权交易并非由"所有者"（公众）直接进行（所谓"卖方缺位"），必须通过"公共资产"的"看守者"代理交易，因此"在这样的改革中，人们就不能仅仅要求政府是个少管闲事的政府，而且还要求政府与公众之间建立一种严格的委托代理交易机制。第一，做这种交易，政府要取得公众的授权。第二，政府要接受公众的监督。只有在这两个条件下进行的产权改革才是公正的改革，否则就容易沦为看守者的监守自盗。这种公众选择代理、监督交易的机制实际上就是政治民主制。"[15] 这个思路我完全同意，但仅仅指出这些是不够的。如果说"监守自盗"及由此产生的"公平、""正义"问题已经发生（而

15 　秦晖"当代中国的'主义'与'问题'"，载李静主编《中国问题：来自知识界的声音》，中国工人出版社 2002 年版，页 109～110。

不仅仅是"容易沦为"），而且它们正是中国威权主义专制体制的总体化语境下从计划经济年代扭曲的公有制向权贵私有制转化的必然过程的外在呈示，那么，要建立真正的"委托—代理机制"，推进政治民主化的发展，就必须首先完成对专制主义总体化的解构；而解构的操作行动之前提乃是解构的理论行动：我们必须从学理上搞清楚是什么原因造成了威权主义时代当政者"监守自盗"又欺世盗名的局面？需要对专制主义本身做什么样的解构才能满足民主化和社会公正的要求？做出这样的解构又需要怎样的条件？等等。再比如，被广泛认为是"新左派"的一篇代表性文章断言：1989 年后，由于两个世界变成了一个世界，一个全球化的资本主义世界，故"中国对社会主义的坚持并未妨碍下述结论：中国社会的各种行为，包括经济、政治和文化行为甚至政府行为，都深刻地受制于资本和市场的活动。"[16] 其实，中国既未真的坚持"社会主义"（未加反思地使用此类概念是这篇文章的一大缺陷），也很难用规范的市场概念解释之。当然，我理解作者真正想说的是中国已经被融入一个国际资本化的社会中，"因此对中国问题的诊断必须同时也是对日益全球化的资本主义及其问题的诊断"。[17] 虽然此类陈述抽象地讲并非全无道理，至少它道出了理解中国问题之国际语境的一部分，但由于它的致命缺陷而使陈述本来具有的真理成分也暗淡无光。这个致命的缺陷就是：作者有意回避国内专制主义仍是中国一切问题的总根源这个事实，当然也就要回避了对专制主义总体化现实与国际资本作为新的总体化建构或解构因素闯入中国"问题"所引起的复杂的互动关系之深层分析。用作者自己的话讲："90 年代以来，有关政治民主的讨论明显减少，这显然是因为这一话题仍然充满了禁忌"。[18] 这个"禁忌"也禁锢着作者本人和几乎所有参与论争的"新左派"或"自由主义"派学

16　汪晖"当代中国的思想状况与现代性问题"，载孟繁华主编《九十年代文存》（上卷），中国社会科学出版社 2001 年版，页 243。

17　同上，页 274。

18　同上，页 270。

者。这是可以理解的：他们既想尽可能表述自己的观点，又希望这些观点能在国内公开发表出来，这样，"隐语"的使用就成为唯一可以走通的路径。至于"隐语"隐到什么程度（或者反过来说，批判语言可以暴露到什么程度）则要视官方的控制程度和社会演变进程中的种种机缘而定。

如此，"隐语"之不可能构建中国批判理论已经十分清楚了，它对专制主义逻辑本身的回避和"避免正面对抗"的基本策略，[19] 从根本上宣告了批判者建立自身逻辑系统的不可能性。"隐语"话语作为威权主义时代中国学人反抗专制的特殊方式，虽然有深刻的知识社会学意义，但从本质上说，它只能是对专制主义现实及其逻辑的有限反应；而从知识与存在、反思与行动、批判者与大众之内在联系的更具实质意义的互动关系看，"隐语"话语总体上尚未超出知识分子"群体自言自语"的窘境。

以上我们分别讨论了构建制度现代化与中国批判理论之概念系统必须厘清的几个问题：正统马克思主义意识形态的"先在性"及其克服；外来学术资源（"引语"或"译语"）对中国问题研究之意义；以及如何看待"隐语"这一威权主义条件下中国学界特有的话语现象。这为本导言后边的叙述奠定了基础。在接下来的几节中，我想正面叙述我所理解的、也是本书力图贯彻的中国批判理论构建的若干方法论原则，只有这些原则明确了，我们才可以使全书的研究建立在坚实的基础之上。

---

19 "避免正面对抗"的提法见于任剑涛的文章"自由主义、新左派与现代求知方式"，载哈佛燕京学社和三联书店主编《公共理性与现代学术》，三联书店2000年版，页251："这样言说自由主义（指坚持某些不容侵犯的"人权"作为底线——引者），就既可以将古典传统中的政治抗议优良学人之风承继下来，解除与传统的紧张关系，又可以将西方与中国的'国情'差异弱化，而突出其共同面对的起码社会人权规约问题，而免除与正统意识形态的正面对抗。"应该说，在大陆的公开出版物中出现这样的词句已属不易。

5．方法论考察（1）：
社会进化的一般逻辑公设原则

社会进化之一般逻辑公设的确定，从批判理论构建的角度看，有两大功能：

（a）提供理论判断的标准或坐标：

（b）构成专制主义总体化分析的深层学理基础。

20 世纪中国专制主义批判，一方面是为了"清算"历史，同时也是为了发现历史的"意义"。在过去的 100 年中，中国进步了么？进步了多少？用什么标尺衡量这个进步（或非进步）？我们是否本来可以干得更好？还是说为了取得今天的进步，我们付出了过于沉重的代价？凭什么讲，中国 20 世纪制度现代化的最大失败是民主建设的失败？就启蒙本身的规范意义和其遭受的挫折言，从五四到六四，我们何以在走了一个圆圈之后，似乎又回到了历史的出发点？我们是否曾有过其它选择或选择的可能性？对不同历史选择方式的价值判断又以什么东西为基础？如果说，制度现代化是社会进化之一般逻辑的制度体现，那么 20 世纪中国制度现代化进程的曲折乃至扭曲又是以怎样的方式凸显了进化逻辑之普遍性与具体历史进程之多变乃至偶然性的内在张力？——显然，只有清楚地回答了上述问题，我们才能真正理解 20 世纪中国历史的意义；而回答所有这些问题的前提则是必须有一个判断由以进行的标准。

可能有人会说：你怎么证明你所说的"标准"具有客观普适性、从而能够构成中国专制主义批判的深层学理基础？的确，成熟的批判学术在确立自身方法论原则的同时，也必须把对原则本身之合理性的反思纳入其中。关于"客观性"，我以为至少可以从四个不同层次定义之：（1）对简单经验事实的认定；（2）自然科学意义上的、借助一定经验手段得出的可证实性结果；（3）正统马克思主义意义上的"规律"，这其实是对自然科学"客观性"的模仿；（4）解释学意义上的"客观性"，即立基于本体论而非认识论的解释者与行动者、知识与存在、历史与历史表述之间的统一。本书对"客观性"一词是在如上定义的解释学意义上用的，这意味着，我所说的"客观性"乃是指由理解活动之本体论特征达致的研究结论的客观性，其中包括社会进化之一般逻辑抽象的客观性。

其实，关于一般逻辑"抽象"之可能，黑格尔早已讲得很清楚："知性做出规定并坚持规定，理性是否定的和辩证的，因为它将知性的规定消融为无；它又是肯定的，因为它产生一般，并将特殊包括在内…。"[20] 就本书主题言，鉴于制度现代化在全球范围内已进行了数百年，在欧美已有比较成熟的形态，现代化的正、负两面结果都已经相当清晰地呈示出来，表象具体的丰富性和机体发展的成熟性为科学抽象提供了不可多得的前提条件；另一方面，现代专制社会中极权主义或威权主义潜能的枯竭和民主化力量的增长，同样为批判主体进行合理的科学抽象提供了可能。尽管这个抽象是在最一般的层次上进行的，但它却深刻反映出社会发展进程的本质。因此之故，言其构成专制主义总体化分析的深层学理基础，绝非过誉之词。

那么，就本书论域而言，我所说的"社会进化之一般逻辑公设"包括哪些内容呢？本书第一卷对此将有详细的论述，这里只想简单地提出两点：第一，社会进化是一个全人类普适的发展过程；各民族历史演进的具体差异无非是以正面（遵从）、或反面（扭曲）的特殊性证明社会进化本身的普遍性。第二，既然称"发展"，社会进化是有方向的，但又是生成性的，社会进化本身并无任何预定的或前定的目标。换言之，我所理解的"社会进化之一般逻辑"遵从黑格尔的普遍与特殊的辩证法，但拒绝黑格尔—马克思式的历史目的论。

关于如上描述的社会进化之一般逻辑的形而上根据，已经不再属于本书的论域范围。不过，为了理论构造的完整性起见，我并不想把这个问题完全"悬置"起来；而是力图通过若干哲学人类学元规则

20　黑格尔《逻辑学》（上卷），杨一之译，商务印书馆 1977 年版，页 4。

的引入，为社会进化的历史可理解性构筑一个更具基础意味的人类学平台。哲学人类学在这里是一个重要概念，但它并不完全等同于马克斯·舍勒（Max Scheler）及其后继者创造的那个"哲学人类学"，尽管这两者之间有着重要的学术联系。1988 年我曾在自己的第一部著作《经济行为与人》中提出了"总体人学"的构想，其基本主张是在对社会生物学（sociobiology）、马克思主义及舍勒的哲学人类学做出批判性扬弃的基础上构建一个新的人学理解模型。这个人学模型强调人的生物性与社会性之间的相互作用，认为人类的现实历史乃是人类双重本性借助文化－历史中介彼此斗争又彼此中和的永恒过程。对于社会进化来讲，立基于生物学的人的自然本性与立基于广义文化－历史的人的社会本性构成历史运动之可见系列的更深层次的元规则系统。但是，鉴于这是一个异常复杂的课题，有些命题尚未得到足够的证明（比如，社会生物学的"基因－文化协同进化"说虽然早在 20 世纪 80 年代已经提出，但并未获得突破性进展）。所以，我愿坦率地承认：在本书中，哲学人类学关于人性构成及其互动关系的元规则论说只是一种假定；然这又是一个十分必要、且大有用途的假定，我们关于民主或独裁政治、关于市场经济的大量讨论最终都可以追溯到这个人之存在的最深层基础。还应该说明的是："假定"与本节所谓社会进化之一般逻辑的"公设"不同。就"假定"尚未得到充分明晰化的人类学理论（包括社会生物学这样更多带有自然科学特征的学术资源）之系统证明而言，"假定"尚不具备本书意义上的、完整的"客观性"品格，它只是一种形而上的假定；社会进化之一般逻辑的"公设"则不同，它是客观的，反映了既定历史条件下理解活动所达到的最高历史视界。在本书中，我之所以把社会进化逻辑称之为"公设"是为了强调它在专制主义总体化研究中的规范地位和标尺或坐标职能，这个标尺有助于澄清学术研究中常见的、或官方意识形态臆造的一些混乱。下面所列即此类混乱的三个例证：

例证一：六四后中共官方对抗世界民主化大势的意识形态话语

这样的话语由两部分构成：对外，鉴于苏东剧变后"共产主义"专制政权在世界上日益孤立的现实，为了证明中国坚持"社会主义"的正当性，中共当权者在所有国际场合都强调"每个国家和她的人民都有权选择自己的社会制度和发展道路"，似乎谁批评中共和中国的现存制度，谁就是践踏"中国人民选择自己的社会制度和发展道路"的权利。对内，当权者则开动所有宣传机器，宣称官方钦定的"马克思主义"版本乃是"建设有中国特色社会主义"的"行动指南"；同时把"三权分立""新闻自由"等解释成只是"资产阶级"的"民主"，而"资产阶级民主"是"西方"的产物，如今又成了"西方霸权主义"对我们进行"渗透""颠覆"的"工具"。另一方面，无论对外还是对内，民族主义都成了专制主义逻辑的重要利用物，成为专制主义执政者手中最方便的武器："祖国"是神圣的，而党则是国家利益的最高体现。总之，源于专制主义自我保护的需要，国际交往中的"多元论"与国内政治控制的"一元论"可以并行不悖；而"中""西"之间的对立，则被蒙上了浓厚的意识形态与民族主义的混合色彩。那么，共产党这套逻辑从本书立场看错在哪里呢？首先，它故意把具有社会进化普遍性的东西模糊化：无论各国选择的"发展道路"如何不同，它们都将是体现社会进化之一般逻辑的制度现代化历程的特殊表现形式。其次，"民主"并无"阶级"之分，正如"市场经济"并无"主义"之分一样（六四后邓小平倡其始搞出的"社会主义市场经济"实乃威权主义时代编造的最大的政治童话，不论它包含什么样的现实政治意图）。第三，人类普遍价值与"国家利益"的矛盾在现今人类文明进化水平上，确实是一个尚待解决的难题，但以"党"作为"国家利益"的天然代表，则是赤裸裸的专制逻辑，该逻辑只能使尚未解决的人类难题更难解决。以上还只是从社会进化之一般逻辑公设的角度对中共专制主义话语的抽象分析——也就是说，我们只是从学理意义上指出专制主义话语的悖谬之处，而尚未从专制主义话语与其产生语境间的相互关系中挖掘隐藏其后的"潜台词"或解释学含义。在本书全部展开后的行文中，我们会再次碰到这个问题。

例证二：文化相对主义话语

顾名思义，文化相对主义诉诸文化的"相对性"。在很多场合，它既是处于"弱势"地位的文化对"强势"文化之"霸权主义"的某种抵制，同时又含有对本土文化之"独特性"甚或"优越性"的顾影自怜式的强调。从本书立场看，文化相对主义和它的必然产物——文化保守主义——乃是对社会进化一般逻辑之普遍性品质误读的结果；历史地看，这种误读又是文明进程通过其外在表象展示其诡秘性而在后发现代化国家知识界中的可理解反映。就其性质言，文化相对主义或文化保守主义者的误读和它的对立面——表现为"全盘西化"论式的文化激进主义对社会进化之普遍逻辑的误读——其实同出一根，因为他们都把"西方"的东西（西方的技术、西方的制度、西方的文明）仅仅认作是"西方"的，而忘记了"西方"的东西固然是"西方"的，但同时也是人类的。从社会进化的逻辑看，西方人不过是以欧美民族实践的特殊性呈示、体现、证明了人类文明进化的普遍性。强调这一点，在历史理解上具有十分重要的意义。当然，时间方面欧洲人确实走在了前边，这使欧洲人自己也产生过各种各样的幻觉，包括那个已经绵延数百年之久的"西方中心论"的思维前见。关于"先进民族"与"落后民族""优等文化"与"劣等文化"的争论引至了一系列复杂的价值问题与情感冲突，竟使得"承认的政治"[21]之类话题远远超出了地区性个案范围，而具有了更加一般化的性质。不能否认产生此类问题的现实语境的高度复杂性，包括现存的国际规则、国际关系（特

21　"对于承认（recognition）的需要，有时候是对承认的要求，已经成为当今政治的一个热门话题。可以这么说，这种需要正是政治上的民族主义背后的驱动力之一。"见查尔斯·泰勒（Charles Taylor）"承认的政治"一文，载汪晖、陈燕谷主编《文化与公共性》，三联书店 1998 年版，页 290。

别是南北关系）中的种种不平等；但当我们为了获得对社会进化之一般逻辑的本质性把握而把这些因素暂时舍象时，我们就会清晰地发现：社会进化的逻辑本身不允许对不同文化进行非历史的横向比较，这与——比如说——一般的价值论立场是很不相同的。从价值论立场出发，所有的文化（包括最现代的文化和最原始的文化）在价值上都是等同的，因为它们同为人类的创造，因此拥有同等的尊严，应该得到同样的尊重。但从社会进化的立场出发，情形就大不一样了：我们会看到不同文化处于人类社会进化的不同阶梯水平，有些已经达到现代工业社会乃至信息社会水平，有些还处于前现代农业社会水平，有些则可能处于刀耕火种的原始社会水平。显然，这些社会所拥有的历史价值是不同的，尽管它们拥有同样的人类价值。历史价值更高的人类文化（社会）群体在其文化实践的特殊性中承载了更多人类文明普遍性的品格，率先体现了人类文明的共同发展方向。当然，在同一文化内部，人们也可以做出类似的区分：体现人类文明发展方向之共性（从而具有永恒性或超越性）的部分和仅仅代表当下社会进化水平的部分（个别性、非永恒性部分）。正因为如此——还原到中国问题——被文化相对主义者和文化保守主义者津津乐道的"中西"问题其实乃是社会进化意义上的"古今"问题。自马戛尔尼使华以来日益激烈的中西冲突，从社会进化之一般逻辑的立场看，实乃以老大自居、但又已经不堪一击的前现代华夏帝国与代表着更高社会进化水平的西方各国之间的对抗。历史的逻辑本身早已决定了这场对抗的结局。如果我们尚未从这种共时性的历史格局中看出历时性的历史交错特点，那倒是我们真正的不幸。

例证三："现代性"话语

"现代性"及各种"后学"话语在如今尚不敢称已经"现代"的中国被炒作得沸沸扬扬，似乎是一种很滑稽的现象，但我们不能因此而否认："现代性"问题本身蕴含的深刻的文明之悖论乃是一个不容回避的科学课题。市场运作的"资本"属性给人类带来了巨大财富，也招致了似乎岌岌可危的"平等""公正"乃至生活之"意义"等无穷无尽的麻烦——这正是自霍克海默和阿道尔诺（T·W·Adorno）《启蒙的辩证法》问世以来西方左派对"工具理性"，对"科学"，对无所不能又令人生厌的"资本主义"大加讨伐的基本背景。至于我们中国人，文明发展之二律背反带给我们的麻烦还要多些。这个"二律背反"的正命题自然无需多论：以"资本"为车轮的市场力量构建了现代法治精神与民主体系；民主制度（包括按民主原则运作的权力结构和对权力进行民间监督的公共领域）又成为哲学人类学意义上文明进步的普遍标尺。二律背反的负命题则至少包括了三条：第一条，"资本"自身的贪得无厌性必然招致的反伦理后果——这是一个无论在发达国家还是发展中国家都能看得见的事实；第二条，"资本"的"国际化"及其给发展中国家带来的双重后果——繁荣与异化（殖民化）的共存；第三条，以"实力"为原则的主权国家之间的弱肉强食——这意味着在一个实力不均衡的世界上，"实力"较弱的国家总是面临"实力"更强的国家的"威胁"。正是从上述第二条和第三条之"二律背反"的负命题中，我们可以进一步体味文化保守主义和近来的"新左派"主张的深层忧虑之所在，也可以体味何以民族主义、"爱国主义"容易成为现代专制主义进行大众动员、强化自身合法性的便利之举。然则我们又如何面对这样的"二律背反"？从社会进化之一般逻辑及其背后的哲学人类学元规则看，二律背反的存在似乎是人类文明不可避免的宿命，这是就人类本性最深层的基础——人类生物本性和社会本性的共存，而生物本性又为其始——乃制约着文明创置及演变的全部历史而言（比如，我们可以从现代经济行为的"自利"或"自私"属性中，窥视其进化生物学的可能起源。）另一方面，这种"宿命"又非真的不可改变，这乃是因为在人性的历史演变中，社会属性终究会通过无数历史与文化的中介而得到升华，我们的任务则是发现乃至创造促成人的生物属性合理扬弃、人的社会属性理性升华的制度机制（这应该也是社会进化之一般逻辑的应有之义）。它将构成制度现代化之更高层次的、哲学人类学意义上的崇高目标。

如果我们拥有这样的识见，则"现代性"话语所揭示的人类"此在"状况的狭隘性就不会成为不可克服的东西。面对"高歌猛进迎接异化"的狂潮，作为中国人的我们也不至总陷于"欲迎还拒"的苦恼之中。

6. 方法论考察（2）：
从抽象上升到具体的"总体化"把握原则

凡熟悉黑格尔到马克思的德国辩证法者，对"从抽象上升到具体"都不会感到陌生。

黑格尔把"抽象"规定为与"特殊"及"个别"相对立的"普遍"。"抽象"的基本特征是"为了保持它，便要丢掉具体物的其他规定。这些规定，作为规定，本来就是否定；再者，丢掉它们也同样是在进行否定"。[22] 普遍性构成特殊的东西的实体，"特殊的东西不仅包含普遍的东西，而且也通过它的规定性展示了普遍的东西；在这种情况下，普遍的东西构成一个领域，特殊的东西必须穷尽这一领域。"[23] 最后，"当概念的统一把具体物提高到普遍性，而又把普遍的东西仅仅了解为被规定的普遍性时，这就正是个别性，它是作为自身相关的规定而发生的。"[24] 在《逻辑学》中，作为认识活动的"从抽象到具体"被视为从普遍经特殊到个别的综合过程。马克思则更明确地把批判主体的认识活动区分为两个阶段：第一阶段是"完整的表象蒸发为抽象的规定"，第二阶段则是"抽象的规定在思维行程中导致具体的再现。"马克思特别强调"具体之所以具体，因为它是许多规定的综合，故而是多样性的统一。因此它在思维中表现为综合的过程，表现为结果，而不是表现为起点，虽然它是现实中的起点，因而也是直观

22　黑格尔《逻辑学》（下卷），杨一之译，商务印书馆 1981 年版，页 268。
23　同上，页 273。
24　同上，页 289。

和表象的起点。"马克思为此批评黑格尔陷入幻觉，把实在理解为自我综合、自我深化和自我运动的思维的结果。"其实，从抽象上升到具体的方法，只是思维用来掌握具体并把它当作一个精神上的具体再现出来的方式。"[25]

我很欣赏上面引述的马克思的最后一句话，事实上，我们在现实生活中，总是先看到无数作为外在具体的生活的"表象"，我们的任务则是透过这些"表象"去把握其内在的本质，得出关于这些本质的一般抽象。然后，在科学表述中，又要从本质的抽象出发，把原来抽象过程中被舍象的特殊因素一层层加入，使其成为科学研究整体把握中的具体，也就是思维的具体，后者乃是对可观察的外在具体之更深刻的本质性把握。对中国现代专制主义的研究，也应该遵循这个原则。

中国现代专制主义，既与欧洲历史上的专制主义有别，也非中国古代皇权专制主义的简单翻版，它是中国制度现代化进程及其扭曲中演化出的怪胎；而中国制度现代化又是世界现代化进程的一个组成部分，体现着社会进化之一般逻辑的内在要求。从批判主体的认知活动意义讲，这个社会进化的一般逻辑之所以会成为中国专制主义分析的深层学理基础，是因为它乃批判思维对客观实存层层分析后得出的本质抽象。但，仅仅有这个抽象是不够的。我们必须把该抽象还原为丰富的具体，在还原（或"上升"）过程中，那些被舍象的东西，将在批判主体拥有清醒的"效果历史意识"，符合解释学"视界融合"原则的前提下，被重新召唤回来，并一个一个地展开，使其构成思维中的具体的活生生的要素。在最终意义上，这个被批判主体所展示的思维中的具体应是批判客体——专制主义之现实中的具体——的深层逻辑再现。

我把这个"从抽象上升到具体"的方法称为总体化把握原则。这

---

25 马克思《政治经济学批判》，中共中央马列著作编译局译，人民出版社 1976 年版，页 210。

里有必要就"总体化"概念给出进一步的解释。在本书中，"总体化"包括两种含义；第一种含义，指批判客体自身结构存在意义上的多重性。就这个多重性既体现着运动发展方向性的内在要求，又在现实运动中代表着对它的扭曲而言，总体化乃是一个有着巨大张力的、矛盾的辩证发展进程；而就这个多重性乃是诸多历史要素综合作用的结果，"被规定的普遍性"在这里显示为被歪曲了的个别性而言，总体化又是被历史限定了的历史存在形式本身。第二种含义的"总体化"则指批判主体把握对象的方式：在批判学术的表述中，它是"思维中的具体"展示自身、完成自身叙述的手段。当然，从严格的批判主体乃"行动中的反思者与反思中的行动者"的双重存在意义讲，上述两种总体化的含义并不是截然分开的，批判主体用"总体化"原则解析现实社会"总体化"存在的行动本身，就是促成专制主义"总体化"解构的重要思想力量。此外还应该就本书所用的"总体化"概念与前人的异同略作说明。前文曾提及，这个概念借自法国思想家让－保罗·萨特。在萨特的《辩证理性批判》中，出于批判斯大林主义的教条主义、填补马克思主义"人学空场"的学术需要，萨特构建了一套从"个人"出发到"群集"再到"集团"的历史人学框架，与此相应的则是从"构成的辩证法"到"反辩证法"再到"被构成的辩证法"的辩证逻辑图式。"总体化"被定义为表征这两个相互联系的系列之发展的"多样性的统一"。因此在萨特那里，"总体化"的出发点是个人，目标则是为萨特所理解的"历史人学"提供一个辩证的、又是形式化的话语框架。不同于萨特，本书乃是从结构的多重化角度定义"总体化"。这是本书主题性质所要求的：中国专制主义本身作为20世纪中国制度现代化进程之扭曲的产物，的确呈示出结构多重性的特点，无论是在横向的共时意义上，还是在纵向的历时意义上。正因为如此，作为"思维中的具体"，总体化应该是把握20世纪中国专制主义演化之"现实中的具体"的得力分析工具。

那么，本书所理解的20世纪中国制度现代化之扭曲的"结构多重性"具体指什么呢？概略地说，它由三个相互联系的层面构成：

（1）基础层面。这就是上一节分析的社会进化之一般逻辑公设，由于这个公设体现着具有普遍意义的哲学人类学元规则，因此它是关于制度现代化之全人类意义上的、最一般的也是最抽象的规定。讨论中国制度现代化的成败得失，研究中国现代专制主义的历史可理解特征，必须从这个基本点出发。否则，我们将会在文化相对主义乃至反现代的文化保守主义、"过度"现代的各种"后学"思潮、以及靠诉诸狭隘的"民族主义"来支撑腐朽意识形态的"中国特色社会主义"的种种浓雾中迷失方向。严格地说——对中国思想者来讲——我们除了定位于"社会进化的一般逻辑公设"之外别无选择，这不但在于"研究的主体和对象实际上是由探究的动机所构成的，因此历史的研究被带到了生命自身所处的历史运动里"，[26] 而且在于正是这种不可避免的"前见"，决定了我们要在深入理解历史的基础上重构历史的冲动。"社会进化之一般逻辑"乃是我们理解历史、重构历史的标尺，是辨清 那些如此矛盾的社会运动与人类现象的基础。把它作为总体化研究之基础层面也表明：我们已经置身于世界现代化大潮之中，是这个本质上不可遏止的历史运动中的一部分。当然，由于社会进化的一般逻辑在肯定人的总的发展的矢量特征（方向性）的同时，拒绝对历史作目的论式的解释，在人的生物性存在和社会性存在的永恒运动及其现实表现——制度的不断重整和创新——的过程中，历史的停滞、扭曲甚或短暂的倒退都是可能的，也是可理解的。这就使我们有可能在更宽广、也更深邃的意义上洞察生活表象中处处呈示的"偶然性"和"易变性"。

（2）中间层面。在这个层面上，考察社会进化之一般逻辑普遍性时被舍象掉的文化特殊性成为被关注的中心。中国是一个正在现代化的国家；同时，中国又是一个拥有 5000 年历史的文明古国。中国的制度现代化不可能在一块飞地上进行；恰恰相反，这个文明古国

26　加达默尔（Hans-Georg Gadamer）《真理与方法》（Wahrheit und Methode），洪汉鼎译，上海译文出版社 1999 年版，页 365。

的所有前现代的东西——包括它的政治建构、经济建构、社会整合建构和意识形态表达——都会对社会向现代的转型发生影响。历史传统从来都是活生生的，举个例子，中国古代各种律典——唐律、明律、大清律等——已经不复存在，但这些律典中渗透的皇权意识、等级观念、伦理准则、宗法精神仍然作为习俗，作为人们心灵深处的文化潜意识存在着，并对现实生活，包括社会转型中正在建构的制度，发生影响。梳理这种影响发挥作用的机制成为中国专制主义总体化研究的一项重要而艰巨的使命。

当然，宽泛地讲，所有非自然地进入现代文明进程的古老传统国家都会遇到类似的问题；就此而言，在总体化的中间层面上社会进化的普遍性与前现代文化之特殊性构成内在的张力格局，并非中国所独有。那些本来是以特殊的民族形式率先实现（或证明）了人类共同发展道路的"西方人"在东方民族面前的"殖民者"或强盗面目，加剧了这一张力局面的形成。中国在这件事情上比其他民族（比如俄罗斯或日本），不过显得更加典型、更具有悲剧性、从而亦更足以表征历史演进的诡秘性而已。华夏民族历史上的辉煌和它在近世的衰落，构成一个极大的反差。从结构或系统意义上反思这段历史，已经被汉语知识界所看重，并产生若干成果。[27] 本书的任务，则是继续这种努力，并把它整合到中国现代专制主义批判的总体化分析之中。读者将看到，中国前现代的皇权专制之政治结构、小农/地主经济之经济结构、以宗法家族为核心的社会整合结构、以及作为上述三项之意识形态表述的政治化的儒学本来就构成了中国从前现代社会迈向现代社会的巨大文化－结构性障碍；20 世纪中国制度现代化的独特国际语境与国内矛盾的交织，救亡的凸显和启蒙的中断（——不要忘记，启蒙和与之相联系的文化重估本来有可能减少社会转型中辞旧迎新所必然遭遇的张力），使中国走向现代的进程显得更加凶险、更加危机

27　这样的成果，较远者可举瞿同祖的《中国法律与中国社会》为例；较近者如金观涛等人从系统论角度对中国前现代社会"超稳定系统"历史成因的分析。

四伏。终于，20 世纪中国人的制度选择及其现实运作证实了我们的担心，而这，正是总体化分析第三个层面要触及的东西——

　　（3）现实层面。所谓"现实层面"，指 20 世纪中国社会几个不同发展阶段（主要为"中华民国"和"中华人民共和国"）所呈示的制度现实及其意识形态表达。这是看得见、摸得着的现象实体，批判学术的总体化研究本来就是以此为起点的，但在表述上，它却成了最后才说出的东西。从常识意义讲，"现实"作为当下现存物仅仅是"表象"，即直观意义上可观察的外部现象；但在总体化研究中，"现实"或"表象"作为思维的具体，作为批判主体对客体总体化把握的结果，却已经获得最丰富的规定，成为包容了前两个层面所有内含的"个别"。比如，孙中山的民权政治构想何以在民国的实践中变成一纸空谈？毛泽东的共产主义乌托邦社会改造工程何以必然失败？威权主义时代借助"有中国特色"的资本原始积累和"社会主义免费午餐"何以使打着社会主义旗号的权贵私有制的形成不可避免？——这些20世纪历史上中国制度现代化扭曲的重大现象是不可能在一个平面结构上说清楚的，它们本来就是历史多重因素共同作用的结果，是同时体现着共时性与历时性两种力的特征交织的立体化作用网络的产物。尤其需要注意的是，根据黑格尔的《逻辑学》，以"特殊"为中介的"个别"本来应该是"普遍"的现实体现，但在中国专制主义总体化研究中我们发现：这个作为"个别"的现实层面，仅仅是对作为"普遍性"的基础层面的表面遵从乃至超越，而实质是对它的扭曲。这正是中国专制主义总体化研究必须解开的历史之迷。前文曾指出，本书将以中国共产党的专制主义（党专制）为研究重点，之所以如此，不但是因为在中共掌权的时段里，中国现代专制主义获得了最完整、最成熟的发展形态，而且还因为中共的马列主义意识形态和"人民民主专政"的国家实践以最为戏剧性的形式呈示了"表面超越"与"实质扭曲"的真实情景。那么，这种情景如何可能发生呢？我们当然要在第三层面上认真探讨"社会主义"的初始定义和它在马克思主义传统中的各种变异，包括它在中国人那里获得的理解形态；

更重要的是探讨这种理解形态本身与中国人的思维"前见"——受到前现代文化传统制约的观察、理解世界的先在性特征——之间的关系。而这必然使我们返回到总体化研究的第二层面，在这里，我们不但要考察中国人观念形成的传统，而且势必要考察是什么样的前现代政治、经济、社会建构造就了这样的观念系统和行为模式。如此定义的观念系统和行为模式在第三层面的研究中并不是无足轻重的；恰恰相反，它们会作为潜规则，作为某种看不见、摸不着、但又实实在在在发挥作用的东西构成第三层面总体化的要素。换言之，在"社会主义"的口号和外貌下，包括国家领导人和千百万普通人在内的中国人的决策和日常行为中，其实处处隐含着前现代华夏农业文明的"潜规则"，就此而言，中国现代专制主义的力量、生命力并不在于出现一两个独裁者，而在于独裁者产生的语境——由千百万人构成的、具有前现代特征或本质上就是前现代的行为模式与观念传统——以及独裁者与之的互动。正是这种互动，使中国的制度现代化进程偏离了人类社会进化之一般逻辑揭示的发展的普遍性。

　　"传统文化"当然并非全是现代制度转型的障碍物；虽然从总体上讲中国前现代文化乃是华夏农业文明的产物，然自先秦以来，无论是作为经典文献流传下来的思想遗产，还是作为记载中的、曾经存在过的古代制度遗产，在经过合理筛选、解构（即把其中的超越性人类普适内容与它们的前现代文化形式区分开来）和理性重估后，本来还是可能成为现代制度构建之有价值的文化资源的。马克思主义也是如此。作为 19 世纪欧洲工业化时代的产物，马克思主义在揭示市场经济的一般本性及其内具的历史力量方面显示出真正的睿智。当然，马克思的学说也有致命的弱点，对人性理解的浪漫化倾向（马克思似乎终生都未能克服这一倾向）和与此有关、甚或由此导致的、过于刻板的"阶级斗争"学说，使马克思的政治哲学和政治学见解相对幼稚，不堪一驳。指出上述第二层面和第三层面构成要素中的正负两个方面是想表明：在中国制度现代化进程中，总体化本来是有可能出现不同之综合形式的。比如，第二层面"传统文化"经过解构、重估的有价值的部分与第三层面的马克思主义思想资源中的有价值的部分的综合，可能会使中国的现代制度建构走上一条完全不同的道路。然而，这是否只是一种抽象的、不具现实意义的可能？因为毕竟中国并没有真的走向这条道路；而是相反，在我们所定义的总体化进程中，真正综合到一起的，乃是第二层面和第三层面构成要素中的负面因子。或者，我们也可以说这是一种"负面组合"或"不良组合"甚或"劣势组合"，正是它造成了中国制度现代化历史性的扭曲，造成了中国现代专制主义如其所是的这般形态，造成了相对于第一层面——社会进化之一般逻辑——的"表面超越"而"实质扭曲"的可怕局面。

总之，作为被"思维中的具体"再现的现实的具体，中国制度扭曲的总体化行程表现为三个层面间充满张力的紧张关系，其中，"基础层面"体现社会进化的普遍要求，"中间层面"表明前现代文化对制度转型的阻遏；"现实层面"则以表面的超越而实质的扭曲使总体化的内在矛盾发展到顶点。第三层面"实质扭曲"的结果在某种意义上使第二层面那些本该进入历史垃圾堆的东西死灰复燃，而在第三层面以"人民民主"自居的意识形态表达又成为这种死灰复燃的遮盖或掩饰——这一点，毛泽东如是，邓小平、江泽民也如是，只不过他们对此意识的自觉程度各不相同罢了。

这个方法论原则可以引出许多实践场合的应用。比如，当我们意识到 20 世纪中国制度现代化是在如此这般的总体化力量中被扭曲时，断言 1949 年后"新中国"的执政者乃是在中国前现代民本主义的意义上获得民众支持的合法性，就是一件完全可以理解的事情。再比如，既然总体化已经如此清楚地显示出自身的基本结构特征，那么在现代专制主义背景下去谈什么"德治""亚洲价值观"之类是多么滑稽，就一目了然了。要么，它是一种迂腐的书生之见；要么就是当权者别有用心的宣传伎俩。

这些具体问题，我们还是放到后面章节再展开讨论吧！现在，我们需要就"抽象上升到具体"得出的总体化概念，从横、纵两个方面再作些分析，从中又将引出两条重要的专制主义研究方法论原则。

7. 方法论考察（3）：
结构性分析原则

  "结构"是一个学术界众说纷纭、迄今尚无定论的术语。本书自然也有根据主题需要合理界定这个术语的自由。当我们把制度现代化理解为由"经济结构""政治结构"和"社会结构"组成的动态统一体时，这里的"结构"是什么意思呢？我们可以说："结构"是对某一社会运行系统或其中相对独立的部分之内在要素的组合及其联系做出的抽象表述，比如，"政治结构"所涉及的就是权力运行系统所包含的各种要素的组合方式与联系特征。但这样的理解并没有使我们真的前进多远。人文科学的复杂性就在于所有社会构成物都既是人的创造又同时制约着它的创造者。英国社会学家吉登斯（Anthony Giddens）曾就此批评功能主义者把"结构"仅仅视为社会关系或社会现象的"模式化"，"他们经常幼稚地借助可视图像来理解结构，认为结构类似于某种有机体的骨骼系统或曰形态，或是某个建筑物的构架。主体和社会客体对象的二元论与这种观念有着密切的联系：这里的'结构'体现为人的行动的'外在之物'，对不依赖其他力量而构成的主体的自由创造产生的某种制约。"[28]

  对吉登斯的上述观点可做出两方面的回应：一方面，对任一个体乃至处于某个历史时空断面的群体来说，社会"结构"都是一个先在的、不容选择的现实；无论个体还是群体都不得不生活于这个既定的社会"骨架"之内，受其所限。在这个意义上，功能主义的"模式"说并无错误。事实上，本书也首先是在同一意义上划分制度现代化进程的三大"结构"领域的。另一方面，"结构"本身又不是一成不变的，它的形成来自社会个体和群体的行动，它的基础的变更（社会

---

28 吉登斯（Anthony Giddens）《社会的构成》（The Constitution of Society），李康等译，三联书店 1998 年版，页 78。

"骨架"之力的组合形态乃至社会"骨架"本身之架构原则的改变）亦都要追溯到这种行动，是该行动的产物。就此而言，行动者又不是"外在于"结构的，而是结构变异中活的根本要素。因此，所谓结构问题上的主、客体二元对立，只是外在观察的结果，是一种思维方法论上的"恶无限"。我们要做的，则是从行动者与"结构"互动之"真无限"的意义上理解结构形成与结构变迁的辩证法。这种辩证法意味着：我们既不能因为强调结构包含在行动的生成过程中而忽略结构对行动的制约作用及由此必然产生的结构对行动者而言现象意义上的外在性，也不能因为仅仅局限于这种"外在性"的观察忘记了结构与行动者间的互动才是历史运动的生命所在。

然而，这样的议论仍嫌抽象。对专制主义总体化研究言，我们需要找到更具体的概念工具以揭示结构与行动者之间的互动性联系。不妨从吉登斯的两个概念——结构的"使动性"和"制约性"——谈起，然后，看看有否可能在中国现代专制主义论域内延展、深化这些概念的内涵。

在《社会的构成》一书中，吉斯登致力于构建一种"二重性"的"结构化"理论，突出点即在于强调"社会系统的结构性特征兼具使动性（enabling）和制约性（constraining）"。[29] 前者指"行动者使结构生成"；后者指"结构又制约着行动者"。不必援引吉登斯对此的证明过程，因为这个观点与本书前文所述显然是一致的。对中国现代专制主义研究来说，我以为重要的是区分两类不同的行动者，他们对结构的"使动"方式和"受制"特征是大不相同的。第一类行动者指处于最高当权地位的人（如慈禧、蒋介石、毛泽东）——当然，在专制主义语境下，他们都是独裁者。一方面，独裁者在"结构"面前，显示出更多的"使动"（能动）特征，因为他们握有权力，拥有贯彻自身意志、又不受他人意志制约的手段。他们往往通过自己的行动，使结构趋向于成为体现自身意志的工具。当然，我们不能把这个逻辑贯

29　同上，页 263。

彻到底；那样的话，我们就将跌入"英雄创造历史"的非历史主义的陷阱。现在请注意独裁者与"结构"联系的另一方面，即独裁者"受动"或"受到制约"的方面。在这方面，俄国杰出的马克思主义者普列汉诺夫的下列断言仍不失为真理："个人因其性格特点可能影响社会命运，但这种影响发生的可能及其范围，却要依当时的社会组织和社会力量对比关系来决定"[30] 尽管"偶然现象以及著名人物的特点，其表现要比深藏的一般原因显著得无比"，但从历史长程看，"个人可能改变事物的个别外貌及事变的局部后果，但终究不能改变事物发展的一般方向"。[31] 用本书当下的语言，独裁者尽管大权在握，但他（或她）运用权力的方式及可能达到的效果却不能不受到既定社会结构的制约；独裁者个人在历史上发挥作用的范围、程度，归根结底仍然取决于发展、变动中的社会结构的内在历史力量。也就是说，在社会进化的宏观意义上，独裁者暴露于外的"能动"（使动）特征往往与深藏于内的"受动"本质互为补充，这种"能动"中的"受动"是我们理解专制主义独裁者之历史角色的重要把握点。应该同时强调的是，这个结论并不意味着否认在专制主义语境下，独裁者个人的作用往往会通过结构、通过独裁者个人对结构的"使动"性被社会系统放大的可能，正是这种可能向现实的转化，成为社会发展进程产生更多曲折、扭曲的直接原因（在民主体制下，这样的情形本来可以避免或减少）。

现在让我们考虑第二类行动者。这里指的是作为普通人的每一个个体。与独裁者相比，他们处于相对无权或彻底无权的状态；因此，作为纯个体，普通人对社会结构的影响并无意义（这里又一次显示了民主社会与专制社会的不同，在民主社会中，每一个公民都可以通过他对社会生活的有效参与显示其价值）。然则又何以定义专制条件下的普通大众也是"行动者"？原来，这种"行动"并不是以个体

30　普列汉诺夫《论个人在历史上的作用问题》，三联书店 1965 年中文版，页 24。
31　同上，页 30。

为单位、而是以群体为单位形成的，正是作为群体的普通人才会显示出他们的功能性价值——对社会产生影响。我们甚至可以说，群体行动作为无数普通个体行动的有机组合既构成社会的外部表象，又深刻规定着社会的内在性质。——因为群体行动才是文化传统最强有力的载体，它们本身就是社会"结构"理解中最本质的要素。比如，在专制社会里我们常常可以看到这样的现象：作为个体的普通人面对他无力改变的社会现实是微不足道的，他只是个单纯的"受动"角色；但无数"受动"个体的总和却可能构成一种力量，一种"使动"性力量，足以影响"结构"，甚至作为"结构"去影响独裁者。这样，本来是"受动"的个体之总和，却会表现为某种群体的"能动"，这种"受动"中的"能动"在毛泽东式乌托邦社会改造工程中表现得尤其明显。不妨举个例子：1955 年到 1956 年中国农业合作化运动的急速"升级"。据中共元老薄一波回忆，早在 1952 年，毛泽东就开始考虑"向社会主义过渡的问题"；1953 年正式提出"一化、三改"的党在过渡时期的总路线，但当时设想完成"三大改造"需要用 3 个五年计划的时间。[32] 1955 年春由浙江省合作化运动"过头"引发的"上马"与"下马"的争议，毛泽东本来还持谨慎态度，但当年 4 月他到南方考察一圈，沿路看到庄稼的长势，又听了地方领导人（尤其象上海市委书记柯庆施这样的人）的汇报后，态度有了根本转变。在著名的《关于农业合作化问题》的报告中，毛批评邓子恢等中央农村工作部的领导者"像一个小脚女人，东摇西摆地在那里走路"；毛自己则断言农业合作化这场涉及"5 亿多农村人口的大规模的社会主义革命运动，带有极其伟大的世界意义"。[33] 但即便在这篇报告中，毛也并未改变中国共产党既定的公有化社会主义改造日程表。值得注意的反倒是这样一种情况：毛的报告传达下去以后的 1955 年下半年到

32　薄一波《若干重大决策与事件的回顾》，上卷，中共中央党校出版社 1991 年版，页 213、221～226。

33　毛泽东"关于农业合作化问题"，载《毛泽东选集》第 5 卷，人民出版社 1977 年版，页 168。

1956 年初，中国农村的"社会主义"合作化运动真的出现了前所未有的高潮，发展势头之猛甚至远远超出了毛泽东本人的预料。用薄一波的话讲："短短几个月内我国农村就一举实现了高级形式的合作化，许多地方没有经过初级社，甚至也没有经过互助组，就在个体农民基础上直接组织高级社。"[34] 为什么会是这样呢？美国学者麦斯纳（Maurice Meisner）曾用"贫农的平均主义愿望"和"当地干部的政治热情"解释之，[35] 这类解释显然并不彻底。问题在于"热情的原因"，作为农业合作化的具体组织者的中共农村基层干部意识到这场运动乃是对其政绩与"政治可靠性"的检验，所以必然不遗余力而至极端。在中共政治动员系统中长期形成的"宁左勿右"的政治行为模式也会助长不负责任的"跟风"行为的普遍化。更为深刻的是，这里似乎有某种前现代的政治传统在发挥影响：面对"圣旨"，人们不但丧失了独立判断能力，而且势必要以三倍的努力表达自己的"忠诚"。也可能还有经济、行政方面的其他原因：基层组织者由于迅速高级社化而免除了"土地分红"计算中的各种麻烦，从而减轻了行政上的压力。无论怎样，高潮是从下面形成的。它固然有决策人"使动"的重要因素（毛的报告成了新一轮运动高涨的动员令），但来自下面的回应却不能仅仅用"被动性"来解释；恰恰相反，这是一种"被动"中的"主动"，"受动"中的"能动"。农业合作化迅速"升温"中基层组织者及其组织、依靠对象的行为，作为某种合力以反作用的形式给最高决策人以"使动"，促使毛泽东做出更加错误、更加极端的判断，正是在此基础上，产生了毛泽东 1955 年底到 1956 年初关于国民经济发展更加冒进的主张，并埋下了 1958 年发动大跃进运动的思想认知伏笔。总之，在这个堪称经典的例证中，"受动"群体对处于最高决策地位的独裁者来说，既是"被动"的"受动对象"，又作为影响、

34　薄一波《若干重大决策与事件的回顾》，上卷，页 400。

35　麦斯纳（Maurice Meisner）《毛泽东的中国及后毛泽东的中国》（Mao's China and After: A History of the People's Republic），杜蒲等译，四川人民出版社 1989 年版，页 198。

制约独裁者行为的既定社会结构中的一部分反作用于独裁者。这种反向"使动"的方式是活生生的，它深刻说明了结构中"主动"与"被动""能动"与"受动"的辩证特征，说明了在特定条件下完全有可能形成独裁者与大众双向使动的共生格局，说明了结构本身与不同类型行动者的动态的、又是统一的张力关系。

到此为止，我们只是从概念意义上检视了结构分析中最重要的若干方法论特征。下面，我想谈谈在中国现代专制主义研究中，结构性分析可能有助于解决什么样的问题。

一个基本的事实是：20 世纪中叶以来共产党治下的中国是一个彻底到无以复加之程度的全面专制主义国家。对毛泽东一党专制之极权主义时代来说，"全面"这个修饰词意味着"党"对社会政治生活、经济生活、文化生活乃至私人生活的全方位控制；邓小平和后邓时代的威权主义虽然引进了市场经济、并不可避免地造成社会生活一定程度的开放，但专制主义要求经济与社会生活结构臣服于政治结构的本质与反映制度现代化之内在趋势的市场经济自由原则向政治领域和社会公共领域的渗透这两者之间的冲突，又迫使中共当权者不断探索、"完善"实施全方位控制的新的制度形式。对批判理论来说，研究对象本身结构上的全方位特征决定了研究主体的批判视野也必须是全方位的。批判思想者必须采用整体性的结构分析与结构理解方式，把握其对象；而从总体化研究的高度讲，这种整体理解的结构性分析法又将首先是对总体化之现实层面各个结构组成部分及其结构要素的横向展开，通过对这些结构和结构要素的联结方式及互动方式的批判性梳理，去洞悉中国现代专制主义的内核、它的生命活性和它的独一无二性，并反过来赏玩它在当下历史中呈现出来的完整画面。

结构性分析法还会促使我们去注意中国现代专制主义构建中那些颇具特色、又至关重要的特殊项。比如，中共领导人信奉一句名言："枪杆子，笔杆子，夺取政权靠这两杆子，巩固政权也要靠这两杆子"。"枪杆子"指的是军队，"笔杆子"指的是意识形态。我们首先来看看"枪杆子"。在中国现代政治构建中，武装力量的规范政治角色一直是个十分敏感、又从未真正解决的问题。反观前现代政治传统，军队既是戍边卫国的手段，又是皇权统治的工具。这种传统的精髓一直延续到今天而未变。当年的重庆谈判，蒋介石与毛泽东为什么不可能谈到一起？除了其他原因外，双方都握有重兵是一个根本原因。在中国的政治文化传统中，除了兵戎相见，似乎很少听说有通过协商、通过建立规范的谈判游戏规则解决权力或公共领域争端的前例。中共著名的"党指挥枪"的原则，既有其特殊的政治意识形态含义（"人民军队"服从"无产阶级先锋队"共产党的领导似乎是天经地义的事情），也是对包括孙中山在内的现代革命先贤失败经历的总结，同时又蕴含着前现代帝王政治文化的丰厚遗产。1949 年中华人民共和国建立后，"党"与军队的关系并没有变，但具有了新的性质：军队从"党"夺取政权的手段变成维护一党统治的工具。不过在共产党尚拥有足够的民众支持之合法性时，军队角色的这种转换并不引人注目。文化大革命中，毛泽东曾把军队用于对运动的控制，这使武装力量直接介入了地方政治。然而，真正把军队应当承担什么样的政治角色问题凸显出来的还是六四天安门事件：谁可以被赋予这样的权力调动几十万军队去镇压和平示威的学生？镇压者凭什么拥有这样的权力？军队本身又如何面对这样的权力？正是在思考此类问题时，中共"党－军关系"中的专制主义逻辑被清晰地呈示出来。可怕的是，直到今天，江泽民等中共"第三代"领导人仍在坚持、乃至强化这样的逻辑。江泽民对军队"五项要求"的第一项就是"政治合格"。这里当然有可能发生的党内、军内政治权力斗争的预警性考虑，但它也可以做这样的解读：假如再次发生六四那样的"动乱"，军队必须一如既往地听从"党"的指挥，完成"党"交给的任务，哪怕再一次把枪口对准自己的人民。

在理想的民主体制下，军队的唯一使命是戍边卫国，防止外敌入侵；它不应介入国内政治，更不允许成为某一党派的政治工具。然这种民主政治格局的形成要求一系列的结构条件，其中最重要的、最根本的条件当然是改变独裁的一党专制之政治体制本身。在中国的政治文化传统造就的专制土壤中有可能生长出这样的民主之花么？作为党专制之中国现代专制主义总体化建构中重要一环的"党—军"关系如何才能使其逐渐解构？——可以说，这些都是中国现代专制主义研究中非常重要的问题，既有浓重的理论价值，又有深刻的现实意义。

"笔杆子"－意识形态控制——同样有重要的结构性研究意义。在马克思主义术语中，意识形态乃指与社会经济基础相对应的上层建筑的一部分。"一个特定的经济基础要能够存在、巩固和发展，不仅需要强制性的政治、法律制度和设施来规范人们的行动，把人们的行动限定在一定的秩序之内，而且还要有意识形态来论证经济制度和政治、法律等制度的合理性，使人们'自愿'（不管能否做到）地遵守制度，维护秩序。"[36] 我则主张从动态角度理解"意识形态"这个概念：当一种理论、一种学说处于形成时期时，通常倾注了理论创造者全部的社会责任感与道德热情，并被行动者当作批判、改造社会的思想武器。虽然作为行动者"思想武器"的理论学说与作为思想家生命结晶的理论学说之间已经产生了差异（前者往往是对后者的简单化，或者至少包含简单化的趋向），但由于此时的理论尚未与权力相结合，仍不失其革命的、朝气蓬勃的特征。我以为，这时的理论以不称为"意识形态"为好。意识形态意味着理论与政治权力的结合，即理论成为论证权力合法性的工具。作为意识形态的理论将不再遵循理论自身的逻辑（科学逻辑与创造逻辑），而必须遵循权力的逻辑（一切以权力的维护为转移）。在专制的社会条件下，某种理论一旦被钦定为官方"独尊"之物，往往就是其意识形态化的开始。尔后的行程则大体分为两个阶段：第一阶段为处于鼎盛时期的意识形态，主要执行向臣民提供认知结构与行为指导、促进臣民对政权的认同、调整可能出现的社会整合方面的冲突等功能。第二阶段为处于衰落时期的意识形态，往往伴随政权的不稳定、内部分裂或出现社会危机而

36　肖前等主编《历史唯物主义原理》，人民出版社 1983 年版，页 137。

产生。意识形态的整合功能也更多地堕落为辩护功能。我们可以从中国共产党掌权后的50年历史中看到这样一个意识形态从鼎盛走向衰变的完整过程：50年代以"马克思列宁主义"为武器、以"无产阶级"胜利者姿态进行的全民"洗脑"和"思想改造"，60～70年代的"文革"及其"继续革命的理论"，80～90年代的"坚持四项基本原则"和"反自由化"运动，直到被捧为新的"圣经"的江泽民的"三个代表"。从专制主义总体化角度看，重要的是辩护性意识形态不但本身就构成总体化链条中不可或缺的一部分，而且它是通过一系列结构方式发挥其功能的。传媒、教育、出版、演艺界都成了意识形态重要的传播和灌输手段。然而另一方面，恰恰是这些领域，在民主化推进的过程中，本来承担着公民社会构建的重要职能。显然，这里再一次发生了碰撞，专制力量与民主发展力量之间的碰撞。我们可以从近年来"东方时空""焦点访谈""新闻调查"之类电视节目的设计、审查、调整中，从《南方周末》之类报刊时而发展、时而"整肃"的曲折中，明显感受到上述碰撞的节律。通过这种节律去理解中国专制主义强化或解构的意义，应该也是批判理论的研究路径之一。

谈到结构，中国现代专制主义分析中还有一个非常重要、又极其独特、早就引起各方关注、但至今尚无明确定论的难题：这就是农民问题。在今日中国的13亿人口中，有2/3仍然是农民。这个惊人巨大的人口群体对中国的制度现代化进程意味着什么？江浙一带，你会从一幢幢拔地而起、漂亮的农家小楼中感受到改革开放给沿海地区农民带来的变化；然沿陇海铁路从郑州往西，两侧一望无际的贫瘠的土地和荒丘又会令人生出无限感慨。中国的农民是勤奋、朴实的，但千百年来又一直象一盘散沙，愚昧、短视、自私成为这个社会群体世代相传的最为显明的精神特质。毛泽东是靠农民、而非靠什么"社会主义"理念打下江山的，这是因为当时务实的中国共产党人懂得农民最需要什么。同样，毛泽东的乌托邦社会改造工程也是在农民那里彻底破了产。迄今为止，农民仍是中国人口基数最大、教育水平最低、公民意识最落后的社会群体，这个社会群体与专制主义统治的互为条件、相得益彰，再一次证明了二者共生共存的历史必然性。正如前几年曾对中国河南农村作过深入考察的一位学者所说："历史如同一条源远流长的河，河在某处转弯，在某处汇入新的支流，在某处突然中断形成瀑布，在某处突然停滞形成大湖，然而却依然是同一条河。历史亦复如此。就中国的农业、农村、农民社会及地方政府关系而言，历史的继承性远远超出它们的表面变化。这是每个急于现代化的人们必须加以正视的基本现实。正是这块构成当代社会基础的乡村社会内，我们看到古老的社会生产方式及其同样古老的社会关系与政治关系，它们已经历了近半个世纪的上层意识形态与政治制度的激烈变化而依然保持它的巨大的历史惯性。变化是有的，但很少触及本质变化。"[37] 这就给我们提出来一个问题：在既定的城乡社会二元结构框架内，在受到资源（尤其是土地资源）和人口的双重制约，使得农村生产方式和产权关系的调整（这里还暂时舍象掉了现存意识形态对该调整的影响）遇到诸多困难的现实面前，谈中国现代专制主义的解构和政治民主化的有效推进是可能的么？这是任何一个关心中国前途和未来的思想者都不能回避的问题。我们应该从农民这个最大的"受动群体"、同时又是中国最深层的社会存在基础从而具有内在的群体"使动性"特点出发，研究它与城市其他社会阶层之间的关系，研究这种关系可能及于民主进程方式和它的内在限度的影响，从而从结构意义上确定农村、农民问题在中国专制主义总体化研究中的位置。

37　曹锦清《黄河边的中国：一个学者对乡村社会的观察与思考》，上海文艺出版社 2000 年版，页 243。

8. 方法论考察（4）：
历史比较与文化发生学探究原则

结构性分析之方法论（3）强调中国现代专制主义总体化研究中的共时性特征。本节讨论的方法论（4）则是要强调该研究的历时性特征。换言之，我们要从历史的纵向角度审视专制主义总体化之第二层面对第三层面影响力与制约力的发生学来源，而这势必把我们带入一个更敏感、也更富争议的学术领域，那就是如何界定中国的"历史"与"文化"，如何估价历史和传统文化对现代中国的影响。

六四后的 90 年代，本质上属文化保守主义的新儒学在大陆成为显学，是一个颇值得玩味的现象。从方法论角度看，新儒学最大的问题是理解历史的非历史方式。这可能与他们的个人经历有关：象唐君毅这一代儒者，迫于战乱和共产党的改朝换代而寄于港岛一隅，身心交瘁于"花果飘零"之中，复兴儒学就不但是他们的学术主张，更是其安身立命之文化生命所在。再往后的一代或两代新儒家学人则多在海外执教，一方面缺乏大陆专制主义压迫的切身体验，另方面又在异国他乡无时不在心灵深处感受着文化认同方面的紧张。在这个意义上，他们对历史的某些非历史性理解乃至对本土文化传统的超历史的美化仍属可以理解之举。但这种东西在六四后的中国大陆盛行，就另是一回事了。本书将在以后的相关章节中深入分析这种现象，这里重要的是指出：与新儒家的主张相反，本书强调要以历史主义的方式对待历史本身，强调我们对历史的态度首先必须是理智的、而不是情感的。理智意味着冷峻，而情感则容易导致研究视野上的盲区。

具体讲，所谓"纵向地"审视历史，包含两层方法论意蕴：

（a）侧重文化的进化分析而非文化间的横向比较；

（b）侧重文化的实际运作（制度）分析而非古代文献的抽象考察。

关于（a），前文已经指出，就批判理论由以立基的哲学人类学元规则及其社会进化公设言，这个"社会进化"的逻辑本身已经判定了对不同文化进行非历史的横向比较的非科学性。从一般价值论观点看具有同等人类价值、应该得到同等尊重的不同人类文化，完全可能、事实上也确实处于不同的社会进化水平，因此具有不同的历史价值。这是我们考虑中国问题，包括中国"传统文化"问题的重要出发点。一个基本事实是：不管我们的"传统文化"曾经多么辉煌，它——至少就它的主体部分而言——却是前现代的，是华夏前现代农业文明的积淀物，是中国现代制度转型中必须淘汰的东西。而且，这种淘汰过程已经开始，不管它是多么艰难。关于（b），问题可能更复杂些，我们不妨做个略为展开的讨论：一般来说，对中国古代经典（比如先秦诸子的遗产）进行纯文献学意义上的研究，当然是很有价值的学术工作。毕竟，这些以文献形式流传下来的思想作品构成我们这个民族"文化"中非常重要的一部分。但是，我们的"文化"还有另外一部分，它同样重要、甚至更为重要。这就是在数千年漫长历史中曾经存在过的中国前现代政治、经济、社会诸方面的实际制度建构及其原则。这个原则是什么？专制主义原则。中国古代专制制度不但体现在秦汉以来的前现代国家政治、经济、社会建构中，甚至体现在尧、舜、禹时代的前国家部落联合体的酋邦制度中。[38] 当然，以"文献"形式存在的文化与以"制度"形式存在的文化间并非全无关联；恰恰相反，前者往往是对后者的反映、呈示或省思。在某些场合，"文献"可能代表了文献作者对其所处时代的独立理解与把握；在另一些场合，"文献"又可能作为当时的意识形态，作为皇权合法性的论证工具发挥其功能。比如，政治化的儒学自汉武帝"罢黜百家，独尊儒术"后就曾经长期执行皇权意识形态的职能。但这样理解的"文献"，对"文献"如此这般的考察，也已经不再是抽象意义上的考察。它的前提乃是对中国前现代专制主义制度建构的历史性理解。

这样，我们的任务已经很清楚了：通过"纵向地"审视历史，我

38　关于酋邦制度的性质，酋邦制度研究在中国早期国家研究中的重要性、特别是该制度与中国历史上专制主义起源之间的关系，可参见谢维扬的有关专著《中国早期国家》（浙江人民出版社 1995 年版）第 4 章和第 5 章。

们将进行某种历史比较，从中发现中国现代专制主义与前现代专制主义之间的历史承继性关系，探寻 20 世纪中国现代化制度扭曲与中国传统文化中惰性因子制约力之间的可能关联，从而完成对中国现代专制主义形成之原因的历史－文化发生学诊断。我们应该在制度建构与运作的对比意义上，找到传统与现代间的历史延伸线，并努力发现分别影响、支配古今制度的不同意识形态之间功能上的相似性与自身演化的某种"合规律"的共同性。我们会发现：不管我们愿意不愿意，承认不承认，我们仍生活在历史之中。当代扭曲了的制度建构（不管其名义上被称为"三民主义"，还是"社会主义"），其中竟然有不少可以在历史的尘埃中找到自己的对应物。

不妨举一个例子。

公元14～17 世纪上半叶的明朝是中国前现代专制主义制度发展到极点的一个王朝。2000 年中国社科院的学者王毅在一次学术访谈中曾从 6 个方面总结了明专制的制度性特征及其对社会生活各个领域的全方位、毁灭性影响：首先，"最高统治者在制度建设上启用一系列中国政治史上空前的措施，以便全力强化专制君权对整个社会系统从上到下的超强控制，比如取消相权；大规模诛除一切可能的异己；皇帝通过亲自制定颁发、反复宣讲《大诰》三编而以法外立法的形式，将空前强烈的统治威慑力灌输到社会的每一角落…"。"在这个超强和超密的控制系统中，任何具有离异倾向的文化因素都会遭到极为严厉的控制和剿灭。"其次，"明代史实证明，一旦进入这种演化轨迹，问题就绝不仅仅发生在'权力体制'这个有形的核心部分；相反，它必然会在最广大的社会文化范围内启动同样的趋向…。专制体制空前强化，在社会文化和国民政治心理的一切层面中，都产生强烈而广泛的辐射效应。""在这个制度中，虽然人人都痛切地受到专制权力的压迫，都深受贪官污吏敲骨吸髓之苦，但是人人又只有越来越依靠千方百计地钻营和夤缘于专制权力，才能使自己相对于那些更为孱懦的下层群体来说，得以改变在权力面前的极端卑微地位和饱受的强烈压迫感。在这种机制的作用下，专制主义的毒质遂得以比以往任何时候都更充分和更活跃得多地充塞了整个社会肌体，从而成为了一种恶性程度极高的'社会性格'。"由此引出的第3个问题是"社会伦理整体性的黑洞化趋势"。"不仅明代权势阶层的伦理恶性化程度是前所未有的，更重要的是，这种恶性化的趋势在明代中期以后迅速扩散到整个社会伦理之中。于是，鲸吞无厌、夤缘钻营、蝇营狗苟、巧取豪夺、恃强凌弱、翻云覆雨等等，成为从上到下各个社会阶层普遍遵循的'生存通则'…。"王毅总结的第4方面特征是"高度强化的专制统治向调控机能全面废弛的'后专制统治'过渡的必然性，以及这一过程中的'制度综合征'。""超强权力转化为超大私利"成为社会基本态势，"一切制度性的法规准则、程序典章、道德操守等等，要么越来越变成了权势者借以欺世谋私的手段，要么在广大弱势群体眼中，因为其千疮百孔的神圣外衣下显出其极端丑鄙的本质而沦为举世的笑柄…。"第5方面指"权力制度下'伪商品经济'的基本特点及其'伪商品经济'体制与近现代商品法权制度全面逆向化的路径。"在此，王毅批评了中国学术界长期流行的"明代经济中孕育着资本主义萌芽"的观点，指出"这些'萌芽'并不能孤立地存在和发展，相反，明代'商品经济'只能置身于当时的国家权力体制及其支配下的社会文化之中。"由于专制权力在明代日益走向极端，全社会日益成为权力阶层牟利的工具，这样一种整体性态势作用于社会经济生活，必然产生"一系列虽然具备了商品和市场交易的外壳、但其本质却越来越远离现代法权意义上'商品制度'的怪胎。"最后一个问题则是专制主义"对国民心理控制的深及骨髓，以及因此而对近现代化进程造成的巨大隐性障碍"。总之，"在明代体制之下，'专制体制的强化、社会文化整体的腐溃、国民心理的蜕变'这三者之间的密切互动，造就了一种强劲的'反文化'机制，从而使整个社会无可逃遁地坠入了灭顶的深渊；而更主要的是为中国文化以后的发展预设了极为危险的模式和自我毁灭的'程序'。"[39]

39　王毅"追寻不公正的根源"，载李静主编《中国问题：来自知识界的声音》，

这是我所见到的关于明代专制主义的相当精彩的分析。虽然从明史研究的专业角度看，王毅所谈只是一家之言，但此文观点内具的思想性却是毋庸置疑的。我们对文中列举的许多现象，比如专制体制下社会伦理整体性的"黑洞化趋势"和权力制度下"伪商品经济"全面逆向于现代经济制度建构要求之历史发展路径，有一种深切的似曾相识之感。为什么？因为我们置身其中的当代中国威权主义之专制主义社会现实，似乎也在重演同样的逻辑。我们可以从上个世纪90年代后期以来逐渐升温的、新的"造神"运动中体味到中共专制主义的变本加厉；我们可以从产权重构、生产要素和收入分配极不合理的经济格局中洞悉"超强权力转化为超大私利"的类似趋势；我们也可以从充斥市场、屡禁不绝的假冒伪劣商品中，从到处都可以见到的商业欺诈中，从各地蜂起的黑社会及其与官府若明若暗的关系中，同样领略到什么叫社会伦理的整体性溃烂与决堤……。这里，现代专制主义与前现代专制主义的逻辑本质与社会后果竟如此相象，它似乎验证了前引访谈的这样一段总结——

传统的中国专制权力造就的不仅是一朝一代的衰亡，而且更是一种可以将其恶性化的专制基因不断传布开来和遗传复制下去的"程序"。就象一台被感染了病毒程序的电脑一样，我们尽可以将这些有型的机器砸毁焚灭，但是这还是不能阻断"程序"的被复制再生的路径；以至于我们以后虽然可能拥有表面上全新的机器，但是运行它的程序依然可能带有旧的病毒，依然可能沿着旧有的逻辑路径重新引发致命的灾难。"[40]

在本书中，我把这样的"程序"及其携带的"病毒"称为潜规则。这个词前文已经用过，但尚未给出较明确的定义。最先发明这个词的是一位叫吴思的学者，他写了一本小册子《潜规则：中国历史中的真实游戏》，由云南人民出版社于 2001 年出版。据吴思的解释，"潜规

中国工人出版社 2002 年版，页 375～394。

40　同上，页 388。

则"指前现代皇权制度下官吏集团背离道德承诺与正式角色的规定，不择手段追逐私利的行为模式与规则。由于这些模式符合"凡游戏必有规则、但规则未必明说，明说的又未必当真"的原则，故称之为"潜规则"。吴思用以解析"潜规则"的理论武器则是制度经济学关于人类行为遵循"现实利害计算"和"趋利避害抉择"的逻辑推演。这是一个很重要的逻辑思路，下一节讨论实证分析与制度两分法的方法论时，我们会回过头来再讨论这个问题。现在我想说的是：本书是在与吴思不同的界定上使用"潜规则"这个概念的；在本书的论域范围内，"潜规则"更多地是指前现代文明中积淀的政治、经济、社会之制度遗产及其观念形态（意识形态）作为某种传统力量或行为、思维定式对现代社会的潜在制约。"潜在"一词在此的意思是深藏于内，不容易被发现、被意识、被知觉。对行为者来说，"潜规则"对他的作用显然具有深刻而明显的非反思特征。比如，很多中国人对"官"的概念骨子里仍停留在前现代水平。"官"是"百姓"的"上司"甚至"父母"，而不是现代社会中公民和纳税人的受托管理者。一个村民在村长、乡长或书记面前，一个摊贩、业主或私营企业的老板在工商局、税务局、劳动局、派出所、甚至技术监督部门面前，从来是唯唯诺诺的，因为它们都是"官"，没有人觉得这种"唯唯诺诺"有什么不正常。这种充满了奴气色彩的"百姓"意识其实正是前现代社会官本位传统在现代社会的延伸，更何况这些部门确实握有的现实权力，往往可以不受监督地决定一个人或一个企业命运的权力，仍在无形中强化这样的潜规则。

　　除个体行为水平外，我们在群体行为水平的研究也可以应用"潜规则"概念，例如上文刚刚列举的明代专制主义权力体制的强化、社会文化整体性的腐溃、国民心理的蜕变三者之间互动机制在今天的中国威权主义社会中也可以见到类似的情形。当然，这么讲绝不意味着两者间有什么直接的因果关系，那样将得出十分荒谬的结论；而是说——比如——尽管六四后江泽民时代中国的威权主义社会溃烂并发症有其独特的产生语境（毛式乌托邦社会改造工程及其失败造成的伦理道德领域的"物极必反"，市场化启动后由于政治体制改革滞后引发的社会结构性失衡，愚蠢的意识形态宣传加剧了整个社会的假面效应，等等），但只要这个社会的控制方式和运行本质没有真的现代化、或正处于艰难的制度转型中从而仍深受前现代政治文明的影响，那么同样的专制逻辑就会导致同样或近似的反伦理社会后果。正是在这个意义上，我们可以进一步体味"潜规则"的内在本质：它构成历史与现实之间的一条文化暗流，无声无息，但强劲有力。它对中国现代专制主义总体化现实层面的影响虽然看不见，摸不到，但却无处不在，无时不在。这正是我们在总体化之第三层面的研究中必须时时返回到第二层面的原因；唯有此，我们才可溯本寻源，在文化－历史发生学意义上厘定现当代诸多重大事变或社会现象的内在历史蕴涵。反过来，"潜规则"所揭示的文化－历史发生学又是第三层面总体化存在以及对该存在的研究中不可或缺的重要环节。举个例子：无论孙中山还是毛泽东，我相信他们要建设一个民主的新中国的初衷是真诚的。然而，在这块有着丰厚帝王传统的土壤中，孙中山也要凭藉独裁方式才能贯彻他的革命理想，蒋介石由"党天下"而"家天下"的历史嬗变更非孙中山所能料及；至于毛泽东和与他同代的那一批共产党革命者，有许多人拥有优秀的个人品质和献身精神，但他们所着力创建的制度并非真的民主制度，则超出他们的个人认知之外。在一个缺少启蒙、缺少公民社会的培育和发展，又是在外敌胁迫和内部分裂状态下进入现代过程的前现代文化氛围中，一场理论上仿佛具有更高级色彩的社会革命导致现代专制的结果几乎是必然的。但这个结论是一种文化－历史发生学意义上的洞见，它的得出需要对历史与现实同样深刻的理解。这个洞见告诉我们：不管人们最初的信念多么真诚，不管从事这场革命的人们在个人品行上多么高尚，意志多么坚强，他们仍然无法超越历史的规约，除非历史建构的条件本身已经改变或正在改变。批判思想者通过探究"潜规则"的运作规律揭示现代专制主义的文化－历史发生学根源，应是改变历史建构之条件本身的工作的一部分。

9. 方法论考察（5）：
实证分析与制度的两分法原则

本书的任务是从总体化意义上研究20世纪制度现代化与中国专制主义演变的历史，特别是中国共产党党专制体制形成与演变的历史，这种切入和把握题材的方式决定了本书首先应该具有思想性品格；但任何历史都是由一系列事件、由相互联系的人的活动及其产物组成的，没有对这些事件、这些活动的经验考察和实证分析，研究者将很难做出准确的判断或结论。当然——我想在此强调——鉴于任何历史研究都必定建立在特定研究者的知识视野和价值判断基础上，对历史材料的选择、取舍必然受到这些认识"前见"的影响，因此并不存在、也不可能存在对历史的"单纯的描述"。不过，这个解释学上的真理并不否认研究者在具有明晰的反思意识的基础上寻求经验客观性的可能和合理性。本节所说的"实证分析"就是在这个限度内使用的。

还应该指出的是，"还历史以真实"这个在现代科学方法论上常常受到责难的提法在中国现代专制主义研究中却另有其含义，那就是纠正执政者对历史事实有意或无意的歪曲。最鲜明的例子莫过于六四天安门事件本身：时至今日，这个当代中国史上最大的"冤案"还没有被"平反"，死难者家属的心灵还没有得到抚慰；在所有官方的出版物和学生教材中，这场伟大的公民爱国运动仍被称为"动乱""反革命暴乱"或"1989年的政治风波"（后一个提法的相对中性化似乎表明统治者自己也希望淡化事件本身的内在震撼力）。诚然，我们可以设想、也真诚希望，在不远的将来，中国共产党能自己主动"摆平"此事，公开承认这件事做错了。——这自然是整个民族求之不得的事情，也是中共掌权者改变自身形象、顺应民主化大势的起码之举。然即便如此，"还历史以真实"仍然未必是彻底的。中共已经给1957年被划为"右派"的55万人中的绝大多数平了反，也承认反右派运动有"扩大化"错误，但却拒不承认反右派运动本身就是荒谬的。只要中共仍坚持一党专权的专制主义统治，对六四的"平反"就不可能彻底，也不可能从制度层面上真正说清楚天安门事件的前因后果。这样，对经验事实的严格的、科学的实证分析，建立在该分析基础上的对官方"正史"及其制造的所有谎言或假象的揭露，仍然是批判理论必须担负的任务之一。

本书不可能对 20 世纪历史上所有与专制主义相关的事件、过程、人物一一进行"考证"式的研究，这不是本书的任务；相反，我给自己设定的任务是从整体上把握中国现代专制主义演变过程中政治、经济、社会建构的宏观联系，把握反映、呈示这种宏观联系之历史过程的本质特征，而理解历史过程的重要手段之一是抓住历史过程因果链条中有意义的环节进行经验分析。这种分析运用得当，将会使研究获得意想不到的成果，并降低研究工作本身的成本。马克斯·韦伯（Max Weber）在《社会科学方法论》中就曾区分两种不同类型的经验事实，它们作为科学认识的范畴具有完全不同的逻辑意义。"文化现实中既定事实的逻辑应用的这种对立是：（1）通过以特例说明的方式把'具体的事实'用作一个抽象概念的典型代表，从而是用作一种认识手段来形成概念；（2）把'具体的事实'作为环节，从而也就是作为'实在根据'纳入一个实在的、从而也就是具体的联系中。"[41] 对于历史学来说，"现实中个体性的具体成分不仅是认识手段，而且绝对是作为认识对象，具体的因果关系不是作为认识根据，而是作为实在根据得到考虑的。"比如——韦伯举"人格"为例——"'人格'之'进入'历史学所构思的历史联系，决不是以其整体性，而是以其因果上重要的表现；某一具体人格作为因果要素而拥有的历史意义与该人格根据其'独特价值'所拥有的一般'人类'意义彼此之间毫不相干；恰恰是一个处于关键地位的人格的'不足'能够在因果关系上

41　马克斯·韦伯（Max Weber）《社会科学方法论》，李秋零等译，中国人民大学出版社 1999 年版，页 55。

成为重要的。"[42] 这很适合于分析——譬如说——毛泽东的个人"人格"对中国现代史可能发生（作为逻辑假设）或实际发生（作为经验事实）的影响。毫无疑问，作为个体的毛泽东是极其独特的。他的豪放、他的充满诗人气质的浪漫、他的叛逆性"人格"的确有其"人类"意义上的"独特价值"，但我所感兴趣者，却是这些东西作为历史形成的要素曾经发挥的作用或影响。毕竟，毛作为中国现代史上的关键人物之一，他的人格倾向、思考问题的方式及由此推出的结论，在很多场合成为探究中国现代史进程中诸多因果关系的重要一环。在这个意义上，对毛泽东"人格"的经验研究，是作为把握历史之"实在根据"予以理解的。与此不同——我们不妨再举个例——毛派他的警卫员下乡搞调查、为他摸回农村第一手资料之类的经验事实，只是认识毛泽东式专制主义的一种"典型事例"，因为这种事情清楚说明了一点：毛无法通过制度化的正规渠道获得下边的实情，只得假手这种非正规途径，而这在更一般的意义上反映了非民主政体的制度框架内最高领导人常常遭遇的尴尬。

　　在实证研究中对经验事实的逻辑意义及应用界限做出上述区分，是我们可以从韦伯那里学到的重要的方法论原则。然实证方法对中国现代专制主义研究的价值尚不止限于对经验事实的认定和逻辑分析。不难发现，中国现代制度扭曲与专制主义演变的总体化过程在总体化的现实层面上造成了许多奇异的制度景观，它们有的存在于宏观领域，有的则隐藏于微观领域，但都可以作为经验分析的对象。这里需要注意的是，制度所涉及的不是个别事实，而是诸多同类事实的整体，它们体现出同样或近似的规则性特征。所以，我们对此类对象的把握，应首先着眼于对经验层面斑驳陆离的制度现象之规则特征的合理抽象。根据不同的规则特征，研究者有可能区分出总体化语境内专制主义制度运作生发出的不同具体形式。

　　例如，在本书中，我就将依据以上原则，把经验性的制度现象做

42　同上，页56～57。

如下类分：

首先，我们可以把专制主义总体化语境中运行的中国现行制度区分为形式性制度和实质性制度，不妨称之制度的两分法Ⅰ。举个例子：根据 1982 年《中华人民共和国宪法》总纲第 1 条，中华人民共和国是"工人阶级领导的、以工农联盟为基础的人民民主专政的社会主义国家"，此曰"国体"；第 2 条，中华人民共和国的一切权力属于人民，"人民行使国家权力的机关是全国人民代表大会和地方各级人民代表大会"，此曰"政体"。《宪法》第 3 章第 57 条特别规定"中华人民共和国全国人民代表大会是最高国家权力机关"。然而，对中国政治稍有了解的人都知道，这个"最高国家权力机关"的权力仅仅是形式上的，真正的权力握在执政的中国共产党中央政治局手里。形式上的立法者必须服从"党"的领导和"党"的权威。——这才是在中国通行的实质性制度。最近，在美国注册的《当代中国研究》杂志刊载了北京大学法学院博士候选人韩丽的文章"中国立法的非正式性及其政治功能"。这篇文章并未使用形式性制度与实质性制度这样的术语，却把二者并存给立法造成的麻烦讲得一清二楚。该文指出："在中国这个以成文法为主而立法过程又充斥'党政法一体化'等非正式因素的国家，外部的非正式性往往具有决定性意义…。执政党的直接介入使中国的立法过程大大复杂化，宪法所规定的以全国人大为最高权威的立法体制被以党中央为核心的立法格局所取代，并且由于执政党一贯偏重行政机关，连依据宪法应受全国人大监督的国务院在立法中的地位也超过人大。这种立法权向执政党的实际转移是'超宪法'或'非宪法'的。宪法中提到要坚持中共的领导，但这种'领导'在法律层面却很难立足，它的贯彻与实施只能依靠宣传、动员和组织等非法律的政治手段。"文章还指出，"在领导人个人因素起决定性作用的政治中，权力主要依附于人际关系，而不是取决于握有权力者在政治结构中的法律地位。结果真实权力可能与法定权力脱节：有正式职务的人不一定具有充分行使其法定权力的地位；没有正式职务的人未必没有实际权力（如退休后的邓小平名义上只是'全国桥牌协会’的名誉主席，实际上仍处于重大决策的中心）。改革开放以来全国人大及其常委会在立法过程中的影响力不断增长，党组织逐步放松了对具体立法事项的控制，这一结果很大程度上取决于领导人的个人因素而不是体制化因素。此外，最高领导人或党内元老个人的‘立法观’也在相当程度上影响立法决策乃至某一项具体法案的内容。”[43] 事实上，在一党专制体制下最高领导人或党内元老个人的意志可以成为立法的最终根据恰恰体现了专制主义的制度特点；相对于被称为中华人民共和国“政体”、然而又被形式化了的人民代表大会制度言，这个党的领导人决定一切、包括立法的制度才是实质性的，尽管是非正式的。研究制度现代化进程中何以会出现此类形式性制度与实质性制度并存、分立的局面，通过实证手段检视、探察它们之间互相影响的机制与内在张力性质，并辅之以历史－发生学的纵向分析，辨明在何种意义上它们的并存乃是革命者起家的当权者之意识形态内在矛盾的产物，在何种意义上又体现着前现代政治传统对转型期政治建构与政治过程的影响，从而最终确定在这种具有假面特征的制度安排背后是否就是一个纯粹的陷阱，还是说，它也同时含有有意义的、虽然是渐进性的体制性积极因素（人大作为立法机构逐渐从“橡皮图章”走向真正的立法主体），这样的“走向”是否可能，促成这些积极因素成长壮大、发挥作用的条件又有哪些，等等——所有这一切，都是批判思想者在相关领域应该从事的工作和必须回答的问题。

其次，我们还可以从“制度”这个词的更宽泛的意义上，把中国现行制度区分为外在制度与内在制度，不妨称之制度的两分法Ⅱ。这个两分法既是基于现实生活体验对经验事实进行理论抽象的结果，同时也借鉴了当代西方社会学和制度经济学的某些思想资源。德国学者柯武刚（Wolfgang Kasper）和史漫飞（Manfred E. Streit）在他

43　韩丽“中国立法的非正式性及其政治功能”，载《当代中国研究》2002 年第2 期，页 51～52。

们所著的《制度经济学：社会秩序与公共政策》中把内在制度定义为
"群体内随经验而演化的规则"，外在制度则指"外在地设计出来并
靠政治行动由上面强加于社会的规则"。[44] 后者比较好理解，关键是
前者。据两位作者看，"在我们日常生活中占有重要地位的规则多数
是在社会中通过一种渐进式反馈和调整的演化过程而发展起来的"。
这就是说，"社会的内在运转所产生的制度不出自任何人的设计，而
是源于千百万人的互动"。[45] 他们举了这样一个例子：诚实社会中有
个通行的规则，即不讲真话的人会遭到冷落。"这种习惯的起源无疑
与谎言给人误导、增加他人成本和破坏信任这一事实有关。勿撒谎和
勿机会主义地行事这一规则是靠将违规者逐出社会交往的方式得到
维护的，它典型地属于一种完全非正式却非常有力的约束方式。"[46]
当然，我们也可以举一个反例，一个在非诚实社会通行的规则：讲真
话的人无人相信；不讲假话就办不成大事。众所周知，这正是专制主
义社会的现实。这种东西在专制主义的约束语境中，经由千百万人的
行为互动，也会形成某种内在制度，某种无需明言、却人人都清楚且
须遵守的不成文规则。吴思在他的著作中把它称作"潜规则"。前文
已经指出，吴是从前现代社会皇权制度下官吏的言行不一和普遍的
投机行为入手切入分析的，他的分析在许多方面与王毅所说的明代
"社会伦理整体性的黑洞化趋势"不谋而合。在本书的概念建构中，
我还是倾向于把吴思用"潜规则"概括的社会现象归入"内在制度"
的范畴，以区别于本书对"潜规则"概念的特定界说（见上节）。

　　在《社会的构成》中，吉登斯也注意到了类似的现象及其对社会
学研究的意义。他把我们定义为"内在制度"的东西称之"制度化实
践"，"所谓制度化实践，就是在时空之中最深入地积淀下来的那些实

44　柯武刚（Wolfgang Kasper）、史漫飞（Manfred E. Streit）《制度经济学：社会
　　秩序与公共政策》（Institutional Economics: Social Order and Public Policy），
　　韩朝华译，商务印书馆 2000 年版，页 119。
45　同上，页 36、120。
46　同上，页 121。

践活动"，它具有"深层的""默契的""非正式的"和"约束力弱的"等特点；与之相较，那些外在的制度（比如以法律形式出现的规则要求）反倒往往是"浅层的""话语的"和"形式化的"，尽管它具有"约束力强"的特点。[47] 从本书的立场看，也许吉登斯对"约束力"强弱的规定需要修正：就专制主义体制呈示的历史经验而言，"内在制度"对行动者行为的"约束力"并不比"外在制度"弱，在一定意义上反而更强，因为恰恰是"内在制度"反映了社会运行最真实的本质，反映了社会行动者对既定体制约束的自然应变模式。从批判理论建构角度看，这种非见诸文字的、在许多场合只可意会不可言传、表现为"软"约束而非法律文件等"硬"约束的东西，往往是思想者窥视社会、洞察一个社会肌体之病理结构的理想入口。

　　以上我们概略讨论了两种不同类型的制度界分，形式性制度与实质性制度之制度两分法Ⅰ和内在制度与外在制度之制度两分法Ⅱ。前者多存在于宏观领域，突出呈示了中国现代专制主义总体化建构中制度的面具化特征；后者则植根于更广阔的微观社会领域，通过无数普通人的日常行为表达之、实践之、传承之。另一方面，无论制度两分法Ⅰ还是Ⅱ，作为专制主义总体化之现实层面的制度呈示，都折射出总体化之中间层面的影响。从这个意义看，这两组概念的建立，又将有助于批判思想者把握中国现代专制主义运作之多重化、隐蔽化、面具化的历史－文化背景或发生学语境。当然，前提是通过实证的、经验的分析实现对对象的准确捕捉，然后才谈得到把现实的表象上升为"抽象的规定"；最后再通过"思维的具体"把那活生生的"现实的具体"还原出来。本书各卷展开后的讨论将证明：这种实证手段的运用不仅需要观察者的知识与智慧，同样需要参与者的感悟与体验。

47　吉登斯《社会的构成》，李康等译，三联书店 1998 年版，页 85～86。

10. 方法论考察（6）：
文本解读的解释学原则

　　在中国现代专制主义研究中，无疑，我们会碰到大量解释学问题。一方面，各类"本文"千差万别的存在形态和历史性对理解活动构成强有力的挑战；另一方面，批判思想者的理解活动本身又总是蕴含着普遍与特殊、认识与本体、生存与历史之间的内在紧张。

　　先来看前者。正如上文已经指出的，作为批判思想者，我们应该庆幸自己置身于这样一个时代，它向我们提供了如此众多的专制主义第一手资料：经济的、政治的、社会的、艺术的、甚至心理的，等等。作为"本文"，它们乃是中国制度现代化扭曲与专制主义总体化演变之各个历史时期的剖面式存档与再现。我们通过阅读，不但可以了解"本文"所记录的信息（相对于历史本身来说，这些信息有些是真实的，有些则可能是歪曲的），而且还可以洞悉这些或真实、或歪曲的历史记录的产生缘由之所在。专制主义的一个重要特点在于：它可以根据自己的需要随意编造历史、解释历史。这样，在面对现代史上众多的"本文"材料、尤其是由专制主义当权者自己生产或监制的"本文"材料时，保持清醒的反思与批判意识就尤其显得重要。一个成熟的批判思想者的标志乃在于：他（或她）可以借助这些材料，读懂材料中没有公开说出的东西，甚至读出材料作者也没有意识到的东西。从这个意义讲，批判者对"本文"材料的阅读和解释过程，乃是创造性地重建"本文"作者下意识地想去完成的东西的过程，不管被重建的"本文"之作者是驰骋一时的历史伟人，还是对历史并未产生大的影响的芸芸众生。用解释学先驱施莱尔马赫的话说就是"我们必须比作者理解他自己更好地理解作者"。这个被加达默尔称之"包含了解释学全部问题"[48]的命题，在中国现代专制主义研究中仍有广

48　加达默尔《真理与方法》，洪汉鼎译，上海译文出版社 1999 年版，页 248。

阔的用武之地。

有些时候，被解读的"本文"可能涉及多重历史时段，从而——至少在形式上——使问题变得更为复杂。这里可以举一个艺术作品的例子：文革后期拍摄的电影《创业》。这部影片的故事背景是 20 世纪 60 年代初科技工作者和石油工人在东北开发大庆油田的一段历史。影片剧本创作、摄制和公映时间是文革中的 1974 年～1975 年。当我们今天再来重温这部影片、并把它当作反思批判者的一个"本文"材料试图理解时，这里马上出现三个不同历史时段在理解过程中的交汇：（1）、"真实的" 60 年代初大庆油田创业史；（2）、70 年代影片对历史的"诠释"及其遭遇的命运；（3）、今天的批判思想者对影片及影片反映之年代的再诠释，其中也包括对影片本身之独特"命运"的再理解。让我们试着做个展开：首先，考虑到 60 年代初中国的独特国际语境（中苏两党和两国关系交恶，中国与西方又处于冷战时期）以及国内的严峻经济形势（"大跃进"导致经济滑坡，"天灾"与"人祸"同时降临），东北大庆油田的成功开发确实有其独特的历史与战略意义。当然，70 年代的《创业》主旨并不在简单重复这段历史，而在通过对周挺杉、华程等人物的刻画，"讴歌工人阶级的奋斗精神"。应当承认，影片主调激昂，音乐铿锵，剧中主要角色的表演颇具感染力，以致影片 1974 年底在大庆试映时好评如云，在全国公映后亦引起强烈反响。如果从今天的理解高度看《创业》，这部片子的局限性是很明显的：它用艺术化的形式凸显了毛泽东乌托邦社会改造工程最本质的那些特征，特别是"大公无私"式的精神至上论；又用 60 年代中期到文革时盛行的"阶级斗争"公式演绎影片的故事情节。可以说，这种对大庆油田创业史的"诠释"本身就带有浓厚的文革色彩。值得注意的是，这样一部标准的毛式"成人童话"居然引起毛泽东夫人江青的老大不快，其结果是文化部秉承江青旨意搞出的对影片的"10 条意见"。就中国现代专制主义研究言，这"10条意见"本身以及毛对之的批评都是不可多得的研究标本。江青对影片的主要指责之一是"编导创作人员要把片子拉到真人真事上去"，

"你们给什么人树碑立传？"[49] 这种解读方式活灵活现地勾画出什么叫文革式文化专制主义逻辑；而毛对江的批评（"样板戏太少，而且稍微有点差错就挨批，百花齐放都没有了"）以及毛对《创业》编剧张天民来信的批示（"此片无大错，建议通过发行，不要求全责备，而且罪名有 10 条之多，太过分了，不利调整党的文艺政策"）[50] 又充分说明了事情本身的复杂性。抽象地讲，专制如毛泽东者，他的认知逻辑与行为逻辑之间亦不能简单划等号；现实地讲，无论江青对一部电影做出的反应还是毛泽东对此的再反应，都与当时扑朔迷离的党内"宫廷"斗争有关。从这个角度看，围绕电影《创业》展开的争论又可以作为文革政治斗争的一个侧面或"例证"来解读。自然，这个"本文"还有许多其他的阅读角度，比如编剧等影片主创人员演绎的这样一部在"阶级斗争"中创业的故事，在多大程度上是当时知识分子认知水平的真实记录，又在多大程度上是知识分子自我保护的生存策略？公众对这部影片的普遍欢迎，在多大程度上证明人们仍然在无意识地认同毛泽东乌托邦社会改造工程的解释逻辑，又在多大程度上揭示出公众已经从情感上厌恶无休止的政治运动，而盼望国家在经济建设上做些实实在在的事情？——类似的解释学询问，从逻辑上讲不但可以应用 70 年代的《创业》，同样可以应用于 80 年代的《芙蓉镇》《天云山传奇》，或 90 年代的《渴望》。任何一部引起较大反响的艺术作品，都以某种方式折射出当时的社会兴趣和公众关注所在，同时又大多拥有时空交错、重叠的解释学特征，关键看研究者能否读懂它们，用什么样的方法去读。

解释学在中国现代专制主义研究中还有一个巨大的实践领域，那就是揭露专制主义条件下日常生活的剧场化、面具化现象，解析包括工人、农民、党的基层官员、私营企业的老板、报社的记者编辑、给学生上课的教师、艺术团体的演职员等等在内的千百万普通人政

49　参见刘勇、高化民主编《大论争：建国以来重要论争实录》，中册，珠海出版社 2001 年版，页 461。

50　同上，页 462、464。

治行为中的剧场成分，并洞察造成这种伪主体现象的制度根源。《北京之春》的主笔胡平曾指出："共产党专制统治有两点做得空前彻底：一是以言治罪，一是垄断传播工具。所谓以言治罪的'言'，不仅是指你发表了不同的理论性见解，而且还包括你讲出你亲身经验的某些事实，如果这些事实本身与'党中央'的宣传口径不相一致的话。你亲眼见到村子里饿死了人，如果你讲出来就可能有牢狱之灾。小说《刘志丹》无非是提到了一些当年陕甘宁边区的故事，毛泽东便说它是'反党'。众所周知，在共产党专制下，讲真话常常要付出极高的代价，因此我们把敢于讲真话视为极高的美德。这当然揭示了一个可悲的状况。然而问题的复杂性还在于，生活在专制统治下的人们，并非总是有如《皇帝的新衣》中的臣民，自己知道自己在撒谎。在更多的情况下，大多数人已经弄不清楚何者为真实，何者为谎言。有时还认真为假或认假为真。"[51]——这种描述不失为毛泽东乌托邦极权主义时代扭曲了的社会心理的真实写照。改革开放以来、特别是六四后的威权主义时代，情况已经有所不同：信息封锁和思想禁锢的坚冰正在被打破，人们（至少是知识阶层）已经不再相信、甚至不再认真对待正统意识形态的陈旧说教。各种私人聚会场合公开表露的怀疑、不满、牢骚、怨恨，大量玩世不恭而又颇具政治讽刺意味的笑话、歌谣、打油诗等等，足以表明专制主义在人们的心灵深处正在经历一个痛快淋漓的解构过程。但在正式场合，在所有要做给当权者看的场合，人们还必须装出一副道貌岸然的样子，重复那些统治者已经讲过一千八百次、并仍被要求继续重复下去的"标准语言"。这里的关键是：人们已经知道自己所讲的大多不是真心话，而是谎言。此乃威权社会比极权社会进步之处。但明知在扯谎而为之，则又是威权主义新的社会痼疾。它造成了一个完全面具化、假面化的伪公共领域；它使每一个"正式"场合交往的行动者成为表里不一的伪主体。这个伪主体的伪交往行动在把他人异化为"他者"的同时，自己也变成了"他者"，

51　胡平《人的驯化、躲避与反叛》，亚洲科学出版社 1999 年版，页 40。

既是他人的"他者"，也是自己的"他者"，即自我的行动异化为否定本真自我的力量。威权主义政治生活的垄断与日益商业化、金钱化的经济生活的并存，给上述伪公共领域的泛滥蒙上了更加浓厚的玩世不恭的色彩，而且促成更为严格意义上的"政治性剧场行为"的大面积发生。[52] 就此而言，威权主义时代专制主义在人们心灵中的解构又还仅仅是开始，远没有完成。时至今日，一党专权的专制主义者仍在通过各种渠道、借助一切宣传手段营造一个简单化的、虚伪的世界；而在一个人口众多、国民素质相对低下的国家里，系统传播的谎言成为非反思性的大众日常意识的一部分，仍然是可能的。"非反思性"在这里意味着意识并不清楚自身内容与产生它的语境之间的关系，而以专制主义为对象的解释学要做的恰恰是析分、梳理、重建这种关系的产生过程，揭示威权主义之专制主义伪公共生活的面具特征及其形成机制。我相信，这项工作的进行本身，就是在为解构现存体制，建立自由、健康、正常、非压抑的公民交往创造条件。

那么，批判思想者何以可能做到这一点？这个提问使我们返回

52　"政治性剧场行为"是一个根据中国社会现实抽象出来的政治社会学概念。我在一篇相关研究文章中曾把这个概念界定如下：首先，不同于外国学者已经研究过的、日常生活中常见的剧场行为，政治性剧场行为是一种不得不进行的政治"表演"，是"表演者"迫于某种政治压力、出于某种政治需要或政治目的而进行的自我呈示；因此，它远不像日常生活中的剧场行为那样适意、"自由"。其次，从本质上说，政治性剧场行为的"观众"乃是一种高于"表演者"、使"表演者"感到恐惧的政治存在，它可能是一个实体，也可能是无形的，但却永远使"表演者"感知到它的威胁。再次，正因为它的被动性、受压抑性，政治性剧场行为不再是主体内心世界的真实性表达；毋宁说，这种"表达"完全成了掩饰、遮蔽主体内在自我的一种手段，它的目的，就是为了把"观众"引向一个虚假的主体。最后，不同于日常生活中的剧场行为的瞬间性，政治性剧场行为在长期的、压抑的威权主义社会氛围中，将使"表演者"的心灵产生扭曲，使"欺人"内化为"自欺"，完成压抑条件下心理防卫机制的建构，以抵御道德良知的谴责。在某些场合，政治性剧场行为甚至进一步异化为行为者苟且钻营、"寻租""设租"、谋取不正当利益的手段。学者的政治性剧场行为、实业者（商人或私营企业老板）的政治性剧场行为以及"党"和政府官员的政治性剧场行为是分析政治性剧场行为现象的三种不同例证（参见张博树"中国社会的政治性剧场行为"，载《北京之春》2002 年 4 月号，页 31～35）。

到本节开始提出的专制主义解释学研究的第二方面问题，即研究者如何化解以专制主义为对象的理解活动本身所蕴含的普遍与特殊、认识与本体、生存与历史之间的内在紧张。须知，批判思想者并非单纯作为观察者，而是同时以参与者的身份进入他的研究对象的：我们与我们的家人，与我们的朋友、同事，与我们的父老乡亲，与我们为之动情、又为之扼腕的祖国共同走过了这段历史。我自己也曾被《创业》《芙蓉镇》和《天云山传奇》所感动；我也曾在不同的岗位、不同的角色上（比如，国家级研究机关的科研人员，民办高校的校长，甚至私营小企业的创业者）去体验这个社会跳动的脉搏，体验什么叫剧场行为，什么叫外在制度与内在制度的分立，什么叫理智、良心与现实利益的冲突。这个"体验"是非常重要的，无论从现象学—解释学角度，还是从韦伯所说的"兴趣""意义"角度，体验对深入的人文社会科学研究都是必备的前提。然而，体验又必须进一步区分为纯个人的体验与把握普遍性的体验，后者乃是与体验的个别性、非反思性相对立的。比如，一个农民或失业者对他的"生活世界"也会有体验，但这种体验很难上升为普遍性的理解。普遍性理解的根本标志是认识者把自己的思维前见也纳入批判活动的反思视野，在本体论、而非认识论意义上完成认识者与认识对象之间的历史性统一。加达默尔的解释学就是从这个地方才真正开始的。他援引海德格尔对"此在"的时间性分析，强调"解释开始于前把握，而前把握可以被更合适的把握所代替，正是这种不断进行的新筹划过程构成了理解和解释的意义运动。"加达默尔还指出，"理解完全地得到其真正可能性，只有当理解所设定的前见解不是任意的"时候，才真正具备了现实性。在这个基础上，下面这种说法就将是"完全正确的"，即"解释者无需丢弃他内心已有的前见解而直接地接触本文，而是只要明确地考察他内心所有的前见解的正当性，也就是说，考察其根源和有效性。""一个受过解释学训练的意识从一开始就必须对本文的另一种存在有敏感。但是，这样一种敏感既不假定事物的'中立性'，又不假定自我消解，而是包含对我们自己的前见解和前见的有意识同化。"[53] 我以为，这种产生于上个世纪 60 年代的解释学洞见已经比 20 世纪初韦伯的社会科学方法论之 "意义" 说前进了一大步。它在理解的本体论意义上回答了人文科学的客观性问题，把这种客观性归结为在时间之流中不断实现主客体之间、认识与实践之间、前见的形成与扬弃之间新的综合与统一的永恒的理解运动，从而扬弃了传统意义上人文科学主客体的对立。就中国现代专制主义研究而言，我们已经看到，对象自身总体化发展的成熟和研讨、检视对象的手段的充分化，使研究者具备了形成有根据的、有效的理解活动之 "前见解" 或 "前见" 的可能；而各种类型的专制主义 "本文" 在拥有制度现代化整体思维作为前提与研究视域的理解中，将会获得更加清楚、更加透彻的释读。这就是说，虽然我们内在于我们由以成长、并迄今仍置身其中的专制主义社会，这对我们的认识来说似乎构成一种限制，但当批判思维成功地确立起某种标准，某种框架，该框架体现、而不是背离了理解所应具的普遍性品格时，"限制" 就将转化为对 "限制" 的超越之反向条件，它可以使我们反过来更深入地、也更科学地理解专制主义。事实上，前文依次讨论过的社会进化之一般逻辑公设、专制主义把握的总体化原则、结构性分析原则、文化—历史发生学探究原则以及实证分析和制度的两分法原则等等，都是遵循理解之客观性法则，在不断进行的认识与认识对象的互动过程中得出的抽象。我深信这些抽象的合理性。这不但在于它们饱含了一个诚实的、孜孜以求的思考者 10 数年的研究心血和付出，更在于它们本身就是历史的产物：它知道自己产生的前提和基础，这自然意味着，它知道自身的开放性和未完成性。

53　加达默尔《真理与方法》，洪汉鼎译，上海译文出版社 1999 年版，页 343～346。

11. 本书的逻辑结构与分卷安排

本书正文由 6 卷构成。从内容和逻辑关系上看，这 6 卷又可以大体划分为 3 个部分。

第一部分可称之为"理论的、历史的准备"，含第 1、2 两卷。正如这篇导论已经指出的，20 世纪中国专制主义最成熟的发展形态是中国共产党执政时期的一党专权之专制主义。在这之前，无论北洋政府还是国民党南京国民政府，从中国制度现代化演进及扭曲的历史看，都只具有前现代专制主义隐退与现代专制主义萌生之间的过渡意义。战争、国家分裂使任何形式的独裁都不再具有典型性，甚至是对它的呼唤；只有和平时期，一个国家的政治建构才以最本真的形式显示出它的文明进化水准。

然而，另一方面，中共专制主义又不是对前现代华夏专制主义（皇权主义）的简单继承；毋宁说，这种事实上的继承关系恰恰与中国共产党第一代创业者的原初目标相违背。什么力量造成了这种历史性的矛盾结局？这就是本导论前几节已经大略说明过的中国现代专制主义发展的总体化过程。显然，在具体讨论这个过程之前，我们需要就总体化的逻辑本身给出更详尽的论证，包括制度现代化的概念界定，政治、经济、社会之结构分殊及其哲学人类学根据（基础层面）；前现代文化的结构性阻碍何以成为中国现代专制主义形成的独特发生学因素（中间层面）；以及马克思主义异化为官方意识形态对中国政治与社会建构的影响（现实层面）。通过对总体化三重结构及其互动关系的逻辑研讨，我希望有可能建立一个概念体系，一个新的、有解释能力的学术范式，它能够对 20 世纪中国专制主义的研究有所贡献。

这就是第 1 卷"理论框架与总体化逻辑"要完成的任务。这个"理论的准备"对后面各卷的经验研究是绝对必要的，尽管这种安排可能令读者增加些负担。不过，我倒宁愿假设我的读者是认真的、严肃的，他们愿意接受这个挑战：毕竟，我们共同拥有这段历史，寻找历史可理解性的内在冲动和重塑历史的责任感将会激发越来越多的中国人共同或近似的智力兴奋。

第 2 卷"宪政与独裁：民国的历史经验"作为研讨中共专制主义之"历史的准备"，一方面要完成对 20 世纪上半叶中国社会演进过程的大体勾勒，同时意在提供某种比较：我们会看到，制约中国制度现代化发展的一些最基本要素——城乡二元结构以及相应的大众动员水平的低下、"党治"新传统的形成、武装力量在国家政治体制中非同寻常的角色等——是如何在新的国内、国际语境下被激活或赋予新的意义，成为中国现代专制主义总体化的重要构成部分。就北洋政府时期而言，民国轰轰烈烈的党派立宪运动及 20 年代辉煌一时的"中国资本主义黄金时期"为什么没能作为中国制度现代化进程中富有生命力的、活的要素保存、发展起来？这显然既与强大的前现代社会的文化传统"潜规则"有关，又与错综复杂的现实政治运作有关。至于南京政府时期的国民党，他们曾有过相对和平地推进制度现代化的 10 年机会（1928－1937），又有过从强到弱、最后丢掉政权的惨痛经历。国民党与共产党自然有许多不同，它们之间的争斗曾经支配了 20 世纪很大一部分时间里的中国政治；然而，站在今天的高度观之，这两个党其实有许多共同点，无论就其组织内核看、就其承载的革命使命和后来的结局看、或就其因袭的"国粹"（中国前现代专制主义政治传统）看，它们之间的相同或近似要远远超过双方形式上、口号上、外在纲领上的差异。正因为此，研究国民党成为研究共产党的一个很好的先导，研究国民党治下的中国亦成为研究共产党治下的中国之必要的准备。当然，从逻辑上讲，我们也应该考虑这样的问题：毕竟孙中山的"三民主义"学说和"五权宪法"等理论曾经为中国制度现代化的发展提供了一个重要且基本正确的纲领，为什么后来的实际政治演变背弃了这个纲领？历史是否有过别一种演变的可能？说"可能"或"不可能"的逻辑根据与历史根据又在哪里？显然，在回答这些问题的时候，我们已不是进行简单的历史叙述，而是要探究历史之所以如此的背后动因。[54]

　　完成上述两项准备工作后，我们将正式进入本书研讨的核心：中国共产党一党专权之专制主义的历史回顾、解剖与分析。前边几节的文字已经谈到，中共党专制的专制主义体制从发展上看分为两个阶段：一段是毛泽东时期的极权主义，一段是邓小平和邓后时期的威权主义。它们是前后相继、互有联系、又各具特点的中共专制主义的两种具体形态，分别呈示、反映了现当代中国制度现代化进程及其扭曲的历史内蕴。在本书中，它们分别构成第二部分（第3、4两卷）和第三部分（第5、6两卷）的讨论对象。

　　第二部分集中研究毛泽东阶段的中共极权主义制度特征及其总体化语境。其中，第3卷"中国共产党党专制体制的形成"将简单回顾中国共产党成功的历史及其政权合法性基础，然后重点讨论党专制体制的形成过程，它所体现的反民主性质，以及何以极权主义政治和与之相伴随的"计划经济"体制会成为毛泽东式乌托邦社会改造工程的制度化形式。需要注意一点的是，在建国之初那生机勃勃的年代里，毛泽东和他的同事们并不认为他们的所作所为违背了民主；恰恰相反，他们确信自己是在追求人类历史上更高级的"民主"和社会发展目标。这种真实而荒唐的意识形态幻想与深受前现代政治文化"潜规则"制约、但又带上了"社会主义""无产阶级专政"面纱的党—政—军政治构架运作的完美结合，成为"新中国"一系列悲剧的灾难性根源。公民社会和知识的独立性被彻底扫荡，新闻、出版、教育、艺术都成了共产党新宗教圣殿中的婢女。中国共产党为什么没有能在建国后完成"合法性转换"，从所谓"信念政治""全能政治"走向非意识形态化的"责任政治"，只有从中国专制主义总体化的逻辑出发——也就是，从中共意识形态对社会进化之一般逻辑公设表面超越而实际扭曲的总体化之内在张力出发——才能得到较为合理的解

54　至于国民党退守台湾后的变化，尤其是蒋经国当政时代开始的民主化改革及其意义，本书拟在最后"总结论"中再行研讨。

释。本卷还以 1958～1960 年的"大跃进运动"为例，讨论了执政者与大众在乌托邦氛围内双向"使动"的结构特征和中国共产党极权体制所独具的动员力量。

第 4 卷"文化大革命：极权主义与乌托邦的联姻"，从时间上紧接第 3 卷，重点讨论文化大革命及其制度建构的"双重扭曲"。关于文革，我一直以为迄今为止国人对这段历史的反思是极其不够的。这一方面是因为中共 1981 年《关于建国以来若干历史问题的决议》似乎已经给文革"盖棺论定"，而出于种种现实政治利害考虑做出的这个"决议"不可能真的科学；另一方面也是因为缺乏有效、合理、具有统摄性的概念手段，使得文革研究很难突破官方"党史"框架而深入到政治哲学和历史哲学层面。就中共专制主义研究言，文革代表着毛泽东乌托邦社会改造工程的逻辑终点，它引发了一系列关于人性、人的经济行为本质和政治行为本质的哲学人类学思考，从这个意义讲，对文革的研讨使我们返回到那些有关人的存在的最基础、最原始层面的哲人式的沉思；另一方面，从制度现代化角度看，长达 10 年的文化大革命忽而真诚、忽而自嘲式的、不间断的制度改革实验，又是对现代化普遍制度框架的双重扭曲。所谓"双重扭曲"的基本意思是：中国 1949 年后仿照苏联建立的政治—经济—社会体制，本来就含有与制度现代化要求不相吻合、乃至背道而驰的多种成分；文革中基于毛式乌托邦幻想和"阶级斗争"逻辑施行的种种制度取代（所谓"斗、批、改"），不但没有矫正原有的扭曲，反而进一步强化了它。或者，也可以这样讲，文革以一种独特的方式使中国原已存在的极权体制诸层面的制度扭曲得到了畸形展现的机会，并反过来（在更深刻的意义上）证明了这种扭曲。当然，"新中国"之公民民主意识的觉醒也正是在这个过程中真正开始萌生的，否则就无法理解"四五运动"和 1976 年发生的一连串令人难忘的历史事件。毛泽东的逝世和四人帮的倒台使本来已经发展到逻辑终局的极权主义乌托邦社会改造工程退出了历史舞台，然而，中国未来的命运又将如何呢？

这个巨大的问号成为第三部分探讨的主题，我们可以把这个部分命名为对"专制主义之威权主义阶段"的探讨。它也由两卷组成：第5卷"改革：回归民主的努力及其失败"研究了1977～1989年的历史。从20世纪中国制度现代化进程及其扭曲的整个演化轨迹看，70年代末勃发的"改革开放"和市场力量的复兴本来是对马克思主义经济意识形态的必然反动；从逻辑上讲，它应该、也有可能引发政治领域具有实质意义的变革，该变革既是对五四时代呼吁的民主精神的回归，也是对孙中山宪政构想所体现的制度现代化普遍要求的回归，虽然这个"回归"——考虑到中国社会肌体的复杂性和巨大惯性——只能是逐步的、以执政者和社会都能够接受的形式进行。无论如何，鉴于既往30年、特别是文革极权政治的彻底失败，80年代的改革乃是一次难得的自我反省、自我革新（尤其是民主政治之制度革新）的历史机会，这一点，无论对整个民族，还是对执政的中国共产党来说，都是如此。然而，以邓小平为代表的中共掌权者没有抓住这个机会。僵化的政治思维使执政者对以往的失败没能做出专制主义病理学意义上的正确体认；在"实现党的工作中心转移"的口号下，政治权力的继续垄断和不规范的市场化的并行很快成为中共专制主义新的制度形式——威权主义——的基本特征。政治－经济改革结构性失衡中迅速崛起的权贵利益与中共元老派中的保守力量一起封杀了党内改革派的努力，并同复兴中的公民社会产生日益明显的冲突。上述冲突明白无误地表明，这是一种制度危机，是一种原有制度潜能正在枯竭化、社会正在召唤期待已久的制度变革的信号。当党内改革派人物胡耀邦辞世之际，积郁多时的民间民主化要求终于借这个导火索释放出来，形成1989年春夏之交如火如荼的民主浪潮。而中共专制主义执政者也因对六四天安门学生运动的血腥镇压走到了自己的反面，葬送了作为革命者起家、且仍然据此而拥有合法性的执政党主动顺应历史大势的最后一线机会。

　　这样，我们走进了第6卷"六四阴影下的威权主义时代"，这是一段刚刚发生、更为晚近的历史。本书的研究将表明：无论当权者怎样修饰它的意识形态，中国共产党的历史角色已经发生了本质性变化：由原来不断犯错误、但主观上仍在追求崇高的革命的执政者变成了为维护一党私利而赤裸裸地故意抵制世界民主化大势的统治者。这就是说，同为中共一党专权的现代专制主义，它的毛泽东阶段的乌托邦极权主义与邓小平阶段以实用主义为特征的威权主义已经有所不同；邓的威权主义和六四后中共的更加赤裸裸的、辩护性的威权主义则更为不同。从一定意义上说，前一个不同乃是形式性的，后一个不同则更多是实质性的，因为无论毛与邓对社会发展的理解、对"社会主义"的理解存在多大差异，他们都曾自信是人民利益的代表者；而后邓时代的中共当权者已经十分清楚地意识到自身统治基础的脆弱和整个意识形态的虚伪性，只不过专制主义社会的逻辑本身决定了他们不敢、也不能承认这一事实罢了。明了了这一切，90 年代以来中国政治体制改革实质意义上的停滞乃至倒退、"有中国特色的"系统腐败的盛行、金钱社会再度膨胀与社会伦理整体性的腐溃等等，就通通成为可以理解、乃至势在必然的事情。在这个社会中，迅速增加的社会财富和急剧积累的社会不公正显得同样抢目。统治者在既有体制内遏制腐败的努力所遭遇的失败，充分说明威权主义之专制主义已经到了何等病入膏肓的程度。"法轮功现象"与政府对之的弹压从宗教社会学和专制政治学的双重角度揭示出宗教在中国绝不仅仅是个宗教问题；而新闻、教育等领域重建公民社会的斗争所面临的困境及其不得不采取的迂回曲折的形式，则一次又一次地证明了中国的法治与公共领域的复兴将是一个多么艰难、多么漫长的过程。

那么，中国会有前途么？中国民主化的希望又在哪里？本书的"总结论"将对此进行探讨。要点是：中国现代专制主义的历史可理解性存在于过去 100 年的历史与比它长得多的中国前现代专制文化传统的历史性联结之中，存在于它所置身的现代国际语境和国内各种政治要素之间复杂多变的互动关系之中，存在于作为执政者的行动者与整个社会结构性的"双向使动"及其造成的惰性结果中，归根结底，存在于体现社会进化之一般逻辑公设的制度现代化之普遍要求与一个悠久的、落伍了的、但又从外部引入激进革命战略的农业民族实现制度转型所必然发生的全方位碰撞与紧张中。关于党专制及其社会基础的再讨论、关于"枪杆子"和"笔杆子"之社会功能的再分析一方面证明了中国现代专制主义存在的历史可理解性乃至"合理性"，另一方面又同时证明了这种"存在合理性"的限度。在世界已经进入后冷战时代、民主化乃人类大势之所趋的现实条件下，中国除了汇入人类制度文明的主流之外别无它途。而促成中共党专制解构的根本条件是中国专制主义总体化本身的解构，这将是我们解开迄今为止仍然紧紧缠绕在一起的制度死结的唯一出路。

关于本书的设计与行文，还有几点说明略陈如下：

第一，全书除第一卷讨论理论框架与总体化方法论外，其余各卷均遵循政治、经济、社会结构分析逐次展开的原则，以体现本书现代专制主义研究全方位把握的特点。每一卷亦都将给出综合性的专章分析，有的还配以研究案例。我想，这样安排会有助于读者对每一部分中心主题与旨趣的把握。

第二，中国问题分析的国际语境原则本来也是一条重要的现代专制主义研究方法论原则，但出于行文考虑，本书除个别部分专门安排了对国际问题的分析性章目外，一般是把对国际因素的讨论纳入有关的历史过程或事件的研究中。比如中苏关系是理解 20 世纪 50～60 年代中共专制主义形成与发展的重要背景；60 年代中苏两党关于国际共产主义运动的论战又是导致毛泽东乌托邦社会改造战略升级的关键性历史因素之一。同样，中美、中日关系也是研究 20 世纪中国史必须触及的领域。特别是中美关系，美国人先后与国民党、共产党打了几十年交道。无论作为"朋友"还是"敌人"，这种关系本身及其演变的方向对中国国内政治的影响都是至深且巨的。当然，"国际语境"不仅限于上面论及的各种双边关系，它还包括大的国际发展潮流、20 世纪的人类文明演变、"全球化"等更宏观的研究尺度或参照系。紧随六四发生的苏东巨变就是一个例子，它说明中国发生的事情不仅仅是中国的事情，而是激烈变革中的现代世界史的一部分。当我们具备了这样一种全球视野时，中国现代专制主义的研究本身也将进入一个新的境界。

最后，第三，关于本书的书名"从五四到六四：20世纪中国专制主义批判"，这里的"五四"和"六四"显然不是在时间断限意义上使用的；事实上，本书的研究范围，上自20世纪初的清末立宪和民国创立，下迄20世纪末仍在运行的中国共产党威权主义专制政体。毋宁说"五四"和"六四"更多地是作为象征，作为20世纪中国制度现代化演进及扭曲的两个逻辑端点纳入本书的研究和叙述系统。这两个逻辑端点之间的返回式轨迹，突出表明了民主化在20世纪中国的命运。至于这样一种"清算"是否真的使我们发现了历史的"意义"，本书的研究及其结论是否真的对国人之觉醒、对中国摆脱专制主义有所助益，只有未来的历史才能做出评判。不过，对于这样一点，即本书作为当下一代反思批判者知识、体验的累积与结晶，将为未来——我们的后一代——理解这个历史断面提供某种基础，我还是深信不疑的。

第一卷

理论框架与总体化逻辑

卷 首 语

本卷的任务是确定全书的概念框架与方法论基础。中国现代专制主义的总体化逻辑是本卷将要讨论的核心问题。

本卷共分6章：

第1章、第2章是对制度现代化之现象逻辑和本体逻辑的规范分析，它们属于总体化基础层面的研究。现象逻辑指具有普适意义的、又是在现象上可观察的制度现代化之各个结构要素的组织特征及逻辑联系，本体逻辑指现代制度建构之所以成为"普适"的社会进化之哲学人类学根据。完成这两项工作，我们便拥有了专制主义总体化解析的最一般的学理基础。

第3章继续向纵深推进：在总体化基础层面被暂时舍弃的文化特殊性成为研究的中心。这里，我们将讨论前现代中国皇权文化中最主要的制度结构要素和精神要素，并研究在什么意义内、通过什么样的途径，皇权专制传统对中国的现代社会转型产生了影响。

在第4、第5两章，中国现代专制主义最成熟的形态，也就是，中国共产党的党专制，将进入我们的研究视野。本来，作为现实层面存在的中国现代专制主义还有民国时期的几种不同表现形态，但鉴于批判研究目前的任务是揭示中国现代专制主义总体化的抽象特征和一般逻辑，我们必须提取最能反映这种逻辑的对象予以讨论。中国共产党的党专制由于其典型性、成熟性，显然最能满足这方面的要求。在这一部分，我还将用较多笔墨讨论作为党专制发生学来源的马克思主义、列宁主义和斯大林主义，这样做的理由部分是因为党专制的许多最根本的东西只能从它的发生学源头获得解释，部分是因为在本书后续各卷的行文中，我们将不再有机会系统地研讨这个问题。

第6章是对中国现代专制主义总体化逻辑的一个总结。

第一章

制度现代化的概念界定与结构分殊

本章及下一章的基本任务是建构制度现代化的抽象概念系统。从中国现代专制主义研究角度看，它们又担当着为专制主义总体化解析提供一般学理基础的重要功能。虽然它们同属奠基性的、总体化之基础层面的研究工作，我们还是可以对此再做一个析分：把基础层面要揭示的对象区分为现象逻辑与本体逻辑两者，前者指具有普适意义的、又是在现象上可观察的制度现代化之各个结构要素的组织特征及逻辑联系，后者指现代制度建构之所以成为"普适"的哲学人类学根据。

本章讨论制度现代化的现象逻辑，第 2 章讨论本体逻辑。

12. 制度现代化的概念界定

"现代"与"前现代"

把迄今为止有文字记载的人类社会发展区分为"现代"与"前现代"，清楚地表明了研究者的研究取向："前现代"是由"现代"获得定义、获得意义的，尽管从时间之轴看，"现代"不过是"前现代"向前推进之结果。

做这样一个简单的区分是为了避免在社会发展分期问题的讨论上浪费过多笔墨。就本书主题言，这样的讨论是无谓的。我们只需知道在最近 500 年以内，整个人类经历了一个从"前现代"社会向"现代"社会的转变过程。"前现代"社会以传统农业文明为基本文明样态，"现代"社会以工业乃至后工业文明为基本文明样态。而从传统农业文明向现代工业文明的发展、嬗变和转化过程就是本书所理解的"现代化"。

"器物现代化"与"制度现代化"

现代化作为人类文明的递进体现在器物与制度两个方面。"器物"者，工具也。在漫长的传统农业社会中，人类曾长期滞留于利用落后的铁制、铜制、木制乃至石制生产工具以改造自然、谋求生存的前现代发展水平。蒸汽动力机械的发明，是器物现代化领域第一个具有深远意义的革命性事件，这件事是与 18 世纪一位叫詹姆斯·瓦特的苏格兰仪器制造匠的名字连在一起的。从那以来的两个多世纪，人类在器物现代化领域取得了日新月异的进步，电力、原子能、信息技术、航天技术、生物工程技术等已使当今人类在"人与自然的物质变换"、变外在自然为"为我之物"的进程中更加得心应手，甚至无所不能。

然而，器物意义上的成功又是何以取得的？诚然，"知识存量和技术存量扩大人类福利的范围，但它们不决定人类在那些范围内怎样达到成功。"[1] 这就引出了我所理解的现代化的另一层面——制度现代化问题。本书导论已经指出：这里所谓"制度"，指人类在协调群体实践行为过程中形成的结构方式与组织规则，这些方式、规则制约甚至支配着人们公共与私人生活的性质与形式，制约甚至支配着自然资源、物化劳动资源和活劳动资源的获得方式与使用效率，从而，——在最终意义上——制约甚至支配着人与外在自然之间以及人类自身内部依据不同定义而形成的各种群体之间关系的性质。制度现代化，就是这些结构方式与组织规则的现代化。与器物现代化相

1　诺思（Douglass C. North）《经济史上的结构和变革》(Structure and Change in Economic History)，厉以平译，商务印书馆 1992 年版，页 18。

比，制度现代化在人类发展进程中至少拥有旗鼓相当的意义。

本书对制度现代化的结构分类及抽象化原则

社会制度变迁是一个涉及人类生活方方面面的复杂进程。所谓"结构分类"就是把这个变迁中最具本质意义的制度演变成分抽象出来，根据一定规则把它们适当分类，这个分类的结果将构成研究者考察、分析对象的基本概念框架。

经过多年认真思考，并对已有的、具有影响力的相关社会科学文献做了比较、综合、汲取后，我把本书所理解的制度现代化从宏观上定义为三大结构组成，它们分别是政治结构、经济结构和社会整合结构。政治结构涉及政治权力的构成基础及运行规则；经济结构涉及经济资源的动员、使用、分配方式与规则；社会整合结构则指建立在一定社会规范与社会伦理基础上的交往共同体的构建方式与规则。从最一般的意义上讲，所谓"制度现代化"指的是下述三个并列的、相互影响的社会历史进程：政治方面，从前现代专制权力（君主政治）向现代公共权力（民主政治）的转变；经济方面，从前现代自然经济向现代商品经济（市场经济）[2] 的转变；社会整合方面，从前现代以臣民关系和宗法-亲族结构或依附结构为特征的农业社会整合向现代公民社会的转变。

对这三项转变的更详细的讨论，分别构成下面第 13、14、15 节的内容。这里，我想从方法论角度就制度现代化之结构抽象的普遍性价值及其应用原则，再做几点说明。

首先，对作为研究对象的社会发展进程的科学抽象，必需满足两项要求：一个是该抽象抓住了对象的最本质规定；再一个是该抽象体现了对象的普适化发展趋向。一种科学的、足够抽象的理论可以使我

2　"商品经济"的提法常见于马克思主义政治经济学传统，"市场经济"则是现代西方经济学的一个惯常用语，二者皆指产权私有基础上通过市场实现资源配置、激发经济活力的经济制度形式，故本书对这两个概念的使用不做严格区分。

们不致在现象的偶然性面前迷失方向。反过来说，假如我们处理的是一个十分具体的问题，比如中国的宪政改革，这个思路又将昭示我们，不是西方的宪政民主模式是否适合于中国，而是中国如何借助本国经验的特殊性实现民主普适价值的一般性，而所谓"民主普适价值的一般性"正是我们在这个基础研究层面所要揭示的东西。简言之，在目前这个研究阶段上，我们关注的是一般，而不是特殊；是抽象，而不是具体，这样就决定了——

其次，在本章和下一章的讨论中，我们暂且舍弃不同种族、不同民族、不同文化传统、不同宗教信仰、不同地理条件、不同生活习俗等等因素对制度现代化进程的影响，而专注于那些对全人类来讲都是共同的东西。[3] 举个例子：哈贝马斯在为其《公共领域的结构转型》所写的 1990 年版序言中曾指出"具有政治功能的公共领域不仅需要法治国家机制的保障，它也依赖于文化传统和社会化模式的合拍，依赖于习惯自由的民众的政治文化"。[4] 根据刚才讲过的逻辑，哈氏前半句谈的是普遍性，因为法治国家机制的保障对任何公民社会的成长、存在都是必要条件；而其后半句则谈的是西方社会传统的特殊性，因为显然并非在世界的所有地方都存有"习惯自由的民众的政治文化"。这种对自由的"习惯"恰恰是许多非西方民族所要培养的、尚不存在的东西。

第三，我想再一次强调当下研究所具有的解释学特征。毫无疑问，从历史哲学意义讲，制度现代化之结构分殊作为现代知识学对现实运动的合理抽象，本身就是现代历史发展之产物。20 世纪人类政治文明经历过多重曲折、反复，但毕竟取得了决定性的进步。今天的

3　只有两个例外：一是第 13 节中论"制度认同与文化认同"，那一部分涉及到了文化，但该节的任务是一般性地确定民族—国家作为政治—法律共同体与历史—文化共同体的统一，在宪政民主体制下必需确定的原则，因此，整个讨论仍然是在抽象水平上进行的。二是下一章第 16 节，那里才真正涉及到了制度现代化之不同历史实现形式的特殊性。

4　哈贝马斯（Jurgen Haberemas）《公共领域的结构转型》（Strukturwandel der Offentlichkeit），曹卫东等译，学林出版社 1999 年版，页 29。

全球民主化进程已经把制度现代化的内在逻辑相当清晰地呈示出来，试想，如果没有中国的六四民主运动和整个苏东"共产主义"专制体系的崩溃，我们对民主政制普适价值的认识、对市场经济和民主政治关系的理解、尤其是对公民社会在促成专制主义走向死亡方面的作用的理解，就绝不会达到今天的水平。"密涅瓦的猫头鹰只有在黄昏时才会起飞"。而今，已经到了这只猫头鹰起飞的时候了。

正因为如此——

最后，我想坦言，本书对制度现代化结构分殊的处理及后文对政治、经济、社会整合之具体内容的"规定"、描述与分析，除了汲取、借鉴现代世界发展进程的普遍性经验以外，亦必然体现中国批判学术之制度现代化理解视界的特点。换言之，当我们讨论那些具有普适特征的政治、经济、社会结构诸要素时，我们当然并没有、也不可能忘记，作为中国人，我们何以会以如此这般的方式、提出如此这般的问题、进行如此这般的归纳与分类的解释学理由及其现实根据。我们自觉意识到这一点并不意味着可以否认这种情形的存在。站在一个以之为基础而又需要超越的特殊基点上去思考普遍性问题，这将是对中国批判思想者的一个不大不小的挑战。但愿本书后面的叙述能够证明，我们已战胜了这个挑战，或至少是这种挑战的合格对手。

下面，我们就进入对制度现代化之各个结构部分的具体分析。附带说明：为了使讨论尽可能明快、简洁，我将集中谈各结构部分的基本组成及其体现的社会发展各要素间相互关联、相互作用的一般逻辑，而不去过多涉及相关概念的观念史（概念演变史）；另一方面，在所有必要之处，我都将从学理上强调民主体制与专制体制之间的逻辑区别，以紧扣本书主题，并为后文具体层面的研究奠定基础。

13. 政治结构的现代化：民主政治

政治结构有狭义与广义之分，广义的政治结构涵盖了所有与公共事物相关的领域，狭义的政治结构则只关涉政治权力的基础、组成与运用。比如，根据这个原则，在很多学术文献中被列入政治结构范畴的社会监督机制，本书是将其作为广义政治结构的一部分，在公民社会中予以讨论的。本节所谈的"政治结构的现代化"仅指狭义的政治结构，也就是政治权力通过变更合法性基础和运作方式、规则实现的现代化。

从前现代君主专制到现代民主政治

君主专制政体曾是前现代农业文明时期世界各地区广泛存在、甚或长期居于主导地位的权力结构形式。在亚洲和北非各古老文明国家——埃及、两河流域国家、印度、特别是中国——君主专制政体表现出异乎寻常的历史延续力。欧洲的早期历史虽曾闪耀过共和制的绚丽火花，但希腊、罗马古代文明衰落后，中经千余年基督教神权与世俗权力的斗争，欧洲版图也大半被日益强有力的专制王权所占据，并延续了数百年的时间。

不管专制政体采用的具体统治形式是什么，它们的核心特征却是共同的，即它们都不是公共权力，而是专制者手中的个人权力。"天子"可以向他的臣民施以恩惠，但这并不意味着皇权统治的合法性来自人民的授予。皇权统驭下的前现代官僚机构可以（事实上也确实）担当着一部分公共管理甚至服务的职能，但这并没有否认这些官僚机构首先是皇权的奴仆。从前现代皇权专制向现代民主政治转变的政治现代化过程，如果用一句话来概括，就是由原来的、建筑在各种非人格证明水平（比如"君权神授"）之上的皇权权力独断向建立在委托-受托关系基础上的现代公共权力的转变过程。

那么，谁是现代公共权力的委托人呢？生活在民主制度下的每一个公民。不像古代皇权专制下的臣民，现代民主体制预设了所有公民政治上的平等。他们都有其不可剥夺的个人权利，包括参与公共事务的讨论乃至决策的政治民主权利。然而，现代社会人口规模的巨大和社会运行的复杂，决定了在大部分场合公民人人直接参政的不可能和建立委托-受托关系的必要，公共权力的执行者作为受托方的出现，也就成为必然。通常，这样的受托方被称为公共权力机构或政府。

公民的个人权利和为实现、保障个人权利而产生的公共权力，是理解现代民主政治的两大根本要素。

个人权利及其基础

在 18 世纪启蒙哲学家看来，个人权利中的"权利"指那些无需证明，生命中与之俱来、不容侵犯的东西，包括生命的价值与尊严、合法拥有财产并追求幸福的权利、自由表达思想的权利，等等。法国《人权宣言》、美国《独立宣言》都曾是阐释此类"天赋人权"理念的最著名的历史文献。

这些文献中包含的那些最具普适性的人类价值准则和生活原则，已经被当今文明世界所公认。

然而，我们必须看到，以非历史形式出现的"天赋人权"观本身却是历史的产物。那些被认为是"不可剥夺"的、并作为个人拥有物的人类权利的获得，曾经经历过长期的、痛苦的历史演化过程。这个权利发生学的逻辑与利益问题有关，因为恰恰是对利益、尤其是对物质利益的追求和保障合法物质利益不受侵害的需要，成为成长中的公民高扬政治表达和政治参与权利的基本动因。同时还应看到，抽象的"个人权利"的获得恰恰不是单个个人的努力所能达至的，它必须有赖于整个社会法治系统的形成与制度化。就此而言，虽然公民个人权利构成现代文明的真正基础，但这个基础的基础则是整个社会的文明化与法治化。比如，一个普通公民就某项社会问题发表自己的见解，固然是其个人权利的明确体现，但只有当这位公民的意见有合法表达的渠道、并受到尊重时，才说明这个社会是文明的。

从个人权利与公共权力的因果关系看，个人权利是"因"，公共权力是"果"——这是从霍布斯、洛克到卢梭各种版本的社会契约论所共同告诉我们的东西。公共权力是为个人权利服务的设施，个人权利才是公共权力的前提。然而，与公共权力相比，个人权利在很多时候、很多场合又是脆弱的，易伤害的，这与公共权力——或者更准确地说——与权力本身的某种内在秉性有关。我们就来看看这方面的情形。

公共权力的易异化性

与表征生命尊严，然而又是在个体意义上呈示的个人权利不同，公共权力中的"权力"有着截然不同的指涉，它必然涉及某个群体中人与人的关系。

抛开权力的社会属性不论，任何权力形态本身都包含如下两个显著特征：第一，是权力的使役性，即权力是某种具有指挥或掌控能力的力量，握有权力的人可以凭藉权力对别人（权力掌控范围内的群体成员）发号施令，只要这种行为没有超出权力行使范围的规约，就不会失其正当性。这样，当我们使用"权力"这个概念时，我们事实上已经预设了某个群体范围内指挥者与被指挥者，管理者与被管理者，甚至掌控者与被掌控者关系的存在。其次，是权力的强制性，即在必要时，权力可以通过强制的形式贯彻其意志。需要说明的是，这里的"强制"并不完全等同于哈耶克对"强制"概念的界定，[5] 强制的施行不一定要以被强制者利益的损害为前提，强制可能造成这样的损害，也可能没有。但强制概念的中性化并不排除强制能力被不当运用的可能。权力本身越是某种专断的、可任意行使的东西，权力之

5　哈耶克（Friedrich A. Von Hayek）的界定是："当一个人被迫采取行动以服务于另一个人的意志，亦即实现他人的目的而不是自己的目的时，便构成强制。"因此，"强制是一种恶，它阻止了一个人充分运用他的思考能力，从而也阻止了他为社会做出他所可能做出的最大的贡献。"见《自由秩序原理》（The Constitution of Liberty），邓正来译，三联书店 1997 年版，上卷，页 164～165。

强制能力的不正当运用——即对被强制者造成实质性损害的运用——就越具有现实性。

公共权力并不因权力的公共属性而使权力本身的上述性质消失，它同样具有使役性和强制性的特点。只不过由于公共权力的受托性质，决定了公共权力应该是，理论上讲也只能是公共意志的体现。它的所有使役性或强制性施权行为，都应该以公共利益，也就是全体公民个人权利与合法利益的集中表达，为出发点与根本归宿。

然而，任何权力都是具有腐蚀性的，它的根据来自权力本性的最深层规定。关于人类政治行为及其深层基础的哲学人类学探究，是本书第 2 章的任务；现在我们至少可以指出：权力的腐蚀性与掌握权力的人都会谋求一己私利的自然趋势直接相关。公共权力也不例外。公共权力的执行者虽然只是接受全体公民委托的、公共事务的受托管理者，然对权力的掌控这个事实本身往往会自发地促使掌权者利用这个条件追求不正当的个人利益或少数人利益。一旦这种情形向瘟疫传染一样蔓延到权力运作的整个机体，公共权力的性质就将发生变化，由原来体现、表达公共意志的工具异化为少数人或个人以公共利益为名攫取一己私利的手段。我在这里借用了"异化"这个哲学术语，其基本含义是某物在发展变异中走到了自己的反面，变成与自己直接对立的东西。公共权力的异化意味着异化了的公共权力不再是公共权力，而成为公意的敌人。权力的使役性和强制性，在公共权力的异化过程中，则可能充当帮凶、打手的角色，而背弃自己原来在公共权力框架内的中性品格。

必须指出，公共权力的异化并不是一个不可避免的过程，若如此，则我们这里的讨论就将变得毫无意义。本节要点意在说明：由于权力本身内在的腐蚀性，公共权力始终面临着被异化的危险；且制度层面公共权力的不当设计有可能加剧这种危险。这就是我所谓"公共权力的易异化性"。理解这一点，是理解现代民主体制全部制度设计合理性的关键，也是洞察现代专制主义何以会在条件适宜时产生的关键。

在深入讨论民主体制之制度构建的具体内容之前，我们还要就一个相关理论问题略做展开。

利益范畴作为现象逻辑在政治行为分析中的作用

如前述，现代文明所内具的逻辑已经昭示：个人权利乃是民主社会的真正基础；如果个人无价值，社会也将变得毫无价值。另一方面，与虽然是受托的、但拥有强大使役手段和强制手段的公共权力机构相比，呈示为个体要求的个人权利又往往是脆弱的、易伤害的，二者表现出明显的力量不对称关系特征。

进一步看，无论权利还是权力，都与利益相关。"利益"在人文社会科学中是一个关键性、枢纽性术语，本书前文已经使用过它。在目前这个讨论阶段，我们可以把利益界定为表现为个人或团体动机的、人们在政治行为或经济行为中意欲追求的东西。抽象的、非历史的个体单独性存在，无利益范畴可言，利益总是预设了行为目标即包含一致一面、又包含冲突一面的某个范围的人类群体的存在。人们对自身利益、首先是物质利益的追求乃是文明进化的根本原动力。不过，关于这个问题的研讨，我们目前还只是在现象逻辑的水平上进行。也就是说，我们目前要做的，只是通过政治行为和经济行为中那些可观察对象的分析，来把握利益范畴的批判学术内含，并通过这种把握深化当下主题的讨论。

现在分别考虑权利、权力与利益的关系。

在现代政治行为范畴内，与权利相联系的利益诉求通常是以政治形式表达的经济诉求。比如，公民通过要求新闻公开、透明而获得知情权，或通过规范选举程序获得政治参与权，在大多数场合是为了保障其合法经济利益得到承认、尊重且不受侵害。中文的"权益"这个词很好地表达了"权利"与"利益"的这种内在联系。普通公民当然也希望扩展他们的经济利益，但这种扩展不是通过作为政治行动者的公民、借助政治手段来进行，而是通过作为经济行动者的厂商（商品生产者或经销者）、借助市场手段来进行。正因为如此，公民的个人权利与利益之间，不存在后者依托前者的扩张性关系。

权力与利益的关系则不同。权力本身就是攫取利益的手段。权力的使役性和强制性使利益的获取变得轻而易举，且这种攫取往往呈扩张型的膨胀趋势。这是权力与利益关系中十分重要的一种现象，当然，在前现代皇权专制时代，通过权力谋取巨大利益乃是社会的常态。现代民主体制从理念上本来是拒绝这种权力与不正当利益的联姻的。然鉴于前文所述的公共权力的易异化性，公共权力的受托管理者借助手中拥有的权力谋取非法的、不正当的、且日趋膨胀化的个人或小团体的利益就成为一种非常现实的危险。请注意这几个修饰词："非法的"意味着依托权力对利益的谋取违背了民主社会的法律规约；"不正当的"意味着利益谋取违背了民主社会的一般伦理要求；"日趋膨胀"则意味着这种攫取行为可怕的发展趋势。事实上，公共权力的受托者对非法个人利益或小团体利益的扩张性攫取，必然造成对公共权力委托人，也就是全体公民个人权利与合法利益的损害。而一旦公共权力的异化过程完成，原来公共权力的受托者转变成了新的、握有强制手段的独裁者，公民的合法权益就将丧失最起码的保障。

总之，公共权力的受托者也会追求自身的利益，如果这种追求限定在一个理性的、合法的范围内，本来无需更多讨论。关键在于权力的本性、特别是权力的腐蚀性会使几乎每一个执政者在条件适宜时产生攫取非法利益的冲动，这种权力与非法利益的联姻所具有的社会诱导性是可怕而巨大的。在名为"民主"实则腐败盛行的现代专制主义社会中，人们常能见到这种现象：一方面每个人都在痛斥权力的异化，另一方面每个人又似乎都愿意加入到"为官者"的行列中去参与、加速、扩大这种异化，从而导致社会法治与道德的整体性坍塌。

为了防止公共权力被权力的本性所腐蚀，监督、制约公共权力受托者的行为，维护公民的合法权益不受侵害，也为了根绝权力腐化势将给社会伦理造成的破坏性、甚至毁灭性后果，建构一套系统的制度安排以规范现代政治行为就成为必然。数百年来，特别是最近 100 年来人类的政治实践史已经为此积累了极为丰富、亦相对成熟的经验。宪政民主体制就是这些经验的结晶。所谓"宪政"，指通过制定具有实质约束意义的宪法规约公共权力受托者、特别是最高决策者的权限与行为；明确公共权力委托者拥有批评、且在必要时通过合法程序更换不称职的公共权力受托人的最终权利；借助不同组织机制之间的相互咬合与相互制约实现对公共权力的有效制衡以避免专权或权力独断。而从利益范畴角度看，民主宪政体制又意味着：在充分考虑到利益动机与人类政治行为的多重联系的基础上，利用这种利益机制一方面防止当权者对非法利益的攫取，另方面又使公共权力的功能得以充分发挥，从而达到所有公民的个人权利与合法利益在公共利益实现过程中的共谋。主张"公共选择"理论的美国经济学家 J. M. 布坎南就曾指出："当人们的政治行为被认为一如他们其他方面行为一样是追求私利之时，宪制上的挑战就成为这样一种挑战：构造和设计出能最大限度地限制以剥削方式追求个人利益，并引导个人利益去促进整个社会利益的制度和规章。"[6]

现在，我们开始研究民主宪政体制几项最重要的制度安排。

民主宪政之制度安排（1）：竞争性政党制度

一个生活在一党独裁之专制主义国度中的批判思想者把竞争性政党制度理解为民主宪政之制度安排的首要内容，似乎很容易从解释学角度获得理解。经验告诉每一个观察者：在中国这样的现代专制主义体制中，恰恰是由一党专制的政党制度决定并引申出徒有其名的选举制度、形式化的立法与司法制度、党控制下的官吏选拔与任命的行政制度、意识形态垄断制度以及"党"对军队的绝对掌控体系等等。但在目下这个场合，我仍将把讨论严格限制在抽象水平。我相

6　见布坎南（James M. Buchanan）《自由、市场与国家》（Liberty, Market and State），平新乔等译，上海三联书店 1989 年版，页 39。布坎南这个思路实际上是亚当·斯密经济人假设的理路在政治行为分析中的应用。无庸讳言，本书关于利益范畴及其应用价值的讨论，也遵循了这个理路。

信，"政党制度本身是民主的还是专制的，直接决定着国家宪政的有无"[7] 这样的断语，不但适用于中国，而且具有政治制度现代化的普适性意义。

先来说什么是政党。本书把政党定义为由一定数量公民组成的、有一定政治纲领和政策主张的政治团体。政党的功能可略陈如下：

政党使公民个人的力量集合起来，在拥有共同政见的前提下，把公民个人权利转变为某种集体意志，以改变公民个人面对公共权力时弱小、影响力低的现实，借助并通过集体行动参与社会政治活动。

政党亦有一定的利益聚合功能，这正是具有相同利益背景和利益诉求的人容易组成政党的原因。然不像本书后文将论述的经济结构领域内的利益集团，政党总是宣称自己的奋斗目标有更大程度的公共性。

大部分有影响的政党都以组织政府、成为公共权力的受托人为目标，建构国家机器，为公共权力机构输送合格的领袖人才亦成为政党的重要功能。

政党制度是指通过一定机制体现的各政党间相互关系的性质、组合形式及其与整个政治体系的互动性影响。在民主宪政的体制框架内，政党制度必然是允许竞争、鼓励竞争的开放型、竞争性政党制度，而不是只允许一党掌权，不容其它政党存在或仅起点缀作用的封闭型、垄断性政党制度。其中道理不难说明，仅指出最重要的两点：

首先，既然组织政府是政党的重要功能，为了防止公共权力的异化，某一政党作为公共权力受托人的身份就不能是垄断性的，无论这种垄断借助的是什么名义。从根本上说，所有公民宪政意义上的平等决定了每一个公民都有根据自己的意愿自由组织政党的法律权利，也决定了每一个公民在不同的政党之间进行选择、支持或反对某一个政党政治主张的权利。民主宪政体制还预设了所有政党参政机会的平等，至于谁能获得执政权或在多大程度上获得参政权，则要视谁

7　宋玉波《民主政制比较研究》，法律出版社 2001 年版，页 103。

的政治主张能被更多公民所接受。

其次，在有序竞争的宪政民主框架内，获得执政权或参政权的政党仍需殚精竭虑、兢兢业业地履行其公共权力受托人的职责而不敢有丝毫懈怠，因为它们时时处于在野党和公众的监督之下。另一方面，各政党通过竞选、展示自己施政纲领以谋取公众支持、进而取得执政地位的过程，实乃公共权力的受托机构实现有序权力交接的过程。这种和平取得权力、和平交接权力的制度安排使依靠暴力维持一个已被公民所唾弃的政权成为不可能。考虑到迄今为止尚没有一个专制主义政体在公开、透明的前提下实现和平权力交接的先例，宪政民主体制之政党多元竞争所体现的制度优越性更加彰显。

民主宪政的制度安排（2）：选举与代议制度

在以委托-受托关系为核心的宪政民主体制内，符合法定条件的公民成为"选民"，通过投票参与选举，乃是公民权利的直接体现；从公共权力建构角度看，选举又是决定谁将成为执掌一定公共权力之"受托人"的制度化操作过程，不管这个"受托人"将充当总统的角色还是什么其他角色，也不管他们被叫作"议员"还是叫"人民代表"。

这里没有必要追溯普选制度的艰难发展史。我们只需指出：选举制度本身已经预设了作为选民的公民应该具有鉴别不同政治主张的基本能力。就此而言，有实质意义的选举活动的普遍化预设了社会经济与文化发展（特别是教育发展）需达到一定水平。另一方面也要看到，参与投票往往是选民表达其利益诉求的一种手段，在这个意义上，文化、教育水平的高低对投票"质量"的影响，又不是绝对的，这一点尤其在范围较小的地方或基层选举的层面上，表现更为明显。

代议制是建立在选举制度基础上的。现代社会的规模和复杂性决定了直接民主在绝大多数国家中的不可能性，通过"议会"实施间接民主成为宪政民主最重要的制度设施之一。现代民主社会的演进已经使代议政治发展出多种历史形式，比如在"议会制"国家奉行所谓"议会至上"原则，其法律定位高于司法与行政；而在"总统制"国家，议会仅仅是最高立法机关，与行政、司法分享国家最高权力。无论在上述哪种国家体制下，议会都享有独立立法权和监督权。这两种权力的独立行使是一个社会可以称之为法治社会的根本标志。人们可以对法治概念的内涵做出多种界定，但"法治"最基本的含义应该是与专制（独裁者个人或小集团统治之人治）正相对立的、通过立法功能和监督功能所体现的公共意志至上原则。监督包括了广阔的范围，比如对政府公职人员施政行为的法律监督、对财政预算及执行情况的法律监督等等。总之，代议系统在理想状态下的运行，将使公共意志外化为法律，又使公共权力受到强有力的监督。虽然没有哪一个国家能完美地做到这一点，但理念与现实社会实践间的距离并没有否定理念的抽象合理性恰恰来自现实运动自身的内在趋向性。

民主宪政的制度安排（3）：分权制衡与有限政府

自从孟德斯鸠《论法的精神》问世以来，分权制衡的思想作为近代政治哲学的伟大成果，已经日益深入人心。当然，对于当代仍生活在专制主义体制下的人们来说，首先要考虑的问题是权力能否独立于专制主义者的意志而合法行使。事实证明，只要这个体制不变，立法独立、司法独立与行政独立就是不可能的。分权制衡的概念预设了完全不同的制度前提：只有在宪政民主体制下，在立法、行政、司法机构独立行使其权力不成问题的前提下，权力之间如何彼此制约，以使公共意志得到最大程度的体现、公共权力效能得到最大限度的发挥，才会作为必须解决的制度设计问题提到日程上来。

根据本书已经阐明的逻辑，分权制衡之合理性的深层根据乃是权力本身的腐蚀性。任何权力、包括公共权力在内，总是由少数人去行使的。既然我们已经预设谋求利益乃人类之天性，而权力的握有又往往使谋取不当利益、非法利益的动机膨胀化成为自然趋势，则用权力去制约权力、用利益去制约利益、用野心去制约野心，就是一种最有效的、交易费用最小的制度安排。同时，这种安排有助于实现公共事务决策过程的合理化。比如，在"总统制"下的美国，拥有巨大行政权力的总统亦不能为所欲为。总统与外国缔结的条约必须经议会批准才能生效，任命高级官吏也须征得议会同意。反过来讲，议会立法，总统拥有否决权。美国最高法院的法官是由美国总统经参议院批准任命的，但法院又拥有司法审查权，可以就任何立法与行政行为"合宪"或"违宪"做出司法裁决。一句话，任何人、任何机构都不能处于权力的监督、制衡系统之外。公共事务决策和实施过程的合理化恰恰是通过这套制衡系统而达到较理想的水平。宪政民主本身并不能保证不产生罪恶，但以分权制衡为核心的宪政体制可以减少这种罪恶，提高公共权力机构行使其职能的公正程度与效能。

"有限政府"是相对于"无限政府"或"全能政府"而言的，后者通常指国家可以借助行政手段在政治、经济、社会生活中全面贯彻自己的意志。专制主义政权一般都是"全能政府"的典型。与之相反，宪政民主框架内的"有限政府"预设了政治之"公共领域"与市场之"私人领域"的两分；强调对本可以通过价格信号实现的资源配置过程和借助市场实现的经济交易过程，国家不必过多介入，更不应强行干预。当然，如果以为"有限政府"对市场经济越"自由放任"越好，那也是一种认知上的幼稚。本书下文在讨论经济结构的制度现代化时将指出：恰恰是国家在实现公共利益格局的合理化、矫正市场本身所具有的某些先天性缺陷方面，可以、且必须发挥重要的功能（见第14 节）。

还应该强调的一点是，"有限政府"并非意味着其比"全能政府"的施政能力弱。恰恰相反，"全能政府"在其强悍外表的背后，往往由于自身庞大的规模、巨额的财政负担、无法克服的信息获取方面的挑战、以及由错综复杂的组织体系本身生发出来的无数结构方面的局限所致，显得老迈迟钝，积弱不堪。而"有限政府"在宪政民主体制内的明确授权和限权，却可能既有助于增强政府在一般意义上的施政能力，也有助于增强在非常时期、非常场合为了公共利益的目标而动员集体资源的能力。一个施政范围"有限"的政府和一个施政能力"有力"的政府完全可以在宪政民主体制内统一起来。

民主宪政的制度安排（4）：武装力量的政治中立与非党化

武装力量是包括军队、警察等各类合法拥有暴力手段的军事或准军事团体的总称。无论在前现代社会还是现代社会，武装力量作为国家机器的一部分，都是权力之强制力的重要实施手段和保障手段。人类历史上那些声名显赫的君主无一不是靠着强大的军队实现自己的霸业和梦想的。因此，在前现代各国的历史记录中，武装力量作为皇室或王侯的武装奴仆，总是同样承担着对内保证秩序、对外维护安全或从事扩张的众多职能。

宪政民主体制的性质本身要求武装力量必须完成历史性的、也是本质性的角色转换：从皇权工具变为公共权力的一部分，它所体现的不再是皇权意志，而应是公共意志。一方面，武装力量仍担负着对内保障秩序与公共安全的职能，另一方面，在以主权国家为单位组成的现代世界框架内，武装力量自然担负着保卫国家安全、不受外敌侵犯的重要使命。

那么，什么叫"武装力量的政治中立与非党化"？"政治中立"意味着军队在国内各种政治力量的角逐中必须持超然的不介入态度，"非党化"则指武装力量不能听命于任何特定党派组织，成为任何党派组织的工具。为什么？这是由宪政民主体制的本质属性及制度运作特征所决定的：宪政民主实行竞争性政党和平夺取政权、组织政权、实现公共权力交接的程序化过程，这种制度安排从根儿上就不允许任何政党借助带有强制力和暴力特征的武装力量实现自己的政治目标，或维护既得的政治利益。在通常情况下，军队及其他武装力量只听命于国家最高行政当局的命令；凡属重大军事调动（不管出于对内还是对外需要），最高行政长官还须获得议会的同意或授权。也就是说，没有哪一个人可以单独决定重大军事调动与武装力量的使用。

这又一次体现了民主宪政设计的深意：为了防止公共权力的异化，任何人，任何党派都不能获得借助国家强力机器实现个人或小团体野心的机会。

为了保证武装力量的政治中立与非党化，还可以设想一些更具体的、操作层面的制度安排。比如，军队官兵一律不得参加选举，更不能有自己的代表进入议会，因为军队代表进入议会显然与议会的性质及功能相矛盾。再比如，不能允许任何党派在军队内建立自己的基层组织，把军队置于党派的掌控之下。其道理正如政府的文官系统（公务员系统）不应允许建立党派组织一样，因为军队、文官系统都是公共权力系统中承担非政治性公共安全或公共管理职能的机构。党派活动的唯一场所是在议会，只有议会及围绕议会展开的各种活动，才是与公共权力建构或更迭相联系的公民政治生活的主要场所。

以上所论的若干方面已被当今民主国家的宪政经验所证实。尽管各国的相关立法规定和具体制度安排尚有诸多差别，但武装力量的政治中立化与国家化却是所有民主国家共同遵循的原则。今天的中国人可能对此感到陌生。虽然民国时期的宪政运动早已喊出过"军队国家化"的口号，但这段历史已被当今细心的统治者悄悄抹去。可以说，迄今为止中国的政治文化传统中从来没有真正出现过与本节所述相吻合的结构安排或实践体验；中国的军队与"党"、军队与国家的关系仍在专制主义暮色的笼罩下承袭着自身的传统逻辑。深入展开这个话题不是这里的任务。我只是想就此再一次指出：不管就具体国家而言，军队与政权关系的政治演变表现出多么复杂、多样化的历史发生学特征，却都不能否定民主政治关于武装力量规范角色之一般逻辑的普适性。

民主宪政的制度安排（5）：制度认同先于文化认同

这个问题的提出源自现代国家多取民族-国家的现代历史形式，而所谓民族-国家乃是基于血缘、种族、宗教、语言等历史文化因素而自然形成的文化共同体与基于国家政体性质而形成的法律-制度共同体的统一。

我们暂且不去考虑，就某一特定国家而言，文化因素与制度因素在其获得国家之现代形式进程中可能发挥的不同作用，我们也暂且不考虑围绕这两个范畴可能生发出的更加具体的、对本书主题来说又十分重要的子概念系统（比如，民族就可细分为以内陆文明为基础的更趋保守的民族和以航海文明为基础的更趋开放的民族，国家则有前现代专制主义国家与近代转型过程中出现的各种民主或准民主政体的国家，且"国家"与"民族"的组合呈现出十分不同的多样性特征）。在目前这个讨论阶段，我们仍只专注于最能体现宪政民主制度之普适性本质的抽象要求对现代民族-国家理解与界定方面的意义。

显然，根据本书逻辑，如果一个民族-国家已建立起宪政民主制度，那么这个统一体的法律-制度构成乃是统一体发展进程中体现普遍性的方面，而其文化-传统构成则是统一体中保留自身渊源的特殊性的方面。由此不难推出，生活在现代民族-国家中的公众在面临制度与文化双重认同孰先孰后的问题时，逻辑的选择必然是制度认同乃第一位的，文化认同则是第二位的。公众首先是作为公民，其次才是作为文化共同体的成员进行这种选择。而若制度与文化二者发生冲突，则只能以扬弃后者的方式来保证前者。

由制度认同先于文化认同这种政治哲学上的逻辑关系还可以引申出许多宪政民主所特有的制度安排。比如，强调制度认同在前、文化认同居次并不意味着对文化传统的不尊重；尤其当一个政治国家版图内同时存在着多种文化传统、宗教传统时，通过区域自治或联邦制等制度形式实现的国家整合马上显示出巨大的现实意义："多元文化社会的国家（如瑞士和美国）证明了培养宪政原则所需要的政治文化并不要求所有公民分享相同的语言、族群或文化根源。相反，政治文化本身就可以作为宪政爱国主义的共同基础。"（哈贝马斯语）[8] 罗

8　转引自江宜桦"自由主义的宪政民主认同"一文，载王焱编《宪政主义与现

尔斯的"重叠共识"说也蕴含了同样的理论洞见。[9]它表明，以宪政民主原则为基础性共识，不同历史文化传统、不同民族宗教信仰的人们完全可以在同一国度内共同生活，彼此理解、尊重并宽容。各民族间可能产生的隔阂、争端在宪政民主体制内也更易得到解决。这个原则甚至可以延伸到当代整个国际社会之人类大家庭：既然宪政民主拥有全人类的普适价值，则每一个民族-国家主权范围内的公民同时也是世界公民；公民所拥有的权利的人类性决定了公民不但应当就全人类面临的共同问题发表意见，而且有权对包括本国在内的各国政府可能做出的打着民族主义或"主权"旗号而违反普遍人权的行为进行批评。正是在这些场合，宪政民主所拥有的普适价值与往往同专制主义相联系的狭隘民族主义及其主权观呈现出鲜明的逻辑对立。

民主宪政的非意识形态独断特征

本书"导论"已经给出我所理解的"意识形态"概念的基本定义及适用范围。我在那里指出：与曾是意识形态之"史前史"的、某种活生生充满朝气与批判精神的理论创造物不同，意识形态意味着理论与国家权力的结合，理论成为权力的奴仆和论证权力合法性的工具。根据这个定义，意识形态必定是垄断性、独断性的，垄断性意味着不允许自由的思想表达空间的存在，独断性则意味着唯有与权力结合的意识形态本身享有"真理"的美名。

与这种专制主义的逻辑相反，民主宪政不承认任何一种理论有独霸"真理"的特权，更不允许哪一种"主义"被写进宪法，成为全民必须遵循的"指导思想"。民主宪政的一个重要特征是非意识形态独断，其根据在于：宪法必须体现主权在民的根本原则，而主权在民是通过代议制度实现的。代议制度运转的前提是竞争性政党制度。所以，这个链条从根本上拒绝把某一党派的思想、理论纲领列入宪法。

代国家》，三联书店 2003 年版，页 71。

9　见罗尔斯（John Rawls）《政治自由主义》（Political Liberalism），万俊人译，译林出版社 2000 年版，第 4 讲"重叠共识的理念"。

我们也可以说，非意识形态独断乃是民主社会的自然公设：既然宪政民主体制下公民的信仰自由、言论自由乃是公民个人权利中最重要的构成要素之一，政府就没有权利强迫公民必须接受哪一种信仰而弃绝别一种信仰。

需要指出的是，非意识形态垄断在宪政民主体制之政治结构范畴内并不表现为制度，它只是宪政本质自然引申出的原则。这个原则会在宪政民主体制之社会整合领域，也就是公民社会那里生发出一系列制度安排，对此，我们将在第 15 节予以讨论。而在专制主义条件下，意识形态垄断与独断则是地地道道的制度范畴；它存在于专制主义之政治、经济、社会全部结构领域中。在成熟的现代专制主义社会里，意识形态控制乃是专制者统治艺术中最炉火纯青的杰作之一。

现在，我们需要就现代专制主义给出一个基本界定了。

现代专制主义：以公共意志的名义对公共权力与个人权利的双重否定

这个定义显然是根据前文讨论自然推出的结果。如果说政治制度现代化的基本含义乃是从前现代君主专制向现代民主体制的转变，那么，现代专制主义的出现则或者是这个转变完成后的逆向性反复，或者是转变正在进行中的病理性变异。[10]

"以公共意志的名义"是这个定义中首先要注意的东西。现代专制主义政权多标榜自己是"共和"政体，但却无多党竞争、代议民主、公正而公开的选举等保证公共意志得以体现的具有实质意义而非象

10　我仍想强调一下本书对现代专制主义界定的下述解释学特征：虽然这里的讨论是在最抽象的基础层面上进行，但它仍然是从"共产主义"或"社会主义"运动中生发出来的现代专制主义之实际体验出发，而试图寻找、确定现代专制主义的一般结构特性及其发生学依据。这与——比如说——同样是对 20 世纪极权主义之经典研究的阿伦特的学术兴奋点和解释要则就有相当差异。阿伦特的思路是从种族主义导出极权主义，这与20世纪上半叶的欧洲历史经验是相吻合的。本书后文还会涉及到这两种专制主义理解思路间的差异和差异中包含的共同点。

征意义的制度安排。这样，不管权力的拥有者最初真是作为（或打算作为）公共权力的受托人上台的，还是本来就是盗用"人民"的名义、采用各种不正当手段窃取的权力，权力的腐蚀性都会在无任何制度性规约的条件下促使权力本身迅速异化。

异化了的公共权力对个人权利的扼杀将是毁灭性的。从事物的本性讲，当公民不再是公共权力的主人和委托者时，公民也将不再是公民，而重新沦为专制政体下的臣民。这个过程不一定非是强制性的；恰恰相反，通过强大的意识形态国家机器的诱导而实现个体对政权发自内心的认同，才是现代专制主义的经典做法。换言之，在公民个人权利被否定的过程中，往往需要非主体或伪主体的个体以主体形式的参与。这正是现代专制主义与前现代专制主义的不同之处：在后者那里，臣民的身份是明摆着的，不需要任何掩饰；在前者那里，臣民在名义上仍然是公民，但却失去了公民所应拥有的最根本的东西。

纵观本节所论，我们可以说，鉴于公共权力与个人权利之间的张力、特别是这种张力关系中内含的某种脆弱性和不稳定性，现代专制主义之产生本来就存在着抽象的可能；而在缺乏有效的权力制衡之制度环境和制度文化时，这种可能性向现实性的转化就几乎会成为必然。

14. 经济结构的现代化：市场经济

这是制度现代化之结构分殊的第二个部分。我想亦先就经济制度转型的演变轨迹给出一个抽象描述；然后分析规范意义上市场经济几项最重要的制度安排；继而讨论市场经济与民主政治的一般逻辑联系；最后，与本书主题相关，我们将简略分析现代专制主义与市场经济联姻的几种抽象可能。

从前现代自然经济到现代商品经济

"自然经济"的基本含义是小规模经济生活的低水平自给。它的前提有两条：一是生产工具的落后乃至原始导致耕作能力的有限，马克思政治经济学意义上的"使用价值"成为自然经济之基本载体——以家族或家庭为单位的小土地生产者、原始农村村社甚或封建领地的领主——直接追求的目标。二是交换关系的不发达。生产能力的有限必然导致很少或几乎没有剩余产品，从而缺乏对大规模交易活动的需求性刺激。交易活动的狭窄、不发达又反过来促成并延续了自然经济条件下分工体系的原始性。原始的农业与原始的手工业共存于一个家族或家庭的共同体内部，"男耕女织"大体可以满足共同体成员低水平的衣食之需，却也在同时造就了自然经济生产方式的封闭与保守。从政治经济学的观点看，恰恰是彼此很少联系的、一盘散沙般的小农经济支持并成就了高高在上的专制皇权。哪里的自然经济形态越稳固，哪里的前现代社会政治结构维持的就越长久。

商品经济（市场经济）正好与自然经济相反，它是直接以交换为目的的经济形态。交换的普遍化预设了社会生产能力的提高和剩余产品的普遍增加，也预设了一个广泛的社会分工体系的存在与成熟化。生产者不再是彼此孤立的个人，他们都成为相互联系的社会分工体系中的一部分。更重要的是生产动机的变化；如果说在自然经济条件下劳动者的生产动机仅仅限于谋生，那么在商品经济条件下厂商的生产动机已经主要表现为谋利。"谋生"与"谋利"一字之差，却揭示出两个不同经济时代的本质区别。我们马上就来看看此说之根据何在。

劳动从谋生到谋利的转化：利益范畴作为现象逻辑在经济行为分析中的作用

在漫长的前现代社会，以谋生为特征的劳动行为和劳动组织方式决定了利益关系的狭窄性。家庭共同体内部尚无产生独立于家族共同利益的特殊利益之条件，自然也不会产生追求这样的特殊利益的动机；家族共同利益本身则通过血缘、宗法自然伦理等形式维系之并予以承继。不同家族共同体之间缺乏经济上的有机联系，故谈不上严格意义的利益格局的形成。在整个前现代社会，社会意义上的、以冲突形式表现出来的利益关系只存在于两种场合：一是官府对普通百姓的盘剥（苛捐杂税）；再一个是地主/雇农式契约关系或领主/隶农式依附或半依附关系条件下强者对弱者一方的利益掠夺。

劳动从谋生向谋利转化的根本条件是现代意义上市场的出现。这个过程在欧洲经历了几百年时间，其典型场景是 15 世纪前后的意大利及稍后的尼德兰和英国。那么，市场意味着什么？首先，它意味着这样一种条件的出现，在那里每一个经济行动者不再作为家族伦理共同体内部的成员只与本共同体内的其他成员发生关系，而是作为自主的个人独立地与所有和他一样具有自主身份的其他商品生产者发生关系。因此，这种关系不再是伦理的，而是纯粹经济的。其次，在市场条件下从事经济活动的厂商（商品的生产者或经销者）自觉地、公开地以谋取利润为目标、为天职。换言之，市场承认尽可能多地赚钱、谋取个人财富的增长和个人利益实现的最大化乃是交换过程中经济行为的根本动力。市场不认为这样的行为是可耻的，恰恰相反，没有这种以谋利为根本动力的经济行为，就没有市场经济。第三，市场真正拒绝的乃是违背市场规则的超经济强制，也就是说，市场不允许以非市场手段为厂商谋利，因为这与市场条件下每个商品生产者的自主身份及其平等前设相矛盾。利润的获得必须借助合法的经济手段，包括降低生产和销售各环节的成本支出，利用更先进的机器与技术，改善管理，提高人力资源的动员、利用水平等等。商品经济作为交换经济，其交换关系普适化的前提是商品价值衡量标准的同一化。套用马克思《资本论》中的术语，只有当某一产品生产的个别劳动时间低于同类商品生产的社会必要劳动时间时，该商品中包含的劳动量才会被社会承认拥有更高的价值量。这是商品经济条件下利润的主要的（尽管并非唯一的）合理来源。而这必然意味着，第四，市场与竞争永远是同义词。既然商品能够按照社会价值出售，归根结底乃是生产同类商品的厂商之间竞争的结果，而所谓"社会必要劳动量"的规定不过是接近这个自然发生的动态过程的"中位值"或"平均值"，那么，商品个别价值与社会价值之间的差别本身，就不但决定了生产同类产品的厂商之间竞争的不可避免性，而且决定了这种竞争的"你死我活"性。说得更明确些：在典型的自由竞争之商品经济条件下，既然"盈利"与"亏损"对竞争中的对手而言，具有铁一样毫不留情、而又往往是正相反对的对应关系，整个生产交换过程就无异于逆水行舟、不进则退，你不"谋利"，恐怕连"谋生"都无法保证。

这就是市场经济的基本逻辑：自主行动的个人，以谋取利润为目标的行为动机，实现利润手段的合理化以及由此必然导致的竞争体系。读者从中不难体会到马克斯·韦伯所谓"价值合理性"向"目的合理性"的转变，这的确是前现代社会与现代社会在经济结构变迁意义上的巨大分野。这个转变造就出迥然不同于古代社会的现代经济行为主体，也造就出迥然不同于古代社会的现代利益格局。商品生产者在这个格局中有利益一致的一面，也有利益冲突的一面。如何促成商品生产者在追求、实现个人利益的同时也达至共同利益的实现，协调、缓解同时又利用商品生产者之间的利益冲突，就成为市场经济之制度安排必须解决的问题。

下面，我们来讨论这些制度安排。请注意，在下列制度安排中，有些是属于"自组织"性质的，即市场规则的形成并非人为造就；有些则是外力进入的结果，这个"外力"首先、也主要指作为公共权力机构的国家。

市场经济的制度安排（1）：私有产权其法律保障

什么叫"产权"？从可观察的外在形态看，产权首先表现为人与某物的归属关系，比如"我对这座房子拥有产权"，或"这幢房子是属于我的"。但深一步分析就会发现，宣称"我对某物拥有产权"必然同时意味着其他人不可能再对同一物拥有同样的权利。因此，产权概念并非纯指人与物之关系，而是指与某物的存在、拥有及处置该物之权利相关的人与人之关系。当然，在现代意义上，这种"宣称"预设了法律认可为其有效性前提。就此而言，产权实际上是一个法律范围内涉及经济主体之物权归属关系并得到其他经济主体认可的经济范畴。

这里不可能追述产权的发生、演变史，尽管这是一个非常有意思的话题。我们只需强调一点：在现代市场经济条件下，私有产权既是产权的历史形态又是其天然形态，虽然它并不是唯一形态。制度经济学家喜欢谈现代私有产权的"排他性"，因为，"只有当其他人不能分享产权所界定的效益和成本时，这些效益和成本才可能被'内部化'，即才能对财产所有者的预期和决策产生完全的、直接的影响。"[11] 换言之，排他性产权的存在不仅是商品生产者自主性、平等性的前提，不仅是商品生产者之间据此进行交易的前提，更是产生激励的机制。明晰的产权关系将会强化厂商追求利润最大化的行为动机，而界定不清楚的产权则势必带来一连串的"公用地灾难"或"搭便车"问题。[12] 千万不可小看这个差别。事实上，近现代人类文明所取得的全部经济成就皆奠基于私有产权及其内在动力机制的充分释放，而现代专制主义，特别是毛泽东式现代乌托邦极权主义经济上的失败，又恰恰植根于无视这个伟大的历史法则。

同时还应该看到，现代私有产权作为市场经济的重要制度安排，就其体现了商品生产者的共同需求，并通过法律形式予以兑现而言，

11　柯武刚、史漫飞《制度经济学：社会秩序与公共政策》，韩朝华译，商务印书馆 2000 年版，页 215。

12　"公用地灾难"典型地刻画出无明晰产权界分的地方势必产生的问题。比如，当今生活在中国城市的居民都有这样的体会：同居一楼，各家室内收拾得干干净净，可共用楼道却往往脏乱不堪。"搭便车"则是制度经济学的另一个比喻性概念，指某些人或团体在不付出任何成本的情况下从别人或社会获得好处。本书后续各卷在研究中共专制主义之经济结构特征时，还会深入分析这两种现象。

又是国家（公共权力）的行为结果，或至少是国家力量介入的结果。在某些场合，国家为产权安排或产权变革提供"游戏规则"，在另一些场合，国家也可能会强制性地干预产权变革进程，为合理的产权安排创造条件。然而，对市场经济条件下的现代私有产权来说，国家最主要的作用乃是对私有产权的合法占有、使用与更易提供安全、公正的制度环境和强有力的法律保障。比如，"公司"是现代市场经济行为的重要组织形式。很多国家的公司法都规定，公司乃法人团体，具有法人地位，依法独立享有民事权利，同时又必须承担民事义务。公司产权的自主行动功能、利益分配功能、风险共担性质等都通过公司运行的法律规范得到了确认、体现。公司的法人治理结构则是调整公司内部投资者、董事会和执行者三方关系的重要制度安排，其根本旨趣亦在保护投资者的利益，并使企业的运行达到有序、高效。再比如民事诉讼法涉及产权发生争议时如何通过必要的司法程序（包括诉讼程序、诉讼代理、审判程序、证据认定、执行程序等）对诉讼请求进行处理，以保护原、被告双方的合法权益。显然，在对等的民事权利发生冲突时，通过司法机构体现的国家意志乃是最终的仲裁力量。至于国家在运用这种力量时可能面临的危险，上一节所论"公共权力的易异化性"已经给出了明确的逻辑。这又一次提醒我们：国家固然是私有产权的法律保障与制度保障的提供者，同时又必须是私有产权拥有者的被监督方——当然，在实施这种监督时，监督者已不再作为经济行动意义上的私有产权拥有者，而是作为政治行动意义上的共和政体内的公民。

市场经济的制度安排（2）："看不见的手"（无意识的利益"共谋"与自组织系统）

利益的"共谋"以及下一小节利益的"转交"这两个词均借自我的同事张晓明2002年出版的专著《伟大的共谋：市场经济条件下的利益关系研究》一书，不过我对"共谋"概念的界定比张晓明要更宽泛些。在张晓明那里，"共谋"指在市场经济条件下，利益的谋取始于个人但却成于社会，因此，它不仅仅是"经济过程"，而且是个"社会和政治过程"。其强调要点在有意识的、通过公共权力机构这只"看得见的手"实现的、旨在追求效率与公正双赢的自觉性经济制度安排。[13] 我则倾向于把"利益共谋"区分为"有意识的"与"无意识的"两种，前者与张晓明的定义同，后者专指以市场自组织运动为基础、通过"看不见的手"实现的、以追求厂商个体利益为目标但客观上造成公共利益增进之结果的自发性经济制度安排。

如前述，在现代市场经济条件下，谋求利润的内在动力与竞争的外在压力同时作用于个体厂商，形成巨大的合力，驱使每一个商品生产者和经销者在资本积累的不归路上奔走，且义无反顾。然而，商品经济的最大奇观在于，这种勃发于深层自我利益冲动、且在竞争中处于相互对立状态的个体行为，其宏观效应却是整个社会财富总量的增长，并促成资源（包括各类自然资源、物化劳动资源和活劳动资源）的配置向合理状态流动。如此"鬼斧神工"之妙力来自何方？——这就是市场经济自组织的力量。用马克思经济学的语言，社会必要劳动时间决定商品的价值，市场供求关系又影响着商品的价格；价格信号作为市场上厂商行动的指示器，会自发地引导厂商的投资方向，从而在社会无意识中完成资源的相对合理配置。现代西方经济学用发展了的马歇尔均衡价格论解释了同样的社会现象。在这个以自由市场为核心的自组织性社会经济结构中，相互冲突的利益动机在彼此约束又彼此激励的环境中竞相释放，"共谋"恰恰生发于这个伟大的历史进程之中：财富总量增长了，社会总供给与社会总需求达到基本均衡，"劳动的按比例分配"在非人为状态下竟成为现实。虽然"均衡"总是动态中的均衡，但市场亦总是拥有促使由供求关系变动导致的非均衡重新走向均衡的魔力。从社会的、而非纯经济的观点看，个

13　张晓明《伟大的共谋：市场经济条件下的利益关系研究》，中国人民大学出版社 2002 年版，页 164。

人的谋利行为导致了社会公共利益增进的结果。思想家们用不同的语言描述了这个事实：亚当·斯密称之"看不见的手"，黑格尔称之"理性的狡狯"。布坎南的话说得较为平直，他认为经济结构现代化的前提就是"设想某种道德上平等的人，通过约束中的利益追求，实现共同的利益前景"。[14] 这与曼德维尔《蜜蜂的寓言》中所谓将"私人之恶"转化为"公众之益"的著名论断，显然包含着同样深刻的历史哲学意蕴。

市场经济的制度安排（3）："看得见的手"（有意识的利益"共谋"与利益"转交"系统）

以"看不见的手"为指导的自由市场的运作逻辑，曾使人们得出国家只是"守夜人"的过于简单化的理解。其实，根据制度经济学的观点，即便是在典型的自由贸易条件下，社会也并非一个全无摩擦的、无任何制度成本的社会。然而，我们这里关心的是另外一个重要问题，那就是由于市场运作有其天然的弱点，作为公共权力机关的国家还有更多积极角色需要承担。

市场的天然弱点何在？可以从两个方面简要分析之：其一，是其弱肉强食的本性必然导致的效率与公平之间的冲突。资本运行是有"效率"的，市场竞争系统中的每一个"齿轮"、每一个"联动装置"都将有助于提高这种"效率"。但有"效率"的资本运行结果往往导致生产要素乃至生活要素在全社会日益不平衡的分配，从而引发"公平"问题的产生。这正是从早期"空想"社会主义者到以更加严格的"科学"形式出现的马克思主义共同声讨私有制之"罪恶"的重要历史根据。其二，自组织的市场系统无法避免某些"外部性"问题的发生，比如，一家高速运转的化工厂可能给环境造成严重的污染；只顾赚钱的烟草生意可能给公共卫生和大众健康造成潜在的损害。然而，以社会无意识为特征的市场逻辑本身是不考虑这些问题的。在这个

14　布坎南《自由、市场与国家》，页47。

意义上，上一小节我们刚刚赞美过的市场逻辑导致"公众之益"的说法，马上需要予以补充，即只看到"私人之恶"与社会"公众之益"的正相关关系是不够的，它们之间确实还有负相关关系的存在。

那么，出路在哪里？历史演进本身给出的答案就是启动公共权力机构这只"看得见的手"，通过建立有意识的利益"共谋"与利益"转交"系统来平衡整个社会的利益格局，同时借助市场的与非市场的各种手段把对"外部性"问题的处理纳入制度化、法制化的轨道。"转交"意味着某种新的利益分配方式，比如，通过国家财政把从富人手中征来的税金用于改善需要救济的穷人的生活；或者，通过加税或其他经济手段使造成周边地区污染的企业的"外部"行为"内部化"，使企业担当起其应负的、但又是纯市场逻辑并未与闻的社会责任。总之，"看得见的手"代表一种由公共权力机构实施的、旨在尊重市场一般规则（特别是动力规则）又矫正其运行缺陷的制度安排。在这个基础上，建立起一整套系统的、可调节的宏观利益转交体系。公共权力机构在这个转交体系中，发挥着个人利益与社会不同阶层利益转交的中介者或协调者的关键性功能。

应该感谢凯恩斯，正是他主张的借助财政、银行利率等手段实现国家干预的政策实践，成为20世纪建立国家对市场调控制度的早期历史形式。尽管其萌生于对经济萧条的反省和战争的需要，但在其后几十年的发展中，已经成长为一套远远超越其最初设计动因的、在社会经济建构意义上产生深远影响的制度安排。今天发达世界的"福利国家"制度和包括发展中国家在内都在建立、完善中的"社会保障体系"等似乎已经证明了如下论点：如今个人利益已不再是纯然"自然"与"内生"的，而加入了"社会"的与"外在赋予"的要素于其中；"个人利益在认识中从自然状态向社会状态的转化，从市场竞争的随机性结果状态向社会制度安排的有机性结果状态的转化乃是巨大的社会进步。"[15]

15　张晓明《伟大的共谋：市场经济条件下的利益关系研究》，页178。

市场经济与民主政治的一般逻辑联系

这是本书讨论至此应该提出的一个问题，也是本书展开以后我们要时时回顾、并不断予以深化的重要逻辑关节点。前文的论证思路已经昭示，市场经济与民主政治之间既有某种历史发生学意义上的纵向因果联系，又有制度现代化之结构分殊意义上的横向互动联系。就前者而言，不难看到，市场是自主、自由、独立意识产生的温床；市场打破社会的封闭、静止与保守，促成社会开放与流动；市场又锻造出追求自身利益、且有能力实施这种追求的社会群体。欧洲中世纪末期出现的城市自治，近现代各国政治结构演变与革新中有教养、有实力的企业家阶层与数量日益增长的"中产阶级"对政治生活的影响等都是活生生的历史例证。正是从这个意义上，我们可以看到卡尔·马克思关于"经济基础"制约乃至决定着"上层建筑"的说法的确包含深邃的历史真理成分。再来看后者。市场经济制度与民主政治体系在制度现代化框架内，有着结构上的相互需要：市场经济本质上排斥一个包揽一切、控制一切的极权政府，而拥抱一个保障公民合法权益的民主政府；民主的政治体制亦需要通过激发公民参与的热情来予以维系，而在市场经济条件下，公民对政治生活的参与、公民权利的政治表达恰恰植根于他们的经济利益，捍卫权利就是捍卫利益。当然，反过来说也一样：捍卫利益就是在捍卫权利，并通过权利。在这个意义上又可以说，成熟的市场经济既有助于一个民主政府的产生，又有助于防止公共权力机构的异化。

民主政治是市场经济的保护神，运转有序的民主政治体系不会对市场经济构成任何消极影响。那么，市场经济除了对民主政治的正面推动作用外，是否对民主建构有什么负面影响呢？至少，逻辑上的回答是肯定的。市场经济毕竟是以利益为轴心运转的经济结构形式，在各种各样的实业者以公民身份参与、影响政治行动时，由于其调动的经济资源的不同，拥有经济实力的不同，以及随之而来的社会地位、社会影响力的不同，其所获得的政治资源亦不会相同。而政治资源拥有上的不平等，势必在事实上造成公民参政权利的不平等。那些拥有更多经济实力的老板、企业家、社会名流以及由这些人组成的各种各样的"利益集团"在影响公共权力机构决策的过程中，可能会为实现自己的利益而损害大多数普通公众的利益。市场经济的这一面对民主政治显然是不利的。

总的来说，通过引入市场经济范畴，我们对第 13 节讨论的公民权利概念有了更丰富的理解，同时对公共权力的建构、决策及相关影响因素的复杂性，亦有了进一步的认识。这些复杂性的产生都与利益问题相关，都与既是经济行动者、又是公民的无数行为主体利益之间的张力性质有关。关于这个问题的深一步探讨，我将在后文论"公民社会"（第 15 节）和"作为本体逻辑的利益范畴"（第 16 节）中进行之。

现代专制主义拒斥或与市场经济联姻的抽象可能性

我们已经把现代专制主义定义为"以公共意志的名义对公共权力与个人权利的双重否定"，它或者是现代化转型完成后的逆向性反复，或者是这个转型正在进行中的病理性变异（见前一节）。论及现代专制主义与市场经济之间或排斥、或联姻的不同抽象可能，需要对现代专制主义本身做出形态上的进一步区分。概略地讲，本书把现代专制主义区分为两种形态：极权主义与威权主义。这两个词我们在"导论"中已经使用过。极权主义意味着一个异化了的公共权力对社会政治、经济、文化生活的全面控制。实施这种控制的抽象情境至少有两种可能：一是全面控制以攫取统治集团的一己利益；二是全面控制以为实现某种乌托邦目标的必要手段（此种情况下公共权力的异化可能并不表现为独裁者的主观认知）。而无论在哪种情形下，极权主义与市场经济都是根本不相容的。极权主义不可能允许一个私有产权制度及建立其上的市场体系的存在，因为它或者与当权者出于私心而欲掌控所有资源的野心相悖，或者与当权者乌托邦追求的道德目标相悖。

　　威权主义与极权主义不同，作为现代专制主义的第二种形态，威权主义并不与市场经济直接抵触，甚至在某种限度内鼓励其发展。产生这种可能性的历史条件呈多样性特征，不可一概而论：它或者表现为一个有着前现代专制传统的、正在转型的国家，其政治权力仍然是专制的，但却愿意发动某种由上而下的经济结构变革来推动国家经济的发展；或者表现为民主化进程的曲折与反复，由独裁者或军人集团颠覆了的政权仍然允许、甚至支持市场经济的存在；或者表现为当权者对乌托邦工程的反思和矫正，此时市场经济的复兴与国家政治结构的变革往往呈现出不对称特点，政治民主化落后于经济市场化进程。

　　无论如何，威权主义条件下专制政治与市场经济的并存给我们以重要提示。它提醒我们民主政治与市场经济还有一层重要、但尚未言明的关系，那就是市场经济乃民主政治的必要条件，但非充分条件。没有市场经济一定不会有民主政治；然存在市场经济，不一定就存在民主政治。市场经济有可能与专制政治并存，这是现代威权主义已经揭示的一个逻辑现实。但我们必须马上补充如下两点：第一，与专制政治相联系的市场经济肯定是一个不健全的市场经济，专制政府可能制定一系列法律、政策以建构市场运作的形式化法律体系，但权力垄断造成的"权""钱"之间的黑幕交易和各种"寻租""设租"行为又无时不在瓦解着市场经济的真正根基。然而，另一方面也要看到，只要市场经济存在，它就会顽强地为自己创造生存、发展空间，并以自身日益增长的影响力反作用于政治体制，促使其向民主化方向一步步演变。这种内在生长力量是任何专制政体都阻挡不了的。正因为如此，第二，我们必须说，当一个专制政权无论出于任何原因允许、鼓励市场经济发展时，它已经在事实上为自己准备了未来的掘墓人。

15.　社会整合结构的现代化：公民社会

公民社会作为制度现代化之结构分殊的第三部分，在本书的批判学理构成上有重要意义。众所周知，"civil society"这个词通常被译为"市民社会"，在黑格尔-马克思学术传统中，"市民社会"主要指与国家相分离的、关注特殊利益的私人领域；[16] 这个领域其实就是我们刚刚讨论过的以市场化为核心的现代经济结构本身，只不过在对市场与国家关系的认知与一般界定上，我们已不再囿限于当年黑格尔的水平。本书所说的"公民社会"乃指这样一个公共领域，在结构上，它是与政治（权力）体系、经济体系鼎足而立的第三极，在功能上，它的作用恰恰是要弥补现代政治结构、经济结构的某些致命缺陷。换言之，本书对"公民社会"的界定一方面继承了半个世纪以来、特别是近 10 年来由于对极权主义的批判而产生的新的、具有全球性质的政治哲学理解趋向，[17] 另一方面又体现着某种概念建构的批判哲学尝试，这个概念建构不但植根于现代专制主义解析的主题性需要，而且——更宽泛地讲——亦植根于哲学人类学意义上人性理解的需要。我打算分几个步骤完成这个论证，有些步骤就在本节完成，有的将在下一章完成。

从前现代家族—伦理社会到现代公民社会

从结构发生学角度看，现代公民社会的前身可以追溯到前现代

16　如果继续追溯这个学术传统的根源，则可以举出亚当·斯密、法国重农学派和更早些的英国哲学家约翰·洛克。洛克视"社会"为一个外在于政治的实体的观点，在后来的英国古典政治经济学和德国古典哲学中逐渐被化约为带有资本主义性质的经济领域。

17　正如哈贝马斯所指出的："市民社会这一概念的总体发展趋势应当归功于国家社会主义的叛离者对极权主义毁灭政治公共领域所做出的批判。"（见《公共领域的结构转型》1990 年版序言）事实上，正是 20 世纪 80 年代末、90 年代初东欧和苏维埃红色帝国的革命性巨变，有力地证实了公共领域的复兴对推翻极权主义统治所具有的伟大意义。

建立在血缘、亲缘基础上的家族-伦理社会之农业社会整合，我们在东西方不同民族的历史发展中，都可以寻觅到这种整合形式的存在。"家族-伦理社会"这个复合词的意思是社会整合是以家族（宗族）为基础的，家族成员之间遵循辈份、性别、长幼等自然秩序，并承担相应的伦理义务。需要指出的是，在前现代社会，家族-伦理共同体既是农业社会整合的基本单位，又是自然经济的基本单位，基础经济结构与社会结构的同一反映了前现代社会分化尚未开始，或处于一个很低的水平。另一方面，相对于前现代国家建构而言，家族-伦理共同体又是所有专制王权的社会基础，且或多或少表现出"家-国同构"特征。在这个意义上，"家族-伦理社会"又可以称之为"臣民社会"，其价值体系必然会服从于专制王权的合法性论证。

现代公民社会的产生是城市化和近代社会分化的结果，这个过程是与商品经济的发展、独立的自主个人的发展并辔而行的。社会整合超出血缘、亲缘的自然边界，显然与交换关系的普遍化趋势相一致。邮政、报纸、杂志的出现，使一个新型的、完全不同于农业社会整合的公共领域初露端倪；随着近代科学的发展和教育的世俗化，教育内容与教育目标发生了质的变化，教育本身也成为一个全新的职业领域。在这个基础上，独立的、批判的、并拥有高领悟力和高素质之读者群的学术作品和艺术作品的产生，亦成为可能。它们往往成为统领时代新潮流的旗帜或先声。现代意义上民间社团的出现，同样是公共领域发展的重要表征。人们学会了、并逐渐习惯于在各种公开或私下场合，就公众共同关心的问题发表意见，针砭时政。

这样，公共领域的发展，不但表征着一个更高水平的社会结构分化的达成，而且代表着一种新的社会整合原则的产生。我把这个原则称之为公共理性原则，它既不同于前现代社会的家族-伦理原则，又不同于现代社会通行于政治结构与经济结构的利益原则。毋宁说，恰恰是公共理性原则与利益原则之间的张力构成了现代社会理解上的枢纽。

公共理性范畴作为现象逻辑在社会交往行为分析中的作用

"交往"（communication）本来是哈贝马斯批判理论建构中的核心术语。在哈氏的概念界定中，与追求功利目标的"战略行为"不同，"交往行为"的目标是达至行动者之间的"相互理解"；在交往行为基础上构建起来的世界是一个"生活世界"，其哲学根据是主体哲学向互主体哲学的范式转变。[18] 这个形成于上个世纪 80 年代的批判哲学构造意在为发达世界的"现代性"困局寻求出路；但鉴于哈贝马斯哲学蕴含的深厚的历史感，我以为在概念意义上构建制度现代化的抽象结构模型并在现象逻辑水平上展示其内在关系时，哈贝马斯的工作对我们有重要参考价值。本书所用的"社会交往行为"这个术语，其意很接近哈贝马斯的"交往"概念；但我只把这个词用于现代公民社会的讨论。

现在我们来看"公共理性"这个范畴。

在前文讨论民主政治与市场经济中的利益范畴时，我曾指出，对利益的追求是人类政治行为与经济行为的重要动因，乃至基本动因。当然，在政治行为场合，作为委托人的公民与作为受托人的公共权力持有者，由于各自所处位置不同，会产生不同的利益谋求方式；其中，公共权力的持有者由于权力本性使然，几乎都会产生以不正当方式谋取非法利益的冲动，且有膨胀化趋势。这正是对权力实施一系列制度规约与制衡以防止其"异化"的现实根据。现代市场经济中人们对利益的追逐更是公开的、赤裸裸的，符合从马克斯·韦伯到哈贝马斯所说的工具合理性或目的合理性的全部特征；而无论是通过"看不见的手"对市场运行的"无意识共谋"，还是借助"看得见的手"对

18　见 J.Habermas: The Theory of Communicative Action, Boston, Beacon Press, 1984 (Vol.1), 1987 (Vol.2)。我的博士论文"现代性及其超越：哈贝马斯研究"（作于 1991 年）曾对哈氏研究理路做了一个大致勾勒，见拙著《现代性与制度现代化》，上篇。

社会财富分配实施的"有意识转交"，其全部设计仍植根于"人人都会见利而为"这个行为前设。但是，难道给人类社会带来巨大变迁的制度现代化只有利益这一个向度么？连经济学家们都不这样看问题。道格拉斯·诺思就曾问道：为什么人们会参加匿名的自由献血？为什么当可能的惩罚与收益相比显得微不足道时，人们并没有去欺诈偷盗？答案是"家庭和学校教育反复灌输的那些价值观念"会"引导个人约束自己的行为，不采取像搭便车人那样的行为"。[19]

我想我们会比经济学家走得更远。本书所构建的制度现代化概念框架中，与利益原则并存的还有另一个原则，那就是公共理性原则。这个原则或范畴是通过公民的社会交往行为予以体现的。毫无疑问，公民的社会交往行为要以公民的个人权利为基础，但公民权利通过社会交往行为所要表达的，却不再仅仅是公民个人的政治或经济利益诉求，而是某种超越了一己利益的公共意愿或意志。一篇大学讲演、一部小说、一台艺术作品的公演，只要它传达了此时此地公众的所思所想，并符合了、代表着这个社会向前发展的内在要求，作品本身就被赋予某种"形而上"的品格，发表作品的个人也在同时完成了某种转换：这部作品既是个人的声音，又是公共的声音；且首先是作为公共的声音，它才能真正引起社会共鸣。这样，公共理性范畴赋予社会交往行为的逻辑是：公民个人意志直接表现为公共意志，公共意志直接通过掌握了时代脉搏与社会发展趋向的个人意志加以表达，而不再借助那些体现了"历史的狡猾"之历史运作特征的中介形式。

如此，我们亦理解了什么叫"互主体性"。以达至理解为目标的社会交往必定是双向的、交互性的；公共理性作为现代公民社会的核心范畴也奠基于互主体交往这个坚实的基础之上。但这里的互主体不再局限于两个行动者之间，而是整个社会。互主体关系的建立当然要以主体性本身的存在为前提，从社会发展角度看，这涉及到普通公民的启蒙问题。哈贝马斯曾援引康德的观点，认为"所谓启蒙，即是

19　诺思《经济史上的结构和变革》，页 46。

脱离自己所加之于自己的不成熟状态。就个人而言，启蒙是一种自我反思的主体性原则；就全人类而言，启蒙是一种迈向绝对公正秩序的客观趋势。无论是哪种情况，启蒙都必须以公共性为中介。"[20] 这最后一句话很重要，我们可以把它理解为：公民社会的形成本身，乃是公民个体走向成熟的社会结构条件。而若从更严格的辩证逻辑角度看，也许这样说更为准确：反映互主体交往本质的公民社会的发展与公民个体主体性的确立乃是互为条件的同一个过程。仍以康德举的例为例：

当权者或许可以剥夺我们说和写的自由，但永远无法剥夺我们思考的自由；但是，如果我们不和彼此相互交流思想的群体一同思考，我们的思考又会有多少内容和多大的正确性呢？[21]

公民社会的基本功能（1）：对公共权力的社会监督

如第 13 节所述，为遏制公共权力的异化趋势，对权力的监督是绝对必要的。民主宪政之政治结构本身已经设计出一系列制度安排以为达至这一目标的手段，包括竞争性政党制度、代议制度、分权制度、有限政府、文官系统和武装力量的中立化等。但仅仅依靠这些来自权力内部的监督机制和反异化机制是不够的，权力还需要来自社会的监督。无论立法机构、行政机构还是司法机构，也无论它们是最高国家权力机关还是地方或基层政府，作为受托权力机构，委托人对其进行批评、监督，乃是天经地义的事情。反过来说，哪里有关于国家事物的交流，哪里具有批评意识的公众也就成了作为公民的公众。"在'共和制宪法'的前提之下，这种具有政治功能的公共领域成了自由主义法治国家的组织原则"。[22]换言之，具有社会监督职能的公民社会本身就是广义的政治结构的组成部分，权力的内部监督与

20　哈贝马斯《公共领域的结构转型》，页 122。
21　同上。
22　同上，页 124。

外部监督需要紧密配合，才能相得益彰。

　　社会监督只有在非意识形态独断下才有可能。这包含两层意思：其一，只有在非意识形态独断条件下，公民的知情权才能得到保障；而唯有当公民知道政府在做些什么，又是如何做的时，方才谈的上实施有效的监督。其二，这种监督不是通过选票进行，也不是通过利益集团的压力进行，而主要是用笔来进行。"笔"在这里当然不仅仅是书写工具，它是自由意志的象征，又是公共意志的象征。作为前者，"笔"表达独立公民的声音和要求，是公民个体主体性的体现；作为后者，"笔"表达公共理性的声音和要求，是公共领域之互主体性的体现。所谓"笔的自由是民权的唯一保障"，其意是指唯有通过"笔"对政府行为的公开监督，对任何可能存在的政府腐败的毫不留情的揭露，政府才不致于从公共权力的受托人异化为公众的统治者。

　　如此，我们就不难理解何以世界上的大多数国家都把保障公民"言论自由""出版自由"的条文写进宪法。现代公民社会监督政府之政治功能的发挥，正是立基于这两大"自由"之上。再强调一遍："言论自由"和"出版自由"不仅仅指一个公民有"说"和"写"的权利，它同时意味着其他公民有"听"和"读"的权利。因此，这是一个通过社会交往行为进行的公共交往领域。当这个交往领域的主题话语是与国家权力的运行有关的公共事务时，国家机关将自然被置于公共舆论的监督之下。现代民主政治和现代专制主义的根本区别之一就在于是否真的尊重公民"说"和"听"的自由，是否真的尊重公民运用"笔"来表达个人意志、同时又是公共意志的权利。如果这种尊重只停留在口头上、表面上，而没有兑现为实实在在的制度安排，那么这往往是一个公共权力机构拒绝社会监督的开始；而若这个政权刻意用意识形态独断的手段来消灭一切公共领域的声音，则它已经在事实上走到了自己的反面，成为公共意志的敌人。

公民社会的基本功能（2）：理性的文化再生产

　　文化再生产当然不是现代社会才有的现象，前现代社会中传统价值的延续也要借助文化再生产才得以实现。教育是文化再生产的基本形式。但在前现代文明发展阶段，教育是与宗教、家庭伦理混在一起的，尚未形成一个独立的、系统化的职业领域。如前述，这样一个独立职业领域的出现，是现代社会结构分化的结果。

那么，何为"理性的文化再生产"？这个概念意味着教育的现代功能较之前现代教育有了一个本质性的变化：它不但要完成传统价值中所有仍然具有生命力的东西的批判性延续，而且承担着与现代文明相应的新价值、新思想的启蒙与创新使命。正是由于这一点，使教育成为现代公民社会的重要结构组成部分，教育的功能亦成为现代公民社会的基本功能。让我们对此稍做展开。

读者已经知晓，从专制社会向民主社会的转变，最根本的标志之一是臣民向公民的转变和公民权利的确立，公共权力的受托和正确行使都要以公民权利的行使为前提。但是，公民并不是天生就会行使他们的权利的；如果说行使权利之权利的获得乃是宏观社会变革之结果，那么行使权利之能力的获得则有赖于现代教育之所赐，而且这将是一个代代相传又不断更新、不可能一劳永逸的过程。公民必须有拥有权利、使用权利的意识，同时还要有运用权利的知识和能力。无论是做一个合格的选举者或被选举者、成为一个称职的公务员还是优秀的企业人，都要具备现代知识，能够运用它既造福于自身又造福于社会。而这一切，离开了教育是不能想象的。在这个意义上，以教育为手段的公民社会之理性文化再生产的目标乃是建立与民主政治、市场经济相适应的公民文化-社会系统。对公共权力的监督与批评，是离不开这样一个系统的。在此意义上我们又可以说，监督与批评作为公民社会的结构性功能（对政治-权力结构领域内负面因子的抗衡作用）乃是以公民社会本身的理性文化再生产功能为前提、为根据。

不但如此。借助教育实现的公民社会之结构功能不但表现为对政治领域内权力结构的负面因子有抗衡、遏制作用，而且对经济领域内市场结构的负面因子同样有抗衡、遏制作用。知识当然是获得财富的基础——这一点前文已经指出；但在一个唯利是图的社会中，金钱与良知发生冲突是正常的，甚至是不可避免的。任何政府形式的介入、社会分配之"转交系统"的建立都不可能彻底解决这个问题，因为它们都不是对金钱原则（市场动力学根据）的否定，而毋宁是对它的利用。公民社会则不同，理性的文化再生产所高扬的乃是使整个社会精神系统得以维系的伦理价值原则，这里所说的"伦理"当然不再囿限于前现代社会的宗族范围之内，而是以全社会为范围，惠及每一个公民又以每一个公民的自觉认可、自觉响应为特征的互主体范畴。它所内含的"形而上"要求是：当良知与金钱发生冲突时，一个理性的公民应当自觉抵制金钱的诱惑。——尽管大量事实证明，做到这一点并不容易。

总之，体现社会交往互主体本质的公民社会既要监督权力，又要监督金钱。前者表现为来自外部的监督（相对于权力结构内部也有制度规约而言）；后者表现为来自内部的监督（良知是自律，而非以法律、社会规则等形式呈示的他律）。然良知又是什么？良知作为人类理性之积淀，永远是教育这一人类文化再生产的精神产儿。

公民社会的基本功能（3）：沟通、理解与社会自律

公民社会作为制度现代化之结构组成的第三极，其重大功能性意义除上述两个方面外，还有一个重要方面，那就是以非官方、非市场形式实现社会资源的动员和整合，用公共理性的力量锻造为社会所需要的"公共产品"，在国家、市场力所不及或不宜由国家、市场力量染指的领域营造人类的精神家园。

生活中这样的例子可以举出很多，小到社区内居民利益冲突的自我解决、自我调整，大到国际性的全球生态保护运动。各种各样的NGO（非政府）组织、志愿者组织、一些宗教或准宗教团体组织的活动等也都可以列入这个范畴。自治是所有这类活动的组织特征；行动的自觉自愿和义务性则凸显了这类活动的道德意义。这是一个在公民自我动员基础上实现的沟通、理解与行动过程，公共理性之互主体

本质往往借此得到更为明晰的呈示。本书把此类情形称为"社会自律"，它以每个公民的个人自律为前提，又通过集体形式把个人自律外化、组织化、行动化。

在民族国家内部，公民社会的沟通、交往与社会自律功能可以在条件事宜时与政府施政功能及市场经济调节功能形成互补。这意味着制度现代化的三大结构在民族国家水平上既有相互制约的一面，又有相互补充的一面。而在超民族国家，也就是全球交往水平，自由公民之间的联系、沟通乃至组织化往往能够更加突出地表征公民社会（这里已经是全球公民社会）的建设性功能。由于现代国际关系领域内主权国家框架的有限性，"公用地灾难"问题在国际层面通常比国内层面表现出更加复杂、更难以应对的特点，解决全球"公共产品"稀缺的希望除借助联合国之类政府间国际组织外，全球公共领域完全可能、也应该发挥更大的作用。公民的自由交往是不受国界限制的，以互主体性为特征的公共理性在全球水平的宏场，可以借助其特有的融批判与宽容双重含义于一身的人类家园伦理，勇敢面对那些由于民族国家政府或企业的短视、自私造成的问题。这个全球"社会自律"的建立，虽然离落实尚远，但从制度现代化和全球民主化的大趋势看，却早已是题中应有之义。

公民社会的"硬件"系统：传媒、教育、民间社团

公民社会的社会监督功能、文化再生产功能、沟通和社会自律功能乃是通过不同的"硬件"系统实现的。传媒系统、教育系统和民间社团就是这样的"硬件"，它们和公民社会的三项功能大体呈对应关系，但也有重叠关系。比如，社会监督虽主要由传媒系统承担，但教育系统、民间社团并非完全与对权力的监督无涉。为了保证公共理性的社会交往本质不变味、不走样，切实发挥公共领域在制度现代化进程中的结构支撑作用，公民社会的诸"硬件"系统在自身历史演化中生发出不少重要的运行规则（制度安排），我们不妨作一简单论列：

先来看传媒系统。自从世界上诞生第一张报纸、第一份杂志以

来，经过数百年的发展，特别是 20 世纪信息技术的革命性创新，传媒系统已经发展为一个包括现代报业、现代出版业和现代广播、电视、网络媒体业的庞大职业领域。在已经建立起较为成熟的民主体制的国家，传媒业的社会监督职能得到了十分充分的展现。这种展现的根本前提是：尊重新闻独立、出版自由这一公民社会的核心原则并把它们落实为相关法律和组织建构体系。举个例子，在美国，无论是国会、行政系统和法院都有允许媒体采访、报道的传统，有新闻发布制度；国会两院早在 1789 年和 1795 年就通过了允许记者列席会议（秘密会议除外）的法律。时至今日，大部分国会举行的会议，不但记者可以列席，任何人都可以旁听，而且通过电视、电台实况转播。英国新闻自由的历史可以追溯到更早。1688 年"光荣革命"后仅 7 年，1695 年由议会通过的许可证法即彻底结束了英国的书刊检查制度。法国 1791 年《宪法》有关于"公共领域"的明确条文："思想和意见的自由交流是最可宝贵的人权之一，人人都享有言论自由、写作自由和出版自由，但要对滥用法律所规定的这种自由承担责任"。1793 年《宪法》又把集会自由列入言论自由的保护范围，并明言"规定这些权利是因为专制主义的存在或人们对其记忆犹新"。这些保障公民社会行使其职能的法律规定，作为民主体制的重要制度安排，显然经受住了时间的考验。

教育系统在公民社会之"硬件"意义上，亦包括了相当广泛的职业范围。除通常所说的基础教育（中、小学）、高等教育、成人教育外，科学研究机构也可列为广义的教育系统的一部分。在大学中，教育与科研本来就是融为一体的，没有高水平的、创造性的科研工作，也就没有高水平的、呈扩大规模与越升态势的理性文化再生产。除大学外，还有一部分独立或半独立的研究机构，它们接受政府、企业或私人的委托从事某些领域的研究，并得到相应资助。艺术创作和演出部门也是广义教育系统的一个分支。借助美的形式沟通人类情感、升华人类情操、鞭笞人类丑恶，乃是所有文学与艺术创作的根本使命。

至于保障教育系统发挥公民社会功能的制度安排，核心仍是体现非意识形态独断原则的教育独立、学术独立、艺术创作独立的法律规定和相应组织建构形式。以美国大学自治为例，有人把这套大学制度安排归结为 5 个"没有"，5 个"有权"。5 个"没有"是：没有全国统一的招生和录取标准，没有全国统一的课程设置标准，没有全国统一的教师聘任标准，没有全国统一的大学管理规则，没有全国统一的考试标准。5 个"有权"是：有权不经过政府审查自行任命教授，有权自由挑选学生，有权自行开设课程，有权自由筹措经费，有权自行分配经费（私立）或有权分配从州政府拨来的款项（公立）。[23] 这些制度措施保证了大学做到"四个独立"，即独立于政府，独立于党派，独立于特定意识形态，独立于商业社会的功利与短视。虽然现实不可能如此完美无缺，但制度安排本身的实践意向和逻辑根据却是清清楚楚、明明白白的。

　　民间社团何以同样构成公民社会之"硬件"？我们可以引证托克维尔的说法："如果民主国家的人没有权利和志趣为政治目的而结社，那么，他们的财富和知识虽然可以长期保全，但他们的独立却要遭到巨大的危险。而如果他们根本没有在日常生活中养成结社的习惯，则文明本身就要受到威胁。一个民族，如果它的成员丧失了单凭自己的力量去做一番大事业的能力，而且又没有养成共同去做大事业的习惯，那它不久就会回到野蛮状态。"[24]民间社团有很多种。出于经济考虑而组成的利益集团，有时也采取民间结社的形式，但它们的活动范围主要在经济领域；在本书的定义中，作为公民社会之"硬件"系统的民间社团不包括利益集团在内，它主要指民间各种公益性、自愿性组织，其名称可以是××"团体""协会""俱乐部"，有时又可以叫做××社会运动。社团的存在遍布公共生活的各个领域，且分处基层（社区、乡镇）、地方、民族国家、国际社会等各种水平。

23　参见沈红《美国研究型大学的形成与发展》，华中理工大学出版社 1999 年版，页 **158**。

24　托克维尔（D'Alexis de Tocqueville）《论美国的民主》（Democratie en Amer'que），董果良译，商务印书馆 1996 年版，下卷，页 **637**。

然无论在哪个领域、哪个层面上存在的民间社团组织，其共同的特点都是自治，都是相对于政府、经济组织而言的独立。没有这种自治、独立，就谈不上公民的自我动员，谈不上体现公共理性本质的沟通、理解与社会自律，谈不上建设独属于理性人类的道德-精神家园。

民主政治、市场经济与公民社会的一般逻辑联系

这一小节谈制度现代化之三大结构间的一般逻辑联系和相互关系性质。在我们分别研究过民主政治、市场经济与公民社会之各自的结构界定和功能特征后，这样的综合性讨论已经具备了可能。不过，鉴于前文已有关于民主政治与市场经济之关系的专论，本小节主要关注的是在引入公民社会结构范畴以后，制度现代化各主要构造之相互联结的某些新特点及其根据。

从本书给定的界定看，包括公民个人权利和公共权力这两个根本要素的政治结构、以市场运作为特征的经济结构和体现权力监督、理性文化再生产及沟通与社会自律诸功能的公民社会之社会整合结构，其实都包含某种"公共领域"的性质：公共权力的运作当然是在公共领域里进行；市场通常被理解为"私域"，但马克思早已揭示出商品生产者的私人劳动同时也是社会劳动，市场恰恰是以公共性为中介完成私人劳动向社会劳动的转化。更何况现代市场经济条件下有意识"社会共谋"与"社会转交"系统的建立已经表征劳动交换与财富分配越来越具有"社会的""公共的"性质。然而，我们还是把"公共领域"这个词的专有权给了公民社会，其根据何在？这一方面是考虑国内、国际学界关于公民社会用语的一般习惯，更重要的是根据本书理解，公民社会所遵循的"公共理性"原则不同于、且对立于政治、经济两个领域中奉行的"利益"原则。这两个原则的分立乃是理解制度现代化三大构造之逻辑关系、特别是这种关系所特有的张力性质的枢纽点。政治领域中的核心问题是权力问题，如何保证受托公共权力机关不被权力的本性所腐蚀？——政治结构领域内的全部制度设计都是为了解决这个问题而作。然而，这些设计至多可以减

缓、而不能从逻辑上解决公共权力与个人权利之间的潜在冲突，因为这里遵循的逻辑本身就是"用权力制约权力，用野心制约野心"，从而预设了利益原则乃是制度设计的根本基础。经济结构领域的情形类似，只不过与"谋权"行为相比，"谋利"行为所谓体现的"利益原则"本性更公开、也更"中性化"罢了。公民社会所尊奉的以社会交往之互主体性为本质的"公共理性"原则体现了完全不同的逻辑。公民在这个领域发表意见，对公共权力的批评或监督，已经不再单纯是个体利益或小团体利益的表达，而是公共意志的表现。理性的文化再生产保证了社会精神价值的传承和社会整体道德水准达到乃至超越一个法治社会良性运转的需要。公民社会的理性批判精神和对所有声音一视同仁的宽容精神使社会得以保持良知和基本的社会判断力。这一切，从制度现代化之结构构造与结构制衡角度看，都成为促进社会进步的重要制度支撑。

以上所谈，还只是从现象逻辑层面分析"利益原则"与"公共理性原则"之间的分立及后者对前者的矫正与补充。下一章我们还将从本体逻辑层面上进一步深化这个问题的理解。现在让我们换个角度，看看发生学意义上公民社会与民主政治、市场经济之间的关系。前文已指出，民主政治一定要以市场经济为基础，没有市场经济就不会有民主政治。公民社会同样是市场经济的产儿。试想，如果没有市场化，哪里来的教育、传媒系统的高度职业分化？哪里会产生发达的民间社团？而城市化是经济发展的结果，这个结果又会借助市场关系的普遍化向农村渗透、蔓延。抽象地看，问题的难点不在于现代公共领域之产生如何以市场关系的发展为条件，而在于体现互主体之交往本质的公共理性精神如何既生发于、又超越了市场经济和权力关系的利益樊篱。我们目前尚不能完整地、透彻地回答这个问题；在第二章引入哲学人类学关于人性理解的元规则和社会进化的讨论后，我们会再回到这个问题上来。

公民社会问题在现代专制主义研究中的特殊地位

从根本上说，公民社会问题在现代专制主义研究中获得某种"特殊地位"乃是因为所有的现代专制主义政体都会本能地、想方设法地扼杀这个领域。异化了的公共权力可以与市场经济（当然是"权""钱"结合的、不健全的市场经济）共存"共荣"，却不可能与一个真正意义上的公民社会共存。道理很简单：如果允许人们自由地批评政府，允许新闻独立、教育独立、民间社团独立，专制政体也就不再是专制政体了。

所有专制主义政体在扼杀公民社会的生长时，都会乞灵于现代意识形态独断。但不同于前现代社会"朕即国家"的简单逻辑，现代专制主义通常会以"人民的名义"制定"宪法"，形式上承认言论、集会与出版自由，承认政府只是人民的"公仆"应该接受社会的监督，而在实际制度设计与体制运行中，又把所有这些自由、或表征这种自由的行动趋向掐死于摇篮中。在现代一党专制之极权主义或威权主义场合，媒体首先是"党的喉舌"，教育首先是"党化教育"，民间团体则是"党联系群众的纽带"，所有公民社会的"硬件"系统都可以转变为一党统治的得力工具。这倒使我想起法国哲学家路易·阿尔杜塞的说法：国家机器分为两种，一种是强制性国家机器，如军队和警察；一种是意识形态国家机器，包括了几乎所有的文化、教育、政法机构。强制性国家机器通过暴力发挥作用，意识形态国家机器则通过意识形态发挥作用（其实不如说强制性国家机器乃是通过物质暴力发挥作用，而意识形态国家机器则是通过思想暴力发挥作用）。阿尔杜塞特别指出："据我所知，任何阶级都不能长期地掌握国家权力，而不同时对国家意识形态的机器或在其中实施霸权。"[25] 在我看来，这个法国马克思主义者为阐释、补充马克思的国家学说而指出的

25　见路易·阿尔杜塞"意识形态与意识形态国家机器（一项研究的笔记）"，载斯拉沃热·齐泽克等著《图绘意识形态》，方杰译，南京大学出版社 2002 年版，页 148。

上述观点，反倒是运用"左派"语言道出了现代极权主义的现实。

　　总之，恰恰是现代专制主义对公共领域扼杀的历史经历，从反方向刺激了、且有利于反叛者得出公共领域之积极政治功能的一般性结论。我们这里没有更多地讨论概念史，这部分是因为当代历史经验的特殊性已经为概念的普遍性注入了新的内容，部分是因为本书的主题要求和实践意向不允许我们在纯学理层面的讨论上花费更多的时间和笔墨。我赞成一位中国学者的下列观点："必须把作为分析概念的市民社会（即公民社会——作者注）与市民社会概念演变的学理考察相区别，因为考察市民社会概念史本身不是目的，关键在于从中'建构'出可以适用的分析性概念。"[26]

　　我们应该感到荣幸的是，正是由于现代专制主义的格外垂顾，对公民社会的概念建构或概念重构才成为可能

26　见邓正来为他本人和 J.C.亚力山大共同主编《国家与市民社会：一种社会理论的研究路径》一书写的"导论"，中央编译出版社 2002 年版，页 20。

第二章

关于制度现代化"普适性"原则的进一步证明

本章研究的重点是制度现代化的本体逻辑。一方面，这当然是对前一章制度现代化之现象逻辑分析的深化：我们不但应该知道何以民主政治取代君主专制、市场经济取代自然经济、公民社会取代臣民社会乃是社会结构变迁意义上具有普适特征的制度演化过程，还应该知道这个过程之所以是普适的深层根据何在；换言之，我们要把社会的结构变迁分析上升为哲学人类学意义上的人性分析，因为只有在那里，制度现代化的普适性及其丰富内涵才能得到最深层次的阐明。另一方面，作为专制主义总体化研究的基础环节，本章的讨论又将为后续章节之研究提供必要的铺垫。比如，人们都知道毛泽东乌托邦社会改造工程的荒谬与悖理，但却很少深究导致毛一意孤行之战略的认知背景，尤其是毛对人性的理解和制度设计中的人性假设。而本章关于人性和社会进化问题的讨论，就是在为后续文字中分析有关问题，占据思想的与学理的制高点。同样道理也适用于对中国前现代专制文化遗产、对马克思主义意识形态建构等问题的分析。

本章的另一项重要任务是界定制度现代化之普适性原则内含的文明发展动力的二律背反。这同样是一个非常深刻的问题，其本身就足以构成一部大部头专著的讨论对象。为了不致使主题过于分散，在本章中，我对"二律背反"问题的处理将以阐明基本逻辑、不做深入展开为原则，重在阐释社会进化之负面现象（如"征服者逻辑"和"资本逻辑"）及其产生机理对专制主义研究的历史和方法论意义。如此，我们对中国现代专制主义的考察，将获得一个更加宽广的历史视界。

16. 建立在哲学人类学基础上的
"普适性"原则的社会进化本质

本书所界定的哲学人类学

哲学人类学（philosophical anthropology）代表着一系列从整体意义上研究人、理解人的哲学努力。这种努力在德国哲学家马克斯·舍勒那里获得了早期的、同时又是权威性的历史形式。哲学人类学被认为是以人为中心的人类学，但又不局限于对人的具体科学意义上的研讨；毋宁说，哲学人类学要揭示人的自然生活、社会生活和精神生活的形而上本质，并反过来为所有关于人的具体科学提供统一基础。

我赞成哲学人类学的这一基本学术定位；在 1988 年出版的中文著作《经济行为与人》和 1994 年出版的英文专著《马克思主义与人的社会生物学》中，我曾提出从生物性和社会性两个角度理解人性的"总体人学"构想。至今，我仍然坚信这个构想在立意上的正确性。本书的着力点则是在社会进化领域内深化人性问题的讨论，通过生物性和社会性这两个哲学人类学元规则的引入，为迄今为止人类社会进化与制度变迁的历史可理解性提供更为基础的人类学平台。

人的双重本体性存在：生物性与社会性

人类的产生是生物进化的结果，生物性是人性的自然之根。这是一般常识都承认的东西。本书所理解的生物性则不但指人作为类在种系发生学上的那个原点，而且——更重要的——乃是指人的一种本体性存在状态及其规定。作为本体论界说，"生物性"并不是一个自然科学概念，而是哲学人类学概念；但这个概念的抽象，又离不开百年来进化理论与生命科学提供的日益丰富、日益系统化的经验科学事实。

　　人的行为的自私性是本体意义上人之生物性的最普遍、最外在化的表现。我们每个人的日常经验都会验证这一点：当自己的所欲、所求与别人的所欲、所求发生矛盾或冲突时，我们会本能地产生追逐自身所求的心理意向，哪怕这种追求可能要以他人利益的牺牲为代价。人性恶是对这种现象的哲学概括。古今中外的思想家已经就此发表过无数见解。我在这里尤其想强调"意向"这个概念：说自私是人的心理"意向"或自然"意向"，表明"自私"与"不自私"并不全是主观选择的结果，也不全是逻辑判断的结果，而是有某种"前逻辑"的东西存在着，并发挥着作用。这是某种"深层结构"，是一般思维行程由以构成的自然基础，是一种以本能形式存在的东西。不管人类文明已经进步到如何"现代"的水平，我们仍然可以从人类个体乃至团体的基本行为模式中窥见到它的存在。

　　关于这种东西的可能生物学起源，社会生物学家和精神分析理论家已经分别在不同的学术领域里进行过大量研究；方才提到的、我本人的两部旧著也就此作过研讨，有兴趣的读者可以参考。对本书主题来说，我们现在必须确定的一个命题是：生物性是人之本性的一部分，它不但代表着人类与自己的自然起点之间的联系，代表着自然强加给人的一种力量，而且作为一种现实的、活生生的要素，它还制约着人类的行为，并以主观可感知的方式激发人的行为动机，使人类行为凸显其"自私的""为我的"乃至"唯利是图"的特征。千百年来，无论哪一个种族，哪一块地域，人类经过无数次繁衍和生命的代际相传，这个基本的事实却从未有所改变。所以，我们必须把它理解为某种内在于人的东西，是人的本体意义上的存在状态之一，也是历史演变的内在动力之一。

　　然而，仅有生物性，我们还不足以解释历史，甚至历史一天也不会存在。因为人类的基本生存方式并非离群索居，而是社会性的集体合作。如果人们的行为只有"自私的""为我的"、只尚竞争不善互助、甚至具有狼一样凶残好斗本质的单一向度，则这个逻辑的推演结果只能是人类自身的毁灭。人类的合作也不能仅仅在蚂蚁或蜂群合作的意义上去理解，因为后者仍然是基于纯粹生物学力量的本能行为，是通过自然选择实现的生物进化过程中的一种适应，或者，用康德的话来说，是纯粹服从自然界法则的结果。人类的社会性与此有本质的不同。构成人的社会性的根本点是人的理性，这既是一种只有人才能实施的文化创造行动，同时又是该行动的产物，是文明积淀——也即人类文化创造成果的代际累积——的产物。语言和经由恩格斯阐述的马克思主义意义上的劳动乃是文明创造之所以可能的重要支点，正是它们使人类摆脱了纯粹由自然因果律支配的普通生物界，而成为这个宇宙里特立独行的一族。理性认知能力、理性判断能力、理性交往能力都是成熟人类个体之社会性的重要表征，社会性使人类学会合作，学会抑制自己的自然冲动，学会理性地反观自身、反观自己与这个世界的关系，从而通过自己的行动去创造自由。社会性还使人类学会创设各种各样的制度设施以调节、整合人类的物质再生产和文化再生产，整合体现在这些再生产过程中、并使之由以进行的各类人际关系，使人类个体结合为一个有机的整体。由此，我们必须说，社会性也是某种内在于人的东西，是人的重要的本体性存在方式。

"显然，无论从逻辑角度还是历史-发生学角度，人的生物性都构成其社会性的前提；只有两者的结合，才能提供对人的总体性解释。至于过去那种传统理论下的'标准模式'，由于把人的'社会性'不适当地置于凌驾一切的位置之上，结果，只能在导致'社会性'与人的其他属性割裂化的同时，使这一本来带有相当多真理成分的命题本身虚无化。当然，另一方面照样成立：无论生物性对理解人的本质如何重要，却恰恰是社会性这个包容着种种人类精神文化、物质交往、理性积淀、价值追求全部丰富性的本质属性，才是人作为人、以人的名义立于宇宙的最终根据，人的生物性必须通过社会性得以升华。"[1] 这些写于 1988 年的概括性文字，我认为基本上还是站得住脚的。

---

[1]　见拙著《经济行为与人》，贵州人民出版社 1988 年版，页 224。

现在考虑"元规则"一说。我把生物性和社会性理解为社会进化之哲学人类学的"元规则"，其意是指它们构成了历史运动之可见系列的更深层次的规则系统，是在历史背后起作用的更为根本性的东西。它们代表着历史深处最为隐秘的力量；除它们之外，我们不可能再发现其他始基性力量的存在。元规则系统构成历史解释的始基点，所有有关历史运动的现象描述的规则都可以从这个元规则系统中找到最终根据。当然，我在"导论"中曾言明，鉴于人的双重本性问题的复杂性，有些命题尚未得到足够的证明，这使本书关于哲学人类学元规则的论说仍带有某种假设（或假定）性质。但这并不影响我们据此进行下一步的研究。判断一个学术命题的价值和可靠性，很重要的是看它的逻辑可接受性和科学可延展性，看它在解决我们所面临的概念问题时所拥有的战略价值。我深信，就制度现代化之普适性原则的社会进化本质这个课题来说，哲学人类学关于双重人性存在的元规则论说是一个非常有用的概念武器。借助于它，我们会对既往历史萌生某些全新的理解。

作为本体逻辑的利益范畴

利益乃是表现为个人或团体动机的、人们在政治行为或经济行为中意欲追求的东西。——这是前文有关利益作为现象范畴给出的界定。利益范畴之本体逻辑则是要揭示以利益关系为轴心的现代政治、经济制度之演进成因的哲学人类学根据。

先来看政治领域。我们可以说，寻求政治制度安排中连接个人权利和公共权力的建构要素，以保障个人权利的实现，防止公共权力的异化，又充分发挥公共权力的效能，达到个人利益与公共利益的共谋和双赢，这是现代社会之民主宪政结构设计的根本目的。对每一个公民而言，借助宪政体制既保障其个人不受政府压迫的权利，又保障其通过合法方式参政、获得权力（成为公共权力受托人）的权利，这两个方面都与利益有关。公共权力产生于多元的、分立的乃至对立的私人利益（集团利益）之要求，又要以超越所有这些要求的形式出现；

然而，权力的诡秘性恰恰在于，不论谁当政，几乎都会由于这个位置而自然产生利用手中权力攫取不当甚或非法利益的冲动。欲使此种可能不变为现实，政府（公共权力）就必须是一个可制衡的、受监督的政府。——以上论述无疑都是正确的。我们现在必须进一步考虑：为什么掌握公共权力的人会由于这个位置自然生出独属于自己的特殊利益追求？为什么对这种常常是非法的特殊利益追求的遏制必须借助同样基于利益考虑、但以合法形式存在且予以实施的手段？或者换个说法，为什么权力天然就具有腐蚀性？为什么在缺乏制约的情况下，每个人、每个权力的持有者都有天生"为恶"的倾向？这是一个只有在哲学人类学层面才能回答的问题。人性自私，人在政治行为中的诡诈、贪婪、龌龊、无耻，归根结底都与本体论意义上的人的生物性存在相关，甚或都可以归结为这种存在。当我们承认权力的腐蚀性是一个不以人的意志为转移的客观事实、承认"以权力制约权力、以野心制约野心"乃是一种英明而又无奈的制度安排时，我们事实上已经承认了人的生物本性的存在，承认了生物性作为人性的一部分对社会制度建构的巨大影响。

另一方面，制度不仅与生物性有关，同样与社会性有关，而且更加有关。所有政治结构中的分权、制衡理论固然都以人性恶的假设为前提，但我们不要忘记，包括分权、制衡等要素在内的现代民主宪政体制乃是数千年人类文明积淀的结果，是作为社会的人经过一代代摸索、探求，在合理规约人的政治行为、合理规约政治范畴内人与人之权利-利益关系的历史实践中造就出的理性产物。法治是从利益范畴中必然要引申出的东西，其本体论根据就是人的社会性通过公共意志的形式对生物性进行制约，遏制其自私、为恶、侵占他人利益的自然倾向。不过必须加以说明的是，政治领域内以法治、法律形式实现的人的社会性对生物性（自然本性）的制约，还只是一种外在的、带有强制色彩的制约，且这种制约仍然建立在承认自私为人的行为动力之源、且必须加以利用这个基础上。

经济领域的情形与此大体类似。前文已指出，借助劳动从谋生向谋利的转化机制，利益获得了经济结构意义上最抽象、也最普遍的现代形式。市场经济就是牟取利润的经济，"尽可能赚更多的钱"构成每一个厂商行动者的自然动机。另一方面，谋利在整个社会经济生活"资本化"后，又成为一种适应性行为，这反映了谋利之主观动机与市场竞争的客观压力共同构成一种合力，迫使厂商行动者必须遵守、服从其游戏规则。从本体论角度讲，自私的经济行为的终极解释只能是人的生物性。这不仅是说，人的生物学历史可能构成经济行为自私性的自然发生学基础，而且是说，以自私为特征的人类经济行为势必成为人的某种本体性的存在状态。当然，就现代市场经济而言，重要的是厂商行动者不仅具有谋利动机，而且可以借助合理的制度形式、使用合理的经济手段来实现这个动机。这就把我们引到市场经济之制度建构所蕴含的人的社会性这一本体论规定上来。如同政治领域里的情形一样，社会性在经济领域的本体性存在表现为对谋利行为的一系列制度约束，以防止或减少膨胀化的个人利益追求对他人利益的非法侵害。但，作为哲学人类学元规则，人的生物性与社会性在经济领域中似乎呈现出更加复杂、也更加奇特的关系特点，那就是社会性还有一种存在方式，即以合法制度的形式激发人的谋利冲动，从而在某种意义上强化了人的"为恶"本能。事实上，过去几百年人类文明史在物质创造和生产领域取得的巨大成就，从人的本体存在角度说，正是这个奇特关系演化的结果。无论人们把它叫作"历史的狡猾"，还是"私人之恶"转变为"公众之益"，都在事实上承认了人之社会性在市场逻辑中呈现的多面的、看似悖谬的特征。

总之，作为本体逻辑的利益范畴一方面凸显了政治、经济行为中人的"自私的"自然本性的始基性存在，凸显了这种本性作为推动社会发展动力的巨大功能，同时也凸显了以现代制度形式呈示的人之理性、社会性对生物自然本性的制约和超越。不过，鉴于政治、经济领域之现代制度设计仍然必须遵循"以权力制约权力、以利益制约利益"的目的合理性原则，社会性在这两个领域对生物性的克服都必须建立在承认后者的存在为真、且须加以利用的基础上。因此，这是一种"扬弃"。"伟大的共谋"通过现代政治、经济制度设计所实现的人性超越，乃是——也只能是——立基于自然本性的社会性之超越。

作为本体逻辑的公共理性范畴

公共理性同样表征人的社会性。或者，更准确地说，公共理性的本体论根据就是人的社会性。然与政治、经济领域中的情形不同，现代公民社会之公共理性由以确立的哲学人类学元规则，不再是立基于生物性的社会性，而是直接以社会性之本真面貌出现的社会性。换言之，社会性通过公共理性所表达的，乃是人的道德的、价值的、精神的存在。这些东西作为人的本体存在，具有更为根本的独立意义。不妨做个比较：在制度经济学家的理解中，一个社会的健全的伦理道德准则是使社会稳定、经济制度富有活力的粘合剂。[2] 要想取得较低交易成本的经济市场和有效的政治市场，则需要有诚实的、合乎理性的、"好的"道德行为准则。[3] 这些说法固然都不错，但它们基本上是一种功能性的论证，而非本体论论证。我要说的则是，人的社会性在本体论意义上本身就是独立自足的，它的功能性特征只能导源于其本体论特征，而不是相反。

一般来讲，要证明人的自私性并不困难，困难的在于证明人为什么不是自私的（或不全是自私的）。趋利避害是人的重要行为特征，有其本体论根据，这就是本书所说的人的生物性；抑恶扬善也是人的重要行为特征，同样有其本体论根据，这就是本书所说的社会性。一方面，人的社会性并非什么先验的东西。且不谈社会学家已经对道德的个体起源和群体起源作过系统的研讨，在制度现代化领域内，以公共理性的各种历史的、制度的、精神的形式表征的社会性，也已经以自身的历史性证明了它的生成性特征。另一方面，社会性又的确体现了人的某种本源性需求，否则我们就不能理解，何以在现代政治、经

2　诺思《经济史上的结构和变革》，商务印书馆 1992 年版，页 48。
3　卢现祥《西方新制度经济学》，中国发展出版社 1996 年版，页 169。

济结构中的制度设计最多可以减缓、却决不可能消除利益原则和目的合理性的逻辑困境时，来自公民社会的结构制衡会成为一种恰逢其时、恰得其用的力量。无论是对公共权力的社会监督，还是理性的文化再生产，还是公民之间、公民自治团体之间的沟通、理解和社会自律，在哲学人类学意义上，都表达了某种人类的高贵，人性的高贵。我们为什么会对贝多芬的音乐如醉如痴？归根结底是因为它唤醒了每一个人心灵中都具有的神圣情感；我们为什么会对专制制度的叛逆者充满崇敬？归根结底是因为这种叛逆体现了正义、勇敢、自由这些人性中最崇高的东西。回到制度层面的讨论上来，我们看到，就公共理性的内在逻辑言，公民社会中的每一个人都不仅是作为个体的主体，而且是作为互主体关系中的主体，作为民主宪政社会中的一员，参与公共领域的事务。换言之，当一个公民不是作为谋取经济利益的经济人或谋求政治权力的政治人，而是作为与纯然个体利益追求相对立的社会公共利益之伦理主体从事活动时，他的行为中所包含的本体的、理性的、自觉的社会性之本质就得到了明白无误的呈示。再重复一遍：这种社会性不再是立基于生物性的社会性，不再是虽代表文明的内在生长力量、但又不得不屈就于文明的历史形式的社会性，而是直接生发于道德理性积淀的社会性，是直接以自由法则立身、立言的社会性。这就是公共理性之本体逻辑要揭示的东西。虽然——后文适当地方将证明——公民社会的结构性功能及其执行"硬件"也有发生异化的可能，但在目下这个场合，我们首先要确定的乃是抽象意义上、体现在制度现代化之结构构造中的公共理性原则，特别是这个原则背后的哲学人类学根据。有了这个基础，我们就可以进一步讨论社会进化的历史可理解性问题了。

社会进化的历史可理解性

可理解性意味着历史不再是一些偶然事件的堆积，意味着在历史的生成过程之总和的背后，一定有着某种内在的、作为根据而发挥作用的力量。对社会进化也必须作如是观。人们当然可以从社会分化和复杂性的增长、社会理性化程度的提高等角度定义社会进化，就象哈贝马斯已经做过的那样，[4] 但由于此类界定尚未抓住历史进程之所以如是的更深刻的本源，以该界定为基础的历史理解亦往往停留在描述性阐释的水平。其实，根据前文对利益范畴和公共理性范畴之本体逻辑的探讨，读者已不难得出如下结论：制度现代化政治领域内个人权利与公共权力的现代历史形式之获得并不是偶然的，制度现代化经济领域内市场逻辑的确立也不是偶然的，制度现代化公民社会领域内公共理性原则对利益原则的制衡与超越同样不是偶然的。这些复杂的制度设计作为历史进程无意识的演化结果，实在蕴含着深刻的哲学人类学根据。一方面，我们看到，无论是经济行为还是政治行为，从保守型的谋生劳动（经济）、臣民服从（政治）到扩张型的谋利行为（经济）、谋权行为（政治），似乎都反映了某种合乎人性恶之本质的自然趋势。只要具备适宜条件，这种东西就会被激发、诱导、产生出来。在某种意义上，所谓"现代文明"其实恰恰是通过建构合理、合法的制度框架，既使人类的这些恶的潜能得到释放，转化为财富和金钱，又使其尽可能有利于共同利益的发展（我们在市场经济之"利益共谋"和"利益转交"系统中看到的就是这种情形）。另一方面，公共理性原则作为人类文明累积的理性成果，又并非无源之水；它的全部辉煌，又都是在政治、经济利益格局所形成的挑战的激发下，才得以放射出异彩。总之，在长期的人类历史演化中，作为哲学人类学元规则存在的始基性力量，人的生物自然本性和社会性也不断获得新的外化形式，被赋予新的历史内容。它们之间的关系既是此消彼长的，又是相互联系、乃至融为一体的。人类的社会进化，从根本上说，就是这两种东西相互咬合、又相互刺激的结果。

好，我们现在已经有条件讨论社会进化的普适性本质了。人类的社会进化为什么是普适的呢？为什么我们可以把社会进化冠之以人

4　参见哈贝马斯《交往行为的理论》(The Theory of Communicative Action)第二卷，或拙著《现代性与制度现代化》（学林出版社 1998 年版）页 65 对哈贝马斯理论模型的归纳。

类的头衔呢？最根本的原因，乃是因为社会进化有其哲学人类学意义上的深层根据。本书所说的社会进化，并非以哪个民族、哪个地域的独特经历立论，并非据某个（或某些）民族发展经验的特殊性来虚构人类历史进程的普遍性。恰恰相反，社会进化之所以是高度普适的，乃是因为其哲学人类学依据具有足够的抽象性，因而其结论必然具有足够的涵盖性和普遍性。任何以强调"民族性"为由否定社会进化普遍性的做法，在学术上都是站不住脚的，在实践上则是有害的。本书"导论"第5节中举出的三个例证，已足以证明此言之不谬。

那么，为什么我们又可以断言社会进化有方向、但无先定之目标呢？哲学人类学关于人性的理解同样可以回答这个问题。一方面，人的本体性存在虽然包含生物性与社会性两个方面，但起主导作用的、代表人类之未来的显然是人的社会性。这已经从根本上确定了社会进化的方向性（矢量特征）。正因为如此——比如——不管现代政治、经济结构中通行的利益原则如何盘根错节，体现互主体之交往本质的公共理性精神总是内在地具有既生发于、又超越了市场经济和权力关系的力量。另一方面，人的双重本性之间的角力又是激烈的、复杂的，它们不断借助新的历史形式呈现其多变的、非线性的、而又异常顽强的生成性特征。本体层面上人的生物性虽然不代表人的未来，却同样具有存在意义上的永恒性。仅此一点，就足以推翻黑格尔-马克思意义上的历史目的论了。本书相信社会进化拥有一个总的、日益前进的、趋向光明的大趋势，但拒绝任何关于社会进化之结局的乌托邦式的想象。不幸的是，这种想象与本书批判主题——中国现代专制主义——有着极为重要的联系。我们会在后文的适当时候深入展开这个问题的研讨。

制度现代化普适性原则统摄下各民族发展道路的特殊性

社会进化作为一般逻辑公设具有内在的规范力量和坐标功能。

其规范统一性的最深刻的根源在于哲学人类学意义上人性本体内在的统一性。不过，由于人类各民族生存条件的不同，规范所代表的普遍性往往要借助不同的历史形式予以实现。这样就引出制度现代化普适性原则统摄下各民族发展道路的特殊性问题。

导致这种特殊性的因素有很多，其中最重要者如各人类群体生存的自然-历史条件（自然条件由于活动的人的介入而常常呈现出历史特征，从而不再是纯"自然"的）；与上述条件相联系并深受其制约的劳动生产方式；政治权力的组成方式；家庭组织方式；宗教信仰及其组织形式；等等。所有这一切意味着制度建构意义上现代化具体结构形式的产生各有其不同的文化发生学语境。批判学术在此面临的挑战是如何界定、理解社会进化之一般逻辑公设所揭示的普遍性与各国发展道路特殊性之间充满张力的历史关系。一方面，毫无疑问，特殊性只是普遍性的表现形式，在这个意义上，对各民族发展道路特殊性的讨论同时就是对社会进化一般逻辑普遍性的证明；另一方面，普遍性又寓于特殊性中，不能穷尽特殊性所拥有的全部个别性要素，这里的"个别性"非指黑格尔意义的、作为被规定的普遍性的个别，而恰恰指纯然以本土文化-历史独特性彰显的个别，正是后者使各民族历史呈现出多样化的、乃至看似矛盾的不同社会演化路径。

以欧洲为例，这是一个最早产生现代民主政治、现代市场经济和现代公民社会的历史区域。根据欧洲人自己的研究，近代欧洲社会具有关键意义的制度转型，其准备始于 15～16 世纪，而于 17～18 世纪得到进一步推动。英国圈地运动造就了具有典范意义的第一批现代有产者。借助于公共权力的确立和公共领域的形成，有产者获得了既是资产者、又是公民的双重身份。启蒙运动赋予这个转变以深刻的、强有力的思想品格，所有如今被冠之以"宪政自由主义"的东西几乎都可以从那里找到其智慧的源头。事实上——借用哈贝马斯的语言——作为"物主"的公众和作为"人"的公众的统一，或者，有产者的利益和个体自由的旨趣的统一，对 18 世纪的欧洲来说并不显得十分困难，或至少比其他地方来的容易。这不但又一次证明制度现代化的三大结构领域之间有着水乳般密不可分的关系，且再一次证明 18 世纪欧洲（特别是英、法）的经验，在其特殊的历史形式中，确实蕴含着某种体现社会进化之根本原则的普适真理。然则为什么是欧洲？为什么偏偏是欧洲以其民族经验的特殊性率先实践了人类文明进化的普遍性？这却不是仅靠近代欧洲史就能说清楚的。T·帕森斯曾详细讨论过近代欧洲与其所承继的、更久远的欧洲历史-文化传统之间的联系："现代工业主义所需要的社会整体结构主要部分的经济生产力基本取向，在分化过程达到十分先进的阶段以前是不会出现的。在西方社会，各种各样的制度的和文化的特征，通过积极的推动和排除似乎大多数前工业化类型的宗教组织以及政治组织都固有的障碍，使得这种结构分化过程比之在世界其他地区发展得更快和更深远。"首先，从文化方面看，"韦伯特别强调提倡禁欲主义的新教伦理的重要性。我认为韦伯所强调的观点基本上是正确的。但新教伦理的影响并不是孤立的现象，它代表了一个涉及西方世界的文化与社会结构较为普遍发展的重要时期。""另一个最重要的文化遗产集中在罗马法里。那里有希腊唯理智论与罗马实用性的融合。因此，它包括三个主要基调：超越主义、普遍理性和某种实用性。"其次，制度方面，"可以说古代世界留下了两个极其重要的遗产。第一个是西方特有的现象：教会与国家的分化……第二个基本遗产是希腊-罗马社会结构的产物，即都市或城邦的网络。"总之，"由于古代留下的遗产，中世纪的欧洲并没有向世界许多地区那样，形成社会的两极分化，即一方是占'统治'地位的上层宗教政治阶级，另一方面是以农民为主的人民大众。反之，各种结构上独立的要素相互牵制，以防它们之中为谋求各自利益阻止新的发展。"[5]

　　帕森斯是个社会学家，他的见解包含着深刻的历史睿智。不过，我们还可以从哲学人类学层面把这个问题挖掘得再深入些。西方思

5　　T·帕森斯：《现代社会的结构与过程》，梁向阳译，光明日报出版社 1988 年版，页 84～86。

想家多主张人性本恶。柏拉图就强调肉体是灵魂的监狱、桎梏，精神只有从中解脱出来才能获得解放。圣奥古斯丁的"原罪说"则把人性恶归结为无法摆脱的宿命，除非上帝仁慈，额外施恩，否则人类将永远不能免除其应受的惩罚。近代欧洲思想家把人类获得自由的可能从上帝手中夺了回来，却并没有否认在"自然状态"下人仍然是自私自利的。正是基于这一负面人性设定，才产生了洛克、孟德斯鸠的代议制与分权制衡思想。以康德创其始、黑格尔终其成的德国古典哲学则精彩地发挥了"恶是推动历史前进动力"的主张，从而为近代市场经济的萌生及其历史合理性提供了最深刻的哲理解释。上述欧洲政治哲学、历史哲学的发展脉络与欧洲制度现代化实际进程间的互动式联系，值得我们深思再三。从实践结果看，可以说恰恰是以人性本恶立论的欧洲人在几百年的时间里创造出了一个相对而言较为自由、民主、公正的社会。那么，这是不是可以促使我们得出下列推论，即从社会进化之哲学人类学的元规则角度言，欧洲的现代制度转型之所以率先获得成功，之所以呈现出某种自然生长的性质而较少曲折与反复，乃是因为欧洲的前现代文化遗产中更多地留存有与制度现代化要求相吻合的结构因子，同时亦是因为欧洲人对人性的理解思路及建立其上的实践性制度安排与社会进化的深层人类学依据有更多的吻合。在上述两个意义上，欧洲人都是幸运的。正是这种幸运解释了为什么是在欧洲率先出现了近现代民主政治、市场经济与公民社会的制度建构，为什么是欧洲人而不是亚洲人或别的什么人率先以民族实践的特殊性体现、彰显了人类社会进化与文明生长的普遍性。

中国的前现代文化遗产与现代制度转型间的关系，恰好提供了一个相反的例证。关于这个问题的讨论，详见本书第3章。

从社会进化角度再论为什么现代民主制优于极权制

制度经济学告诉我们，制度结构理性化程度的提高表现为处理同样复杂的问题时交易费用的减少，或者用相对较少的交易成本处理更多的、更为复杂的社会问题。而哲学人类学告诉我们，现代社会结构提供了这样一种可能，即人可以借助该结构理性地处置人性之恶，使经济行为和政治行为即便立基于利益原则之上，仍不失其自由的美名和尊严。同时，以互主体为特征的公共理性的历史性积累，又使人的社会性的高扬不再是空泛的、抽象的，而是有了实实在在的历史存在形式和制度表达。所有这一切，都使现代民主制成为一个丰富的、包容了社会进化全部正面成果的历史成就物，这既是历史的进步，也是人性的进步。

另一方面，根据本书对权力的界定，极权制度本质上是前现代的，也只能是前现代的，尽管它可能具有现代的外表。权力的现代形式——公共权力——显然与极权的定义相冲突。从社会进化意义上说，专制主义的极权制度本来就是必须加以淘汰的东西。权力不应再是君主或独裁者的特权，而是公民的奴仆和保障公民权利的手段。

有一个事实可以简洁而清楚地证明为什么现代民主制优于极权制：纵观今日世界，真正具备自然生长条件的民主制国家并不多，但还是有越来越多的政治-民族共同体加入到以民主制度立国的行列中来。尽管这个过程是复杂的，充满了曲折甚至哲学人类学意义上的悖论，大方向却依然清晰可辨，且日益明朗。这是什么？这就是社会进化所具有的内在力量。从本质上说，民主制度的感召力导源于被赋予现代历史内容的人性需求；而现代专制主义，就此观之，则不过是人类为满足这一需求而进行的斗争中生产出来的一个怪胎而已。

17. "普适性"原则内含的文明发展之动力的二律背反

关注人类文明进程的负面产物，是本书讨论至此应该引入的一个新话题，也是社会进化普适性逻辑展开后，从更多维度深入研究这个逻辑、研究它对人类生活多方面影响的学理需要。就中国批判理论建构言，对文明发展动力之二律背反的考察，可以使我们洞悉构成20世纪中国专制主义形成和演变之背景、并与之发生互动的国际语境，洞悉这个语境何以如是的深层原因。虽然根据总体化研究行程，本小节对二律背反的讨论还只是在最抽象、最基础的层面进行，但这个话题的引入本身，已足使我们领略到现代专制主义研究所涉及的问题的广度和深度。

从哲学人类学元规则看人类文明进程之负面产物的必然性

其实，根据本书对人类本性之哲学人类学元规则的设定，以社会进化为主要内容的文明进程有其负面产物，乃是历史之必然。读者已经知道，利益原则和公共理性原则的分立是理解制度现代化三大结构之关系，特别是这种关系所特有的张力性质的枢纽。而利益原则和公共理性原则的背后，又有着本体层面存在的人的生物自然本性和社会本性之间异常复杂的共存与互动。必须指出的是，到目前为止，我们所说的"人"还是高度抽象意义上的"人"，而就人的现实存在来说，却有着各种不同的存在形式，比如，作为个体的人，个体根据一定规则组成的集体，按照某种地域的、文化的、种族的概念构成的国家（民族-政治共同体），等等。哲学人类学意义上讲的人性恶可以在这些不同的层面体现；甚至，我们可以说，以集体形式（特别是国家形式）表现出来的人性恶，在迄今为止的人类历史中，远比代表着人类未来的、植根于人类理性和社会性的人性善暴露得更充分、更明显、也更肆无忌惮。前文我曾指出，论证人的自私性易，论证人的利他性难。现在我必须补充一句：论证个体的利他性易，论证集体的利他性难，论证国家的利他性更难。下面关于"征服者逻辑"的讨论似乎可以证明这一点。

征服者逻辑：民族主义问题

纵观人类历史，不难看到这样一种现象：当不同民族群体彼此相遇、发生关系时，民族群体只有利害的衡量，而鲜有克制自己利益冲动的道德理性。这似乎既可说明古希腊时代雅典的对外征服，也能说明近 400 年以降欧洲列强的扩张行径。据西方学者研究，现代国家制度的起源可以追溯至文艺复兴时期的意大利，象米兰、弗罗伦萨和威尼斯这些城市国家的统治者都强调国家有独属于自身的利益。他们创造了主权概念和外交程序，包括驻外大使的制度，而文艺复兴时期意大利国家最"现代化"的行动则是他们的"帝国主义"的对外征服行动。[6] 后来在欧洲大陆崛起的专制王权国家继承了这个传统。民主制取代王权，并未改变"集权"的中央政府与国家"主权"同一的性质，也没有改变与"主权"概念相联系的国与国关系的性质，包括弱肉强食的征伐逻辑。

那么，这个史实意味着什么呢？它不但意味着"主权"与利益是结合在一起的，利益才是导致国与国之间冲突的根本原因，更重要的是意味着一个对内实行民主制度的国家完全可能同时执行对外扩张的国家战略！从时间上看，西欧民族国家成长和殖民扩张的黄金时代是 19 世纪，而这个世纪又正好是欧洲民主走向成熟的世纪。这两个历史概念在时空上的重叠是意味深长的。有些人否认民主国家也会对外侵略、扩张，如著名的美国政治哲学家 J•罗尔斯。在他的《万民法》中，罗尔斯强调自由人民与传统国家间的差异"在于正义自由人民将自己的基本利益限于合理性要求的范围之内"。为了使自己的论证首尾一贯，罗尔斯竟断言对外扩张的古雅典并不是民主政体，而是由 3.5 万名男性议员统治大约 30 万人口的独裁政体！[7] 这种理解

6　参见爱•伯恩斯（Edward McNall Burns）和菲•拉尔夫（Philip Lee Ralph）《世界文明史》（World Civilizations），罗经国等译，商务印书馆 1987 年版，第 2 卷，页 125。

7　J•罗尔斯《万民法》（The Law of Peoples），张晓辉等译，吉林人民出版社 2001 年版，页 32、页 55～56。

的任意性和非历史性确实有些令人吃惊。

对内实行民主制度和对外执行扩张战略的共存，是被称为制度现代化先行者的那些欧洲国家重要的国家现象，也是社会进化在政治领域内的一个明显悖论。本书将此称为"征服者逻辑"，该逻辑凸显了政治文明发展动力所内具的二律背反。这就是：一方面，利益推动了民主，促成了以昭示自由、平等、人权为核心的现代民主制的萌生与确立；另一方面，民主又在民族国家水平上强化了追逐利益的驱动力和实施这种追逐的能力，而据弱肉强食规则展开的"先进国家"对"落后国家"的掠夺，又与自由、平等、人权这些人类共有的普适价值相冲突。

这个二律背反的存在，证明了民族国家层面上确立利益标准所必然带来的局限性。 虽然从历史哲学意义上讲，殖民者的经济图谋往往导致文明向不发达地区自然辐射的、不期然的社会后果，且至少出于建构更安全、更理想的投资环境之目的，"先进国家"也会注意乃至实施向"落后国家"的制度输出，从而——就象费希特所讲的那样——"间接地促进了整个人类的自我实现"，但就事情的直接起因言，以本国利益追逐为根本动力的经济扩张乃至领土扩张行为，毕竟有道德上罪恶的一面。人类的相互征伐，曾付出巨大的生命代价。只是在 20 世纪经历两次世界大战后，人类才开始尝试如何借助超国家的集体形式在全球范围内民主地、理智地、人道地处理世界事务和各种利益争端。这种超国家的人类集体理性的形成标志着本体意义上人的社会属性的新的升华，同时亦是 20 世纪国际关系领域内最重大的历史成就。此为后话。

就本书主题言，我更关注的是在过去 200 年时间内，"征服者逻辑"在"落后国家"那里引发的反应。必须承认，这种反应是极其复杂的、有时是相互矛盾的。制度现代化先行者的对外扩张行动很容易刺激欠发达国家的民族主义情感。在某些场合，民族主义的激发会同有效地学习西方经验结合在一起，其结果是新的民族国家的迅速崛起，如日本和俄罗斯的近代历史所表明的那样。在另一些场合，民族主义的激发却可能促使旧的本土文化和政治传统的进一步凝固化，人们往往因激愤于西方扩张主义者或殖民主义者的勃勃野心而忽略了、乃至全然不见西方文明所体现的人类共相。在捍卫民族自尊意义上，这样的民族主义是可理解的；在怀疑甚或拒绝人类文明进程普遍性的意义上，这样的民族主义又是狭隘的、没有出路的。如果我们考虑到那些在现代化进程中"落伍"的"落后国家"恰恰多是些有着漫长前现代传统的专制国家，则这种狭隘的、没有出路的民族主义与专制国家传统的结合，势必给此类国家的制度现代化带来极其不利的影响。比如，这些国家会本能地走上防御型现代化的道路，而坚持本民族政治与伦理文化传统的"优越性"。制度认同与文化认同之间的冲突，在这样的语境下，也会显得格外紧张而激烈。所有这一切，除了别的原因以外，显然都与征服者逻辑的存在直接相关。

资本逻辑：经济与伦理的内在紧张

征服者逻辑由以成立的真正背景是国家水平上呈示的利益原则。从某种意义上说，国家利益又可以理解为"披着国家外衣的个人利益或集团利益"，因为国家的对外征服活动总是会给那些拥有实力的财团带来好处。这一小节我们来考虑以更纯粹形式存在从而更具有典范意义的、现代市场经济条件下行动的厂商个体。前文我曾指出，自主行动的个人、以谋取利润为目标的行为动机、实现利润手段的合理化以及由此必然导致的竞争体系，构成市场经济的基本逻辑。这个逻辑所拥有的正面的历史推动功能，我们已经谈的足够多了。至于其缺点，我曾指出过两条，一是市场之弱肉强食的本性（我们又一次用到这个概念！）必然导致的效率与公平之间的冲突，二是自组织的市场系统无法避免某些"外部性"问题的发生，所以才有"看得见的手"及其统摄下的"利益转交系统"引入的必要。现在，随着研究的进一步展开，我想提出一个新的、前文尚未言及的话题，那就是市场经济条件下谋利行为对人的精神生活的影响。在我们考察文明进程的负面产物时，这是一个值得认真对待的领域。我们知道，商品经济是以谋取利润为天职的经济形态。当"价值增殖"成为行动的终极目的时，市场逻辑同时又是资本的逻辑。当然，这里的"资本"不一定非要以雇佣劳动为前提，采用个体经营形式的商品生产者同样拥有资本，即一切可用于实现价值增殖的手段。那么，资本的谋利过程与人类精神活动会发生怎样的联系呢？经济学常识告诉我们，商品生产分为直接生产过程和交换过程两个方面，二者都遵从所谓"最小-最大原则"。直接生产过程的"最小-最大"意味着厂商会力争以生产要素的最小投入换取制成品的最大产出，虽有竞争压力的因素存在，其直接目的却是追求生产上的高效益。这样的"最小-最大"似可说仍然保持着某种非伦理特征或道德意义上的持中性。流通领域则不然。不管是生产要素的购买还是商品（或服务）的出售，都会遵循"以最便宜的价格买入、以最贵的价格出手"的原则，出于垄断或其他策略方面的考虑而调整价格的做法（比如"薄利多销"之类）并没有否定全部行动乃是追求尽可能高的利润这一根本动机。正是从流通领域的"最小-最大"，我们最先窥见到市场运作过程所含有的反道德、反伦理性质，因为它默认商业交换中的讨价还价乃至相互欺诈是合理之举。事实上，商品经济中的"等价交换"作为经济活动结果的一般抽象，本来就以一系列个别场合的讨价还价、明争暗斗为前提。而当谋利动机在整个经济生活资本化、制度化后成为一种适应性行为时，关于这种行为内含的反伦理性质就更难为一般厂商行动者所洞察。从文明进程的负面产物角度看，更重要的是市场经济中"利润高于一切"的原则向社会其他生活领域的渗透。在这个渗透过程中，"利润高于一切"往往会自然地转化为"金钱高于一切"。以现今的欧美发达世界为例，虽然宗教作为精神生活领域的平衡剂发挥着巨大的功能，虽然在一般公共场合人们的举止表现出充分的教养，但在各种外在的、浮华的社交生活的背后，在人与人交往的深层层面和个人精神存在的深层领域，金钱及其魔力却仍然是一个挥之不去的东西。套用卢卡奇的语言，工具理性不仅促成一个巨大的物化生产结构，而且促成了同样巨大的物化意识结构。价值的匮乏，马克斯·韦伯所说的"铁笼"、生活意义的"丧失"，在工具理性（目的合理性）的膨胀面前，似乎也就成了历史的宿命。

总之，这是一个矛盾，一个新的悖论，一个经济领域文明发展之动力在社会精神领域导致的二律背反。它的基本含义是：一方面，市场唤醒了作为主体的个体，并在自主、自立、平等、自尊的基础上塑造了它，从而在推动物质进步的同时亦推动了人类道德的进步；另一方面，市场对主体的塑造，又必须借助利益之杠杆来进行，而谋利行为的制度化和谋利心理在精神生活领域的泛化又与人类道德的进步相冲突。

面对这个"二律背反"，无论"看得见的手"还是"看不见的手"都无能为力。"看不见的手"就不用说了，它本来就是造成这个悖论的始作俑者；"看得见的手"虽然可以在一定程度上解决分配意义上的"平等"问题，但却无法解决心灵层面的价值缺失与生活意义问题。因为很清楚，谋利冲动的贪得无厌性及其心理衍生物是任何社会转交体系（财政税收系统、社会转移支付系统、社会保障系统等）无法从根本上消除的。这个本体上根源于人性之恶的东西，必须用另一道同样植根于本体的人性之光来克服。

这样，我们再一次回到公共理性这个话题，回到人的社会性与互主体之维度，回到公共理性得以申扬的制度-结构领域——公民社会。

然而，面对利益原则生发出的种种负面产物，公民社会真的如中流砥柱、坚不可摧吗？

公民社会面临的危险

我们已经看到，市场经济从逻辑上无法解决精神价值的匮乏问题，也不能达成个人利益与社会利益的真正一致。这样，逻辑上的出路就不在经济结构之内，而是之外，这就是公民社会的理性道德教化。借助公民社会的教育构造实施理性的文化再生产，通过公民对公共权力的社会监督实现公民的自身启蒙，建构民间的社会自律系统以滋养精神家园，核心都在高扬人的社会性，——不是、或不再仅仅是立基于生物性的社会性，而是生发于社会交往行动之互主体积累的社会性，后者同时又是对本体意义上人之生物性的辩证超越。

然而，实践与理论永远是有距离的；或者不如说，当我们的研究已经推进到讨论文明进程之负面产物这个阶段时，公民社会自身构造所蕴含的某些潜在紧张也应该进入我们的视野。

这里首先指的是公民社会的功能与其"硬件"执行系统之间存在的张力。以传媒为例，媒体是伸张自由意志的利器，亦是公共意志的表达工具，这是就其功能而言。但媒体之"硬件"系统——现代报业、出版业、广播电视业、网络媒体业等——又是现代社会分工中职业系统的一部分。作为亚经济组织（接受部分外部资助，含政府投入）或纯经济组织（完全自负盈亏），它们也有自己的经济账要算。面对一个竞争的市场，谁能说作为经济组织的报业集团、出版社或电视台不会萌生自己的牟利动机呢？显然，在这样的场合，功能与支撑功能系统"硬件"之间发生冲突几乎是必然的。教育领域的情况应该好一些。依托政府财政举办的基础教育是典型的公共产品，除非人为造成基础教育资源分配上的不平等，这个领域产生腐败的可能性本来是微乎其微的。大学作为"天下之公器"，本质上更当是公益机构。保持大学运转的经费来自社会，这是文明延续与发展必须付出的成本。如果大学也成了赚钱的工具，那将是一个社会彻底的堕落。——然而，考虑到利益原则强有力的渗透性，考虑到任何机构（包括公益机构）都是由人来安排、来操作，而大部分人的行为取向又受制于个体生活于其中的"大环境"之影响，高等教育机构、研究机构与旨在谋利的经济势力联姻，成为它的走卒，或其本身就变成这样一种势力，亦并非完全不可能。

市场经济是消费经济，它有一种把所有东西都纳入消费范畴的倾向和魔力。当文化也成了可以消费的"产品"时，文化消费乃至提供文化消费产品的"文化产业"的闪亮登场也就成了必然。当然，把文化作为"消费产品"购买并不必然意味着文化批判功能的丧失；到书店选购一本抨击时政的讽刺小说，在车站书摊上挑一份你所喜欢的新闻评论类周刊，或者从网上下载一篇引起公众注意的文章，你也都是要付费的。关键在于文化消费的内容是什么。市场力量对公共精神生活领域的颠覆恰恰在于：它会诱使文化产品的生产者、制作者、出售者迎合大众的物化心理，把精神领域的创作与产出活动功利化，把制成品（文化商品）的精神品味低俗化，把衡量精神产品价值的标准货币化。正是在这个过程中，发生了哈贝马斯所说的"系统"（目的合理性）对"生活世界"（交往合理性）的殖民化：高雅的、震撼心灵的艺术听不到了，严肃的社会批判听不到了，公共理性的圣殿被一股股弥漫着的铜臭气味所污浊。我们这个物种最高贵的本体存在，人的社会性，似乎又遇到了来自自身本体另一面的强有力挑战。

理解人类文明进程之负面现象对现代专制主义研究的意义

以上关于近现代人类文明进程之负面现象的极其粗略的讨论旨在开拓某种历史哲学视野：人类的事情是复杂的；进步与倒退，光荣与罪恶，梦想与现实往往是难分难解地缠绕在一起。就拿制度现代化来说，不能因为本书的主题是批判现代专制主义，而制度现代化构成这一批判工作的总的理解背景和研究平台，我们就着力于塑造、阐释这个历史进程的正面形象，而忽略、甚或有意避开与该形象矛盾、乃至相互冲突的东西。这种做法只会降低研究工作的质量。当然，另一方面我也必须再次强调，文明进程的复杂性、制度现代化及其产物的多面性并没有否定本书关于社会进化方向性的基本判断。从第 1 章论制度现代化的"现象逻辑"到本章论该进程的"本体逻辑"，我们已经从哲学人类学高度阐释了为什么人类社会进化是一个普适的、就其根本原则而言适用于人类所有民族的发展过程。社会发展内在原则普遍性与具体实现形式特殊性之间的辩证法，文明进程中"正面"因素与"负面"因素之间相互作用的辩证法，丰富了我们对这个伟大历史进程的理解，也使我们（作者和读者）对本书主题的把握多了一份信心，多了一些开掘主题、拓深主题的概念手段。——虽然在总体化研究的基础阶段，我们对此还不能叙述得太具体。

不过，为了方便读者，我想还是举两个例子简单说明，为什么拥有制度现代化理解的全方位视野会有助于中国现代专制主义的研究。

例 1：人们都知道"主权"是现代专制主义政体拒绝国际社会的人权批评、把这种批评歪曲为"干涉内政"的重要借口，由此才有所谓"人权"与"主权"之争。诚然，从民主宪政理念出发，"个人价值高于国家价值，个人权利高于国家权利"乃是一个不争的命题，这个命题对像中国这样的拥有漠视个人价值之前现代传统，又在"社会主义"体制内继承了这种传统的专制国家来说，尤其具有现实意义。但为什么中共官方宣传的国家主义、以"爱国"为基本坐标点的"民族主义"仍有其市场，并在一定意义上支持了中共的"主权"观？理解这个问题，必须回到前此 100 年中国现代化所遭遇的国际语境。我们知道，19 世纪下半叶到 20 世纪上半叶，正是"征服者逻辑"盛行的时代，也是中华民族处境险恶，民族生存面临威胁的时代。在这样一种条件下，只要一个政府对外维护国家的尊严、民族的尊严，其对内专制主义统治的严酷性就往往在人们的心目中退居次要地位。我在这里并不是想回答"本国专制者的压迫与外国殖民者的压迫相比是否更可以容忍"的问题，而是想说明，恰恰是这段不堪回首的历史，给了当政后蜕变为专制主义者的中共提供了拒绝外部批评的理由，也给了这种拒绝必要的（尽管在理论上并不成立的）合法性根据。正是在这个场合，我们看到了专制主义与狭隘民族主义借"主权"概念联姻的历史可理解性。

例 2：传媒是公民社会重要的功能负载体，但在现代专制主义条件下又会发生根本性的异化，从自由的利刃变成专制主义的帮凶。当然，人们熟知的是"党"对"喉舌"的严密操控，这种单向的掌控关系是极权主义时期专制主义政权与新闻媒体关系的典型特征。然而，威权主义时代情况却有些微妙的变化："党"仍然在（或继续试图）牢牢控制媒体，但"党"与媒体的关系不再是单向的，而是双向的，因为威权主义意味着维持一党政治统治的同时经济生活领域的放开，市场作为新的要素闯了进来。"党"控制的新闻传媒纷纷变成了"文化产业"，于是权力开始与利益结盟，权力给利益以保护，利益反过来进一步强化了权力。这是一个新现象，它构成中国政治体制改革和文化体制改革的又一重障碍。我们要真的理解它，并找到解决这个问题的实践手段，就必须在研究现代专制主义之政治运作规律的同时，深晓市场经济，深晓利益原则对社会生活各领域、包括精神领域的穿透性影响，从而洞察这种影响在一党专权的专制主义语境下会结出怎样的果实。

　　在咀嚼完这两个例后，请读者把思绪转回到总体化研究的一般行程。我们马上转入一个新问题的讨论。

第三章

中国的特殊性一：

前现代皇权专制传统对制度现代化的文化—结构性阻遏

"文化"问题的涉入，标志着我们的研究开始进入具体的历史形式，尽管这种"进入"仍然是在总体化建构的抽象意义上进行的。中共治下的中国是现今世界上最大的专制主义国家，中国前现代的皇权专制又是世界上独一无二的、延续数千年历史而不坠的巨大传统。对前者的理解显然离不开后者。批判理论必须证明：在中国现代一党专制的独裁现象和前现代皇权专制传统之间，有一种可以追寻、可以理解的历史承继性关系，揭示这种关系乃是总体化研究要完成的重要任务之一。

本章将首先阐明"文化"在本书语境中意味着什么；然后讨论以皇权专制为核心的中国前现代社会最主要的结构特征，包括制度的和意识形态表达的两个方面；最后，我将引导读者关注这样一个问题：那些似乎已经成为历史的前现代遗产在什么意义上、又以何种方式仍然对现代人的生活、选择产生着影响？或者，前现代的那些本该送入历史博物馆的东西何以可能继续存活着，并成为构建中国现代专制主义的活的要素？

18. 批判理论视野中的"文化"

文化的定义

在文化人类学家眼中，"文化"几乎是一个与人类生活相关的、包罗万象的东西。[1] 在描述的、而非分析的意义上，我个人倾向于接受这样的文化定义，即"文化指的是任何社会的全部生活方式"。[2] 可以粗略地把文化划分为三个层面的存在：物质层面的文化、制度层面的文化、精神层面的文化。通过有形物表现的文化乃是物质文化，比如一个民族使用的生产器具和技术发明。制度层面的文化可以沿用本书关于"制度"的界定，不过只把它运用于单个民族的场合，也就是说，制度文化指一个民族群体协调、组织自身社会生活中形成的结构方式和组织规则。精神层面的文化指各种类型的精神产品和精神存在，宗教、艺术、科学以及渗透在这些东西中的对人生和社会的认知方式和理解方式往往是一个民族精神存在的主要表征。还有些东西，比如一个民族的服饰文化和建筑文化，则往往同时含有物质文化的成分和精神文化的成分。

文化的三种存在形式之间显然有着复杂的联系。器物层面的技术发明有可能引起社会组织方式的变化。当我们从文化意义上理解这种变化时，它所表征的乃是制度文化对物质文化的某种依存关系。

---

[1]　比如，泰勒（E·B·Tylor）1871 年曾对"文化"下过一个至今仍被誉为权威的定义：文化"是包括知识、信仰、艺术、道德、法律、风俗以及社会成员所获得的能力、习惯等在内的复合体"。马林诺夫斯基（B·K·Malinowski）在 1944 年提出：文化是完整的全体，其中包括具体物（使用的器皿和生活消费品）和无形的思想（信仰、习惯、制度等）。——转引自沙莲香主编《中国民族性》（二），中国人民大学出版社 1990 年版，页 5。

[2]　此语出自美国人类学家拉尔夫·林顿（Ralph Linton）。另两位美国文化人类学家恩伯夫妇（Carol Ember 和 Melvin Ember）在他们的著作 Cultural Anthropology 中引用了林顿的这个观点并作出进一步说明。见该书中译本《文化的变异：现代文化人类学通论》，杜衫衫译，辽宁人民出版社 1988 年版，页 29。

反过来说，制度文化又构成一个民族物质文化发展的现实语境，它们的关系从来都是双向、而非单向的。文化的精神层面同物质、制度层面的关系同样如此。一方面，我们可以说，一个民族的精神存在是以其物质存在为基础的，就此而言，马克思主义的唯物史观的确表现出巨大的历史洞见；另一方面，作为文化的民族精神或民族性格一旦形成，又会具有某种统驭性，物质文化和制度文化通通成为精神层面文化的体现和外化。更重要的是，精神层面的文化有一种内聚或内化功能，可以生发为更具历史延续性和持久性的文化心理结构，并在时空意义上相对游离于一个民族的物质或制度性存在（当然，如果我们把制度进一步区分为"内在制度"和"外在制度"两个方面，就象"导论"对这两个概念的界定那样，则一个民族的文化心理结构和民族性格与协调这个民族个体或群体行为的内在制度之间有着更为密切的联系）。

当我们讨论社会变迁问题时，不同文化层面的这种发展（或演变）的不对称性立刻会显示出巨大的理论意义。第21节将继续这个话题的研讨。

文化研究是对"特殊性"的研究

这里的"特殊性"自然针对本书前两章反复论及的"普遍性"而言。制度现代化的根本原则是普遍的或普适的，制度现代化的具体实现条件和实现方式在各国又是因"国"而异的、特殊的。前两章为了奠定总体化研究的基础，我们曾经暂时舍弃掉了不同种族、不同民族、不同文化传统、不同宗教信仰、不同地理条件、不同生活习俗等等因素对制度现代化进程的影响，而专注于那些对全人类来讲都是共同的东西。现在，我们已经可以在前边研究的基础上更进一步了。我们开始关注中国本身，关注中国的特殊性，关注20世纪中国现代制度演变和扭曲之所以如是的历史的和现实的抽象依据或理由。

就中国现代专制主义总体化研究的逻辑而言，文化考察属于中间层次的东西。在这里，我们的根本任务是通过纵向地审视历史，鉴定那些至今仍对我们的生活发生这样或那样影响的历史结构因子和文化要素。这种工作当然需要具备高超的鉴定家的眼光。中国文化源远流长，内容博大、庞杂。对同一个历史现象，站在不同的角度、不同的立场上可能得出完全不同的结论。本章所论，自然是作者的一家之言；但我相信在本书提供的理论框架内，我们已经获得了检视历史的更强有力的概念手段。我以为，成功的历史和历史哲学的研究，不在于人们对既往历史拥有多少"知识"，而在于人们是在什么样的理论框架内去运用这些"知识"，形成新的问题、新的提出问题的方式和新的解决问题的路径。一个高超的鉴定家首先必须具备深刻的历史哲学视野。

总体化之文化考察的聚焦点是中国前现代皇权专制传统

中国前现代文化最核心的东西是什么？我以为就是皇权专制这个延续了两千年之久的巨大传统。过去几十年中国史学界机械套用正统马克思主义的社会发展分期"五阶段"说，[3] 把秦始皇以来的前现代中国界定为"封建主义社会"，这显然是一个缺乏概念严密性的伪科学命题。[4]

3　所谓"五阶段"指正统马克思主义所认为的人类社会发展都要经历的 5 个历史阶段，它们是"原始社会""奴隶社会""封建社会""资本主义社会"和"共产主义社会"，每个社会阶段之间都具有某种具有"历史必然"色彩的、依次递进的特征。

4　事实上，秦以来的中国社会政治结构上的特点是中央集权，而不是中世纪欧洲的封建割据；秦以来中国经济结构上的特点是小农/地主经济，而不是欧洲中世纪的封建庄园经济。秦以前的西周曾经实行"分封制"，但那和马克思主义术语意义上的"封建主义"也不是一回事。更重要的是，断言中国曾经存在马克思主义意义上的"封建主义"，则不但得出中国也曾有过一个马克思主义意义上的"奴隶社会"（而这同样是与历史事实不符的），亦势必在逻辑上承认中国也会内在地生长出一个资本主义的生产方式和社会形态。这正是前些年一批正统马克思主义史学家热衷于讨论所谓明清"资本主义萌芽"的认知基础。而本章将得出的结论之一恰恰是：中国前现代皇权体制从制度上窒息了任何现代私有产权体系萌生的可能，这是我们理解中国现代制度转型及其全部艰难性的一个非常重要的认知前提。

从社会进化角度看，中国前现代社会的根本特征是皇权代表一切，皇权统摄一切。中国历史上既未出现过古希腊雅典城邦意义上的共和政体，也没有强大的教权与皇权（王权）相抗衡。在中国，皇权对社会物质生活和精神生活的垄断达到了前现代社会所能达到的近乎完美的程度。特别应该指出的是，皇权专制不仅仅是观念形态的东西，更是一套完整的、系统的制度建构。这个建构的细节在两千年的历史演变中不断有所更易，但其核心部分却从未动摇。我们要理解中国现代专制主义，就绝不能忘记、绝不能忽略它的文化老祖宗。自觉地从发生学意义上考察现代专制主义和前现代专制主义之间的"血亲"联系，是中国批判理论重要的方法论特色。

在本书的逻辑语境内，把中国前现代皇权专制传统作为总体化之文化考察的聚焦点，还意味着我们将自觉运用已经建构起来的制度现代化之结构理论于前现代中国社会结构的深层分析。换言之，我们将在占有大量材料的基础上抽象出足以体现中国前现代皇权专制本质的各个结构要素，包括政治结构、经济结构、社会整合结构中那些最具本质意义的东西，考察这些结构及其要素间的相互联系和互动特征，探究它们对中华民族精神构造（国民性格和文化心理）的影响，从而发现"传统"和"现代"之间既深刻又可悲的链接机制。当然——再强调一遍——这种考察将尽可能明快、简洁，材料引证也将点到为止。[5] 请读者记住：我们的任务是发现、确定前现代中国皇权专制社会的结构特征及其与中国现代社会转型的联系，而不是对古代中国文明史的详尽叙述。

5　近年来，对中国前现代皇权专制体系的学术研究颇富成果。无论从文化积累还是从威权主义知识社会学的角度看，这都是可以理解的、可喜的现象。在本章的讨论中，我将把有关领域学术同仁的研究成果作为批判理论建构的重要思想资源。同时，我还会适当引证一些前辈学者的研究。在中国前现代文化和文明史这个浩瀚的学术领域中，任何人都会感到自身知识的有限。能够分享前人的智慧、站在前辈学者的肩上以图看的更远，实乃吾辈学人之荣幸。因为本章的引证只能"点到为止"，我认为更有必要在这个脚注中作出如上说明。

19. 前现代中国皇权专制社会的主要结构要素

政治结构（1）：皇权的至上性和以皇权为核心的大一统权力建构

这是理解中国前现代社会政治结构特征的第一个要点。通常以为，中国统一的专制皇权的建立自秦始皇始。这自然是不错的。但我们不要忘记，在秦乃至周以前的中国早期国家形态中，就已经可以看到专制主义的权力形成和演变轨迹。

根据谢维扬的研究，中国早期国家乃从更早些的酋邦社会演变而来。"酋邦"不同于另一种氏族共同体"部落联盟"，如果说"部落联盟"先天地具有民主成分，那么"酋邦"从它诞生的那一天起就内在地具有专制倾向。[6] 可以这样描述一个"酋邦"邦主的权力特征：（1）它是个人独享的、实在的权力；（2）酋长拥有听从其旨意的各种官员，组成一个较正式的权力机构；（3）酋长及其所属的官员拥有物质和精神方面的种种特权；（4）酋长的地位逐渐成为"永久性"的。[7] 这些权力特征，已经基本上勾勒出前现代专制主义的总的特点，那就是君主的个人统治。

6　"部落联盟"这个概念来自摩尔根，其指称对象既包括北美一些部落联合体，也包括古希腊和罗马在国家产生以前的部落联合体。部落联盟权力构成上的主要特色在于：（1）部落联盟没有最高首脑，或者说，联盟的最高权力属于某个集体，而不属于任何个人；（2）联盟会议的议事规则是全体一致通过才能作出决策；（3）参加联盟的各部落保持各自的独立，相互间地位平等；（4）部落联盟已经具有两权制或三权制的特征（比如在北美易洛魁联盟中有两个权力中心，一个是部落首领全权大会，另一个是最高军事统帅。古希腊、罗马的部落联盟时期则有三权制的政治形式，即酋长会议、人民大会和最高军事统帅）。由部落联盟转化而来的国家，在权力构成上继承了部落联盟政治机构上的主要遗产。这可能就是古希腊民主制度的起源。而酋邦社会与部落联盟的最大不同，就是出现了个人性质的权力，整个酋邦社会的结构呈金字塔型，酋长一人高居权力金字塔的顶端。——参见谢维扬《中国早期国家》，页 123～134、页 152～153、页 182。

7　同上，页 183～189。

　　中国由"酋邦"向早期国家的转化发生在夏朝。夏禹传王位于儿子启，变禅让制为家族继承制，开了中国"家天下"的先河，并使权力合法性的证明有了全新的标尺。商王朝继续了这个进程，它的国家机器更加健全，对王权的神化也开始凸显出来。西周的分封制造就了一个个相对独立的王国，其既临民又临土的世袭体制使所有诸侯国迅速按照同样的专制主义原则膨胀自身，并展开了彼此间的你死我活的恶斗。[8] 最终，秦灭六国，集战国时期各国政权体制之所长，又充分汲取了周王朝的经验教训，废分封，立郡县，建立起空前统一的大一统中央集权制度，"皇权"也代替"王权"正式走进了历史舞台。[9]

　　自秦以来，中国的皇权统治一直具有至高无上的性质。所谓"六合之内，皇帝之土"，"人迹所至，无不臣者"，[10] 这和更早些的"普天之下，莫非王土；率土之滨，莫非王臣"[11]在认知上是完全一致的。虽然荀子有过"从道不从君"[12] 的说法，但中国的政治智慧中从来就没有产生过建立在不同合法性基础上的、有效制约君权的制度设计。西汉董仲舒用"天人关系"解释皇权，使皇权蒙上了更浓重的神秘主义色彩。不管这位汉代思想家的初始动机是什么，其标榜君权天授的实践意义则是促进了中国文化中天、道、圣、王"四合一"传统的最

8　关于春秋时代齐、晋、楚、秦各大诸侯国专制王权的发展，李玉洁主编的《中国早期国家性质：中国古代王权和专制主义研究》有详尽的讨论，参见该书第 4～7 章，河南大学出版社 1999 年版。

9　《史记·秦始皇本记》记录了"皇帝"名称的由来：秦初并天下，令丞相、御史曰"…天下大定，今名号不更，无以称成功，传后世。其议帝号。"丞相绾、御史大夫劫、廷尉斯等皆曰："昔者五帝地方千里，其外侯服夷服，诸侯或朝或否，天子不能制。今陛下兴义兵，诛残贼，平定天下，海内为郡县，法令由一统，自上古以来未尝有，五帝所不及。臣等谨与博士议曰：古有天皇，有地皇，有泰皇，泰皇最贵。臣等昧死上尊号，王为'泰皇'，命为'制'，令为'诏'，天子自称为'朕'。"王曰："去'泰'著'皇'，采上古'帝'位号，号曰'皇帝'，他如议。"

10　引自《史记·秦始皇本记》中记载的"作琅邪台，立石刻，颂秦德"之章句。

11　见《诗·北山》。

12　见《荀子·臣道》。

终完成。[13] 在这个传统内，对暴君的批评并不是对皇权的否定，而恰恰是对明君、圣主的衬托与企盼。

现在让我们关注围绕皇权而搭建起来的实际的制度建构。这个建构是由官僚制度、赋税制度、考试制度、司法制度、暴力支撑制度、意识形态控制制度等多方面内容构成的。它们有些属于狭义政治结构范围内的东西，有些则具有更广泛的跨领域属性。我们会根据它们各自的属性在本章的不同场合分别论之。

政治结构（2）：兼具"社会管理者"和"官奴"双重身份的官僚制度

中国前现代官僚制度的早熟性一直为外人所称道。宰相制度、从秦汉时期的列卿到隋唐以来的六部行政制度、负有弹劾和谏诤之责的监察制度，乃至州、郡、府、县等地方行政制度，构成中国前现代官僚体系的庞大系统。从专制主义研究角度看，这个系统在角色和功能定位上，一直存在着巨大的内在紧张：一方面，官僚机构承担着社会管理职能，其身份客观上包含公共性的品质和内在要求；另一方面，作为皇权权力系统中的一部分，官僚机构又必须唯天子之命是从，其身份具有明显的官奴特征，事实上充当着统治者私臣的角色。

这种紧张在帝制中国历史上从未消弥。史家经常论及的所谓"君权"与"相权"之争，乃是上述紧张的一个证明。[14] 皇权与官僚机构

13　事实上，孔、孟已开天、道、圣、王"四合一"传统的先河。刘泽华曾详细研究这个传统，他的基本结论是："四合一"传统一是把王（皇权）神化、绝对化、本体化，二是把王与理性、规律一体化，三是把王与道德一体化，四是把理想寄托于王。这个"四合一"成为中国传统思想中的普遍化命题。凡称得上是思想家的中国古代先贤，几乎没有不论证这个"四合一"的。——见刘泽华《中国的王权主义》，上海人民出版社 2000 年版，"引言"页 5。

14　杨鸿年、欧阳鑫总结过中国宰相制度的演变及其与君权的消长关系。他们认为，中国宰相制度的发展可分为三个时期，"第一时期为秦汉时期，天子尊重宰相权力，宰相可以放手做事。君权与相权虽有相互矛盾的一面，也有相互配合的一面，所谓'君使臣以礼，臣事君以忠'，是这时期的指导原则。这是有真正宰相时期，有不少'圣君贤相'于国于民作了些好事。这时

之间的对立还与这样一个结构上的因素有关：中国的皇权具有高度的"使动性"（这自然要归结为制度性强约束的缺乏），而理论上拥有巨大能量的皇权又和皇权的家族继承之间有着可怕的张力（建立新王朝的君主个人通常是强有力的，但由于皇位的家族继承，强大的皇权往往由孱弱乃至昏庸的后代个人来行使，且王朝延续的时间越久，此类现象就越严重），结果导致宦官、外戚干政，皇权的内结构变得更为复杂，它与官僚机构之间的冲突也往往更为剧烈。总的结果，当然还是君权占上风，因为无论是王朝的内部清洗或整肃，还是王朝的崩溃和改朝换代，皇权至上的原则都是不容否定的。

考察中国前现代的官僚制度，还有一个重要的研究视角，那就是作为"官奴"的"官"虽然只是皇帝的私臣，但对治下的民众而言，"官"又是皇权的代理人，代表着、且拥有着实实在在的权力。权力的使役性、强制性，特别是权力所内具的腐蚀性，会促使掌权者为非作歹，这对历代的中国官员们当然也不例外；来自皇权本身的监督的形式化和空泛，儒学为官者道德的内监督的苍白、软弱无力乃至虚伪，都使凭籍权力攫取利益成为中国官场上常演不衰的大戏。[15] 作为

期的宰相可以起到真正辅弼天子的作用。东汉以后，尚书兴起，至于隋唐，发展成为三省制。三省长官互相制衡，中书决策，门下审议，尚书执行；但也共议国政，形成了合议制的宰相制度。相权与君权进一步矛盾，以扩展君权削弱相权为其特征，但宰相还是对天子起到一定的辅弼作用，这时期的'圣君贤相'也不是绝无仅有。这是宰相制度发展的第二个阶段。自宋以后，天子集中了一切权力，君权无限膨胀，君权压倒了相权，宰相不敢任事，也无从处理军国大计，只能退而担任'票拟'工作，已失去作为天子辅弼之臣的作用，或说事实上已经没有了真正的宰相，这是宰相制度发展的第三个时期。"（杨鸿年、欧阳鑫《中国政制史》，安徽教育出版社 1989 年版，页 91）

15　《资本论》的译者王亚南曾这样分析中国专制政体中皇权与官僚机构利益上的联姻关系："中国帝王的政治经济权力，一方面使他扮演为地主的大头目，另一方面又扮演为官僚的大头目，而他以下的各种各色的官僚、士大夫，则又无异是一些分别利用政治权势侵渔人民的小皇帝。官僚士大夫们假托圣人之言，创立朝仪，制作律令，帮同把大皇帝的绝对支配权力建树起来，他们就好像围绕在鲨鱼周围的小鱼，靠着鲨鱼的分泌物而生活一样，这绝对支配权力愈神圣、愈牢固，他们托庇它、依傍它而保持的小皇帝的地位，也就愈不可侵犯和动摇了。"（王亚南《中国官僚政治研究》，中国社

"官奴"，官僚们奉行"对上不对下"的行事原则；作为利益攫取者，官僚们又奉行"欺上瞒下"的行为原则。这是每到王朝中后期吏治腐败就愈演愈烈、变得出奇严重的重要原因。

政治结构（3）：支撑皇权的武装力量

军队成为中国前现代皇权权力结构的重要组成部分，首先在于任何一个王朝的建立都是以武力为基础的，都是通过暴力兼并和征伐得来的。中国人对此有个形容，叫作"马上得天下"。比如，钱穆就曾指出："西周的封建，乃是一种侵略性的武装移民……，因此在封建制度的后面，需要一种不断的武力贯彻。"[16] 从春秋五霸到战国七雄，权力的争夺既是智慧的较量，又是实力的比拼，而实力首先是各国的军事实力。今天给中外游人留下深刻印象的秦始皇陵兵马俑，不正是当年这位始皇帝指挥着千军万马驰骋四方、开拓疆土的象征么？法国汉学家谢和耐干脆把由秦至汉至唐的中国通称为"军人帝国时代"。[17] 这个称呼是否准确另当别论，但它的确凸显出了专制皇权与支撑皇权的武装力量之间的密切关系。

从功能上看，在一个王朝存续的时期内，武装力量角色上的内在紧张与官僚机构有类似之处。一方面，军队有责无旁贷的戍边之责，

会科学出版社 1981 年版，页 61）这个解释，从马克思主义的立场来看，是深刻而有力的。当然，没有论及皇权与官僚制度之间的内在紧张，也许是王亚南阐释中的一个缺点。

近年来，吴思在提出其"潜规则"理论的同时，运用制度经济学的分析方法，解释了郡县制下官吏对百姓的盘剥为什么比分封制更残酷的问题，也值得注意。吴思认为，与先秦时代相比，皇权时代"官吏代理人对他治下的各种资源的支配和控制能力要比分封的诸侯大夫弱得多，短暂得多，与中央对抗的能力也就弱得多。对国君来说，这是一个比较容易控制的高效而稳定的制度。但是新的问题也随之产生了：官吏与其治下民众的利害关系更加短暂脆弱，就好像牧人受雇放牧别人的羊群一样，官吏代理集团比分封的贵族集团更不关心百姓的死活。"（吴思《潜规则：中国历史中的真实游戏》，云南人民出版社 2001 年版，页 215）

16 钱穆《国史大纲》（上册），商务印书馆 1996 年修订版，页 45。

17 见谢和耐《中国社会史》一书，耿升译，江苏人民出版社 1995 年版，第 2～4 编。

这个责任显然具有内在的公共品性；另一方面，军队又必须服从皇帝的旨意，完成皇帝交办的事情，在这个意义上，军队又是帝王的私人武装。当然，在"普天之下，莫非王土；率土之滨，莫非王臣"的概念框架内，这个冲突往往变得隐而不显，因为皇帝本身就是公共性的代表。只有当危机发生、皇权的私人性及其内在的狭隘性和公共利益发生尖锐冲突时，武装力量角色上的紧张才会充分暴露出来。

这里无法深入讨论作为政治结构构成部分的武装力量在各个不同历史时期皇权权力体系中的不同位置，也无法深入讨论军人（将军、元帅）和文官系统作为皇权大一统权力结构中不同组成部分的复杂关系。从本书研究目的出发，我们只需记住一点就够了，那就是越到一个王朝生死存亡的危机时刻，武装力量越成为拯救（或推翻）该王朝的工具和最后手段，不管是以赤裸裸的形式（如公开起兵拥护现王朝或推翻前王朝），还是以宫廷内部颠覆的、较"文明"的形式（如借助"大将军摄政"之类和平夺取政权）。这几乎是中国前现代皇权专制社会运行和王朝更替的一个铁律。也正因为此，历朝历代的皇帝在重视建立一支铁血武装的同时，又无时不在防范握有兵权的人拥兵自重，形成对自身的威胁。

经济结构（1）：作为专制皇权统治基础和经济基础的小生产及建立其上的赋税制度

中国前现代社会是典型的农业社会，小生产有着漫长而悠久的传统。所谓"男耕女织""日出而作，日落而息"，所谓"三十亩地一头牛，老婆孩子满炕头"之类，是对这个传统的写实的、又颇具浪漫意味的刻画。实际生活有如此简单的一面，但又有异常复杂的一面。

我们现在研究的是作为皇权社会体系之经济结构的小生产或小农经济。从统治基础角度看，小生产既是皇权统治的对象，又是皇权统治的基础。没有汪洋大海一样的小农经济，就没有高高在上的专制皇权，反之同理。二者存在着结构上的相互需要。[18]

　　小生产还构成皇权体制运行的经济基础，这当然首先是通过赋税制度实现的。从法理意义上讲，"编户"制度下的农民既获得了平民身份，又是皇恩庇护下的子民。前者有利于激发农民的生产积极性，后者则意味着农民必须担负为官府提供劳役和缴纳赋税的义务。问题在于中国的前现代文化传统中没有权利和义务相对称的概念，更没有演化出围绕税制展开纳税者与征税者之间合理博弈的历史条件和可能。官府的征税往往带有超经济强制的味道，且越到王朝的中后期，越具有横征暴敛的性质。王毅总结出皇权税制运行的三个基本定律——王朝中期开始赋税暴增律、赋税随官吏网络的扩展蔓生而激增律、非法加征的税额税目不断合法化律，并指出"这些定律除了最直接地导致了一个接一个王朝，其政治危机与财政危机的共振、乃至王朝覆灭等皇权政体的周期性灾难之外，更根本的意义还在于：在中国的权力体系中，统治者贪欲的恶性膨胀最终无法通过制度性手段而得到有效遏制，而一代又一代统治权力的运行，又都只能不断重复这种恶性化的轨迹……。"[19] 难怪历代有作为的思想家都会提出"轻徭薄赋"之类的主张或"治安策"却又总是被颠覆而不能从根本上奏效，这里实在有着深刻的制度文化方面的原因。

　　实施赋税制度的前提是存在着较完善的户籍制度，此处也应该

18　可以简单地从发生学角度证明这一点：西周分封制的特点是既临土又临民，"井田制"下土地的耕作者更多是以农奴身份从事生产的，其主人则凭籍军事与经济的实力与周天子抗衡。随着诸侯之间的相互兼并和大一统中央集权国家的最终形成，土地的多极占有现象和借助土地进行权力争夺的现象退出了历史舞台。国家通过"授田"把土地分配给农民耕种，而理论上保有对土地的最终所有权。这样就形成了最初的"编户"小农。后来发生的土地转让、买卖和事实上的土地"私有化"（地主的出现和农村中社会分层现象的发生），由于它既没有影响政府的征税，又没有同新的权力中心的形成相结合，故不会影响到专制皇权的大一统控制。在这个意义上，分散的、大量的小生产的存在，恰好是大一统中央政权存在的一个条件。

19　王毅"中国皇权专制主义的逆现代性：对李慎之先生提出'皇权主义'定义的回应"，载冯崇义编《李慎之与自由主义在中国的命运》，香港社会科学出版社有限公司2004年版，页68。

略陈几笔（尽管它超出了狭义经济结构的范畴）。在中国的前现代文明中，户籍制度同样是发展得比较早、且比较成熟的东西。户籍又称黄籍或黄册，《南齐书》中有"黄籍，民之大纪，国之治纲"的说法。[20] 刘泽华认为"户籍制度不仅仅是一种行政管理，它同时又兼具经济管理、执法、道德裁判以及准军事职能等"，而"户籍制度的核心是对'民'的占有与支配。"[21] 金观涛、刘青峰则把户籍制度理解为皇权社会系统实施"强控制"以维持大一统体系"脆性的平衡"的手段。[22] 我们当然不能否认，在如此巨大的国家里建立起如此完善的户籍制度，这本身就是行政管理方面了不起的前现代成就；但我们同样不能忽略，任何一种管理的、乃至技术性的发明，在中国前现代的制度背景下，都会演变为皇权专制统治的工具。

经济结构（2）："子罕言利"与交换关系的不发达

孔夫子的"罕言利"支配了中国传统两千年，是为事实。

当然，如果我们再往前追溯些，情况会稍有不同。据经济思想史家胡寄窗的研究，周人（犹指西周）重视农业，但并不忽视工商业的必要性。[23] 春秋乃至战国时代，随着经济发展、各诸侯国竞争的加剧和社会生活的复杂化，人们对"义利"关系的理解产生重大歧异，出现了各种具有代表性的学说。比如，《管子》的作者持"自利说"，强调人之本性乃"欲利而避害"，故为政者必须"顺民所欲"。[24] 与管仲

20　见《南齐书·虞玩之传》。

21　刘泽华《中国的王权主义》，页 16。

22　见金观涛、刘青峰《兴盛与危机：论中国社会超稳定结构》（1992 年增订本），香港中文大学出版社 1992 年版，页 50～51。

23　参见胡寄窗《中国经济思想史》（上），上海人民出版社 1962 年版，页 33 及以下。

24　《管子·禁藏》言："夫凡人之情，见利莫能勿就，见害莫能勿避。其商人通古，倍道兼行，夜以续日，千里而不远者，利在前也。渔人之入海，海深万仞，就彼逆流，乘危百里，宿夜不出者，利在水也。故利之所在，虽千仞之山无所不上，深源之下无所不入焉。故善者势利之在，而民自美安，不推而往，不引而来，不烦不扰，而民自富。如鸟之覆卵，无形无声，而唯见其成。"这里表述的思想极其精彩，只可惜几成中国智慧发展史上的绝响。

同为齐相、只是时间略晚的晏婴则提出要对个人财富的追求加上一个伦理限制，超过一定限度，财富就会转变为祸害，所以"废义则利不立"。[25] 第一个从理论上论证重农抑工商的思想家是荀子，所谓"士大夫众则国贫，工商众则国贫。……故田野县鄙者，财之本也。"[26] 而继承荀子衣钵，明确提出"农本工商末"之简明口号的，则是战国末期的思想家韩非。[27]

人们当然可以从不同角度理解"重农抑商"主张的思想内涵，"义利"之辩也的确可以引申出足够深刻的哲学人类学遐想与沉思，但我们这里首先关注的还是作为国策的"重本抑末"对皇权体制下社会运行的实际影响，这种影响不仅是理论性的，更是社会结构性的。

把重农本、抑工商和加强中央集权联系在一起的，首推文、景至汉武的西汉王朝。汉武帝"笼天下盐铁，排富商大贾"的盐铁官营政策，不但有力打击了工商豪强，缓解了讨伐匈奴的财政困难，消弥了分裂割据势力的潜在威胁，而且以其"禁榷制度"开了官营垄断那些最赚钱的、获利最丰的工商产业的先河。与"禁榷制度"并存的还有土贡制度和官工业制度，前者使皇族和富有的统治者可以完全不经过商业程序来获得各种物品（包括奢侈品），后者使皇室的御用品、官府的公务用品及军需品的生产成了官府"计划"内的事情，而与市场无缘。所有这些自然都限制了前现代中国交换关系的发展和市场的

25　这也是一个重要思想。中国历史上抑商主张的根据之一就是强调经商会使人好智而多诈，无尽地追求财富只能导致心灵的不洁。晏婴显然是这种观点的最早的鼓吹者之一。我们甚至可以从毛泽东等现代专制主义者那里看到此类认知传统的影响。更为重要的是，从哲学人类学角度看，这种主张有其相当深刻的一面。本书后续文卷讨论毛泽东的农业乌托邦主张及其经济政策实践时，将深入展开这个话题。

26　见《荀子·富国》。事实上，略早于荀子的商鞅已经推行过以抑商为特征的农战政策，但其影响范围只限于西陲之秦国。荀子的更富理论性的解释，产生了比商鞅广泛得多的影响。可参见胡寄窗的进一步说明（《中国经济思想史》（上），页 430 及以下）。

27　《韩非子·诡使》言："仓廪之所以实者，耕农之本务也；而綦组、锦绣、刻画为末作者富"。

培育。[28] 后来的唐、宋、元、明诸朝，虽然商品经济的发展时断时续，也曾经出现过大规模的城市繁荣，但政府对商业的管制和对商人的歧视却一直程度不同地存在着。[29] 就思想领域而言，南宋的叶适乃是公开否定"抑末"主张的第一人，这固然成为后来明清启蒙思想的先声，但对实际制度运行的影响却是很有限的。

总的来说，中国前现代传统悠久的"重本抑末"与中国前现代之市场交换关系不发达、市场文化不发展有着十分密切的联系。作为皇权社会运行的一个结构要素，民间工商产业的不发达意味着皇权与社会之间缺乏必要的张力。在这样一块文化土壤中，中国近现代私有产权制度之迟迟不能萌生，就是一件完全可以理解的事情了。

社会整合结构（1）：家族统治与家-国同构

中国前现代农业文明经济形态上的特征是小生产，社会整合结构上的特征则是父系家长制的宗法家族统治，二者都构成中国皇权文化的深厚的社会基础。

如果有机会到中国各地走走，你会发现，无论是在广袤而贫瘠的西北内陆，还是在清秀、富饶的南方农村，到处可以看到表征前现代农业家族整合的文化遗迹：巨大的（或狭窄的）、带有封闭特征的宅院，用于祭祀祖先的祠堂，排位有序的家族墓群，等等。生产资料的

28　关于禁榷制度、土贡制度和官工业制度及其对中国前现代交换关系发展的抑制，经济史学家傅筑夫有简明而精当的讨论，见他的《中国古代经济史概论》，中国社会科学出版社 1981 年版，页 210～219。

29　中国历代对商人的歧视有不少史料。专事研究中国古代社会结构的冯尔康曾就秦、唐间抑商和歧视商人的作法归纳如下：一是不许商人从事其他职业，不得占有土地；二是商人不得读书为官；三是多征商人的人口税；四是有时把商人当犯人对待；五是在舆服方面限制商人，不得着鲜华、乘车马。商人虽拥有平民身份，但法律地位上低于农民，也低于先秦时期的商人。两宋以后，商人的社会地位有所提高。明、清甚至出现了豪门巨贾，形成了徽商、晋商这样影响深远的商业传统，商人的弟子也可以读书出仕，以致商人可以用钱买功名、买官衔、从而进入官场。但即便如此，政府的抑末政策仍然是存在的，至少在理论上。——参见冯尔康主编《中国社会结构的演变》，河南人民出版社 1994 年版，页 59～60、页 126～127。

静态性（土地无法移动）是形成村落定居农业的重要原因，以男性长者为核心形成的大家庭则是村落中传统中国家庭的基本组织形式。关于它的功能，岳庆平指出：中国传统家庭同时兼具生物单位（生儿育女、传宗接代）、经济单位（共作共财、自给自足）、宗教单位（慎终追远、祖先崇拜）、法律单位（族长掌握对家族内部成员的惩戒权）、教育单位（知识与技能传递）、道德单位（修身而齐家）、政治单位（齐家而治国）、心理单位（精神慰籍）、人格单位（父慈子孝、夫和妻贤）乃至娱乐单位（闲时家人相聚，缺乏外部交往）等多种功能。[30] 除了"政治单位"的提法略嫌勉强外（因为"齐家治国"代表的是一种人生理想，而非现实的家庭功能），其它各项应该说基本是准确的。

作为前现代皇权专制社会的重要结构要素，家族整合的一个根本特点是"家"与"国"在组织形态和精神形态上的同构。从组织形态上看，不管是一家一户的小"家"，还是整个国家的大"家"，都有一个纵向的、金字塔式的权力构成。权力统摄范围内的成员（在"小家"是全体家族成员，在"大家"是全国的臣民）都必须对"家长"绝对服从。精神形态上，我们这个民族则创造出许多把"家""国"维系在一起的伦理性的主张，其中最著名者乃"君为臣纲、父为子纲、夫为妻纲"的三纲之说和"父子有亲、君臣有义、夫妇有别、长幼有序、朋友有信"的五伦之定。对皇帝要"忠"，对父母要"孝"，对丈夫要"顺从"（丈夫死了，则要"守节"），被视为中国人做人的根本。不能说这些东西全无合理性（比如"孝道"就其最原初的、也是最朴素的意义言，显然至今仍具有重要价值），但当我们在皇权制度背景下解读这些东西时，它们所具有的专制主义文化本质就马上凸显了出来。

事实上，"三纲"之类精神枷锁对中华民族文化性格的形成和国民心理的塑造、影响是极其深远的。我们的文化性格中个人独立性、自主性的缺乏和恰好与之相反的东西——那种似乎根深蒂固的、与

30　见岳庆平《中国的家与国》，吉林文史出版社1990年版，页8～9。

生俱来的奴性的充斥——显然要归结为此类精神枷锁的长期存在。奴性的精神存在形式是臣民心态。当然，"臣民"也可以再作出进一步的解释：服从意义上的"臣民"乃是"顺民"；相对于皇权体制自感无足轻重的"臣民"乃是"草民"；与社会发生冲突、有"犯上作乱"之嫌的"臣民"则是"罪民"。由臣民组成的社会可称之臣民社会，而农业家族整合——由于上面所论的那种家－国同构的形态特征——恰恰构成皇权专制统摄下的臣民社会的微观基础。

社会整合结构（2）：等级制度与静态型农业社会对"皇权至上"的支持

等级制度是研究前现代中国社会整合结构的另一个方面，我们同样可以从中引出一些对后续讨论十分重要的东西。

冯尔康在《中国社会结构的演变》一书中指出：等级制度是前现代中国社会生活的重要准则。中国古代的等级，不同时期有些许变化，有的等级消失了（如周代分封制下的诸侯），有的等级产生了（如科举制实行后读书人正式成为衿士等级），但总的格局未变。前现代的中国社会大体可划分为六个等级：第一等级皇帝，第二等级贵族官僚，第三等级绅衿，第四等级平民，第五等级半贱民，第六等级贱民奴婢。[31] 等级之间差异鲜明，权利、义务截然不同。比如，特权等级（大体相当于前三个等级）总有出仕、免役、赎免之权，在与贱民的诉讼上有受优待之权。等级排序严格，是什么等级的成员就享有什么社会地位。等级制度不只体现在政治方面，而且渗透于人们的衣食住行、婚丧嫁娶、门第家规、节日娱乐等日常生活的方方面面。看到一个人穿什么样的衣服、住什么样的房子、坐什么样的车子，就可以大体判断出他的等级身份。

等级制度绵延在中国人心灵深处铸成的等级意识可谓系统、强烈而又影响深远。人们熟知的门第观、名分观、血统论等都是等级制

31　冯尔康主编《中国社会结构的演变》，页 **229**。

度的产物，又都反过来加强着等级制。以血统论为例，所谓"龙生龙，凤生凤，老虎的儿子穿山洞"，不过是前现代中国社会结构中贵者恒贵、贱者恒贱之等级现实的观念反映，——尽管严格地说，这个等级现实的不变性只是相对的，中国社会中仍有从低等级进入高等级之社会身份变动的可能。重要的是，从功能角度看，门第观、名分观、血统论之类都是支持皇权统治的工具。

最后让我们看看"静态型农业社会"，这个概念同样取自冯尔康。冯的相关定义是"所谓静态型社会，是指社会结构和社会生产关系的相对静止不变，或者说没有大的结构性变化。"[32] 除了小农经济之经济结构绵延上千年而未变以外，从社会组织的角度观之，"中国古代社会群体、社会组织只有两种是发展的，一是官僚机构，再一个是宗族，除此以外，对已出现的组织，政府有条件地予以承认，如佛教、道教、会馆等，对另一些则坚决反对，厉行取缔，如对民间秘密宗教、秘密结社、士人结社。政府的这种态度，造成古代社会组织简单，极不发达：长时期内，民间只有四邻结社，而且与官府不能分离；两汉以后外来宗教传入，加上土生的道教，民间在村社之外，才有了一对难兄难弟；两宋以降，社会救济组织正式诞生，给单调的社会组织一丝生气，但它们多与官府密不可分，还不是纯粹民间自办；到明清时代，民间秘密宗教始而发展，继而民间秘密结社崛起，使社会组织较前丰富一点；迨至晚清，近代政党的出现，才开始改变社会组织低层次的状态。"[33]

简言之，社会组织的不发达既是静态型农业社会的特点，又是前现代中国社会整合结构的特点。两宋以后社会流动的加快和各种超出家族范围的社会组织的出现虽然在社会组织的形态发展上带来某些生机，[34] 但构建社会组织的精神原则仍带有浓厚的皇权文化的烙

32　冯尔康主编《中国社会结构的演变》，页 241。

33　同上，页 240～241。

34　关于中国前现代社会组织的形态发展，岳庆平曾在"联系中国传统家庭与国家模式"的意义上作出 5 种类型的区分，它们分别是"亲缘组织"（血缘

印。正如有的学者所指出的，维系中古以来中国超家族社会组织的结合原则往往是渗透着皇权社会特征的恩报伦理原则，它当然不同于传统家族内部的孝悌原则，但也不同于近代以来产生的、建立在彼此独立、平等协商基础上的同仁原则或契约原则。[35] 所以，从根本上说，中国前现代的社会组织及其精神维系的纽带，仍然既是皇权体制的产物，又是皇权文化的组成部分。

20.　儒学作为皇权专制意识形态的建构作用

上一节分别论述了前现代中国皇权社会的基本结构要素，现在我们要更进一步，把注意力集中于中国皇权文化的意识形态表达，这就是政治化的儒学及其作为皇权专制意识形态的建构作用。严格地说，在讨论前述皇权政治、经济、社会整合诸结构特征时，我们已经涉及到儒学意识形态问题，只不过为了叙述方便和使研究的逻辑更为清晰，没有把该问题凸显出来。现在，我们必须把这件工作接上。还应该强调的一点是，皇权专制条件下的意识形态既是制度存在的精神表达，又是制度本身的一部分，且是非常重要的一部分。它不但拥有自身的存在形式，而且可以外化于国家的法律制度、教育制度和人才选拔制度等更具刚性的制度结构中，从而彰显皇权专制文化的整体性和皇权体制各个结构部分间的内在关联。正因为如此，对皇权

或姻缘组织）、"地缘组织"（乡村、会馆）、"业缘组织"（行会、公所）、"学缘组织"（学校、同学会）和信仰组织（秘密结社、宗教团体、巫术组织）。——岳庆平《中国的家与国》，页 61。

35　参见曹锦清对"关公文化"现象的分析。刘、关、张桃园结义、誓同生死在中国文化中一直被视为楷模，从社会学角度看，这种非血缘关系建立起来的团体，其结合原则乃是某种"恩报伦理"。在明清乃至民国时期的各种秘密结社、商业组织，甚至文人的书社内，都可以看到这种结合原则的具体运用。——曹锦清《黄河边的中国：一个学者对乡村社会的观察与思考》，上海文艺出版社 2000 年版，页 155。

意识形态的讨论，有助于我们从整体上把握中国皇权文化的本质。

儒学的历史定位

儒家思想是中国文化传统的重要组成部分，这一点没有任何疑义。但构成中国文化传统的不止是儒学。作为中国土生土长之民间宗教的道教和外部传入、后来被"中国化"的佛教同样是中国人精神存在的重要方式。就精神领域言，儒、道、释三者的结合可能更有助于说明中国人的文化品性。

然而，儒学有一条是佛、道两家远不能比的，那就是儒学的"官学"身份和过去两千年中部分借助于这种身份、部分是由于与其生存母体间的血肉联系而对中国社会发展及民族精神积淀的极其深刻的整体性影响。故此，说儒家思想及与之相联系的社会习俗、制度构成了中国传统文化的主导部分，大概也不会有什么疑问。

在中国经历急剧社会转型的过去 100 多年中，儒学多次历经暴风骤雨，其历史定位在几代人的不同理解中被一再颠覆。[36] 这种现象似乎再一次证明了文化自我理解所内具的复杂性。从本书主题出发，我们显然需要对儒学的历史定位给出一个清晰的说法。

这个"说法"由两部分组成：

第一，就思想和产生思想的社会条件之关系言，儒学乃是前现代中国农业文明的产儿。儒学的伟大和历史局限性都可以籍此得到阐明。说它是伟大的，是因为没有任何一种别的学说如此准确、如此完备地揭示了一个古老农业民族的精神气质和文化性格；说它是被历

36　可以随意举出几个例子：晚清自强派如张之洞者主张以中国精神加西方器物为谋求本土复兴的药方，儒学自然被视为"中体"中的镇山之宝；康有为力倡变法维新，其理论基础之一却是以儒为教；到了五四一代，儒学已成批判对象，几乎成了"过街老鼠"；"新中国"时代孔学又成了"封建文化"的代名词；而从 20 世纪 30、40 年代始直至今日的几代现代新儒家（熊十力、冯友兰、牟宗三、唐君毅、徐复观、刘述先等等）则纷纷以复兴儒学为己任，儒学重被视为几乎超历史的、自成一体的伟大传统。关于儒学历史定位的不同解读深刻地反映了近现代中国历史遭遇的文化困境和中国人试图摆脱这种困境的努力。

史所局限的，又是因为它的前现代本性和特征：既然产生它的那个文化母体本身就是前现代的，它本身也不可能不是前现代的，尽管这并不意味着否认一个前现代的文化思想体系也可能蕴含有某些可在哲学人类学层面分析的、具有超越或普适价值的思想元素。无论如何，从社会进化的立场看，儒学乃位于前现代农业文明这个阶梯水平，是这个文明形态的文化表现；任何想把儒学价值永恒化、甚至想用复兴了的儒学救中国、救世界的主张，在方法上都犯了非历史主义的毛病，而不管他（或她）的动机如何真诚。[37]

第二，就思想和制度之间的互动关系言，儒学在自身的发展和演变中又逐渐政治化和意识形态化，成为专制皇权统治的重要工具。意识形态化的儒学不仅是华夏前现代政治、经济、社会整合诸结构条件的产物，而且必然反作用于后者，二者形成双向互动的强化机制。在长达两千年的文化积淀中，这种互动产生了大量惰性因子，它们既是20世纪中国制度现代化的文化障碍，又是该进程的结构障碍。

现在，我们需要就第二个方面进行更详细的讨论。

37　最近一个真诚的、然而又是非科学的试图用儒学救中国的例子是国内学人蒋庆。在 2003 年出版的著作《政治儒学：当代儒学的转向、特质与发展》中，蒋庆指出"中国近百年来在政治上最大的问题就是政治文化的重建问题，这一问题的症结所在就是中国近百年来不能建立起源自天道性理的政治法律秩序。"蒋庆批评现代新儒学的代表人物唐、牟、徐等深受五四启蒙精神的影响，对西式科学民主无条件地拥抱，鼓吹一种"变相西化论"（即从儒学固有之精神中"开出"科学和民主）。而据蒋庆看，这样的努力乃是犯了学术理路和学术方向的错误。民主并非人类之"共法"，中国政治文化的重建方向不应是"全盘西化"，而应是现代中国的"复古更化"，也就是"用儒家的传统政治智慧和指导原则来转化中国的政治现实，在中国建立起源自天道性理的合法的政治秩序，使中国政治文化的重建建立在中国自己文化传统的基础上。"（见《政治儒学》三联书店 2003 年版，页 39、40、126、286 等）显然，除了对民主作为人类文明共相之不理解产生的认知上的偏颇以外，此类论点的最大问题是历史理解的非历史性。论者没有看到"文化传统"并不是抽象的、凭空而成的，当人们把一个文化传统同产生它的历史环境割裂开时，这个传统本身已经丧失了被理解的可能（由此观之，《政治儒学》全书鲜有对儒学与古代中国政治、经济、社会等历史语境之关系的研讨，并非偶然）。同时，"文化传统"又不是一成不变的，这个变化的最终依据则是社会进化的普遍性与具体民族文化特殊性的统一。

儒学的意识形态化和制度化

众所周知，春秋末年由孔夫子创其始的古典儒学是儒学的最初形态。有学者认为，儒学从一开始就带有强烈的实践倾向，全面参与到权力机制的建构之中，因而"全息地带有专制主义的元素"。[38] 从孔子确定了儒学理论的原点和运思框架、确定了以"仁"为核心的"德刑互补、礼乐相成"的伦理政治哲学、而这套哲学主张又最终落实为建构以君主为绝对中心的权力秩序这个角度看，断言儒学的古典形式本身就含有专制主义的思想元素并不为过。但我们不应忘记的是，在强调君主至尊、独一，君王拥有独裁权力问题上，先秦诸子的见解其实是很接近的、类同的，尽管他们的具体主张确有差别。[39] 就孔子个人而言，由于他本质上是一个生逢"乱世"的思想家，其倡导的"仁政"学说带有浓厚的乌托邦色彩，与实际操作甚远，且终其一生也未能找到一块较稳定的、能实现其政治抱负的"试验田"，按照本书关于意识形态的定义，即意识形态意味着理论与政治权力的结合、理论成为论证权力合法性的工具（见"导论"第7节），孔夫子的古典儒学还称不上是"意识形态"，孔夫子本人在世时也未能享受"钦定"哲学家的荣光。

这样的变化发生于 300 年后的西汉王朝。韩国学者黄秉泰给我们大致描述了这个过程：

38　李宪堂《先秦儒家的专制主义精神：对话新儒家》，中国人民大学出版社 2003 年版，页 2。

39　刘泽华对此有一个很好的说明。他指出："君主专制制度的最基本特征，是君主一人独裁。先秦的思想家们尽管向君主提出了数不清的美妙要求，深切地希望君主虚心听谏；或者慷慨陈词怒斥暴君、昏君，乃至提出'革命'，但对君主专制制度却无人怀疑，相反，对君主热切的希望和激烈的批评却汇成一股合力，促进并加强了君主专制制度。"与此有关的一个令人深思的事实是："一般地说，百家争鸣总是与思想自由和社会民主互相促进的。但是翻开战国一页，我们会发现一个令人瞠目的现象：争鸣的结果不是政治民主的发展与民主思想的活跃，相反，却极大地促进了君主专制主义理论的发展与完备。"——见刘泽华《中国的王权主义》，页 114、123。

秦王朝的悲剧性崩溃所显示的法家使用暴力强制手段来维持一个安定的、正在发挥作用的政治社会方面具有局限性这个历史教训，终于在中国历代王朝统治者心中形成了一个政治格言，即一个政权的稳定性依存于儒家的所谓天命对其文化的合法化。……

从来都倾向于为传统秩序利益服务的儒学传统主义方面经过后门进入朝仪的礼节领域之后，在朝廷设置负责全国教育事务的五经博士学位，并且开创为求官职者举办的、根据儒学经典著作进行的全国性考试制度，从而崭露头角。传统儒学通过接管汉朝政治制度中使文化正当化的学说和教育家的作用，就此作为一种正统的文化传统进入当时社会制度之中而安顿下来。这样，作为思想体系的古典儒学就逐渐变成一个文化上的儒学工具，它发挥了既成社会秩序中官方的、使文化正当化的学说和教育家之功能。隐藏在孟子二元论复杂体系中的、可能退化为王朝统治者政治利益的奴仆角色之潜在可能性终于成为现实。[40]

儒学的意识形态化必然同时意味着儒学的制度化。虽然从学理发展角度看，某种理论一旦成为"钦定"意识形态，作为理论的被钦定物的退化将势所不免，但这并不影响该理论的制度化，——也就是，一个理论成为国家体制的合法性论证工具、并据此与该社会的政治、经济、文化诸结构发生互动的结合、镶入的过程。关于制度化，干春松有一个论点可以在这里引证。他认为制度化儒家包含"儒家的制度化"和"制度的儒家化"这样两个层面。"所谓'儒家的制度化'是通过孔子的圣人化、儒家文献的经学化和科举制度等一系列制度设计来保证儒家的独尊地位及其与权力之间的联系，而'制度的儒家化'则是儒家观念在社会控制体系和制度设计中的渗透和呈现，具体地说就是体现着儒家观念的国家意识形态、宗族制度、政治社会结构等现实的制度的建立。这两个层面通过权力、真理和制度之间的互相

40　黄秉泰《儒学与现代化：中韩日儒学比较研究》，社会科学文献出版社 1995
　　年版，页 63～64。

配合而长期影响着中国人的生活。”[41]

上一节的诸多讨论（如汉儒对大一统皇权合法性的论证、经济生活领域中的“义”“利”之辩、儒学对社会整合领域“家-国关系”和“三纲五常”的强调等等）已经多次涉及儒学意识形态化和制度化对中国社会发展及皇权文化形成、积淀的影响。现在，我们再来举两个例子，以图更全面地说明这种影响。

儒学制度化例举（1）：科举制度

科举制是中国中古文明的伟大发明，也是皇权结构的重要组成部分。它有从前现代标准看很进步、很发达的成份，比如平等性。[42]这种平等性对前文述及的中国社会的等级特征构成一个不大不小的修正。毕竟，寒门之子还是有可能通过科举应试获得功名，以至进入为官之途。但科举制之为祸中国社会也着实带有根本性。

前现代中国的科举制与两个东西有关，一是官吏选拔，二是教育。先来看前者。汉代中国的官吏选拔采察举、征辟等制，[43]察举中的举“孝廉”已经是在用儒家标准举荐官员，且定员、定时、定制，颇具影响。魏初吏部尚书陈群创九品中正制，历两晋南北朝而衰。科举制度的实行，迄自隋唐，延至明清，是中古以来中国官吏选拔的常制。这个沿袭 1000 多年的巨大传统最核心的东西是什么呢？那就是知识与权力的结盟。读书不是为了寻求真理，而是为了做官，“书中自有黄金屋，书中自有颜如玉”。科举取士一方面确立了儒生进入官

---

41 干春松《制度化儒家及其解体》，中国人民大学出版社 2003 年版，页 2。该书第 1、2 章是对这个命题的进一步说明，亦可参考。

42 至少从形式上看，科举制是一种在全民范围内培养士人和选拔官僚的制度。一般来说，只要不是贱人出身，都可以参加考试，低层次的考试尤其如此。但家庭地位、背景、经济条件之类对考生来说仍然是重要的。关于这个问题的详尽讨论，可参见冯尔康《中国社会结构的演变》第 11 章“科举制下士的社会结构和组织”，特别是第 3 节“士的家庭出身和社会流动”。

43 察举就是由臣子向天子举荐人才，分举贤良方正、举孝廉、举博士弟子等三大类。征辟则是君主或官员对自己看上的人自行延召，其中，君主之召请曰“征”，公卿大臣之召请曰“辟”。

场的"优先权"，另一方面又使得这种机会成为单一的、唯一的。何怀宏曾这样解释这种"单一性"："第一，它是一种最优的机会，一旦入仕就会带来最大好处、最大利益，不仅获得权力，也获得声望和财富；第二，它越来越成为社会上的一种主要上升机会，虽然还有其他途径出人头地，但那些却是异途，后期只有科举才是正途，对于贫寒者还可以说是唯一的上升之阶；第三，它接近于单一的制度性机会……只有它提供了一种稳定的、一贯的希望。'单一'意味着把社会上的主要和最高的价值欲求整合为一个，即仅仅指向官场。"[44] 难怪多少代中国读书人乐此不疲，艰难攀登，"其有老死于文场者，亦无所恨"，无非功名利禄之诱惑使然。读书作了官更好，作不成官时只要取得功名（比如，通过"乡试"而获得"举人"资格），也可以成为地方上受人尊敬的、有影响的人物，成为地方精英。这样，"官""士""绅"三者就被紧紧连在了一起。

再看教育。由于宋以降科举考试的命题内容被儒家四书五经所垄断，无论官学、私学都须围绕儒家经典制定教学计划、实施教学活动。[45] 这种背景下，教育的御用性、非批判性、非反省性势将不免。无数考生不得不把青春时光、乃至半生或大半生的精力用于背诵经文，钻研八股作文技巧，考试的目的又是为了做官、"出人头地"，哪里还有什么独立思想、独立精神产生的余地？原儒中本来含有若干与专制皇权构成张力的思想元素，但在科举制下完成了的权力对知识的同化使得儒学的批判精神越来越隐而不显。现如今中国的大学中有所谓"只有认可主流意识形态价值，才能实现自身价值"之说，

44　见何怀宏《选举社会及其终结》，三联书店 1997 年版，页 139～140。

45　以官学而论，据《中国政制史》作者研究，由官府设立学校，延纳科举考生先入学学习，再参加考试，乃自宋始。明代学校设置已很普遍，除京师有国子监外，地方有府州县学，再以下有社学。三级学校以府州县各学为中坚，应科举的士子皆出于此。考题方面，早期科举（唐宋）重诗赋，明清重八股，且内容不出四书五经等儒学经典之右。（参见该书页 238、241、249 等）。至于私学，虽唐宋以来书院兴，但也未能超出科举的影响，并非纯然的学术研究机构。宋以后很多学子上书院读书，其实也是为科举考试作准备。明以后，书院更加官学化，官方也加强了对书院的控制。

看了历史才知道，这样的逻辑原来并不新鲜。只要有精神侏儒的生产机制，就会有精神侏儒的一代代复制。科举制就是复制精神侏儒的生产机制之一。

不但如此。知识臣服于权力还势必造成士大夫们的面具化人格。儒家毕竟是讲"修、齐、治、平"的，"内圣外王""穷则独善其身，达则兼济天下"毕竟是读书人的理想。但现实政治与儒家伦理的脱节会最终迫使一代又一代的读书人就范于现实而抛弃理想。一旦读书人成了政府官员，他就必须服从官场的逻辑。既要学会说官话、大话、漂亮话，又要学会尔虞我诈、欺上瞒下的那一套，否则就很难在官场生存。于是行为与思想乖离，口头说一套、行动另一套，官场行为剧场化、两面化，就成为社会的常态，且越到一个王朝的后期越烈。人们既然把知识视为获取权力和财富的手段，知识的神性、超越性就只能退居其次，乃至完全丧失。这似乎是作为知识和伦理的儒学在自身被制度化、意识形态化以后不可规避的宿命。

儒学制度化例举（2）：法律制度

这本身又是一个硕大题目，我们只能择其要谈之。从历史上看，儒学与法律的关系源于自两汉始的引礼入法、儒法合流。人们知道，对"礼"的宣扬，并非始于儒家。早在炎、黄时期，礼就是中华先民祭神祈福的一种宗教仪式；经夏、商的不断发展，至西周周公实现礼的系统化、规范化。张晋藩认为，"周公制礼的实质，是确定贵贱尊卑的等级秩序和制度……。在宗法等级制占统治地位的古代中国，亲与贵合一，家与国相通，宗法上的等级和政治上的等级是一致的，无论是命官、封邦建国，都依宗法血缘为标准，周公制礼的契机和主要成就，就是以礼典的形式全面确立宗法等级制度，使国家的各种活动都受到礼的规范。"[46] 孔子自称"吾从周"，所从者，即周之礼，"克

46　张晋藩《中国法律的传统与近代转型》，法律出版社 1997 年版，页 6～7。

己复礼为仁，一日克己复礼，天下归仁焉。"[47] 从治国角度看，"礼"的路数乃是以德治国的路数，这在孔子那里是很明确的。德治而不是刑治，礼治而不是法治，是原儒的一贯主张，也是儒家与法家对立之所在。

然而，秦汉以降大一统国家的建立不再允许百家争鸣局面的继续，于是就有了汉武帝的"罢黜百家，独尊儒术"。大一统皇权当然并非不需要刑治，但这个刑治不应该再是赤裸裸的，而要揉进更多的德治内涵、伦理内涵、教化内涵，法律由此而逐渐"儒学化"，包括根据儒家经典立法、释法、乃至司法（所谓"春秋决狱"[48]）。政治化的儒学也籍此更深入地渗入中国社会生活，不但成为中国人精神生活的依托，而且成为政治-法律生活的依托，——当然，至少就形式而言，这里的"政治-法律生活"是被高度伦理化了的。如果就皇权时代的实际统治而言，儒家的一套和法家的一套事实上是同时被统治者运用的，所谓"儒表法里"大概更能概括中国帝王的统治术。

无论怎样，体现着儒学制度化本质的法律儒学化确实对两千年来中国社会的走向和演化产生了极其深刻的影响。我们可以随便举出几例：

一是权大于法传统的形成。儒家讲君权神授，皇权授命于天，当然不会接受法律的约束；正相反，皇帝"口含天宪"，乃法律之根据，全部中国法理学的合理性本来就依据皇权的合理性。事实上，恰恰是"朕即国家"凸显了皇权体制的悖谬特征：一方面，皇帝被认为是神圣的、仁慈的，是伦理的体现、天道的化身，从而在理论上把皇帝置于不会犯错误、也不能犯错误的神圣境地；另一方面，实际的制度设计又势必把没有制约的、凌驾于法之上的君权反伦理化、恶化，促使皇帝不断地犯错误，并走向昏庸。不要忘记前文讨论过的独裁权力所具有的高度的使动性。当一种制度把国家的兴衰存亡都寄托于最高

47　见《论语·颜渊》。

48　"春秋决狱"即引《春秋》作为断罪的根据，这个现象迄自两汉，至唐朝渐衰，历时 700 余年。

统治者个人的品德和才干时，这个国家十有八九会走向深渊，因为个人的品德、才干是靠不住的，一个君王之拥有优良的品性与道德在专制语境下反倒更多是历史的偶然，而没有约束的权力之滑向堕落则深深植根于权力的本性。儒学的智慧中本来就缺乏这样的历史洞见，制度化的儒学将君权至上纳入中国法理学的根本、为权大于法制造理论根据，更成为传统中国政治文化中的痼疾。

二是家族本位制度和等级制度的强化。在中国的法律传统中，家族法是法律的重要组成部分。皇权统治者深谙家-国同构的道理，自然支持法律维护族长、家长的尊严和特权。瞿同祖撰《中国法律与中国社会》，用了很大篇幅讨论这方面的情形。比如，根据法律，家长不但拥有对子女婚姻的决定权、财产的支配权（父母在，不得有私财），而且拥有对子女的惩戒权乃至"送惩权"。父母若以不孝罪名将儿子呈控官府，政府也不会拒绝。[49] 以礼为本，严格名分，使宗法伦理原则通过法律上升为国家意志，这正是法律儒学化达致的佳境。而强调"孝"是为了突出"忠"，维护家族伦理是为了强化皇权伦理，这才是法律儒学化的真正目标。等级制度的强化同此理。上文已经谈到特权等级享有的种种特权，这其中很多皆为法律所明文规定。如"许多时代的法律都规定司法机构不能擅自逮捕、审讯特权阶层（皇亲国戚、官吏及其亲属），除非得到皇帝的许可。汉就有先请之制，贵族及 600 石以上官吏有罪，须先请方得逮捕审讯之。""法律根本否认士庶在诉讼上的平等地位，无论为原告或被告，均不与平民对质，平民不能当面控诉士大夫，后者亦无亲自在法官前答辩的必要。这些立法有其深意。士大夫原以涉足公庭为耻，与平民涉讼而对簿公

49　"父母对子女的生杀权在法律制度发展到某种程度时，虽被法律机构撤销，但很明显地，却仍保留有生杀的意志。换言之，国家所收回的只是生杀的权力，但坚持的也只是这一点，对于父母生杀的意志却并未否认，只是要求代为执行而已。我们或可信此即古时父亲生杀权之遗迹。"——见瞿同祖《中国法律与中国社会》，中华书局 1981 年版（此书最早发表于 1947 年），页 10～11。

庭，尤其有辱官体，故法律作出如上规定，以存其体。"[50] 试想，在这样的法律文化传统中，"官本位"思想之根深蒂固和"草民"意识的源远流长又有什么可奇怪的呢？

三是形成重刑法轻民法的法律传统和漠视个人权利的民族文化性格。在古代国人的观念中，刑即是法，刑与法同义，民法则极不发达。这与欧洲的法律传统形成极大反差。[51] 为什么是这样呢？民法的不发达直接导源于私权的不发达。在中国传统文化中几乎没有私人权利或个人权利的概念。在宗法家族体系中，"个人"是由"家庭"定义的，或者更准确地说，社会构成意义上的中国只有"家族""家庭"而无"个人"。个人只是履行家族义务和国家义务的工具。法律

50　同上，页 208、216。

51　陈方正曾这样谈到秦汉帝国和罗马帝国法律体系与法律观念上的差异："成书于公元 534 年左右的《查士丁尼法典》其实已是一套法律文库，它不但包括历代敕令、律例，而且还有教材和大量案例、判词。它的英译本统共有 4500 页，约 200 万字。相比之下，秦汉时代遗留下来的法律文献，委实少得可怜。……汉高祖入关时的约法三章，所谓'杀人者死，伤人及盗抵罪'不但表现了对严密和繁复法律条文的恶感与不耐烦，更且反映了民法和商法上的巨大空白：契约、财产、买卖、借贷、婚姻……这些罗马法中有详尽论述的题材，在秦汉都根本不见之于律法，最少不被视为其重要部分。"陈进一步指出："其实，东西方在法律观念与制度上的分歧起源远早于秦汉和罗马时代，甚至亦远早于罗马的《十二铜表法》（449B.C.）。我们只要翻开地中海和中东文明（这我们现在知道是罗马文明的源头之一，另一源头是埃及）的介绍，就可以知道查士丁尼实在是源远流长的一个法律传统的集大成者。在他之前一千年，希腊的梭伦就已经以颁布成文的木板法（约592B.C.）于公众大堂并且组织'全民法庭'知名，那比子产铸刑而受到批判（536B.C.）要早大约 60 年。但梭伦也并非始创者：在他之前千余年，巴比伦第一王朝的汉谟拉比就已经公布了详尽的，包括合约、财产、婚姻、离婚、遗产、专业者（例如外科医生和建筑师）失职、法庭程序等等各种事项的法典，它的时代（1700B.C.）要比中国史书仅有极简略记载的《甫刑》（周穆王时代，公元前 10 世纪左右）早 700 多年……。甚至，汉谟拉比也还非源头，他的法典其实是苏美尔与闪米特传统的融合。在他之前一千年（2700B.C.），两河流域的苏美尔文化已经遗留下大量正式田地和奴隶售卖契约；在公元前 2350～1850 年间，苏美尔人不但编纂了两部流传至今的法典，而且还为我们留下数百宗法庭案例和详细的法庭组织和程序记载。"——见陈方正为《法律与资本主义的兴起》中译本写的序言，学林出版社 1996年版，页 6～8。

儒学化支撑的恰恰是这种伦理性的家族存在，而非拥有主体权利的个人存在。"法律不仅体现这种身份与伦常关系，而且维护这种关系。几千年的中国古代法律，就是遵循着这样的规律运行着的。由于人身自由权的丧失和权利主体的消弥，也使得民法的发展失去了规范的基础。因而使中国古代法律所调整的几乎没有纯粹的私人事务，一切与家有关，与国有关，与刑罚有关，是典型的家族本位的公法文化。"[52]

皇权文化语境中利益范畴的未展开性

行文至此，对儒学制度化乃至整个前现代中国皇权文化的讨论已经使我们有可能从历史维度就利益原则和公共理性原则——这是本书的两个核心性概念——再作某些挖掘。请读者回忆一下本书前两章的内容，那里我们曾分别从制度现代化的现象逻辑和本体逻辑两个不同层面上界定了现代利益范畴和公共理性范畴的内涵。这些植根于哲学人类学、且体现着社会进化方向的人类行为范畴及其制度体现具有高度的普适性；但由于各国文化传统的不同，社会进化意义上发展的普遍性和民族历史的特殊性在"现代"与"传统"的"对接"上往往呈现出极其复杂的情形。比如，西欧各民族的传统中似乎有更多与现代普世文明相吻合的元素，这在我们刚刚引证过的中、西法律传统的差异中可以得到清晰的验证。中国的情况正相反。在中国前现代皇权文化语境中，作为现象逻辑的现代利益范畴当然是不存在的，那种可以用"利益范畴"指称的、或者与之相联系的东西更多地表现为前现代的。作为一种文化表现，"利益"相关物（"利益"观念、追逐利益的方式和实际利益格局）在皇权体制下具有两方面特征：

一方面，在理论上，"唯利是图"一直受到伦理化的儒家文化的严厉谴责。就政治结构而言，现代民主的基本原则——政治围绕着社

52　张晋藩《中国法律的传统与近代转型》，页 161。

会中各种利益的合法竞争而展开——根本不在儒家的视野以内，"仁"和"礼"的概念排除了"利益"和"利益冲突"的合法存在，更不必谈界定利益冲突的形而上根据。宋明理学的"存天理，灭人欲"发现并突出了"天理""人欲"间的巨大紧张，又通过一"存"一"灭"试图消灭这种紧张。经济结构中的小生产和抑商政策则排斥了建立近现代市场经济和产权关系的可能。从这个角度看，中国前现代皇权文化语境中的利益范畴是未展开的、先天不足的，利益范畴根本得不到本土文化传统的支持。儒学人性善的道德假设不可能发展出先进的利益激发（就经济结构而言）和利益制衡（就政治结构而言）的文化观念和制度体系。

然而，另一方面，实践上人们对利益的追逐当然不会终止，这植根于人类的自私本性，该本性与哲学人类学意义上人的生物性相关，中国人也不会例外。问题在于，当皇权结构抑制了工具合理性的发展，抑制了法治基础上利益竞争与利益谋取格局的形成，窒息了合理建构利益竞争机制和利益平衡机制的可能时，对利益的追逐就会以一种相对来说更原始、更没有程序规约、也更残酷的形式进行。从本质上说，前现代皇权体制下权力博弈和利益追逐的行动往往是赤裸裸的（但又是被儒家理论精心掩饰了的——就这种"掩饰"的客观效果、而非主观动机言），它更多地遵循成本—收益不对称条件下谋取最大利益这个皇权社会奉行的法则（无论对皇帝本人还是对皇帝的代理人——各级官僚来说，违反角色期待所付出的代价都远小于这种违反所获得的实际收益）。这样，表面遵从而实际偏离儒家角色界定、在"仁义道德"的旗号下从事搜刮掠夺的勾当就成了历代当权者的常态。显然，这里缺乏的不是利益追求的原始动机，而是鼓励合法利益追求、抑制非法利益攫取的理性制度框架。

皇权文化语境中公共理性建构的阙如

根据本书对公共理性范畴的界定，超越利益原则的樊篱、体现互主体本质的社会交往行为乃以主体性的确立为基础，这样，严格意义上的公共理性建构只能是现代的。以臣民社会为其表征的中国前现代皇权文化尚且不知"主体性"为何物，"互主体"似乎更加无从谈起。中国文化中鲜有个人权利的概念，这不但导致现代利益原则产生的困难，同样导致现代公共理性原则产生的困难。孙隆基论"中国文化的深层结构"，举了大量中国文化中对"人"的设计的缺陷，归根结底就是"个体""个人""个性人格"的不发展和"社会"对"个人"的"笼罩"。[53] 这种不发展自然符合皇权社会的逻辑。

然而，当我们以如上方式讨论皇权文化语境中公共理性原则的"阙如"时，可能会遇到这样一个事实的挑战：我们这个民族的历史上毕竟不乏表征强有力之人格意志的激扬文字和出以公心的浩然之举。是的，"天行健，君子以自强不息"[54]"士不可以不弘毅。任重而道远。仁以为己任，不亦重乎？死而后已，不亦远乎？"[55]"居天下之广居，立天下之正位，行天下之大道。得志，与民由之，不得志，独行其道。富贵不能淫，贫贱不能移，威武不能屈，此之谓大丈夫"[56]"为天地立心，为生民立命，为往圣继绝学，为万世开太平"[57]，乃至"不以物喜，不以己悲""先天下之忧而忧，后天下之乐而乐"[58] 等等，的确构成了中华民族历史上的一种浩然之气，它曾激励过无数代读书人"以天下为己任"的勃勃理想。我辈不才，但也自命为这个伟大传统的现代传人。而这自然意味着儒家理想中那些具有超越特征的思想元素有可能成为现代公共理性建构的重要精神资源。但即便如此，我们还是应该承认，在前现代皇权文化语境下，这些伟大的精神存在不可能转变为制度存在，也不可能以结构方式发挥其功能。这是我们这个文化的悲哀。

作为制度和文化体系存在的，乃是前文反复讨论过的农业社会

53　参见孙隆基《中国文化的深层结构》，广西师范大学出版社 2004 年版。

54　《易·象·乾》。

55　《论语·泰伯》。

56　《孟子·腾文公下》。

57　张载《张子语录》。

58　范仲淹《岳阳楼记》。

整合和家-国同构，乃是中国前现代民间组织的不发达，乃是教育的官学化和御用化，乃是知识、"真理"与权力的结盟和知识作为"真理"的异化。在这样的历史条件下，公共理性建构的阙如是不可避免的。这种"阙如"更多地与皇权体制下的农业社会整合及其各种制度表现相联系，是这种制度本身的产物。也正是在这方面，似乎再一次证明了中西不同文化传统的差异和中国文化中更少与制度现代化之普适性相吻合的结构因子这样一个判断。

"大同"与"小康"：经典儒学的乌托邦思想

在结束对儒学的讨论时，有必要就儒家理论中的乌托邦思想作一简述。虽然儒学传统中的这个部分并没有成为皇权意识形态的构成物，但它对20世纪的中国却产生了重要影响。从本书现代专制主义的研究主题出发，我们必须对此先作铺垫。

"大同"说见于儒家经典《礼记》之"礼运"篇，言孔子参与一次祭祀活动毕，走出祭堂后，慨然而叹——

言偃在侧，曰："君子何叹？"孔子曰："大道之行也，与三代之英，丘未之逮也，而有志焉。大道之行也，天下为公，选贤与能，讲信修睦。故人不独亲其亲，不独子其子，使老有所终，壮有所用，幼有所长，矜寡、孤独、废疾者皆有所养。男有分，女有归。货，恶其弃于地也，不必藏于己；力，恶其不出于身也，不必为己。是故谋闭而不兴，盗窃乱贼而不作。故外户而不闭，是谓大同。今大道既隐，天下为家，各亲其亲，各子其子，货、力为己；大人世及以为礼，城郭沟池以为固，礼义以为纪，以正君臣，以笃父子，以睦兄弟，以和夫妇，以设制度，以立田里，以贤勇知，以功为己。故谋用是作，而兵由此起。禹、汤、文、武、成王、周公，由此其选也。此六君子者，未有不谨于礼者也，以著其义，以考其信，著有过，刑仁讲让，示民有常。如有不同此者，在势者去，众以为殃。是谓小康。"

了解了制度化儒学对皇权体制的诸多"贡献"后，再来读孔子对

"大同""小康"的论说，颇有些令人惊异不止。我们必须承认，至少就经典儒学言，它的智慧中的这个部分已经超越了君主专制的社会逻辑。比如，强调"天下为公""选贤与能"，显然与"家天下"的君主制度相矛盾；主张"人不独亲其亲，不独子其子，使老有所终，壮有所用，幼有所长，矜寡、孤独、废疾者皆有所养"而只字未提尊卑贵贱，似乎暗含着对等级制度的否定；力倡人人劳动、财产共享更是颇有些"共产主义"的味道。只不过由于"大道已隐"，才不得已鼓吹"小康"，而夫子真正的志向所在，还是"大同"之境。

大概正是由于原儒主张中的这个部分与后来的皇权体制不合，它才没有成为儒学意识形态化的一部分。生于那样一个"礼崩乐坏"的战乱时代而心存如此高洁之理想，使我们不能不对这位古代思想家肃然起敬。

然则为什么说这又是一种乌托邦思想呢？如果读者已经明了本书关于社会进化的普适性和历史可理解性的全部界说，已经明了利益范畴和公共理性范畴所包含的深刻的历史哲学涵义，则这个问题并不难回答。无论社会政治生活的民主化、经济生活的合理化和公平化采取什么样的历史-民族形式，它都要求利益原则和公共理性原则的一定程度的发展，这种发展往往以"恶"的形式凸显人的生物本性和社会本性之间的巨大紧张，又会借助新的社会组织形式和新的文明成就化解这种紧张。社会进化是有方向的，但又是不断生成中的，在这个意义上，它拒绝任何目的论式的乌托邦想象。然而，这种洞见只有在发展了的现代工业文明的背景下才有可能得出。孔夫子生活的时代是华夏农业文明时代，在这样一个历史背景下，再杰出的思想家提出的理想也难免为他的时代、视野所限。这种理想往往是高远的、纯粹的，但又是直白的、简单的。孔夫子似乎相信"大道"曾经盛行于华夏大地，而根据现代知识，那至多体现了某些原始氏族社会的遗迹，且不是全部（前文关于中国古代酋邦制度的讨论可以证明这一点）；更何况一相情愿式地厚古薄今，这种"开历史倒车"的企图也是根本不可能实现的。最重要的一点是，孔夫子只能在华夏农业文明既定的历史语境内勾画他的乌托邦图景，在这个意义上，他的乌托邦蓝图虽然超越了专制社会的君主逻辑，但仍然是华夏农业文明的产儿。

21. 皇权专制传统对中国现代社会转型的影响

前现代皇权文化的结构整体性、系统性和历史可理解性

第 19、20 两节的讨论，虽然极其粗略，但已经大体勾画出中国前现代皇权文化和它的制度体现的基本轮廓。以皇权为核心的大一统中央集权制度，兼具"社会管理者"和"官奴"双重身份的官僚制度，支撑皇权的武装力量体系，作为专制皇权统治基础和经济基础的小生产及建立其上的赋税制度，重农抑商和交换关系的不发达，体现农业社会整合的家族统治与家-国同构，表征静态型农业社会特征的等级制度，儒学的意识形态化与"真理"的生产与控制机制，官、士、绅合为一体的考试制度（人才选拔制度），强化宗法统治、漠视个人权利的司法制度，这 10 个方面的结构整合和一体化就是我所理解的前现代中国皇权文化。

当然，这个归纳肯定还不完全，还可以进一步补充，比如道教、佛陀两家对皇权文化的影响（以及，相应的，宗教在中国人社会生活和精神生活中的地位），中国文化的中的"华夏中心主义"倾向和"和平主义"性格（这两者听起来有点矛盾，其实又是统一的），等等。这些东西在适宜的时候，我们还会讨论。但我相信，中国前现代皇权文化最本质的要素，已经都包括在前边的归纳中。就本书研究的主题言，这个概括已经基本上够用了。

总的来说，前现代中国文明在结构和系统上是高度自洽的。"自洽"意味着政治、经济、社会各结构间存在着合理的功能吻合。我们可以从宗法家族体系支持皇权统治、小生产与家族制度又互为因果

等例证中清楚地看到这一点。另一方面，中国文化传统中利益原则的未展开性、利益争夺的原始性又不断制造出"无组织力量"（借用金观涛、刘青峰的术语[59]）破坏这种吻合，造成功能吻合的局部失灵乃至整体失灵，这时王朝更替就会发生。但由于新建立的王朝并未引入新的系统建构原则，一切仍会回到老样子。过去两千年间中国社会发展（就这种发展的社会进化意义而言）的长期停滞就是这样形成的。赫尔德（Johann Gottfried Von Herder）曾言：东方文化长期处于空间静态之中，而丧失了时间动态。[60] 在本书讨论的上述意义内，我们似可同意这位德国学者的观点。

需要马上指出的是，当我们以如上所示的方式检视我们这个民族的历史时，当我们断言中国前现代文明乃是一种渗透了皇权专制精神、在结构上曾处于长期停滞状态的文明时，这里并不涉及对这个文明"好"还是"不好"的评价。文明的发生是自然的，道德评价在

59　金观涛、刘青峰对"无组织力量"的界定是"社会结构在维系自身稳定的调节过程中所释放出来的对原有结构起瓦解作用、其本身又不代表新组织的那种力量"。（见《兴盛与危机：论中国社会超稳定结构》，中文大学出版社1992 年版，页 80）。按照这个定义，本书前文叙述过的宦官、外戚干政之皇朝内结构变腐趋势和官吏的周期性腐败加剧等都是"无组织力量"生发、繁衍的表现。

60　关于赫尔德的这个说法，可参见忻剑飞《世界的中国观》三联书店（香港）1991 年版第 187 页的有关讨论。附带地，我想在这里简单谈谈应如何看待近代西方先哲关于中国文化的论说。从倾向性上看，这样的论说的确有褒有贬。比如，莱布尼兹和伏尔泰似乎对中国文化多有钟情，而孟德斯鸠更多持批评立场。我以为，应该承认这些西方先哲的论说中不乏智慧与卓见，尤其是考虑到他们占有的材料总的来说十分有限。中国人在研究自己的历史时应该充分珍惜这份来自西方的思想遗产。但若简单地采取"拿来主义"，甚或不加分析地以西人观点作为评价本土文化的根据（不管是肯定的还是否定的），则这样的作法就大成问题了。不要忘记，西方人的观点除受到占有材料的制约以外，他们考虑问题、提出问题的出发点和语境也是复杂的。从后来的实际发展看，还是那些体现了社会进化之普适性的哲学观点和文化评价更能经受历史的考验。在这个意义上，我们对西方思想家观点的汲取首先不是把它们作为西方思想的产物，而是作为人类思维的产物来对待的。当然，另一方面也不应忽略：正是由于西方文化因子中拥有更多与制度现代化的吻合因素，产自这块土地上的智慧花朵（尤其是其中关于另一种文明的界说），才格外值得作为"另一种文明"之传人的我们的重视。

这里没有意义。我们只能说，在中华先民生于兹、长于兹、世代繁衍、祖辈相传的这块土地上，由于历史的、地理的、甚或种族的诸多原因，[61] 我们这个民族形成了这样一种文化，它是我们的祖先对所处自然、历史生存条件的适应，在这个意义上它可能没有其他选择；它体现了中华先民的存在方式，代表了古代中国人对生活意义的理解，也决定了这种理解之所以是这样而不是别样的根本特征。就它支撑了中华文明数千年而不坠、使这个文明延续至今而言，这个文化不仅是源远流长的，强韧的，而且是伟大的。——尽管这种伟大并不意味着它将永恒，或者有权利永恒。

这就是中国前现代皇权文化的历史可理解性。在中国现代专制主义总体化研究中，批判理论家必须首先拥有这样的识见，才能理性地推进我们的工作。

"积淀"或"内化"：为什么文化变迁会发生"精神滞后"问题？

文化不是一成不变的。从哲学上讲，如果我们把文化理解为以民族群体形式存在的人类生命活动本身，那么当这种生命活动展开的历史条件发生变化时，文化变迁就会随之发生。显然，文化变迁源于生命存在的本义，是文化生命运动的内在要求。那么，"文化"会向

61　本书不可能就这些原因进行更深入的探讨，那就偏离本书主题太远了。这里只能给出简单的提示：关于历史的、地理的原因，已经有学者作过大量的研究，比较著名的如黄仁宇论"黄土与中央集权"（见他的《中国大历史》第 3 章，三联书店 1997 年版）和卡尔·A·魏特夫以"治水社会"为对象对中国等"东方专制主义"社会的讨论（见他的《东方专制主义》，徐式谷等译，中国社会科学出版社 1989 年版）。至于种族对文化的影响、特别是这种影响的性质尚有待科学的进一步证明，故在论证时需小心谨慎。毕竟，文化更多是习得的，是后天的产物，是可变迁的。现代生物学和遗传学正在研究族群之间的遗传或心理差异是否构成典型人格特征差异的基础，社会生物学家提出的"基因—文化协同进化"也在寻找决定进化的自然的和社会的各种因素之间的关系。但无论如何，这些离前文所述的意思——即鉴定一个特定民族之文化特征的可能人种学起源——还差得很远。

哪里"变"？本书认为，文化变迁的方向决定于社会进化的方向，这是民族存在的特殊性服从人类发展的普遍性的自然结果。——尽管这种"服从"并不意味着丧失民族的特殊性，毋宁说，它更多意味着植根于哲学人类学元规则的人类文明发展方向的普适性和作为特殊性存在的民族形式二者间的统一。

然而，文化变迁又不是同步的。指出这一点对我们目前的讨论具有极其重要的意义。请读者回忆一下本章开头对"文化"之三种存在形式的划分——物质层面的文化、制度层面的文化和精神层面的文化。逻辑上讲，当一个社会从传统的前现代文明向现代文明转化时（不管这种变革的动力来自社会内部还是外部），存在于三个不同层面的"文化"转化会出现明显的不对称现象。其中，"物质"层面的转化最快，最少阻力；"制度"层面的转化则要困难得多；而最困难的转化则是"精神"层面的转化。我们不妨称此现象为文化变迁中的"精神滞后"。那么，为什么会有这种现象存在？需知，"精神"层面的文化乃是一个民族群体的生活实践、认知方式、交往规则、宗教习俗、艺术趣味、人生态度等等的长期积淀，是外在物质生活和制度生活准则在心灵中的内化。这些被"积淀"、被"内化"的东西一旦形成，它就获得了相对独立的存在样态，成为一个民族文化上、心灵上的"深层结构"，它并不因物质文化、制度文化的变化而马上随之变化。换言之，表现为"国民性"或"文化性格"的"深层结构"更多地体现着"传统"的力量，因为所谓"传统"无非是文化在时间性的过程中呈示出来的连续性。在人们的日常意识中，"传统"往往是约定俗成的、非反思的，它更多地表现为无需论证的行为前提，以无意识形式存在的思维"前见"，不以为非、见怪不怪的心理定势，社会约束与社会评价的当然尺度等等。而唯因"传统"是这样一种有如基因复制一样的"文化编码"，是这样一种精神意义上的文化结晶体，它才在呈示出自身的连续性的同时，也呈示出极强的凝固性或顽固性。

就中国文化而言，上述意义上的文化"积淀""内化"或"编码"

现象已经被不少学者研究过。李泽厚的"文化心理结构"说可为代表。在他的《中国古代思想史论》中，李泽厚指出，"探究沉积在人们心理结构中的文化传统""探究古代思想对形成、塑造、影响本民族诸性格特征（国民性、民族性）亦即心理结构和思维模式的关系"是思想史研究中的重大课题。[62] 其实，这不仅仅是思想史研究的课题，更是社会史、制度史、文化史研究的课题。李已在一定程度上注意到文化心理结构形成的社会、制度根据（尽管他在这方面的研究略嫌不足），比如他强调，"任何民族性、国民性或文化心理结构的产生和发展，任何思想传统的形成和延续，都有其现实的物质生活的根源。中国古代思想传统最值得注意的重要社会根基，我以为，是氏族宗法血亲传统遗风的强固力量和长期延续。它在很大程度上影响和决定了中国社会及其意识形态所具有的特征。以农业为基础的中国新石器时代大概延续极长，氏族社会的组织结构发展得十分充分和牢固，产生在这基础上的文明发达得很早，血缘亲属纽带极为稳定和强大，没有为如航海（希腊）、游牧或其它因素所削弱或冲击。虽然进入阶级社会，经历了各种经济政治制度的变迁，但以血缘宗法纽带为特色、农业家庭小生产为基础的社会生活和社会结构，却很少变动。"[63] 从本书观点看，这样一个社会结构所体现的，正是皇权制度和皇权文化。这个文化孕育了李泽厚所谓"中国实用理性的传统"，该传统"既阻止了思辨理性的发展，也排除了反理性主义的泛滥。它以儒家思想为基础构成了一种性格-思想模式，使中国民族获得和承续着一种清醒冷静而又温情脉脉的中庸心理：不狂暴，不玄想，贵领悟，轻逻辑，重经验，好历史，以服务于现实生活、保持现有的有机系统的和谐稳定为目标，珍视人际，讲求关系，反对冒险，轻视创新……。所有这些，给这个民族的科学、文化、观念形态、行为模式带来了许多优点和缺点。它在适应迅速变动的近现代生活和科学前

62　李泽厚《中国古代思想史论》，人民出版社 1985 年版，页 297。
63　同上，页 299。

进道上显得蹒跚而艰难。"[64]

这是问题的一个方面。在解读中国社会变革中"传统"与"现代"的张力时，还有另一方面的问题同样值得重视。这个问题就是——

"原发内生"与"后发外生"：外力催逼的现代化所遭遇的独特困境

至少从近代中国历史所呈示的事实看，中国现代制度转型的直接动力并非来自内部，而是来自外部。中国的现代化更多的是一个"后发外生"、而非"原发内生"的过程。所谓"原发内生"，指现代社会转型中发生的这样一种情形：某些民族，由于它们的前现代文化遗产中拥有较多与社会进化之普遍要求相适应的要素或"基因"，因此它们的现代社会转型表现为一个相对自然的过程而较少曲折和反复；在这个过程中，传统没有中断，而是在传统中加入了新的因素，剔除了原有传统中与现代要求不相吻合的东西。"后发外生"则指原来的文化传统尚未产生来自内部的变革力量或至少是变革力量不足，就被外来的、更先进的——也就是，体现社会进化之内在本质和普遍要求——的力量所冲击，结果，这些民族从前现代到现代的社会转型就会更多地表现为一个相对非自然的过程，传统文化发生重大危机乃至局部断裂，社会矛盾激化，甚至产生某种"内乱"的、或者"革命"的形势。总之，从生长模式看，"原发内生"既然是"内生"的，通常具有渐变、温和、自下而上、矛盾逐渐展开又可能有秩序化解的诸种特征，即便出现激进、暴力倾向，也多具有暂时的性质。原因即在于这些文化经过长期积累，在其制度的、精神的各存在层面已经以结构因子的形式积聚了完成现代制度变迁和转型的理性潜能，正是它们使"原发内生"的社会转型成为可能。而"后发外生"之所以是"外生"的，就是因为社会内部还没有为向一个新的、更高的社会进化阶段发展作好准备就被卷入到这个过程之中，因此整个过程

64　同上，页306。

（特别是在它的起始阶段）带有明显的被动性，通常具有激烈的、矛盾突然展开而又很难秩序性化解的、"新"与"旧"各文化要素和结构因子更多冲突而较少弥合的特征。

根据本书第 2 章已经阐释过的社会进化的普适性原理，"原发内生"和"后发外生"之不同社会转型模式的存在再一次印证了制度现代化普适性原则统摄下各民族发展道路的特殊性这个命题。而且，恰恰是依据这种普适性，我们还可以得出一个重要推论，那就是"后发外生"虽然是"后发"的、"外生"的，却并不意味着某种外物的无根据的从天而降，并不意味着全无内在理由的被动接受，这种"接受"也不全是强力使然：既然市场经济、民主政治、公民社会这些体现社会进化之结构要求的东西乃立基于哲学人类学元规则的基础之上，一个处于农业文明衰落过程中的前现代文化受到现代工业文明之代表文化的挑战并作出回应，本来是不足为奇的。这个回应本身（特别是回应的正面部分，即接受外来价值与生活方式）本来有着深刻的哲学人类学根据。它是"后发"的，同时又是被"诱发"的。"诱发"之所以可能，是因为被诱发者的躯体内部本来就有接受这种新东西的内在根据。当然，回应中也有否定性的东西，而且开始时往往是否定性的东西居多。这种否定表现为对外来文化、外来价值的直接或间接拒绝。就中国而言，这种"拒绝"至少与下述两个因素有关：一是中国文化本来就有的封闭倾向。前现代的中国文化曾经是相当"开放"的，但那是在它充满辉煌、充满自信的时候，它拥有足够的力量去同化别人，而不是被别人所同化。而当它面对一个似乎比自己更有力的对手时，它就会本能地走向封闭，并以封闭作为抵御对方"渗透"的手段。二是外来者本身所采取的形式加剧了文明的传播者和文明的接受者之间的紧张。这就是我们前边已经谈到过的征服者逻辑问题。第 17 节曾指出，对内实行民主制度和对外执行扩张战略的共存，是被称为制度现代化先行者的那些欧洲国家重要的国家现象，也是社会进化在政治领域内的一个明显悖论。这个与民主有关的二律背反的存在，证明了民族国家层面上确立利益标准所必然带来的局限性，也使文明传播过程中的挑战、应战具有了更加复杂、更加悖谬的性质。

我们现在关注的重心，是这样一个外力催逼的现代化在精神层面所遭遇的独特困境。前文已经详细探讨了现代制度转型过程中何以会发生"物质"文化、"制度"文化、"精神"文化转型不同步的问题；我现在要补充的是，"后生外发"和"征服者逻辑"的引出加剧了这种"不同步"，因为以"外来者"身份出现的新文明既是文化变迁的重要推动者，又是新的民族矛盾的制造者。本来是"古""今"对立、"历史"与"价值"对立的格局被加入了"中""西"对立、民族对立这种性质全然不同的东西。这使得精神冲突变得更为激烈，更为复杂。皇权文化的辩护士会以民族精神的守护者的面貌出现，主张改革的人则可能背上背弃民族传统的恶名。铁路可以很快地引进，"招商局"之类设施也可以相对容易地建立起来，但用"公民"的概念替代"臣民"概念，用"个体本位"替代"家族本位"就不是那么容易的事了。这不但在于，"个体本位"本来在中国就缺乏文化根基，更因为它是从外国引进，就似乎具有了某种"殖民"味道，"个体本位"中蕴含的社会进化的普适性品格则反倒被遮蔽，成为视而不见、不被认可的东西。

"内在制度"发展为"潜规则"：皇权专制传统阻遏现代制度转型的基本路径

现在，我想从"精神"文化的体现物，也就是行为模式、国民性格这些更具体的东西入手，谈谈皇权文化传统阻遏现代制度转型是通过什么样的基本路径进行的。这里必须引用"导论"中已经谈过的两个概念："内在制度"和"潜规则"。在"导论"第 10 节中，我曾引证制度经济学的观点，把"内在制度"界定为群体内随经验而演化的、不必明说却需人人遵守的规则，而"外在制度"则指外在地设计出来并靠政治行动由上面强加于社会的规则。就中国前现代皇权文化而言，它的"内在制度"既表现为政治、经济、社会（家族整合）各层面基于利益考量形成的人与人之间、社会各个阶层之间的实际"沟通"和"利益交换"模式（比如古代就有的"权""钱"交易），也表现为制度化儒学所规范的观念体系下塑造、并逐渐内化的日常行为准则（比如官场中的剧场行为规则、民与官打交道时的草民自我定位规则、发生民事纠纷或其他利益纠纷时的"息讼"规则，等等）。所谓"文化心理结构"，其中的很大一部分恐怕正是这些"内在制度"长期积淀的结果，是在既定文化条件和生活场景约束下行为互动在认知和心灵感悟层面的累积，是那些被称之为"国民性格"的东西之所以如是的更深层的基础。

当这样一个文化在外力催逼的作用下进入现代社会转型之时，虽有内在根据（哲学人类学层面）、但缺乏内部动力（文化传承层面）的文化变迁势必表现为"内在制度"与"外在制度"之间的反差加大。在很多场合，"外在制度"可能是直接引进或模仿的结果，例如政治生活中某些民主规则的建立（选举制度之类），经济生活中市场经济原则和相关制度设施的建立（现代工商、税务、审计之类），但它们往往缺乏植根于本土文化传统的认知模式与人际协调模式的支持，缺乏那看不见、摸不着但又实实在在存在的"内在制度"的支持；恰恰相反，土生土长、有着深厚前现代文化根基的"内在制度"和行为约束传统会作为潜规则与体现现代文明要求的"外在制度"相对立，改变它的味道，歪曲它的原则，甚至抽掉它的根本前提，把它弄得面目全非。为了更深刻地理解这一点，我们不妨回顾一下"导论"中已经给出的"潜规则"定义：作为一个发生学概念，"潜规则"更多地是指前现代文明中积淀的政治、经济、社会之制度遗产及其观念形态（意识形态）作为某种传统力量或行为、思维定式对现代社会的潜在制约。"潜在"一词在此的意思是深藏于内，不容易被发现、被意识、被知觉。对行为者来说，"潜规则"对他的作用显然具有深刻而明显的非反思特征。在讨论了"内在制度"问题后，我们现在可以进一步补充说，潜规则无非是社会转型过程中体现前现代传统的"内在制度”（包括它的行为互动模式和无意识认知模式）对现代制度建构的文化阻遏，这种阻遏未必是自觉的，但却是强有力的、持久的。即便在传统社会的有形政治结构和经济结构已经瓦解之后，这样的阻遏仍会在新社会的体内存在相当长的时间。

这样，我们也就可以理解何以在一个转型期社会中会看到“异质性”“形式主义”“重叠性”这些现象的存在。[65] 如果“异质性”指在一个社会中传统现象与现代现象的并存，那么这不仅意味着穿长袍马褂的人与穿西服、带领带的人并存，而且意味着即便身穿西服、满口洋文，他（或她）的行为模式、观念模式中可能仍有许多前现代的东西。“形式主义”在这里指“是什么”与“应该是什么”之间的脱节，比如，有选举制度而无真正的选举行为。在引入“内在制度”和“潜规则”的概念后，我们可以很容易地发现，这种“脱节”正是“潜规则”发生作用、“内在制度”与“外在制度”的反差存在或反差加大所造成的结果。“重叠性”则指现代角色与传统角色的合为一体。这在一个新与旧斗争激烈的转型期社会中似乎更加常见：一个执掌公共权力的领导人常常热衷于手下人对他的“圣王崇拜”，而那些名为现代“主人”、实为现代奴才的人对此的乐而不疲也足以令人惊异不置。

总之，强调现代社会转型中的“文化-结构性”阻遏包含这样的意思：它不仅指有形的制度阻遏（这样的阻遏相对容易战胜），尤其指通过“内在制度”发展为“潜规则”的无形阻遏（克服这样的阻遏要困难得多）。有形的东西退出历史舞台后，无形的东西还会滞留良久。就中国社会转型而言，“阻遏”更多地表现为无形的、带有前反思特征的前现代观念系统和行为模式对新社会的抗拒，这些观念系统和行为模式仍然深深印刻着皇权文化的烙印，体现着对皇权时代华夏文化传统的某种“路径依赖”和无意识传承，又由于“后发外生”

65　金耀基在他的《从传统到现代》一书中，曾深入讨论过这些现象，并指出，这几个概念最先是由 F·W·Riggs 在研究泰国、菲律宾社会时创造的。

的现代化语境和征服者逻辑的存在而显得更具张力。作为文化心理结构的历史沉积，它影响着现代社会中行动着的个人，包括领导者和普通人。这样，我们看到，在研究社会转型时，"传统"和"现代""历史"和"现实""宏观"和"微观"都是缠绕在一起的，表现为行动者主观选择的东西，往往有更深刻的力量在后边发挥着作用。从这个意义上说，锻造突破专制传统的社会变革之使动性力量（无论在官、在民），都不仅要有一个大的宏观背景和激而待发的社会情势，而且还要有对这种表现为无意识阻遏势力的历史惰性的深刻洞察和与之长期作战的心理准备。

超越"制度认同"和"文化认同"的冲突：中国走向宪政民主之路本来并非不可能

虽然有如上这些现代社会转型的不利因素存在，我还是要明确指出并强调：就文明发展的本性而言，中国人超越"制度认同"和"文化认同"的冲突，而使中国走向宪政民主之路本来并不是不可能的。在第 1 章第 13 节，我已经谈到过，现代民族-国家乃是基于血缘、种族、宗教、语言等历史文化因素而自然形成的文化共同体与基于国家政体性质而形成的法律-制度共同体的统一。根据社会进化的一般逻辑，如果一个民族-国家已建立起宪政民主制度，那么这个统一体的法律-制度构成乃是统一体发展进程中体现普遍性的方面，而其文化-传统构成则是统一体中保留自身渊源的特殊性的方面。生活在现代民族国家中的公众在面临制度与文化双重认同孰先孰后的问题时，逻辑的选择必然是制度认同乃第一位的，文化认同是第二位的。公众首先是作为公民，其次才是作为文化共同体的成员进行这种选择。而若制度与文化二者发生冲突，则只能以扬弃后者的方式来保证前者。对一个已经建立起民主体制的国家和人民来说是如此，对一个向往或正在建设民主体制的国家和人民来说亦同样如此。

诚然，"后发外生"的现代化情境和征服者逻辑的存在使得中国人对社会进化之普世文明的接受多了几重曲折和紧张。由于前现代的中国皇权文化较少与制度现代化的普遍要求相吻合的结构因子，中国之走向现代的过程不仅仅是一个制度转型过程，而且是一个文化更新乃至文化重构过程。一方面，通过积极引进政治、经济、社会各领域中那些体现现代制度文明和精神文明的最本质的东西，中国人应当致力于建设一个符合宪政民主要求的法律-制度框架；另一方面，通过理性地筛选、剔除自身文化传统中的惰性成份，吸收外来文明中具有普适特征的精神养分，光大本土文化中那些超越农业文明樊篱的精神资源，中国人应当、亦有可能在这个基础上开出一片中华文化的新天地。这个新的中华文化应该既体现社会进化的普遍要求，又保留了民族形式的特殊性。这个目标虽不能一蹴而就，但仍可逐步创造条件实现之。正如胡适在上个世纪 30 年代反驳萨孟武、何炳松等 10 位教授的"中国本位的文化建设宣言"时所指出的："在今日有先见远识的领袖们，不应该焦虑那个中国本位的动摇，而应该焦虑那固有文化的惰性之太大。""我们肯往前看的人们，应该虚心接受这个科学工艺的世界文化和它背后的精神文明，让那个世界文化充分和我们的老文化自由接触，自由切磋琢磨，借它的朝气锐气来打掉一点我们的老文化的惰性和暮气。将来文化大变动的结晶品，当然是一个中国本位的文化，那是毫无可疑的。如果我们的老文化里真有无价之宝，禁得起外来势力的洗涤冲击的，那一部分不可磨灭的文化将来自然会因这一番科学文化的淘洗而格外发辉光大的。"[66]

　　总之，就本章标题之"中国的特殊性"而言，我们似可区分如下两种不同意义上的"特殊"：一种是正常的、符合社会进化之普遍要求的、规范的"特殊"，另一种是不正常的、违反社会进化之普遍要求的、扭曲的"特殊"。中国从前现代皇权社会向现代民主社会的转化，就目前为止我们已经讨论过、揭示出的逻辑关系言，仍然属于前

66　见胡适"试评所谓'中国本位的文化建设'"（1935 年 3 月 31 日），载罗荣渠主编《从"西化"到现代化：五四以来有关中国的文化趋向和发展道路论争文选》，北京大学出版社 1990 年版，页 428。

一种"特殊"。无论"后发外生"的现代化情境也好，征服者逻辑的存在也好，它们都不构成对这种规范意义上的"特殊"的否定，而恰恰是这种"特殊"由以存在的形式。还是那句话，现代利益原则和公共理性原则的确立有其内在的历史逻辑。从全球角度看，这是一个通过不同社会进化水平的民族间文化、制度的相互碰撞，通过先进的制度文明向"后发"地区和民族"辐射"、传播而渐次实现的文明汇流。中国的制度现代化进程，至少从逻辑意义言，本来是有可能通过这种形式、沿着这条路径逐步实现的。它有可能以较低的历史成本形式实现"传统"与"现代"的"对接"，也就是说，它有可能在建设现代民主政治、市场经济和公民社会的过程中，在完成传统文化的"创造性转化"的过程中，实现现代制度要素、精神要素和具有超越价值的传统精神资源之间的"优势组合"。

然而，这仅仅是一种可能。现在，让我们关注另一种"特殊"，即不正常的、违反社会进化之普遍要求的、扭曲的"特殊"。这种"特殊"发生的可能性也是存在的。我们已经谈过，"后发外生"的现代化作为一个"非自然"的进程容易导致社会矛盾紧张、激化，甚至产生某种"内乱"的、或者"革命"的形势；征服者逻辑的存在又会自然激发民族主义的浪潮和激情。一个正在腐朽的制度和一种正在上升的希望之间展开了生死斗争。而这个时候，来自外部的，带有激进的、乌托邦色彩的理论主张和实践"榜样"往往对国内的变革者具有更大的吸引力，尤其当这种主张断言它已经超越了西方最发达的东西而代表着人类的真正未来时。这种潮涌一样的激情不仅会激发国内变革者的梦幻般的想象，而且会促使他们进行自觉的制度设计和为争取这种制度实现而作的斗争。转型期社会的无序、多种发展的可能性的存在似乎都为这种自觉设计、这种有可能推动历史的巨大"使动性"能量的展开提供了空间，甚至提供了需求。这样，历史发展就出现了另外一种可能：表现为对一种更高社会发展目标的追求反倒变成了对制度现代化普遍要求的否定，建立公共权力机构和"真正的""人民民主"制度的勃勃雄心反倒开启了走向现代专制主义的大门。问题的关键在于：如果变革者的"自觉设计"不符合社会进化的一般要求和制度现代化的演进规律，那么这种"设计"和"实践操作"越是精细而全面，它对历史发展之一般进程的扭曲就越烈。不但如此，这里还有一个制度选择对文化改造影响的问题：如果说，合理的制度选择有利于传统文化的"转化"（即把传统文化中那些仍有价值的精神资源纳入新的社会体系），那么不合理的制度扭曲则会导致传统文化中那些应该被淘汰的东西的死灰复燃乃至变相放大，结果造成新的、人为设计的制度建构与旧的文化传统因子之间的"劣势组合"。应该说，这是现代制度扭曲造成的最惨烈的结果之一，也是历史发展过程中偶然性与必然性浑然交错所呈示的最为怪异的逻辑组合。

不幸的是，这后一种"特殊""可能"和"逻辑组合"，正是 20 世纪中国的现实。

第四章

中国的特殊性二：

马克思主义的引进和一党专制之现代专制主义逻辑构造

（发生学部分）

马克思主义作为一种激进的社会革命学说对 20 世纪中国的影响是深刻的。"科学共产主义"理想曾激发一代又一代中国人改造社会的渴望，并把这种渴望转变为行动。然而，历史的诡秘却在于，马克思主义的引进和"中国化"并没有真的给中国社会发展带来福音，反倒促成了以一党专制为根本特征的中国现代专制主义的形成；革命者本来要造就比"资本主义"更"先进"的民主，结果反倒制造了骇人听闻的独裁和现代制度建构中彻底的不民主。这是现当代中国演变史中的最大悖谬。

揭示这种悖谬的产生在逻辑上如何可能，是本章和下一章的基本任务。

就总体化研究行程言，我们现在已经进入到抽象的总体化建构之第三层面，也就是现实层面。在分别阐述了制度现代化的现象逻辑、本体逻辑以及中国前现代皇权专制传统对现代社会转型的阻遏后，批判理论已经可以在这里直面 20 世纪中国专制主义本身，尤其是它的最为成熟的形式——中国共产党的一党专制之现代专制主义。

从社会主义-共产主义作为国家实践进程的发展逻辑上看，中国共产党的一党专制之现代专制主义导源于列宁主义的建党模式和苏维埃国家实践，而俄国人之社会变革的最根本的理论依据又可以追溯到马克思和恩格斯创立的、旨在否定和超越"资本主义"的一整套学说。所以，在本章中，我们首先要认真考察马克思的政治哲学，考察"科学共产主义"中哪些成分真的是科学，哪些成分是乌托邦；[1] 其次要考察这种理论在诉诸行动时势不可免要发生的异化，考察马克思主义如何在俄国人的革命诉求中转变为列宁主义和斯大林主义；然后，在下一章，我们要集中讨论经由列宁主义和斯大林主义"中介"的马克思主义如何以"无产阶级专政"的乌托邦成就了中国共产党一党专制之现代专制主义的基本构造，包括它的逻辑基础（发生学根据）、意识形态基础（合法性根据）和组织基础（实际建构原则），从而背离了制度现代化的普适发展道路。在那里，批判理论将从逻辑意义上确定中共党专制的一系列基本命题，这些命题大体概括了极权主义和威权主义两个阶段中共专制主义的主要特点。

不过，要提请读者注意的是，鉴于本章和下一章能作的仍然是中国现代专制主义总体化之抽象逻辑的界定，我们还要暂时按纳住探究具体历史的冲动，而把这个任务交给以后各卷再去展开、完成。比如，在这两章中，我们不去探讨中国人是在什么历史语境下、通过什么途径接受马克思主义的，这是本书第三卷的任务；现在，我们考察的重点乃是马克思主义作为激进思想理论与20世纪中国共产主义实践（包括它的令人可怕的后果）之间的逻辑联系。

还应该强调的一点是，由于马克思主义仍然是现如今中共专制主义执政者的官方意识形态，这使本章和第 5 章的讨论不但具有学

1　应该说明的是，本章并不是、也不可能是对马克思主义理论的全方位研讨，这不是两、三万字能够完成的事情。这里，我将主要关注马克思的政治哲学，包括它的哲学人类学假设、它的逻辑命题的基本展开方式和由此引出的实践性结论。对政治经济学等问题的讨论也将服务于这一目的。还有一点也应该是不言自明的：本书对马克思主义的批评并不意味着否定马克思主义作为一种严肃理论的基本价值。关于马克思取得的理论成就，我曾在以前的几部著作中作过探讨，有兴趣的读者可参考拙著《经济行为与人》（那本书从如何理解经济行为的"自私性"出发讨论了马克思的人性观和历史唯物主义理论的得失）以及《马克思主义与人的社会生物学》（该书分析了综合马克思主义和社会生物学的长处以增进对人的本质的整体理解的可能）。在某种程度上，本书对马克思政治哲学的研讨，乃是我个人十几年前对马克思主义批判性考察的一个继续。

理性，而且具有明显的现实意义。批判学者研究、解析马克思主义政治哲学及其异化的过程，研究诸如"阶级""阶级斗争""人民""无产阶级专政"等概念如何从 19 世纪的激进学理变为 20 世纪之苏俄和中共专制主义基础概念的过程，也就是这些概念作为专制主义意识形态的解构和除魅过程。我们的研究既带有现代一党专制体制及其意识形态之发生、演变的逻辑发生学探究性质，同时又必然含有从科学意义上解构这种意识形态的实践意向。正如刚才谈到的，我们要逐一确定马克思主义学理传统中有可能演变为现代专制主义建构体系的思想要素，然后再考察这些思想元素如何借助列宁主义、斯大林主义和"毛泽东思想"成了中共党治系统的意识形态根据和组织建构要素。当然——请允许我再说一遍——就中国现代专制主义总体化研究的整个结构和要求言，我们现在要作的还只是逻辑分析，而不是历史分析；但本章的叙述风格却会与下一章有所不同，因为，我们对马克思主义意识形态发生学本身的探究，不可能不涉及到历史，且必须通过历史。

下面，我们就从马克思的政治哲学谈起。

22. 马克思政治哲学中的乌托邦

作为理想主义者和激进革命者的马克思

马克思和恩格斯都是他们生活的那个时代的杰出反叛者。作为反叛者，他们兼有理想主义和激进主义的双重特征。而这两个特征又都深深影响了他们的学术创造活动。

我们先来看看作为理想主义者的马克思。马克思寻求一个完美社会的深层精神冲动是显而易见的。这种理想主义首先具有深刻的、道德意义上的救世特征。我们可以从这位思想家成长的人文主义环境、青年时代接受的变革社会的理论（先是自由主义，后是"空想"

社会主义-共产主义学说）、以及他吸收并改造这些理论的独特方式中追索其精神形成的轨迹。

马克思的出生地是德国西部一个叫做特利尔的小城。这个地方原属于普鲁士的莱茵省。18 世纪末到 19 世纪初的 20 年间，莱茵省一直处在拿破仑法国的占领下。占领者在这里摧毁了原来的等级封建社会体制，推行民主改革，使现代意义上的工商业开始发展起来。1815 年，拿破仑惨败于英、荷、日耳曼联军，莱茵省也被普鲁士收回。但当时掌权的德皇弗里德里希·威廉三世试图在莱茵恢复旧日的封建等级和受贵族支配的普鲁士村社制度，又强行征收数倍于德国其他地区的税款，严重损害了莱茵工商业者和自由农民的利益。这样，冲突的发生势在不免。当时在特利尔就出现了各种温和的反对派。他们组织俱乐部，举行各种政治性集会，提出自由主义性质的政治主张，比如取消国内的关税壁垒，实现贸易自由，建立议会制度，保障言论自由、出版自由等等。1830 年法国的七月革命也对这个地区的社会舆论和氛围发生了影响。反专制、争自由成为整个莱茵省的普遍呼声。

1818 年出生的马克思就是在这样的社会氛围中成长起来的。

人们都知道马克思的父亲在年轻的卡尔精神成长中所占据的重要地位。这位特利尔市的法律顾问官和律师公会主席不但具有渊博的法律知识，而且深受法国启蒙哲学的影响。作为爱国者，他反对拿破仑对莱茵的征服；作为自由主义的信奉者，他又反对封建专制制度在莱茵的复辟。卡尔从小受到父亲的精心培育。作一个正直的、完善的人，把自己的知识无私地贡献给人类，是马克思从他父亲那里接受的最珍贵的精神遗产。上中学时，马克思就读的特利尔中学也是一个弥漫着启蒙主义和自由主义精神氛围的学校。校长是一位坚定的康德信徒，在他的引导下，特利尔中学的教学活动带有明显的反蒙昧的理性主义特征。1834 年，由于学校教师参加反政府的自由主义示威活动，这位校长几乎被解职。教育行政当局把校里一个爱打小报告的教师提升为副校长，以便监视学校师生。据说马克思从这个学校毕业时向他所敬重的校长和老师们一一话别，却故意不和这位副校长辞行。这件事充分说明了中学时代的马克思对政治问题已经有了鲜明的倾向性和爱憎。

上大学、特别是进入柏林大学后，马克思的视野进一步开阔了。加入博士俱乐部，使马克思结识了一批最优秀的青年思想家，他们被称为"青年黑格尔主义者"，因为他们试图用自由主义精神来重新阐释、光大黑格尔哲学。青年黑格尔运动的一个鲜明特点也是反专制，不过它采用了更为严谨、也更为抽象的学术形式。马克思显然从比他年长些的同道们那里受益匪浅。事实上，我们从青年黑格尔主义者提出的许多命题上，都可以看到未来马克思的影子。比如，把宗教比作"鸦片"是由著名的青年黑格尔主义干将布鲁诺·鲍威尔首先提出的，鲍威尔对教会经典"福音书"的批判，在普鲁士政教合一的社会背景下，其实只是批判专制主义的较为隐讳的形式。阿尔诺德·卢格论证反对派之合法存在对于政治自由的重要性、论证政治自由是学术自由和思想自由的前提的文字也极其出色。值得注意的是，青年黑格尔思想家们的著述中既有反专制的主张，也有更"超前"的反私有制、反社会不平等的主张。比如大马克思 6 岁的莫泽斯·赫斯，此人生于富裕的犹太企业主家庭，却违背父命，弃商从文，在法国游历期间受到傅立叶、圣西门学说的强烈影响，转而信奉社会主义。赫斯于 1837 年出版的著作《人类的神圣历史》把人类历史划分为三个时期：童年时期（人类与上帝处于无意识的统一与和谐中，以财产公有为基础），基督教时期（私有制破坏了财产公有制，利己主义膨胀，社会不平等与贫富悬殊日甚），以及始于斯宾诺莎、而于法国大革命中进入高潮的第三时期（这个时期的真正使命是结束人的堕落，恢复人与上帝的和谐）。赫斯相信，在废除了私有制、实现财产公有之后，完全的平等才能实现，那时"整个大地将变作一个大花园，那里只居住着幸福勤劳的人们，他们将过着人所应该享受的那种生活。""社会将拥有大得难以形容的剩余力量，以致能够创造奇迹。对国家来说，将没有什么办不到的事，因为它再也不受制于它的成员的利己主义了。"[2] 我想，如果读者有兴趣，把赫斯的社会发展分期和对理想的未来社会的描述与后来马克思关于社会发展三大形态的说法[3] 作个对比，一定能够发现某些神似的东西。

当然，后来的事实，包括马克思从柏林大学毕业时撰写的博士论文、特别是毕业后马克思在《莱茵报》等刊物的办报经历，证明了这位博士俱乐部的小兄弟是比青年黑格尔派诸君更才华横溢、更深刻、也更富献身精神的青年才俊。马克思对黑格尔哲学的批判性把握，已经有了充足的自信；在《莱茵报》作编辑期间遇到的"对所谓物质利益发表意见的难事"，又促使马克思开始关注并研究经济学。虽然这时的马克思——用官方马克思主义史学的语言——仍是一个"革命民主主义者"，但他的救世理想主义已经在洋溢着人道主义和自由主义精神的创作中获得了充分表现。比如，马克思坚持出版自由的原则，批评普鲁士政府的书报检查制度；在关于林木盗窃法的辩论中，马克思坚定地维护贫苦农民的利益。

这位不安分的思想者精神上的一个新的"飞跃"是在流寓法国期间完成的。用著名的马克思传记作家弗·梅林的话说，当时（19 世

2　关于青年黑格尔运动的详情及其对马克思的影响，马泽民著的《马克思主义哲学前史》（重庆出版社 1994 年版）一书有详尽的描述和分析，可参考。这里引用的赫斯语，即转引自该书页 291。

3　在 1857 到 1858 年马克思写的《经济学手稿》中，曾这样谈到社会分期问题："人的依赖关系（起初完全是自然发生的）是最初的社会形态。在这种形态下，人的生产能力只是在狭窄的范围内和孤立的地点上发展着。以物的依赖性为基础的人的独立性，是第二大形态。在这种形态下，才形成普遍的社会物质变换、全面的关系、多方面的需求以及全面的能力体系。建立在个人全面发展和他们共同的社会生产能力成为他们共同的社会财富这一基础上的自由个性，是第三个阶段。"（《马克思恩格斯全集》第 46 卷（上册），人民出版社 1979 年版，页 104）显然，马克思和赫斯的论证都从一个简单的、原始的、相对和谐的（建立在"公有"基础上的）社会开始，经历一段私有制的发展过程，最后又走向对私有财产的否定，而达到一个辉煌的阶段。在形式上，它们都符合黑格尔否定之否定的辩证法。1857 年的马克思早已完全进入思想和创作的成熟期，却仍然沿用了 20 年前赫斯的（严格地说是黑格尔的）论证方式，这本身就是意味深长的。关于这个问题的进一步说明，详见本章后续文字的讨论。

纪 40 年代）的巴黎"精神园地中到处是社会主义的萌芽"，工人运动蓬勃发展，呈现在马克思眼前的"是一幅丰富得几乎令人目眩的思想和人物的图景"。[4] 而马克思在巴黎期间写就的批判国民经济学的手稿，则证明了这位青年思想家的理想主义已经"超越"了"民主主义"而和"社会主义"结合到一起。在这部天才的手稿中，带有思辨特征的对人的理想本质的哲学论证占据了重要地位——

在社会主义的人看来，全部所谓世界史不外是人通过人的劳动的诞生，是自然界对人说来的生成，所以，在他那里有着关于自己依靠自己本身的诞生、关于自己的产生过程的显而易见的、无可辩驳的证明。[5]

另一方面，由于私有财产表现为人的劳动（自由自觉的生命活动）的自我否定和丧失，所以——

共产主义是私有财产即人的自我异化的积极的扬弃，因而也是通过人并且为了人而对人的本质的真正占有；因此，它是人向作为社会的人即合乎人的本性的人的自身的复归，这种复归是彻底的、自觉的、保存了以往发展的全部丰富成果的。这种共产主义，作为完成了的自然主义，等于人本主义，而作为完成了的人本主义，等于自然主义；它是人和自然界之间、人和人之间的矛盾的真正解决，是存在和本质、对象化和自我确立、自由和必然、个体和类之间的抗争的真正解决。它是历史之迷的解答，而且它知道它就是这种解答。[6]

青年马克思的胸襟博大，通过这段略带费尔巴哈风格的文字可见一斑。

对我们而言，重要的是理解如下一点，即这种否定现代私有制的理想主义一旦确定，势必会转化为理论层面的激进主义，并在一定条

4　梅林《马克思传》，樊集译，人民出版社 1965 年版，页 101。

5　马克思《1844 年经济学—哲学手稿》，刘丕坤译，人民出版社 1979 年版，页 84。

6　同上，页 73。

件下进一步转换为实践层面的激进主义。

当本书用"激进主义"这个词来形容马克思时，我首先指的是体现在马克思创作中的这样一种基本意向：现存社会制度的结局只能是被推翻，而不是被改造。崇尚革命而不是改良在马克思成为职业革命家[7]后几乎是他思考政治问题的主要特征。这个问题我们在下面几小节还会深入探讨。现在我想提请读者注意的是，马克思个人的人格气质和心理特征大概也有助于这种激进主义立场的形成（虽然严格地说，某种激进主义的学术主张不一定就是愤世嫉俗的个人心理或不幸的个人境遇的自然结果）。用一个西方文化的比喻，马克思身上很有一种普罗米修斯式的殉道者精神。他并不看重世俗利益，为了实现自己的理想，他可以在个人和家庭生活方面做出巨大的牺牲。有这样一则资料谈到：马克思和心爱的女友燕妮结婚后，普鲁士政府通过马克思已故父亲的朋友传达给马克思，要给他一个薪俸不低的官职。这将同时意味着一份固定丰厚的收入。当时《莱茵报》已经被查封，对于一个没有固定收入、被剥夺了遗产继承、在普鲁士境内几乎已无其他安身立命机会的人来说，这当然是一个巨大的诱惑。但马克思断然拒绝了这个委任。[8] 今天那些生活在威权主义体制内，拿着各种各样人文、社会科学项目资助而去"研究"马克思的人，是否能够体会马克思当年的选择呢？事实上，为了还原马克思从事思考和创作的历史和个人生活语境，我在写这一章之前又认真阅读了以前曾经读过的梅林的《马克思传》。这位以"资本"为题写出了大部头著作、并影响了后来历史的人，居然在一生的大部分时间里家徒四壁，靠赊帐和一点微不足道、且时常没有保障的稿费过活！如果不是恩格斯的无私帮助，马克思是无论如何完不成他的传世之作的。[9] 我以为，任

7　这里使用"职业革命家"这个词，当然只是就其政治意义言，而非指财政意义（对马克思来说，没有什么组织为他的这种"职业"活动支付费用）。

8　马泽民《马克思主义哲学前史》，页 744。

9　在《马克思传》中，有大量关于马克思经历的苦难的描写，考虑到作者的身份（梅林是马克思的学生，与马克思一家多有接触），这些描写的真实性是无可置疑的。比如，梅林谈到：从马克思的一些信里，可以看到家庭不和的

何同样以真理追求为己任的人都会为马克思经历过的个人和家庭苦难、为这位思想者的执著、勇敢和为此付出的巨大代价而动容感慨。

当然，话说回来，无论马克思的理想主义还是激进主义，如果我们只是在上述层面讨论之，那还是远远不够的。马克思的力量不仅在于他的胸襟和个人意志的坚毅，更在于他的学理。要探究马克思理想主义和激进主义中的乌托邦，我们就必须深入其学理，才能真正看出个所以然。

通常以为（官方马克思主义史学家就往往这样论述）：成为共产主义者后的马克思在双重意义上超越了他的前人，一方面，他超越了"民主主义"和自由主义，因为他既看到了资本主义的进步，又看到了现代私有制的罪恶；另一方面，他又超越了"空想社会主义"，因为他既有变革现实社会的激情，又发现了实现这种变革的力量——无产阶级和旨在推翻现代私有制的阶级革命。正是后者，被他的朋友恩格斯誉为"社会主义从空想到科学的发展"。马克思的理想主义和激进主义也似乎据此获得了科学根据。

我们马上就来看看，情况是否真的如此。

"阶级"的神话：马克思眼中的无产阶级

"阶级"问题是马克思政治哲学的核心。由"阶级""阶级斗争"学说推出的"无产阶级专政"理论，成为后来苏俄和中共一党专制之

迹象。马克思夫人，这位心灵高尚的妇女，从小过惯了物质方面无忧无虑的生活，有时不免在残暴的命运的打击下灰心丧气，以致不止一次地乞求死亡降临到自己和孩子们的身上。而马克思有时也竟认为，对于一个心怀大志的人来说，最大的蠢事莫过于结婚，因为结婚使一个人的生活为琐碎的家务所烦扰。但就是在妻子的抱怨使他烦恼时，他仍旧原谅她并为她辩解。他说，对她来讲，忍受那些难以形容的屈辱、折磨和惊恐，要比他自己更加沉重得多，这尤其是因为她不可能像他那样，在科学的殿堂里寻求避难之所。梅林特别指出："这位崇高的人物所遭遇的这种命运本身就已经够悲惨的了；但是使它真正达到悲剧的顶点的是这一事实：马克思是自愿地担负起他那长达数十年的殉道者的事业的。"正如马克思自己所讲，"不管遇到什么障碍，我都要朝着我的目标前进，而不让资产阶级社会把我变成一部赚钱的机器。"（《马克思传》页 298）

专制主义政权建构和制度建构的逻辑基础。既然如此，我们这里有必要相对详细地探讨一下这个学说的基本内容，看一看马克思怎样界定他所理解的"无产阶级"，关于这个"阶级"——特别是它的"历史使命"——的神话又是如何在一种虔诚的、且自认为是"科学"的研究工作中"推导"出来的。

《"黑格尔法哲学批判"导言》是青年马克思的一篇重要文章，这篇文章是马克思到巴黎以后不久写下的。该文把一个青年思想者的激情、深刻表达得淋漓尽致，也首次把"无产阶级"作为一个富有重大使命的"阶级"抽象地推了出来。

马克思首先以超越青年黑格尔主义的姿态宣布——

就德国来说，对宗教的批判基本上已经结束……。因此，真理的彼岸世界消逝以后，历史的任务就是确立此岸世界的真理。人的自我异化的神圣形象被揭穿以后，揭露具有非神圣形象的自我异化，就成了为历史服务的哲学的迫切任务。于是，对天国的批判变成对尘世的批判，对宗教的批判变成对法的批判，对神学的批判变成对政治的批判。[10]

年轻的思想者批评德国"没有同现代各国一起经历革命，却同它们一起经历复辟"，因此必须"向德国制度开火！一定要开火"！那么德国解放的实际可能性到底在哪里呢？

（答案）就在于形成一个被戴上彻底的锁链的阶级，一个并非市民社会阶级的市民社会阶级，形成一个表明一切等级解体的等级，形成一个由于自己遭受普遍苦难而具有普遍性质的领域，这个领域不要求享有任何特殊的权利，因为威胁着这个领域的不是特殊的不公正，而是一般的不公正……。总之，形成这样一个领域，它表明人的完全丧失，并因而只有通过人的完全回复才能回复自己本身。社会解体的这个结果，就是无产阶级这个特殊等级。

10　《马克思恩格斯选集》第 1 卷，人民出版社 1995 年第 2 版，页 2。

德国人的解放就是人的解放。这个解放的头脑是哲学，它的心脏是无产阶级。哲学不消灭无产阶级，就不能成为现实；无产阶级不把哲学变成现实，就不可能消灭自身。[11]

显然，这里提到的"无产阶级"，在论证上还带有明显思辨的、浪漫的性质，在地域方面也仅限于德国。[12] 在稍后出现的马克思和恩格斯"更加成熟"的著作中，"无产阶级"开始获得更一般的品格，论证方式也发生了重大的变化。比如，在《德意志意识形态》中，"无产阶级"的产生被置于一个更宽广的历史发展进程中。基于人的生存需要的劳动生产、分工和生产方式的演进（这种演进包括"生产力"和"交往方式"——也就是后来正统马克思主义术语中的"生产关系"——两个方面），被理解为历史的基础和历史前进的动力。在这个意义上定义的"无产阶级"乃是分工、生产力的发展（特别是大工业出

11　同上，页 14～16。

12　有意思的是，恰恰是在对德国这个当时并不发达的国度的无产阶级的描写中，马克思的激进性和浪漫性已经得到较充分的表露。比如，马克思热烈赞扬 1844 年爆发的西里西亚织工起义："请回忆一下织工的那支歌吧！这是一个勇敢的战斗的呼声。在这支歌中根本没有提到家庭、工厂、地区，相反地，无产阶级在这支歌中一下子就毫不含糊地、尖锐地、直截了当地、威风凛凛地厉声宣布，它反对私有制社会。西里西亚起义一开始就恰好做到了法国和英国工人在起义结束时才做到的事，那就是意识到无产阶级的本质。"（见《马克思恩格斯全集》第 1 卷，人民出版社 1956 年版，页 483）后来的列宁之反对工人运动中的"经济主义"，大概可以从这里找到最初的源头。

马克思还大为赞扬魏特林的著作《和谐与自由的保证》："资产阶级及其哲学家和科学家哪里有一部论述资产阶级解放（政治解放）的著作能和魏特林的《和谐与自由的保证》一书媲美呢？只要把德国的政治论著中的那种俗不可耐畏首畏尾的平庸气拿来和德国工人的这种史无前例光辉灿烂的处女作比较一下，只要把无产阶级巨大的童鞋拿来和德国资产阶级的矮小的政治烂鞋比较一下，我们就能够预言德国的灰姑娘将来必然长成一个大力士。"（同上，页 483）如果你去读一读这位确实出身"无产阶级"（魏特林本人曾是个手工业者）的人写的书（商务印书馆出版过此书的中译本），看看他是怎样犀利而满怀激情地批评当时的"社会病态"、怎样有力地讨伐金钱和商业的罪恶、怎样憧憬一个"没有主人也没有佣人""没有权势也没有奴役""没有匮乏也没有淫乐""没有法院也没有犯人"的"共有共享"的社会的，你就会明白，为什么魏特林的著作会激起马克思如此强烈的共鸣。

现）的结果。如果我们只是从社会分层的意义上来理解"阶级"和"无产阶级"，就象韦伯社会学所处理的那样，[13] 那么这个概念本来并没有什么神秘的地方。事实上，恩格斯在《共产主义原理》中所描绘的"无产阶级"，就带有更直观、更为朴素的意味。[14]

我以为，建立在"生产力"和"生产关系""上层建筑"与"经济基础"矛盾运动理解基础上的"唯物主义"的历史发展观本来蕴含着巨大的科学洞见，以这个见解为出发点或参照，人们是可以对许多历史现象进行深入研究、并取得成果的（比如，在《哲学的贫困》中，马克思就提出过"手推磨产生封建主的社会，蒸汽磨产生工业资本家的社会"这样的名言[15]）。可惜的是马克思并没有把这个原则贯彻到底。在马克思的思维逻辑中，不难看到这样一点：他总是把人类的某种理想状态设定为目标，把历史的现实运动理解为向这个理想目标的逼近。而这个理想目标的设定本身是从来没有证明过的。比如，他把"资本主义"理解为人类历史上的最后一个对抗阶段，"人类社会的史前时期就以这种社会形态而告终"。[16] 但凭什么截至"资本主义"为止的人类史都只是人类的"史前史"，而非真正的人类的历史，马克思并没有作过任何说明。当然，如果我们认真研读马克思各个时期的主要著作，就会发现，站在马克思的立场上，这样的说明其实是不

13　韦伯对"阶级"问题的处理有这样几个要点：第一，"阶级"应该是指处于相同阶级地位的任何群体；第二，"阶级"内部的个人是不断流动的，因此，"社会阶级"的统一性打上了极为不同的烙印；第三，阶级划分不一定就导致阶级之间的对立和斗争；第四，即便有这种斗争，它也并非必然意味着要改变经济制度，而可能仅仅是这种制度的调整。（见韦伯《经济与社会》上卷，林荣远译，商务印书馆 1998 年版，页 333～335）

14　恩格斯的定义是："无产阶级是完全靠出卖自己的劳动（马克思、恩格斯后来更"精确"地把"劳动"这个词改成了"劳动力"——引者）而不是靠一种资本的利润来获得生活资料的社会阶级。这一阶级的祸福、存亡和整个生存，都取决于对劳动的需求，即取决于生意的好坏，取决于不受限制的竞争的波动。一句话，无产阶级或无产者阶级是 19 世纪的劳动阶级。"（《马克思恩格斯选集》第 1 卷，人民出版社 1995 年版，页 231）

15　同上，页 142。

16　此语出自马克思"《政治经济学批判》序言"，见《马克思恩格斯选集》第 2 卷，人民出版社 1995 年版，页 33。

必要的。对人的理想本质的哲学设定是马克思思考一切问题的基础和思维前见；对"人本质上应该是什么"这个问题的理解无形中支配着马克思对"现实中人实际是什么"问题的考察。所以，他从来没有意识到有必要对这个前提作出说明。他对这个问题的处理完全可能是非自觉的。

而对我们来说，如果真的理解了这一点，就不会对马克思这样来论证"分工"、私有制的"缺陷"和"无产阶级的使命"感到意外了——

分工还给我们提供了第一个例证，说明只要人们还处在自发地形成的社会中，也就是说，只要私人利益和公共利益之间还有分裂，也就是说，只要分工还不是出于自愿，而是自发的，那么人本身的活动对人说来就成为一种异己的、与他对立的力量，这种力量驱使着人，而不是人驾驭着这种力量。

这种"异化"（用哲学家易懂的话来说）当然只有在具备了两个实际前提之后才会消灭。要使这种异化成为一种"不堪忍受的"力量，即成为革命所要反对的力量，就必须让它把人类的大多数变成完全"没有财产的"人，同时这些人又和现存的有钱的有教养的世界相对立，而这两个条件都是以生产力的巨大增长和高度发展为前提的。

随着基础、即私有制的消灭，随着对生产实行共产主义的调节（这种调节消灭人们对于自己产品的异化关系），供求关系的统治也将消失，人们将使交换、生产及其相互关系重新受自己的支配。[17]

这些论证似乎是"唯物主义"的，因为马克思反复强调共产主义实现的"社会历史条件"；但被论证者的形而上本性却是预先就设定好了的，因为共产主义仍然被阐释为人的理想本性（非异化的、自由自觉的生命活动）的复归，而工人阶级则成了理想人性的体现者。换言之，如果说马克思把"自主活动"的人学假设当作论证的当然前提在许多场合可能是非自觉的，那么他却非常自觉地把"唯物的"社会

17　《马克思恩格斯全集》第 3 卷，人民出版社 1960 年版，页 37～40。

发展理论当作证明这种人学假设的工具。在这个意义上，马克思的"唯物主义"其实是不彻底的，它只是半截子的唯物论，或干脆说变成了"唯心论"。他想把"头足倒立"的黑格尔的辩证法翻转过来，但仍然最终作了黑格尔辩证法的俘虏。请看下面这样的对无产者之历史身份转换的描述——

只有完全失去了自主活动的现代无产者，才能够获得自己的充分的、不再受限制的自主活动，这种自主活动就是对生产力总和的占有以及由此而来的才能总和的发挥。[18]

请注意，"科学"共产主义的乌托邦性质正是从这里展现出来的。马克思先验地把基于分工、生产力的发展和阶级对立而出现的无产者转换成了享受"充分的、不再受限制的自主活动"的自由存在者。阶级区分的社会学概念被先验地转换成了理性自由人的哲学概念，虽然马克思接着提到在这个发展进程中"无产阶级将抛弃旧的社会地位所遗留给它的一切东西"，但我们还是不能理解凭什么这种"抛弃"会成为某种不可逆的、走向阳光的过程，除非我们承认被抛弃者本身在历史上的存在乃是某种"偶然"。[19]

我以为，以上这两个转换是理解马克思关于"无产阶级"之阶级神话产生的重要关节点。

马克思反复强调共产主义"占有"的集体性质和无产者作为个人在其中获得的解放。然而，在经历了斯大林和毛泽东一党专制的可怕实践后，人们可能会觉得马克思关于"革命无产者集体"中"个人"和"集体"关系的论说纯粹是一派胡话。比如——马克思断言——"只有在集体中，个人才能获得全面发展其才能的手段，也就是说，只有在集体中才可能有个人自由。在过去的种种冒充的集体中，如在国家

18　同上，页 76。

19　注意"偶然"这个词在这里的独特意味："有个性的个人与阶级的个人的差别，个人生活条件的偶然性，只是随着那个自身是资产阶级产物的阶级的出现才出现的。只有个人相互之间的竞争和斗争才产生和发展了这种偶然性。"（同上，页 86）

等等中，个人自由只是对那些在统治阶级范围内发展的个人来说是存在的，他们之所以有个人自由，只是因为他们是这一阶级的个人。从前各个个人所结成的那种虚构的集体，总是作为某种独立的东西而使自己与各个个人对立起来；由于这种集体是一个阶级反对另一个阶级的联合，因此对于被支配的阶级说来，它不仅是完全虚幻的集体，而且是新的桎梏。"而"在控制了自己的生存条件和社会全体成员的生存条件的革命无产者的集体中，情况就完全不同了。在这个集体中个人是作为个人参加的。它是个人的这样一种联合（自然是以当时已经发达的生产力为基础的），这种联合把个人的自由发展和运动的条件置于他们的控制之下。"[20]

其实，马克思并没有当过工人，也没有体验过"工人的集体"（在这个词的经验意义、而非形而上意义内）是怎么回事。这种关于"革命无产者集体"中"个人自由"的阐释只是一个激进思想家革命逻辑的思辨构造。可以说，这种思辨从某一角度看十分深刻，因为它毕竟建立在某种系统的人性假设基础上；从另一角度看又令人发笑，因为它在赋予"阶级对立"如此抽象又似乎具有历史意味的形而上属性时，有可能引出十分荒唐的实践结论。联想到后来苏俄、中共极权主义社会的现实，人们甚至会觉得马克思所谓"在（共产主义）集体中个人是作为个人参加的" 提法颇具悲伤和滑稽的味道，无论这里的"个人"是在马克思原来的语意上，还是在极权主义现实所规定的语境上。不要忘记，极权主义社会最根本的特征之一恰恰是对个人的否定，而且恰恰是通过一个"完全虚幻的集体"（"无产阶级"专政的"国家"）而对作为公民的个人实施的否定。

问题还有一个值得关注的方面：既然这个思辨的构造是建立在对所谓"冒充的集体"（如资产阶级的国家）、对阶级对立中集体的"虚幻性"的批判这个基础上，人类学的问题必然转换成政治哲学乃至于政治学的问题。由此出发，某种带有实践特征的对旧的国家制度

20　同上，页 84～85。

的批判和对新的政治建构的寻求似乎已经呼之欲出。

我们马上就会讨论这个问题。不过，在这样做之前，我还想就阶级神话这个问题再从另一个角度作些补充。问题是这样的：有些读者可能会提出这样的疑问，马克思的经济学难道没有对他的共产主义结论做出贡献吗？人们不是常说（恩格斯在马克思逝世时的讲话也确实是这样说的），马克思的剩余价值理论是他在经济学上的最大成就，而恰恰是这个理论证明了无产阶级将最终成为资本主义的"掘墓人"吗？那么，我们现在就来看看——

马克思的经济学能否证明他的政治结论？——剩余价值理论的缺失

凡熟悉《资本论》的人都知道，马克思剩余价值理论的核心乃是论证"资本"和"雇佣劳动"的对立。为了在科学意义上证明资本家确实剥削了工人，马克思给自己提出的任务是必须在等价交换的前提下说明剩余价值的产生过程。我们看到——在《资本论》第 1 卷中——问题是以相当严格的逻辑推导方式提出并展开的：如果说商品运动的公式 W－G－W（两种不同商品以货币为媒介实现交换）由于满足了交换双方对不同使用价值的需求而获得意义的话，那么资本运动的公式 G－W－G'（货币借助某种商品而实现自身的增殖）也必须以这种增殖（G'=G+△G）即△G 的获得本身为意义。问题是这样的增殖如何可能？在指出变化不可能发生在要转化为资本的货币本身上、也不可能发生在商品的再度出卖上以后，马克思断言"变化必定发生在第一个行为 G－W 中所购买的商品上"，且"不是发生在这种商品的价值上，因为互相交换的是等价物，商品是按它的价值支付的。因此，这种变化只能从这种商品的使用价值本身，即从这种商品的消费中产生。要从商品的消费中取得价值，我们的货币占有者就必须幸运地在流通领域内即在市场上发现这样一种商品，它的使用价值本身具有成为价值源泉的独特属性，因此，它的实际消费本身就是劳动的对象化，从而是价值的创造。货币占有者在市场上找到了这种独特商品，这就是劳动能力或劳动力。"[21]

简言之，货币转化为资本的前提是劳动力成为商品。理解了这一点，马克思的全部剩余价值理论就变得十分易懂、毫无神秘可言了。请看：正是由于劳动力成了商品，它在使用过程（也就是劳动）中能够创造比自身价值更大的价值，这才有剩余价值的产生；"可变资本"（用于购买劳动力的资本）和"不变资本"（用于购买其他生产资料的资本）的划分无非是为了说明是哪一部分资本的使用直接导致了价值的增殖，另一部分资本则只是实现这种增殖的条件或手段；这两个概念和剩余价值概念的结合还进一步导出了"剥削率"的概念，用以说明资本家不劳而获的性质和程度；而在《资本论》第 3 卷中关于剩余价值转化为利润、剩余价值率（剥削率）转化为利润率的讨论，又旨在揭示实际的剥削程度如何借助资本主义当事人的日常意识被缩小、被歪曲和被掩盖。最后，还有那个著名的"剩余价值分割"理论：商业资本家获得的商业利润，借贷资本家获得的利息等等，其实都是产业工人创造的剩余价值的一部分；在瓜分工人的剩余劳动从而与雇佣劳动相对立这个意义上，各个领域中不劳而获的资本家其实是一个整体。

人们当然可以从不同角度对马克思的剥削理论提出置疑，乃至于反驳。比如，一个辛辛苦苦从零起步的创业者可能说：难道在整个创业过程中我所付出的心血就都不算数么？投资活动总是有风险的，赚了钱自然欢喜，陪了本儿老板也只能自己扛着，而不能少给工人一分工钱。更何况我既是"资本家"，又是实际的经营者和管理者，难道我的管理和经营行为就不是"劳动"从而也应该有报酬么？

类似这样的反驳还可以举出很多。马克思确实不像他的老师李嘉图有过长期的经商经历。他既没有工人的实际体验（穷途潦倒的革命者的体验并不等同于养家糊口的工人的体验），更没有殚精竭虑的

21　《马克思恩格斯选集》第 2 卷，人民出版社 1995 年版，页 171～172。

创业资本家的体验。无论是沿着"劳动价值"这种客观价值论的思路考虑问题，还是另辟蹊径从"边际效用"之类主观价值论的思路切入思考，经济学者们都可以在承认剥削现象的同时否认马克思对剥削的过于绝对的解释。不过本节不想在这个更专业的经济学问题上花费更多的笔墨。我想提请读者注意的毋宁是这样一点：马克思的剩余价值理论，无论就其建构的最初意向而言还是就其最终的建构方式而言，都是服务于他的政治理想和政治革命目标的。有一个事实需要在这里简单提及：马克思早在 30 岁以前就已经形成了他的政治见解和经济见解中最主要、最核心的部分，且终生没有本质的变化。这就是说，马克思青年时代奠定的激进的社会主义政治见解和革命主张影响、支配了他的一生。表达其政治见解的最突出的早年代表作是 1848 年的《共产党宣言》；表达其经济见解的最突出的早年代表作则是 1847 年对布鲁塞尔德意志工人协会的通俗演说《雇佣劳动与资本》。在这个演说中，我们已经可以读到 20 年后在《资本论》中予以详细阐释的那些最核心的论点的大致梗概。马克思的思路其实是相当连贯的，他的意图也十分清楚，那就是为了证明共产主义革命的历史必然性，必须把现代私有制条件下的"雇佣劳动"与"资本"设定为势不两立、不可调和的矛盾之两极。就后者来说，必须证明资本主义既体现了生产方式发展的历史性进步（因为它毕竟表征着"物的依赖性"基础上"人的独立性"的发展），又是私有制和人的异化的最后历史形式；就前者而言，必须证明恰恰是现代无产者才是推翻私有制和资本主义经济-政治制度的最终力量。这样，人类学、政治哲学和经济学就都在这样一个关键点上统一了起来。

值得注意的是，从经济学上论证无产者革命的必然性，马克思是借助他的积累理论和贫困化理论来进行的：由于"在资本主义制度内部，一切提高社会劳动生产力的方法都是靠牺牲工人个人来实现的；一切发展生产的手段都变成统治和剥削生产者的手段，都使工人畸形发展，成为局部的人，把工人贬低为机器的附属品，使工人受劳动的折磨，从而使劳动失去内容，并且随着科学作为独立的力量被并入劳动过程而使劳动过程的智力与工人相异化……"，又由于"一切生产剩余价值的方法同时就是积累的方法，而积累的每一次扩大又反过来成为发展这些方法的手段"，所以必然出现财富的积累和贫困的积累相伴而生且互为因果的局面，即"一极是财富的积累，同时在另一极，即在把自己的产品作为资本来生产的阶级方面，是贫困、劳动折磨、受奴役、无知、粗野和道德堕落的积累"。[22]

正是在揭示这个"资本主义积累的绝对的、一般的规律"的基础上，马克思做出资本积累之"历史趋势"的下述预言：

随着那些掠夺和垄断这一转化过程的全部利益的资本巨头不断减少，贫困、压迫、奴役、退化和剥削的程度不断加深，而日益壮大的、由资本主义生产过程本身的机制所训练、联合和组织起来的工人阶级的反抗也在增长。资本的垄断成了与这种垄断一起并在这种垄断之下繁盛起来的生产方式的桎梏。生产资料的集中和劳动的社会化，达到了同它们的资本主义外壳不能相容的地步。这个外壳就要炸毁了。资本主义私有制的丧钟就要响了。剥夺者就要被剥夺了。[23]

这是一段被无数人引证过无数次的极其辉煌的预言，简直有如壮丽的日出。但人们往往忽略这样一点：马克思的积累和贫困化理论暗含着一种逻辑，那就是无论工人的组织化程度如何进步，贫困才是工人阶级革命的真正背景，摆脱贫困则是无产者革命的直接动因。如果承认这一点是真实的，那么就很难否定下面两个推论同样的真实性：第一，如果工人不再贫困（不管出于什么原因），那么工人也就不会再革命；第二，即便工人因贫困而革命，这种革命也不过是为了造反者自己的利益。这种为自身利益而进行的斗争，无论在什么意义上都与历史上曾经出现过的同类斗争没有什么不同。换言之，并没有理由断言工人阶级的革命一定具有人性升华的形而上禀性。"生产的社会化"不一定就会导致生产关系的变革和"占有的社会化"；即便

22　《马克思恩格斯选集》第 2 卷，页 258～259。
23　同上，页 268～269。

假设有这样的变革发生，也并不意味着人性的革命就是必然的。

关键还是思考问题的既定逻辑。马克思既然认定历史有一个无论怎样都会达到的目标，而此前的历史作为"史前史"无非是向这个既定目标的迈进，那么他就完全可能无视自己的论证中出现的矛盾——事实上，用"贫困"来解释无产者革命的动因本来就蕴含着另一种逻辑关系，后文会对此做出解释——而继续把自己的逻辑贯彻到底。这样，我们就读到了一种新的"否定之否定"，它与本章脚注 3 所引用的马克思 1857-1858 年经济学手稿中的提法虽略有不同，但体现的精神却是高度一致的——

从资本主义生产方式产生的资本主义占有方式，从而资本主义的私有制，是对个人的、以自己劳动为基础的私有制的第一个否定。但资本主义生产由于自然过程的必然性，造成了对自身的否定。这是否定的否定。这种否定不是重新建立私有制，而是在资本主义时代的成就的基础上，也就是说，在协作和对土地及靠劳动本身生产的生产资料的共同占有的基础上，重新建立个人所有制。[24]

这显然是 20 多年前《1844 年经济学-哲学手稿》观点的再现。

归结起来是否可以这样说：马克思想用他的经济学证明他的政治哲学和人类学，但其经济学中相对而言较科学的部分（比如对一般商品交换和价值规律的探讨，这种探讨直接继承了斯密和李嘉图）恰恰是与这种证明无关的部分；而与该证明有关的部分（剩余价值理论）却恰恰是不科学的，或至少是不太科学的。这位"人间普罗米修斯"的人道主义理想、人学假设始终在支配着他的"科学"研究，这反倒使他的研究结果的科学含量大打折扣。马克思的经济学中有很严肃的东西，很深刻的东西，对商品拜物教的解剖就是一例。对于理解市场经济和人类文明进程的负面现象（譬如本书第 2 章提出的"资本逻辑"），商品拜物教的分析一定会给人以启示。[25] 但我要同时指

24　同上，页 269。
25　严格地说，在《资本论》中，商品拜物教理论仍然是服从于马克思总的论证

出，马克思的经济思想，尤其是那些与论证未来共产主义有关的观点，又是造成后来一系列历史谬误的理论根源。这里特别是指马克思和恩格斯关于私有制终结后商品生产和商品交换将退出历史舞台的断言。[26] 而这一切，说到底，又都要归咎于马克思人性观的偏颇。本节的最后一小节，我们会比较深入地讨论这个问题。

现在，我想我们就转入马克思主义理论中与后来共产专制主义政治建构更直接的几个话题的研讨。

对"国家"的误读：关于"资产阶级民主制"

何为"国家"？根据阶级斗争的逻辑，"国家"只是阶级统治的工具。——这是我们理解马克思、恩格斯国家观首先要抓住的核心。这个思想的形成可以一直追溯到马、恩的青年时代。早在《莱茵报》时期，马克思就在关于林木盗窃法的辩论中撰文指出"省议会的立法"和"法庭的判决"不过是贯彻有产者和特权阶级利益的手段。[27] 由于拥有地产是当时参加莱茵省议会的主要条件，指责这个机构只为富人说话、办事，就显得不止是顺理成章的，而且有为穷人伸张正义的道德含义在内。后来随着马、恩社会主义见解的进一步成熟，关于"资产阶级国家"和以议会为代表的"资产阶级民主制"有了一些更典型、更一般化的批判性概括。比如，在《德意志意识形态》中，国家被认为是"一种虚幻的共同体"，"国家内部的一切斗争——民主政体、贵族政体和君主政体相互之间的斗争，争取选举权的斗争等等，不过是一些虚幻的形式，在这些形式下进行着各个不同阶级间的

目标的一个工具。但体现在这个理论中的对一般商品经济条件下私人劳动和社会劳动的矛盾关系的理解却是深刻的。研究者完全可以把它从马克思的整个论证框架中拆分出来，进行单独的分析。

26　关于马克思恩格斯对未来"共产主义社会"中商品经济命运的理解，我将在第 23 节讨论列宁"国家消亡"和"战时共产主义"的思想时展开论之。

27　见马克思"第六届莱茵省议会的辩论（第三篇论文）"一文，载《马克思恩格斯全集》第 1 卷，人民出版社 1956 年版，页 135～181。

真正的斗争。"[28] 在《共产党宣言》中，则有"现代的国家政权不过是管理整个资产阶级的共同事务的委员会"之说。[29] 晚年的恩格斯在写作《家庭、私有制和国家的起源》时，仍然忠实于他和他的朋友几十年前提出的观点，强调"国家是从控制阶级对立的需要中产生的"，所以"它照例是最强大的、在经济上占统治地位的阶级的国家"。恩格斯特别强调，"国家"并不是从来就有的，它只是社会发展一定阶段上的产物；随着阶级对立和阶级冲突的消失，"国家"也不可避免地会消失。"在生产者自由平等的联合体的基础上按新方式来组织生产的社会，将把全部国家机器放到它应该去的地方，即放到古物陈列馆去，同纺车和青铜斧陈列在一起。"[30]

对于恩格斯这样一个富于想象力的比喻，今人恐怕只能报以无声的苦笑。问题不仅在于，据前文已经给出的分析，所谓"在生产者自由平等的联合体的基础上按新方式来组织生产的社会"只是马、恩的形而上空想，更重要的是，基于阶级对立和阶级冲突而给出的有关"国家"的概念性界定，乃是对"国家"之政治哲学属性的严重误读。制度现代化理论认为，"国家"乃是不同历史时期人类创造的政治-权力建构，它经历了一个从前现代文明向现代文明的转化过程。表征现代国家之政治哲学属性的最根本的东西是公共权力的建立。无论是立法机构、行政机构还是司法机构，它们作为公共权力机构的产生、职能分化和制衡机制的完善本身都体现着社会进化的力量。当然，利益向度在理解国家行为方面是重要的，甚至是关键性的，因为恰恰是对利益的保护构成公共权力建构的初始动因。请读者回忆一下本书第 1 章第 13 节中论"利益范畴作为现象逻辑在政治行为分析中的作用"和第 2 章第 16 节中论"作为本体逻辑的利益范畴"的文字。在这两小节中，我反复强调人们对自身利益、首先是物质利益的追求乃是文明进化的根本原动力。然而，以宪政为核心的现代国家体制的进

28　《马克思恩格斯全集》第 3 卷，人民出版社 1960 年版，页 38。
29　《马克思恩格斯选集》第 1 卷，人民出版社 1995 年版，页 274。
30　《马克思恩格斯选集》第 4 卷，人民出版社 1995 年版，页 172～174。

步恰恰体现在它可以以法治的、日益文明的形式来合理规约不同阶级（在这个词的社会学意义上）、不同社会集团、不同社会成员之间的利益矛盾或冲突，用社会公共利益来扬弃冲突中的、或具有潜在冲突性质的阶级、阶层或集团利益。在哲学人类学意义上，这个发展和进步过程代表着人的社会本性对自然本性的超越。还应该看到，无论在内容上还是形式上，公共权力机构都在不断的调整和完善中。从本质上说，这种"完善"只能是历史的，并通过历史本身的演进找到进一步完善的途径。比如，在选举权的规定上，由于历史条件的制约，开始时财产资格往往是一个重要的限定因素；但随着经济的发展和社会文明整体水平的提高，会有越来越多的社会阶层和社会成员获得政治表达、政治参与的权利，并通过这些权利的使用捍卫自己的利益。而社会公共利益，它或是作为各阶级（集团）利益通过相互妥协而实现的中和，或是作为对冲突中的阶级（集团）利益的超越或扬弃，也将在这个过程中日益获得更直接的、更普遍的表达。

从这个角度来观察现代代议机构，我们会得出同样的结论。议会作为民意机关当然应该体现公共意志，但这同样要有一个完善过程。民意机构作为公共权力机关的成熟主要表现在合理驾驭议员所代表的党派、阶级（阶层）利益与国民全体之公共利益之间的张力。完全否定党派利益和阶级（阶层）利益，是对民主政体的一种乌托邦想象；只把议会理解为"阶级统治的工具"同样是不科学的。而马克思的问题恰恰在于，根据过于片面的"阶级工具论"不但否定了议会的公共权力属性，而且——更一般地否定了现代国家的公共权力属性。在马、恩看来，"现代国家"只能是"资产阶级的国家"，"现代议会民主"也只能是"资产阶级的民主"，因此它对于无产者必然是"虚幻的"乃至"虚伪的"。马克思从不承认"资产阶级的国家"也有公共属性的一面，[31] 他也没能看到权力与利益之间远为复杂的关系。这

31　恩格斯倒是有过"公共权力"的说法，但他仍然是在阶级统治这个范畴内　　讨论"公共权力"概念的。见《马克思恩格斯选集》第 4 卷，人民出版社　　1995 年版，页 171。

当然要归咎于马克思理论框架的内在缺陷。马克思正确地观察到了他那个时代的社会不平等和社会普遍利益实现机制的不完善，但由此把整个社会说成是"虚幻的"则犯了学理意义上的重大错误。

当然，强调现代国家的"资产阶级"属性，目的之一乃是为"无产阶级革命"造势。这一点我们不可不察。有一例子可以很好地说明这一点，那就是马克思对 1848-1850 年"法兰西阶级斗争"的分析。

这位寄居伦敦的流亡者一直保持着对法国正在发生的政治事件的高度关注。他的几部最重要的政治哲学著作，几乎都是讨论法国问题的。1848 年的二月革命是 19 世纪法国历史上的重要事件。实行君主立宪的国王路易·菲力普被推翻后，共和党人和社会主义者所组织的临时政府开始管理国家，接着举行了制宪会议的选举。在马克思看来，这样的选举其实只有形式上的意义，因为"继路易·菲力普的资产阶级君主制之后，只能有资产阶级共和国，就是说，以前是由资产阶级中的一小部分人在国王的招牌下进行统治，今后将由全体资产阶级借人民的名义进行统治"。[32] 马克思谈到这样一个细节：工人马尔歇曾迫使临时政府颁布了一项法令，保证工人能以劳动维持生存，使全体公民都有工可作。当临时政府几天后忘却了自己的诺言，并且好像心目中已经没有了无产阶级的时候，两万工人走向市政厅，大声高呼"组织劳动！""成立专门的劳动部！"临时政府经过长时间的辩论后勉强同意设立一个专门委员会，负责探求改善劳动者状况的办法。这个委员会由巴黎各手工业行会的代表组成，由议会中仅有的两位工人代表路易·勃朗和阿尔伯担任主席，卢森堡宫被拨给它作会址。这样——马克思认为——工人阶级的代表就被逐出了临时政府的所在地，被逐出了国家权力中心，而由资产阶级的代表完全控制了国家权力。只是"在财政部、商业部和公共工程部旁边，在银行和交易所旁边，修建了一个社会主义的礼拜堂，这个礼拜堂的两个最高祭司路易·勃朗和阿尔伯所承担的任务就是要发现乐土，宣告新福音，

32　《马克思恩格斯选集》第 1 卷，页 592。

并让巴黎无产阶级有工作可作。"然而——

组织劳动！但是雇佣劳动就是现存的资产阶级的组织劳动。没有雇佣劳动，就没有资本，就没有资产阶级，就没有资产阶级社会。专门的劳动部！但是，难道财政部、商业部和公共工程部不是资产阶级的劳动部吗？设在这些部旁边的无产阶级劳动部，只能是一个软弱无力的部，只能是一个徒有善良愿望的部……[33]

好在工人到底发动起义了！因为资产阶级共和国不但从自己所任命的执行委员会中排除了无产阶级的代表，甚至否决了设立专门劳动部的提案。"工人们没有选择的余地：不是饿死，就是斗争。"这位自己也在饥饿和贫困状态中挣扎的思想家斩钉截铁地断言，发生于 1848 年 6 月 22 日的巴黎大规模工人起义乃是"分裂现代社会的两个阶级之间的第一次大规模的战斗。这是为资产阶级制度的存亡而进行的斗争。蒙在共和国头上的面纱被撕破了"。[34] 这次起义虽然失败了，但是它也"迫使资产阶级共和国现了原形：原来这个国家公开承认的目的就是使资本的统治和对劳动的奴役永世长存"。最重要的是，起义的失败使工人阶级确信了这样一条真理——

它要在资产阶级共和国范围内稍微改善一下自己的处境只是一种空想，这种空想只要企图加以实现，就会成为罪行。于是，原先无产阶级想要强迫二月共和国予以满足的那些要求，那些形式上浮夸而实质上琐碎的、甚至还带有资产阶级性质的要求，就由一个大胆的革命战斗口号取而代之，这个口号就是：推翻资产阶级！工人阶级专政！[35]

学理的思辨现在已经变成直接的政治结论和战斗动员。思想家同时成了鼓动者和战士。但是我们仍然不大清楚马克思心目中的"工人阶级专政"到底是个什么样子。我想 1848 年时的马克思本人对此

33　同上，页 384～385。
34　同上，页 398。
35　同上，页 400。

也不是很清楚。这要等到 23 年后又一次革命到来时才有答案。这就是 1871 年的巴黎公社。

对巴黎公社的误读：关于"无产阶级专政"

从今天的眼光看，发生于 1871 年、仅仅存在了 72 天的巴黎公社革命，只是历史进程中的一段短暂插曲。普法战争，法国战败，法兰西第二帝国也随着路易·拿破仑的被俘而倾倒。在第二帝国的废墟上建立了新的临时政府，还举行了国民代表大会的选举。在保皇党和共和党之间以及它们各自内部争执了几年后，才于 1875 年确认政府采取共和的形式，这就是历史上的法兰西第三共和国。巴黎公社"革命"只是在这个历史时段内爆发的一次短暂的冲突，它并未对后来的历史走向产生大的影响，也没有从根本上影响法国的政治民主化进程。然而，由于在这场革命中诞生了一个以工人为主体的政权，并采取了一系列"打碎旧的国家机器"而用新的"无产阶级专政"取而代之的措施，这次革命受到了马克思的热烈赞扬和高度评价。《法兰西内战》，这篇作为国际工人协会总委员会致欧洲和美国全体会员的宣言而写出的文字，就是马克思对巴黎公社的解读。正是这篇文字，使我们有机会通过一个具体的历史情境，了解马克思到底是怎样看待"无产阶级专政"的。或者，换句话说，马克思关于推翻资产阶级后工人阶级政权和政治建构的空想性质和激进性质，正是在对巴黎公社的议论和赞扬中得到了充分的、较完整的表露。

在历数了法兰西帝国不过是"资本奴役劳动的工具"后，马克思断言"帝国的直接对立物就是公社"：

公社的真正秘密就在于：它实质上是工人阶级的政府，是生产者阶级同占有者阶级斗争的产物，是终于发现的可以使劳动在经济上获得解放的政治形式。[36]

36　《马克思恩格斯选集》第 3 卷，人民出版社 1995 年版，页 58～59。

请注意这段引文的最后一句话，即巴黎公社是"终于发现的可以使劳动在经济上获得解放的政治形式"。据马克思看，"工人阶级不能简单地掌握现成的国家机器，并运用它来达到自己的目的。奴役他们的政治工具不能当成解放他们的政治工具来使用"。[37] 所谓"现成的国家机器"，主要指议会和政府（包括官僚、警察、常备军、僧侣、法官等）这两大机构。既然它们只是实施阶级统治的工具，那么无产阶级就必须打碎它们，摧毁它们，并用"新的真正民主的国家政权"（恩格斯语[38]）来代替它们。从巴黎公社提供的经验看，无产阶级专政的新的国家机器具有这样几个特征：

- 它将采用议行合一的人民代表制度，既是行政机关，又是立法机关，而不再是资产阶级议会式的机构。马克思甚至断言："议会制在法国已经完结。它的最后的和全盛的时期是从 1848 年 5 月到政变为止的议会制共和国。扼杀了它的那个帝国，正是它自身的产物。"既然"议会制那时已经死亡，工人阶级革命当然不能去把它从死亡中唤醒。"[39]

- 它将废除常备军而代之以国民自卫军，这样，它既消除了巨大的捐税和国债之源，也消除了阶级统治和冒险家对国家权力的僭取。

- 它将废除"独立的警察"，以公社的勤务员代替这些"恶棍"。

- 法官的"虚伪的独立性"将被取消，"这种独立性只是他们用来掩盖自己向历届政府奴颜献媚的假面具"。

- 它将摧毁"僧侣势力"这个作为压迫工具的精神力量，宣布教会与国家分离，一切学校对人民免费开放，这样，不但人人都能受教育，而且科学也摆脱了阶级偏见以及教会和国家的干涉。

37　同上，页 117。

38　见恩格斯为《法兰西内战》1891 年单行本写的导言，载《马克思恩格斯选集》第 3 卷，人民出版社 1995 年版，页 13。

39　《马克思恩格斯选集》第 3 卷，页 95。

- 所有公职——军事、行政、政治的职务——都将变成真正的工人的职务，管理将不再是一件神秘的事情，它们不再归一个受过训练的特殊阶层所私有。

- 普选权将得到真正的落实并"被应用于它的真正目的"：选举公社自己的公职人员（而在过去，选举只不过是统治阶级手中的玩物）。为了保证人民的公仆不再变为人民的主人，以下两条措施是绝对必要的：第一，所有公职人员必须在公众的监督下工作，人民有权随时罢免不称职的勤务员；第二，勤务员只领取相当于普通工人的工资。

- 公社将成为甚至最小村落的政治形式。每一个地区的农村公社，通过设在中心城镇的代表会议来处理它们的共同事务；各个地区的代表会议又向设在首都的国民代表会议派出代表，每一个代表都可以随时罢免，并受到选民给他的限权委托书的约束。

- 公社又将是真正的生产者的自治政府。公社将实现劳动的解放。这就是说，公社将"把现在主要用作奴役和剥削劳动的手段的生产资料、土地和资本完全变成自由的和联合的劳动的工具，从而使个人所有制成为现实"。[40]

在这样一幅对公社的彩描中，理想的东西和现实的东西、对某些临时措施的刻画和由此引申出的关于未来政治设计更深入的思考等等显然是混杂在一起的。关于废除常备军的说法显得有些幼稚（它把战时条件下巴黎公社采取的临时手段恒常化了），但人们从军队有可能成为冒险家夺取国家政权的手段的叙述中，还是能够读出某些有价值的思想火花。强调教育和科学要摆脱政府和宗教机构的控制具有重要的意义，也是马克思一直坚持的价值主张，但在对巴黎公社的讨论中，这个问题并不具有头等的重要性。马克思之所以对存在仅两个月多一点的巴黎公社如此情有独钟，说到底是因为公社宣布的东

40　同上，页 59。

西与马克思的政治理想有更多的吻合，而这位思想家也迅速用自己的更深刻的逻辑和语言对之加以引申。其中，最重要的当属对公社政权形式的说明。政权性质是"工人阶级"的（所以被称为无产阶级专政），这自然不在话下；政权形式也要与资产阶级的不同，议行合一将是无产阶级政权机构的一大特色。据说，这种机构更"实干"而不是像资产阶级议会那样只尚骗人的"清谈"。

我们不难发现如此阐释的巴黎公社原则所体现的激进性。这种激进性表现在两个方面：首先，新政权乃是与过去的彻底决裂，似乎资产阶级的政权形式中没有任何可取的东西（如司法制度是"虚伪的"，警察则是"恶棍"等等）；其次，新的变革就在眼前，这种认为"我们的时代已经到来，且是最后到来"[41] 的乐观情绪总是给马克思、恩格斯以鼓舞，尽管最后总是证明这种乐观其实是没有根据的。更重要的是如此阐释的巴黎公社原则所体现的乌托邦性。这种乌托邦性质不但体现在马克思对人人都可以参加管理而无需任何特殊训练的过于简单化的想象上（列宁后来又大大发挥了这种想象），更根本的是在这样一点：马克思似乎从没有认真思考过无产阶级的政权本身是否有变质的危险。"无产阶级政权"也是一种权力，它是要由具体的人来行使的。权力容易置人于贪婪，难道无产阶级就个个都是"圣徒"？权力具有使役性和强制性这样两个特征，难道无产阶级的掌权者就没有利用权力为非作歹的可能乃至内在行为倾向？

当然，马克思谈到了为防止"人民的公仆"变成"人民的主人"所要采取的两项措施，但随便找来一位稍有头脑的中国公民，他都会指出这些措施实际上是很难落在实处的。"随时罢免不称职的工作人

41　此语出自恩格斯致马克思的一封信，全文是"我们在 1848 年时说过：我们的时代就要到来，而且从某种意义上说它实际上已经到来了；但这一次（指 1857 年始于美国、后蔓延到英、法的经济危机——引者注）它才最后到来，现在事情已发展到生死关头的地步了"（见《马克思恩格斯通信集》第 2 卷，三联书店 1957 年版，页 288）。然而，被认为是"发展到生死关头的地步"的危机只持续了两年，它并没有真的导致资本主义的垮台。类似这样的误判在马、恩还有过多次。

员"？这需要一定的制度结构来保障这一点。在"资产阶级"政府框架内，这是通过权力制衡做到的。而否定了三权分立合法性的"无产阶级"政府又当如何呢？至于"只拿和工人一样的工资"，我们的中国公民会更加发笑：这不是绝对平均主义么？假如真的实行这样的政策，那用不了多久，就会变得人人怠工而没有积极性，政府的工作将难以为继。更何况这种情况并不会真的出现，因为掌权者迟早会做出有利于自身利益的安排和调整，不管是通过公开的形式，还是通过隐蔽的形式（今天制度经济学揭示的"寻租""设租"之类勾当已经证明人类的为恶智慧有多么出类拔萃）。恩格斯曾认为限制工人代表的工资就"能可靠地防止人们去追求升官发财"，[42] 这是对人类为恶本能的明显低估，亏的恩格斯还是一位久经沙场的商人！

马克思对公社"奇迹般地改变了巴黎的面貌"赞不绝口，却没有认识到这是很多社会革命都会促成的伟大的、但带有临时性的社会场景，中国的六四民主运动同样如此。[43] 更关键的问题是马克思没有看到他所热烈颂扬的"无产阶级专政"在结构形式上蕴含着巨大的危险。三权分立式的结构制衡在马克思那里似乎不屑一顾，是因为马克思把公共权力的缺陷仅仅理解为有产阶级统治的结果，而不是一般意义上人的为恶本性在适宜条件下发作的结果。这样，他就不可能看到即便以工人为主体组成的政权，也会迅即面临公共权力作为权力都会遇到的一切挑战。巴黎公社存在的时间太短了，所以，这套理论与实践做法的空想性质在当时并未充分表露。到苏俄十月革命以后，问题就充分暴露出来了。

42　《马克思恩格斯选集》第 3 卷，页 13。

43　马克思是这样描写公社革命时的巴黎的："第二帝国的那个花花世界般的巴黎消失得无影无踪……。夜间破门入盗事件不发生了，抢劫也几乎绝迹了。事实上自从 1848 年 2 月的日子以来，巴黎街道第一次变得平安无事，而且不再有任何类型的警察。"（《马克思恩格斯选集》第 3 卷，页 66）凡亲身经历 1989 年北京民主运动的人，都会觉得这一段简直就是对 5 月 19 日北京宣布戒严后直到 6 月 3 日镇压开始这两周期间北京社会治安状况的现场描写。革命净化人的心灵在这种急风暴雨的时刻往往表现得极其突出又极其自然，但它不一定表明社会的文明水准已经有了恒久的进步。

可以说，在对权力（公共权力也不例外）之异化可能性的理解上，马克思既比不上他的前人邦雅曼·贡斯当，也不如他的后来者、当代思想家以塞亚·伯林。贡斯当在论"古代人的自由"和"现代人的自由"之区别、伯林在论"积极自由"和"消极自由"的区别时都涉及到这样一个问题：即便出于对自由的渴望而建立的政权，仍然可能演变为暴政的工具。请看伯林对"积极自由"的说明："我希望我的生活与选择能够由我本身来决定，而不取决于任何外界的力量；我希望成为我自己的意志，而不是别人意志的工具；我希望成为主体，而不是他人行为的对象；我希望我的行为出于我自己的理性、有意识之目的，而不是出于外来的原因……。"[44] 问题在于这种"自主"的愿望必须借助集体解放的形式才能实现。在这个过程中，个体的"自我"可能被集体的"自我"所覆盖，双重"自我"造成了人们对"大我"（部落、种族、教会、国家等等）的崇拜和对"小我"的贬抑，且这种贬抑正好是打着自由的名义。伯林对一切诉诸"积极自由"的理论提出警告，就是为了提醒人们谨防此类诉求可能导致的滥用。当然，伯林在讨论这些问题时，脑子里已经有纳粹和斯大林主义的猖獗之类体验作为背景，这正如贡斯当在批评卢梭套用"古代人的自由"却可能埋葬了自由时，他所想的，乃是法国大革命时雅各宾派的恐怖专政。马克思似乎没有沿着这个套路用脑子。费希特、黑格尔的思路一直在支配着他（而这个思路在伯林看来恰恰是"积极自由"的思路）。不幸的是，这并不仅仅是一个人学理上的过失；当它转变为实践行动时，历史将为此付出代价。

利益原则、公共理性原则与马克思主义中的乌托邦

现在，让我们结合本书已经阐述过的利益范畴和公共理性范畴，以及它们立论的哲学人类学根据，对马克思主义政治哲学中的乌托

44　伯林"两种自由的概念"，转引自顾肃《自由主义基本理念》，中央编译出版社 2003 年版，页 68～69。顾肃在此对伯林的思想有很好的说明，可参考。

邦问题作一个总结。

我们已经知道，人是一种奇特的双重存在体，在他的本性中，既有生物性的一面，也有社会性的一面。人的行为的自私性是其生物性的最好注脚，它代表着人与自己的自然发生历史之间的联系，又以行为动机这种自然的心理–意向形式表征出强大的日常力量。人在经济行为中的唯利是图、政治行为中对权力的渴望甚至贪婪，都和人性深处这种隐秘的东西有关。另一方面，人又不是纯粹的自然法则的奴隶，即便是出于种系自我保存和繁衍的需要，人类也必须学会合作，学会彼此尊重，学会通过制度来扬弃"人性恶"，——也就是，通过制度的形式保留自私的利益动机对文明发展的促进作用，又抑制它的过度膨胀可能对社会肌体的破坏。文明就是在这个过程中逐渐发展起来的，而文明的积累正是我们称之为"社会性"的东西。所以，在哲学人类学意义上，生物性和社会性乃是社会进化的真正的"元规则"，它们隐藏在可见的历史运动背后，却又是决定历史演变之基本逻辑和内在趋向的始基性力量。本书所谓"作为本体逻辑的利益范畴"，就是要揭示文明发展中这种看似矛盾而不易理解的性质。正如第 2 章第 16 节所言：作为本体逻辑的利益范畴一方面凸显了政治、经济行为中人的"自私的"自然本性的始基性存在，凸显了这种本性作为推动社会发展动力的巨大功能，同时也凸显了以现代制度形式呈示的人之理性、社会性对生物自然本性的制约和超越。不过，鉴于政治、经济领域之现代制度设计仍然必须遵循"以权力制约权力、以利益制约利益"的目的合理性原则，社会性在这两个领域对生物性的克服都必须建立在承认后者的存在为真、且须加以利用的基础上。因此，这是一种"扬弃"。"伟大的共谋"通过现代政治、经济制度设计所实现的人性超越，乃是——也只能是——立基于自然本性的社会性之超越。

马克思显然缺乏这样的人性识见。

这位思想家从来没有真正理解什么叫人性恶，不晓得人性恶的真正始基在哪里。黑格尔式的历史目的论和"理性之狡猾"的逻辑[45]阻遏了马克思透过经济行为与政治行为的表象去洞察它们的哲学人类学性质。在某些场合，马克思曾有过对利益追逐现象的精彩形容（比如"利益就其本性来说是盲目的、无止境的、片面的，一句话，它具有不法的本能"[46]），但对利益追逐背后所隐藏的、更具普遍意味的哲学问题——也就是，人的经济行为的自私性及其形而上根据——却未能从人之存在的本体论意义上去考察。这样，马克思对利益问题的分析就不可能深入进去，他的唯物史观也不可能真的贯彻到底。就以"工人阶级"为例："现代无产者是一个受苦的阶级"可以是一个真命题，但它并没有否定下列说法同样是一个真命题，即构成无产阶级的每一个具体的人也都希望成为有产者。在所有竞争场合，工人的行为和他们的老板的行为一样，都受自私的心理动力的支配。换言之，在解释人类经济行为的基本特征时，利益范畴对资本家和工人是同样适用的。当资本家通过非法手段剥削了工人时，其行为固然可耻可恶，但这并不意味着否认在条件适宜时，人人都有从事这种非法活动的本能（现代市场经济之所以必须同时是法制经济，就在于它既要承认劳动从"谋生"向"谋利"转变的必然性，又要承认利润的获取必须借助合法的经济手段）。"贫穷导致革命"的命题从另一个角度阐释了同样的逻辑，只不过这里涉及的乃是工人的合法利益。无论如

45　黑格尔在《小逻辑》中曾这样表述他的"理性之狡猾"的观点："理性是有机巧的，同时也是有威力的。理性的机巧，一般讲来，表现在一种利用工具的活动里。这种理性的活动一方面让事物按照它们自己的本性，彼此互相影响，互相削弱，而它自己并不直接干预其过程，但同时却正好实现了它自己的目的。"再明确些说，"上帝放任人们纵其特殊情欲、谋其个别利益，但所达到的结果，不是完成他们的意图，而是完成他的目的，而他（上帝）的目的与他所利用的人们原来想努力追寻的目的，是不大相同的。"（——黑格尔《小逻辑》，贺麟译，商务印书馆 1981 年版，页 394～395。）这段表述同时兼有"恶是推动历史前进的动力"的思想和历史发展的目的论思想，这两层意思显然都影响了马克思。但马克思和他的老师一样，都没有进一步深究人性恶的自然进化根据。他也没有向亚当·斯密那样，在"经济人"思路上拓展"理性之狡猾"的观点。

46　《马克思恩格斯全集》第 1 卷，人民出版社 1956 年版，页 179。

何，只要这种利益被满足，工人阶级就将不可避免地失去革命的动力。然而——我们看到——批判私有制的激进立场和阶级斗争的僵硬逻辑阻碍了马克思这样去思考问题，因为他给自己规定的任务是证明资本主义"物对人的统治"只是一种历史的暂时性。严格地说，马克思终生坚持的对人的自由劳动本性的设定是与文明世界依靠利益原则作为推动力的整个发展历史相矛盾的，也是与马克思、恩格斯自己阐述的唯物史观相矛盾的（在这个理论中，本来已经含有通过利益斗争解读历史发展的合理因素）。在上述意义内，说马克思的理论中存在着黑格尔主义和达尔文主义的冲突也不无道理。在这种冲突中，马克思的形而上学最终战胜了他的科学，[47] 科学仅仅成了证明价值判断的工具。

正是在这个认知基础上，马克思误读了 19 世纪中叶欧洲阶级冲突与社会不平等的基本性质，也未能准确判断它的未来走向。本书曾经指出，在制度现代化进程中，特别是它的早期阶段，市场化与民主化之间可能会产生某些紧张。"市场经济毕竟是以利益为轴心运转的经济结构形式，在各种各样的实业者以公民身份参与、影响政治行动时，由于其调动的经济资源的不同，拥有经济实力的不同，以及随之而来的社会地位、社会影响力的不同，其所获得的政治资源亦不会相同。而政治资源拥有上的不平等，势必在事实上造成公民参政权利的不平等。那些拥有更多经济实力的老板、企业家、社会名流以及由这些人组成的各种各样的'利益集团'在影响公共权力机构决策的过程中，可能会为实现自己的利益而损害大多数普通公众的利益。"（第 1 章第 14 节）在这个意义内，马克思对普鲁士议会的批评，对法兰西第二帝国议会的指责，乃至对英国议会的批判，本来都有或多或少的

---

47 在这个问题上，本书显然不能同意某些学者——比如，熊彼特——的观点。熊彼特在讨论马克思的理论时就曾断言，马克思"没有在任何地方把实证科学出卖给形而上学"，尽管他也承认马克思"喜欢证明他的黑格尔主义"。（参见熊彼特《资本主义、社会主义和民主主义》，绛枫译，商务印书馆 1979年版，页 16）

事实依据。但当马克思断言资产阶级议会只是实施阶级统治的工具时，却以绝对主义的口吻夸大了阶级冲突在这个问题解释上的权重，歪曲了由于政治资源不平等导致的国民参政不平等的逻辑性质。须知，对同样一个事实，用不同的理论模式来读解，结论可能是大不一样的。从制度现代化的现代民主转型理论看，工业化早期的社会不平等和剥削现象等乃是利益原则在现代私有产权结构和国家利益"转交"体系尚未完善时的运作情形，这种情形将会随着"看得见的手"这个有意识的"共谋"系统的成熟、随着整个社会法治系统的成熟而改变。工人自己的有组织的、集体的行动（比如组成工会）也将为工人群体维护自己的权益提供重要手段。而工会能够作为独立的力量发挥作用（既独立于资本，也独立于国家），恰恰是现代法治发展的结果。还要看到，工人为维护权益而进行的斗争必然是"经济斗争"；为共产主义之类形而上目标而战的"政治斗争"只是马克思主义的神话（也是后来列宁主义的神话）。从自由主义政治哲学观点看，劳动者的"经济斗争"当然也具有政治含义，但这是指工人的斗争有助于形成劳动者的压力集团，形成社会多元政治力量中的一极，它将有助于政治民主化的推进，使利益原则的展开真正获得其现代文明的属性。马克思似乎不愿意这样看问题。结果，他在歪曲了工人的真实心理的同时，又必然赋予劳动者斗争以极端的、激进的性质。这种对"无产阶级革命"的预期和 19 世纪下半叶工人运动的实际走向显然是不一致的。[48]

---

[48] 举个例子：马克思对第一国际的主力英国工联曾寄予期望，但后来不得不承认这个组织醉心于"争取选举权的运动"，而该运动缺少宪章运动那样火热的激情。他责备英国人没有能力同时做两件事情；选举运动越是发展，伦敦的工人领袖对"我们内部的运动"就越是冷淡。"我们自己在英国发动起来的选举改革运动，几乎葬送了我们自己。"《资本论》第 1 卷问世后的1867 年，第一国际在洛桑召开第二次代表大会。总委员会在大会召开之前发了一个通告，报告各国工人运动的情况。这份报告提供的情况也并不乐观：英国人仍在醉心于选举改革；法国由于专制，工人运动亦少有发展；而原来对研究社会问题那样专注的德国，已经完全埋头于统一运动。（参见梅林《马克思传》，页 457、501）这就是马克思发表其阶级斗争伟大论著时工

　　与本书主题更密切的是马克思对"无产阶级专政"的理解，在这个问题上，尤其表现出马克思政治哲学的幼稚和空想性。马克思似乎从未认真思考过权力问题的深奥和复杂。在他看来，资本主义社会不可能有真民主，只是因为存在"私有制"的缘故；推翻了私有制，就为实现真正的民主创造了条件、扫清了道路。至于与权力相关的人类政治行为的全部复杂性（在追求权力与运用权力过程中人与人的冲突，这种冲突必然要借助的组织化力量及其属性，权力的异化、独裁产生的可能性及其人类学依据等）在马克思的政治哲学框架内全都无从谈起。一切都被理想人性的神圣光环和"阶级斗争"的僵硬逻辑遮蔽了。这使马克思的政治学和政治哲学无可救药地走向幼稚，使他对未来共产主义的政治预言变成了童话。迟至 1875 年的《哥达纲领批判》，马克思仍在重复民主共和国乃是"资产阶级社会"的"最后的国家形式"，在这里无产阶级和资产阶级将要进行"最后的决战"；同时提出"在资本主义社会和共产主义社会之间，有一个从前者变为后者的革命转变时期。同这个时期相适应的也有一个政治上的过渡时期，这个时期的国家只能是无产阶级的革命专政"。[49] 这个说法与马克思在 1852 年写给约·魏德迈的信中的提法显然是一致的，该信强调发现阶级斗争并不是马克思本人的功劳，"我所加上的新内容就是证明了下列几点：（1）阶级的存在仅仅同生产发展的一定历史阶段相联系；（2）阶级斗争必然导致无产阶级专政；（3）这个专政不过是达到消灭一切阶级和进入无阶级社会的过渡……"[50]

　　而我们——一个半世纪后经历了共产主义运动的全部兴奋和全部悲哀的中国人——又会从马克思的上述箴言中读出什么呢？第一，作为追求目标，无阶级社会（共产主义社会）只不过是一种乌托

　　人运动的实际情形。马克思对此一定会感到失望。它似乎证明了马克思主义对当时的工人运动并未产生大的影响。这种影响只是在列宁领导的俄国十月革命成功后，才具有实际的政权建构意义。

49　《马克思恩格斯选集》第 3 卷，页 314、315。
50　《马克思恩格斯选集》第 4 卷，页 547。

邦幻想。在这里，乌托邦意味着某种原则上不可能实现的东西，不管人们对它的追求如何真诚。莫尔、圣西门、傅立叶的社会主义是乌托邦，马克思的共产主义同样是乌托邦，不同之处只在于马克思的共产主义乌托邦多了一件"科学"的外衣。更重要的是，第二，作为实践行为，马克思所设想的、作为走向共产主义之"过渡阶段"的"无产阶级专政"恰恰有可能走向它的反面，即从追求更高级的、真正的民主变成赤裸裸的、骇人听闻的专制。道理很简单：在权力问题上，诉诸"理想人性"是靠不住的；迄今为止的人类历史表明，同时支配着经济行为和政治行为的利益原则是一种只能扬弃而不能废除的东西，人为地废除，必然遭到被废除者强有力的反向报复。权力不能被单一力量垄断，不管它以什么名义。事实上，被马克思赞扬备至的巴黎公社式的"无产阶级专政"已经在逻辑上预示了未来"工人阶级政党"执政地位的唯一性和天然合法性。当然——这样一来——它也就同时预示了在缺乏权力制衡的条件下"工人阶级政权"（权且这样称呼之）走向异化的不可避免性。只不过马克思没能估计到这一点。思想家也是凡人。

最后，我想简单谈谈马克思主义与本书所界定的公共理性范畴的关系。首先，马克思本人的理论中并无公民社会的位置，至少在结构意义上是如此。在马克思的著作中通常被翻译成"市民社会"的 civil society 只是对黑格尔用于描述经济领域传统概念的承袭。但是，马克思（尤其在他的青年时代）非常精彩地阐述过出版自由的思想，这个闪耀着自由主义光辉的思想，却与我们现在所说的公共理性精神有着内在的吻合。比如，马克思大声疾呼报刊应该是人民的情感和意志的表达者，"它生活在人民当中，它真诚地和人民共患难、同甘苦、齐爱憎"。[51] "自由的出版物是人民精神的慧眼，是人民自我信任的体现，是把个人同国家和整个世界联系起来的有声的纽带。"[52]

---

51 《马克思恩格斯全集》第 1 卷，页 187。
52 同上，页 74。

对于普鲁士政府的书报检查令"不仅要惩罚我所做的，而且要惩罚我所想的"这种荒谬行径，马克思予以了严厉斥责，强调"治疗书报检查制度的真正而根本的办法，就是废除书报检查制度"。[53] 难怪今天那些有良知的中国高等学校马列主义教师们在给学生们上"政治课"时，总是喜欢借用"革命导师"青年时代的写作来传达自己真正想说的东西。从本书的立场看，马克思对出版自由、言论自由的论述显然可以从公共理性范畴角度予以解读，因为反映互主体交往本质的公民社会的发展恰恰要借助并通过现代传媒的发展和独立化而实现自身。出版自由的重要社会功能是对公共权力的监督，正如前文已经指出的，社会监督只有在非意识形态独断下才有可能。这种监督既不是通过选票进行，也不是通过利益集团的压力进行，而主要是用笔来进行。"笔"在这里当然不仅仅是书写工具，它是自由意志的象征，又是公共意志的象征。作为前者，"笔"表达独立公民的声音和要求，是公民个体主体性的体现；作为后者，"笔"表达公共理性的声音和要求，是公共领域之互主体性的体现。所谓"笔的自由是民权的唯一保障"，其意是指唯有通过"笔"对政府行为的公开监督，对任何可能存在的政府腐败的毫不留情的揭露，政府才不至于从公共权力的受托人异化为公众的统治者。（第1章第15节）在青年马克思那里，我们很容易找到类似的思想（虽然表述上略有不同）；且作为行动者，不管马克思的政治主张为何，他的以笔为武器的行动本身，就已经证明了这位思想者所具有的公共知识分子的高贵禀性。当然，从学理上看，由于马克思不理解人的双重本性对社会进化和制度现代化结构建设的意义，他没能从利益原则和公共理性原则的张力角度去深化出版自由问题的研究，他的早期的自由主义、民主主义思想也转换、合并、"升华"成后来的共产主义思想，这使得上述意义上的"深化研究"更加不可能。大概可以这样说：在马克思那里，人的言论自由和人的劳动自由都应该是理想的自由人性的证明。但这正是马克思

---

53 同上，页31。

的立场和本书立场之间的差异。在我看来，脱离了生物性而对社会性的理解，不会是、也不可能是对社会性的完整理解。当我们讨论公民社会这个本来属于人之本真存在的社会性领域时，这一点尤其具有重要的意义。

不管怎么说，有一点是清楚的：在马克思那里，通过出版自由等问题的论述而呈示出的、有些类似于"公共理性原则"的那种认识，与这位思想家的整个乌托邦政治-经济构想是统一的。马克思没有料到的是，这种"统一"在未来的"无产阶级专政"社会中将会遇到麻烦，乃至出现分裂。如果说，对权力的监督和出版自由对"资产阶级社会"来讲只是完善程度问题，那么对"无产阶级专政"的社会来讲，它们却成了无法实现的、水中捞月般的幻想。马、恩去世以后不到四分之一世纪在俄国爆发的"社会主义革命"，逻辑地、同时又是活生生地证明了这一切。

23. 俄国革命与布尔什维克党专制的形成

1917 年发生的俄国"社会主义革命"，被认为是 20 世纪人类历史上的重大事件。它的确深深影响了历史。就中国人而言，"十月革命一声炮响，给我们送来了马克思主义"，这"一声炮响"是祸是福，如今已有了公断。中国革命者对马克思主义的理解方式，曾深受俄国人的影响；中国一党专制的现代专制主义制度也是由俄国引进到中国来的。正因为如此，要研究党治结构的逻辑起源和发生学过程，就必须了解俄国革命，知道它何以发生，又导致什么样的后果。而研究这些东西，最好的切入方式是从讨论这样一个人入手，他就是俄国革命的领袖弗拉基米尔·伊里奇·列宁。

作为马克思忠实追随者的列宁

列宁是一个天才的鼓动者、演说家，布尔什维克无可争议的领袖，但并不是一个深刻的思想者。列宁的思想缺乏真正的独创性，在这方面，他和马克思不能相比。列宁的激进主张大部分导源于对马克思主义的教条式接受。比如，在 1894 年、列宁时年 24 岁时出版的《什么是"人民之友"以及他们如何攻击社会民主党人》一书中，这位初出茅庐的年轻人就大力批驳自由主义民粹派，阐述他的马克思主义的阶级斗争观——

社会民主党人的政治活动是要协助俄国工人运动发展和组织起来，把工人运动从目前这种分散的、缺乏指导思想的抗议、"骚动"和罢工的状态，改造成整个俄国工人阶级的有组织的斗争，其目的在于推翻资产阶级制度，剥夺剥夺者，消灭以压迫劳动者为基础的社会制度。作为这种活动的基础的，是马克思主义者的共同信念：俄国工人是俄国全体被剥削劳动群众唯一的和天然的代表。[54]

如果浏览一下列宁各个时期发表的主要著作，就会发现这种笃信阶级斗争和无产阶级革命的主张对列宁来说是一贯的。然而，正是这种原教旨主义立场，使列宁既没有能对当时世界大势的发展和"国际共产主义运动"的走向做出正确判断，也误读了俄国的形势和这个正在进行现代化制度转型的老大帝国所面临的基本任务。

先来看前者。在这方面，列宁与"修正主义"的"伯恩施坦主义者"的论争可谓代表。我曾经谈过，19 世纪的欧洲（特别是西欧）是民主化走向成熟的重要时期。1890 年德国议会否决了延长"社会党人法"的法案（这个旨在限制左派政党活动的法案是俾斯麦政府于 1878 年颁布的），包括德国社会民主党在内的各党派的活动重新获得合法性。自由主义经济政策导致各国经济的普遍增长，普通市民中有产者的比例也大幅增加。正是在这个背景下爱德华·伯恩施坦提出社

54　《列宁选集》第 1 卷，人民出版社 1995 年版，页 79。

会民主党人不应再把希望寄托于资本主义的"大崩溃"，而应该训练工人阶级学会"运用民主，为国内的一切适于提高工人阶级和按民主精神改造国家制度的改革而斗争"，"在一百年以前需要进行流血革命才能实现的改革，我们今天只要通过投票、示威游行和类似的威迫手段就可以实现了。"[55]

伯恩施坦的观点遭到列宁的强烈反对。1899 年 8 月，还在流放中的列宁读到俄国社会民主党某些成员赞成伯恩施坦而发表的文字《信条》时，立刻写了一封抗议书，指责"臭名远扬的伯恩施坦主义"要"把革命的工人政党变为改良主义的党"，"把革命的马克思主义降低为一种庸俗的改良主义思潮"。[56] 那么，《信条》的作者究竟是怎样阐述"伯恩施坦主义"的呢？我们不妨简单作个引证：在指出欧洲形势的变化后，《信条》的作者谈到"这种变化不仅使党更加努力进行经济斗争，巩固经济组织，并且最重要的是促使党改变对其他反对派政党的态度。固执己见的马克思主义，否定一切的马克思主义，原始的马克思主义（对于社会阶级的划分持过分死板的看法），将让位于民主主义的马克思主义，而党在现代社会中的社会地位也就会发生急剧的变化。党将承认社会；党的狭隘小团体的、多半是宗派主义性的任务，将扩大为社会的任务，而它的夺取政权的意图，就会变成适应现代实际情况和根据民主原则改变或改良现代社会的意图，以求最有效最充分地保护劳动阶级的权利（各种各样的权利）"。[57] 即便在今天读来，我也要说，这些文字写得何等之好啊！我们不难发现，恰恰是"修正主义"的上述主张经受了历史的考验；这些在马克思主义语境内使用的语言，恰恰表达了民主宪政和制度现代化的一般逻辑。实际上，20 世纪的欧洲社会民主主义就是沿着这个思路发展下来的，它代表了马克思主义仍有其生命力的那一部分遗产。相形之下，列宁

55　伯恩施坦《社会主义的前提和社会民主党的任务》，殷叙彝译，三联书店 1965 年版，页 4、7。

56　《列宁选集》第 1 卷，页 266、268。

57　转引自《列宁选集》第 1 卷，页 264。

的马克思主义原教旨主义立场却显得如此陈旧、死板，他对党内同事赞同伯恩施坦观点的批评，充分证明他对西欧"阶级斗争"发展的大格局的判断是错误的。

再来看后者，即列宁对俄国国内形势和社会改革之基本任务的误读。我们知道，俄国是一个很特殊的国家，兼有亚洲式的专制传统和脱胎于拜占廷的东正教文化。与西欧相比，俄罗斯是落后的，在整个罗曼诺夫王朝（从 1613 年大贵族米哈依尔·罗曼诺夫被推选为沙皇起至 1917 年二月革命被推翻止）长达 300 多年的时间内，俄罗斯一直经历着"世界时间普世性"与俄罗斯"历史时间特殊性"之间的紧张。[58] 彼得大帝的改革开启了从器物上学习西欧的过程；18 世纪另一位杰出的统治者叶卡特琳娜女皇的"开明专制"继续了这个过程，并把"欧化"引入精神领域。经过 19 世纪上半叶专制主义卷土重来的反动时期后，1861 年沙皇亚力山大二世的农奴制改革标志着俄罗斯社会转型的一个新的起点：农民开始获得有限度的、然而又是意义深远的解放。"大改革"不仅宣布了俄罗斯封建农奴制的结束，而且带动了行政、司法、教育、军事等领域的变革。虽然俄、土战争（1877-78）后亚力山大二世的被刺（1881）使俄罗斯沙皇主导的改革又呈异相，政治上的专制主义再度猖獗，但俄罗斯制度现代化的总的历史走向仍然是清晰的：一方面，市场经济仍然在发展，并在威权主义的制度框架内取得很高成就；另一方面，政治现代化也总要寻找时机适时地切入，这样的时机终于来临了，它就是 1904 年的日俄战争。战争的失败和随之发生的 1905 年革命促动了俄国国内的政治转型，君主立宪被提上了议事日程。总之，这是一个以俄罗斯历史进程特殊性形式体现的制度现代化的普遍要求，看不到这一点，就说明没有理解历史发展的内在机理和大趋势。

那么列宁的问题在哪里呢？当列宁断言资本主义的发展在俄罗

---

58 "世界时间普世性"和"历史时间特殊性"的提法，见王云龙《现代化的特殊性道路：沙皇俄国最后 60 年社会转型历程解析》，商务印书馆 2004 年版。

斯是不可避免的、并以此批评民粹派试图"阻止"资本主义的想法完全错误时，他本来是握有相当真理的。问题出在接踵而来的下面这个判断上，那就是无产阶级不仅要欢迎资产阶级对封建主义的革命，不仅要最大限度地参加这场革命，而且还要掌握革命的领导权，因为"大资产阶级、地主、厂主以及跟着解放派走的'社会人士'不可能是这样的力量"，"他们自己的阶级地位决定了他们不能和沙皇制度作坚决的斗争"。因此，"只有人民，即无产阶级和农民，才是能够取得'对沙皇制度的彻底胜利'的力量"，而"'革命对沙皇制度的彻底胜利'，就是无产阶级和农民的革命民主专政"。[59] 在这个基础上——列宁满怀信心地认为——俄国无产阶级甚至可以把革命的烈火燃向欧洲，并反过来扩大俄国革命的历史范围，把革命向社会主义目标继续推进。[60]

让"无产阶级"充当"资产阶级民主革命"的主体，这已经是对"俄罗斯特殊性的否定之否定"[61]，体现的是马克思主义阶级斗争和无产阶级专政的逻辑，而不是制度现代化（俄罗斯特殊性之否定）的逻辑。更何况，即便在马克思主义语境内，列宁也似乎走的太远了。同为马克思主义者、但资格比列宁还老的普列汉诺夫就不赞成列宁的意见，他认为不但要严格区分"民主革命"和"社会主义革命"的界限，更要考虑进行这种革命的条件（特别是经济社会发展的水平），不能做超越历史条件的革命跨越。普列汉诺夫批评列宁是"急进主义者"，列宁则反讥他的马克思主义前辈是"机会主义者"。[62] 今天，我们已不必就二人的谁是谁非做出评判；类似问题在马克思主义逻辑语境内是真问题，在制度现代化逻辑语境内则是假问题，且已经被历史所证明其何以为假。我所关心的、也是从本书主题来看更重要的，

59　"社会民主党在民主革命中的两种策略"，见《列宁选集》第 1 卷，页 562。

60　参见同上书，页 588～589。

61　王云龙语，见《现代化的特殊性道路：沙皇俄国最后 60 年社会转型历程解析》，页 289。

62　关于列宁和普列汉诺夫的争论，亦可参见王云龙同上书，页 286～294。

乃是如下一点：既然列宁认定推翻沙皇的"资产阶级革命"要由无产阶级来领导，无产阶级还面临着走向社会主义、建设无产阶级专政的艰巨历史任务，他必然会提出如何完成这一任务的组织形式问题。列宁自己是这样阐述这个问题的：俄国社会民主运动"自始至终都要成为有组织的工人群众的阶级运动"，"只有独立的工人政党才能成为反对专制制度斗争的坚固堡垒"。[63]

事实上，正是在回答建设一个什么样的党和如何建党等问题上，列宁主义开始显露自己的特色。我们马上就来更深入地研究一下，看看这个问题是在什么具体历史语境内生发出来的，它又怎样包含着后来演变为共产党一党专制之组织建构的逻辑胚芽。

铁的政党：列宁主义的真正创造

就列宁本人而言，建设一个强有力的、足以承担革命使命的政党，是心中酝酿已久的计划。他的妻子克鲁普斯卡娅曾回忆说，早在19世纪末列宁在西伯利亚流放的那几年，他就开始认真考虑建党的组织计划，以至于把自己搞得"夜不能寐，异常消瘦"。同为流放战友的克尔日札诺夫斯基也回忆道："我还清楚地记得，在宽广的叶尼塞河边同弗拉基米尔·伊里奇最后一次散步的情景。这是一个寒冬的月夜，展现在我们面前的，是西伯利亚一片冰封雪盖、辽阔无垠的大地。他雄心勃勃地跟我讲述了回到俄国后的计划和设想。创办铅印的党报，把它迁往国外出版，利用这张中央机关报来建党，这样这个机关报将成为建造整个无产阶级革命组织大厦的特种脚手架……。"[64]

这段回忆深情而浪漫，令人生出几分感动，又几多感慨。

后来的历史发展真和这里的描写差不多。1900年列宁结束流放生活后，迅即在德国创办、出版了《火星报》，这张报纸成为列宁要建设的"新型马克思主义政党"的组织中心。为了批驳俄国社会民主

63　《列宁选集》第1卷，页270～271。
64　转引自黄楠森、曾盛林著《列宁传》，河南人民出版社1989年版，页153。

党内"经济派"提倡工人运动的自发性、推崇"自治"和"组织工作中的手工业方式"等观点，列宁撰写了《怎么办？（我们运动中的迫切问题）》一书，系统阐述了他的建党见解。1903 年俄国社会民主工党第二次代表大会之后，这次大会上形成的"布尔什维克派"和"孟什维克派"在组织构建原则上产生了严重的观点对立，于是列宁又写了《进一步，退两步（我们党内的危机）》，再谈他自己的建党主张。这些主张中最重要的要点包括：

- 党是由无产阶级优秀分子组成的先进部队，而不是随便什么人都可以自由进出的松散团体。应该使"作为阶级的先进部队的党成为尽量有组织的，使党只吸收至少能接受最低限度组织性的分子"。[65]

- 党的核心应该是由一小部分精干的人组成的"职业革命家组织"，理由是："（1）任何革命运动，如果没有一种稳定的和能够保持继承性的领导者组织，就不能持久；（2）自发地卷入斗争、构成运动的基础和参加到运动中来的群众愈广泛，这种组织也就愈迫切需要，也就应当愈巩固……；（3）这种组织的构成主要应当是以革命活动为职业的人；（4）在专制制度的国家里，我们愈减少这种组织的成员的数量，减少到只包括那些以革命活动为职业并且在同政治警察作斗争的艺术方面受过专业训练的人，这种组织也就会愈难被'捕捉'……"[66]

- 在党的外围，可以有各种各样的群众组织，它们应服从党的监督，接受党的领导，但不可"把这些组织和革命家的组织混为一谈"。[67]

- 在党组织内，必须贯彻集中制的组织原则。"为了保证党内团结，为了保证党的工作集中化，还需要有组织上的统一，

65　《列宁选集》第 1 卷，页 471。

66　同上，页 404。

67　同上，页 478～479。

而这种统一在一个已经多少超出了家庭式小组范围的党里面，如果没有正式规定的党章，没有少数服从多数，没有部分服从整体，那是不可想象的。"用集中制反对自治制，就是用"革命社会民主党的组织原则"反对"社会民主党机会主义派的组织原则"。[68]

以上几个方面结合在一起，的确勾勒出一个全新的，既不同于"资产阶级"的自由主义政党、也不同于欧洲社会民主党的建党模式。"集中制"和充当核心、领袖作用的"革命家组织"是这个模式最显著的特征。

1947 年胡适写过一篇文章，论"两种根本不同的政党"。[69] 这篇文章的要旨当然在批评共产党的独裁，但在论及俄式政党的特征时，似乎忽视了这些特征形成的具体历史语境。要知道，当列宁提出以上建党原则时，俄国社会民主党尚处于非法的秘密状态，这种非法身份不能不对党的组织构成和运行方式产生影响。列宁自己就曾有力地阐述过秘密状态下的党为什么不能实行"广泛的民主原则"：

每一个人大概都会同意"广泛民主原则"要包含以下两个必要条件：第一，完全的公开性；第二，一切职务经过选举。没有公开性而谈民主制是很可笑的，并且这种公开性还要不仅限于对本组织的成员。我们称德国社会党组织为民主的组织，因为在德国社会党内一切都是公开进行的，甚至党代表大会的会议也是公开的；然而一个对所有非组织以内的人严守秘密的组织，谁也不会称之为民主的组织。试问，既然"广泛民主原则"的基本条件对秘密组织来说是无法执行的，

68　同上，页 499、508。

69　在这篇文章中，胡适把英、美、西欧的政党称为"甲式政党"，特点包括党员自由登记入党或脱党、党员言论自由不受党纪约束、党遵循多党和平竞争的宪政原则等；"乙式政党"则指意大利的法西斯党、德国纳粹党和俄国共产党，这些党都强调组织的严密、党员必须服从党纪、政党目标在一党专政等。见《申报》1947 年 7 月 6 日。此文收入张忠栋等主编《现代中国自由主义资料选编》（民主·宪政·法治卷），（台北）唐山出版社 2001 年版，页 1035～1039。

那么提出这种原则又有什么意思呢？

　　关于民主制的第二个标志即选举制，情况也并不见得好些。这个条件在有政治自由的国家中是不成问题的……。（但对专制的俄国来说）要所有"承认党纲的原则并尽力帮助党的人"来监督秘密革命家的一举一动，这在我国是否做得到呢？既然革命家为了工作，必须使"所有的人"中的十分之九都不知道他是什么人，那怎么能要求所有的人来选举这些秘密革命家中的这个人或者那个人呢？只要稍微考虑一下《工人事业》所讲的那些响亮词句的真正意义，就可以知道在黑暗的专制制度下，在流行由宪兵来进行选择的情况下，党组织的"广泛民主制"只是一种毫无意思而且有害的儿戏。[70]

　　引述上面这些，是想强调一个意思：要历史地看问题，即便是那些后来发展为专制主义的、极其可恶的东西，它的起源也可能包含着某些极容易理解的客观因素。但我为列宁的"辩护"（如果这种引证可以称之为"辩护"的话）只能到此为止，因为列宁确实没有注意、至少是没有强调事情的另一个方面，那就是集中制的弊害和党的权力中心的寡头倾向。

　　研究政党组织之"寡头"问题的最好著作之一，是德裔意大利籍社会学家罗伯特·米歇尔斯（Robert Michels）1911 年发表的《寡头统治铁律：现代民主制度中的政党社会学》。米歇尔斯首先承认组织的必要性："组织看来是形成集体意志的唯一途径。组织能够使其成员的付出最小化，最节省精力，它是弱者对抗强者的武器。"[71] 这与列宁的观点显然是一致的。——列宁的说法是"无产阶级在争取政权的斗争中，除了组织，没有别的武器"。[72] 然而，米歇尔斯的下列断言却显然超出了列宁的视野："组织是寡头统治的温床。在任何组织中，无论它是一个政党、工会组织，还是其他任何类型的协会，其贵

70　《列宁选集》第 1 卷，页 416～418。

71　米歇尔斯《寡头统治铁律：现代民主制度中的政党社会学》，任军锋等译，天津人民出版社 2003 年版，页 18。

72　《列宁选集》第 1 卷，页 526。

族化倾向都是显而易见的。组织的结构在赋予自身稳定性的同时，却使组织化的大众发生了深刻变化，完全改变了领导者与被领导者之间的关系地位。"[73]

米歇尔斯也强调政党组织的非民主特征，但他是从不同的角度切入讨论的——

在组织的日常活动中，一定程度的专制独裁有利于政令的迅速传递和执行……。在政党组织中，特别是在那些作为战斗堡垒的政党组织中，民主不是只供自己享用的东西，而是一种对外出口的物品。任何政治组织都需要"一套不妨碍其行动自由的轻型装备"。民主与这种策略上的及时性是格格不入的，民主本身并不利于组织立即采取行动。这就是为什么政党（即使是那些民主主义的政党）对全民公决以及其他保障真正意义上的民主得以实现的举措持有如此深的敌意；这也是这些政党组织架构呈现出即使不是绝对的专制，也至少是强烈的集权和寡头倾向的根源。[74]

而米氏真正担心的是组织的这种本性所必然造成的"领袖的专断"。随着"寡头"——也就是不多几个掌控着组织大权的领袖所组成的小圈子——的形成，他们会变得日益保守，这个小圈子也将逐渐形成独属于自己的特殊利益，这种特殊利益有可能——而且在大多数情况下肯定将——背离组织原来所追求的目标。权力意识总会使人变得自负，渴望主宰他人的欲望会迅速膨胀起来；而大众的漠不关心、得过且过，以及希望得到引导，将进一步助长领袖对权力的本能贪欲。政党的组织化程度越高，其代表凌驾于党组织之上的可能性就越高。最后，当组织内的权力竞争超过了政党与其敌手间的竞争时，政党就丧失了自身的政治纯洁性，因为政党本来意味着迈向某种共同目标的一致意向，一旦这种共同意向不复存在或至少变得模糊起

73　米歇尔斯《寡头统治铁律：现代民主制度中的政党社会学》，页 28。
74　同上，页 38。

来，所谓的政党就只能是单纯的"组织"而已。[75]

米歇尔斯的研究语境和讨论对象是 20 世纪初的德国社会民主党，这时的德国社民党是一个公开的、合法的组织。这一点与列宁讨论问题的语境有很大的不同。如果说，米氏论证一个合法的、公开的党在其运行中会从民主走向独裁（寡头统治），那么列宁的秘密的俄国布尔什维克党从建党一开始就不能不是高度集中的、寡头领导式的党。但列宁只是囿于条件所限而不能实行民主，却心仪之；而米氏则断言任何组织都不免走向专制，寡头统治乃是所有政党都难以避免的结局。这是一个很有意思的比较。我以为，尽管米歇尔斯的观点也有偏颇之处，[76] 但在对组织的本性的理解和前瞻上，米氏显然比列宁高出一筹，因为他看出了组织所蕴含的内在的危险。当然，无论米歇尔斯还是列宁都没有料到、更没有论证过"组织"后来的发展：在一党专制条件下，"组织"会生发出更为玄妙、也更为可怕的功能，成为锁住人的手脚的镣铐，禁锢人的灵魂的紧箍，成为一党专制的得力助手和基本控制工具。这种研究需要新的材料和新的体验。它只能由我们来继续、来完成了。

强调集中，强调"铁的纪律"，这是列宁主义建党理论和建党实践的重要特色。这种特色不但在秘密年代，而且在布尔什维克革命成

75　同上书，参见页 78、89、155、175、324、325 等。

76　比如，李普塞（Seymour Martin Lipset）在他写的《寡头统治铁律》英文版前言中就指出米氏理论有其"过于武断的一面"，因为现代社会中不同的政党在组织结构上存在着明显的不同，而不同的组织结构会产生不同的功能，导致不同的结果。本书前引胡适的文章其实恰好证明了这一点。正如李普塞所说："在现代社会，民主可以被视为组织化群体间争夺民众支持的过程。""许多内部结构呈现出强烈寡头化倾向的组织，却为整个社会实现民主提供了基础，并能够保障其成员的利益免受其他群体的侵害。民主在很大程度上是建立在以下事实基础上的：任何群体都不能拥有某种权力基础使其能够对多数人发号施令，都不能拥有有效压制或否决与其对立的其他群体的要求的永久性权力。"（《寡头统治铁律》英文版前言，页 48～49）这样一种理解实际上预设了某种多元的宪政民主政体的存在，它的确有助于化解各政党内部的寡头化倾向对整个社会民主建构的影响。不难发现，上述对政党"寡头化"问题的讨论，反倒使我们增加了理解多元宪政民主之价值的一个有用的维度。

功后，也成了党的传家宝。1920 年列宁向共产国际第二次代表大会各国代表传授布尔什维克成功的基本经验时，就把"无产阶级实行无条件的集中和极严格的纪律"，当作"战胜资产阶级的基本条件之一"。[77] 此类的"传经"似乎进一步说明列宁囿于一时的经验而缺乏更深刻的反省精神，把布尔什维克党的集中制和"铁的纪律"当成了普遍真理。

当然，如果我们只是在政党建构理论内讨论这个问题，那么我们就仍然没有超出米歇尔斯式的问题域；列宁主义党建模式的真实历史意义恰恰不在于此，而在于这种组织结构与国家政权的结合。当"铁的政党"在马克思主义阶级斗争的逻辑范畴内与国家政权"合二而一"而变成无产阶级专政的党-国实践时，也就是说，当"铁的政党"真的掌握了国家权力并形成排斥一切竞争对手的权力垄断局面时，历史的不幸才真正注定了要发生。

"十月革命"与布尔什维克党专制的建立

如同法国巴黎公社一样，俄国十月革命并不具有共产党长期以来所宣传的那种"改变人类历史方向"的"时代意义"。就俄罗斯现代历史的发展轨迹言，导致这场"革命"爆发的内、外因素很多，而且总的讲这些因素大部分可以归结为历史演进之逻辑意义上的偶然性，比如"二月革命"后出现的混乱格局以及战争（第一次世界大战）对俄罗斯国内政治-社会转型进程的悲剧性影响。对于这些，俄国人自己已经作了深入的研究。[78] 我们这里所关注的，乃是借助这场革命而产生的一个新型的政权——布尔什维克政权，它给自身界定的"本质"属性，证明这些"属性"之正当性的根据，以及它在现实操作、

77　引自"共产主义运动中的'左派'幼稚病"，《列宁选集》第 4 卷，页 135。
78　比如，可参考安·米格拉尼扬《俄罗斯现代化之路：为何如此曲折》（徐葵等译，新华出版社 2002 年版）第一部分中的几篇文章。其中，"为什么布尔什维克会获胜，由此导致了什么结果"一文更是直接针对十月革命问题的研讨。

运行中所呈示的那些实际特征。

研究俄国革命史的人都知道，列宁在十月革命前夕写了一本很著名的书《国家与革命》。该作品准确表达了这位布尔什维克领袖所理解的、即将进行的这场"革命"的性质。讨论是从引述（重述）马克思、恩格斯的有关学说开始的。列宁强调了这样一个基本观点：国家是阶级矛盾不可调和的产物。国家又是特殊的强力组织，是一个阶级镇压另一个阶级的暴力组织。按照这个逻辑，"无产阶级"和"资产阶级"之间是不可能"合作"或"调和"的——

阶级斗争学说经马克思运用到国家和社会主义革命问题上，必然导致承认无产阶级的政治统治，无产阶级的专政，即不与任何人分掌而直接依靠群众武装力量的政权。[79]

可以说，这是关于革命成功后"无产阶级"将独自垄断政权的最明白无误的宣示。

它也同时宣示了，资产阶级的议会制度当然在否定之列。

按照列宁的说法，"每隔几年决定一次究竟由统治阶级中的什么人在议会里镇压人民、压迫人民，——这就是资产阶级议会制的真正本质，不仅在议会制的立宪君主国内是这样，而且在最民主的共和国内也是这样。""请看一看任何一个议会制的国家，从美国到瑞士，从法国到英国和挪威等等，那里真正的'国家'工作是在幕后做的，是由各部、官厅和司令部进行的。议会专门为了愚弄'老百姓'而从事空谈。"[80]

大概正是出于这样一种认知，即便是在 1905 年后实行君主立宪时期，俄国社会民主党已经摆脱了秘密状态（至少在一定程度上）、成为国家杜马的正式党团，列宁也从未考虑过与其他政党在议会内真诚合作，而只是把议会当作工人阶级政党宣传自己的纲领和激进

---

79 《列宁选集》第 3 卷，页 131。
80 同上，页 150～151。

政治主张、痛斥沙皇制度的讲坛。[81] 1917 年"二月革命"发生后，列宁强调布尔什维克党政策中的一个重要问题，就是教导人民不要相信资产阶级。在列宁自己起草的《四月提纲》中，这位党的领袖明确提出"不要议会制共和国（从工人代表苏维埃回到议会制共和国是倒退了一步）而要从下到上遍及全国的工人、雇农和农民代表苏维埃的共和国。"[82] 1917 年 9 月，社会革命党人和孟什维克在彼得格勒召开全俄民主会议，并产生了"预备议会"，布尔什维克也出席了此次会议。当时身在芬兰的列宁激烈批评了布尔什维克党参加民主会议的"错误策略"，警告他的同志们不要成为"十足的议会迷"。[83] 正是在列宁的坚持下，布尔什维克党中央做出了退出预备议会的决定，全力准备武装暴动。

从今天我们已经达到的、制度现代化的认识逻辑看问题，列宁当年的想法和路数根本上就是错的，尽管他自己极其真诚地相信他握有真理。其实，在君主立宪时期俄国社会民主党能够成为公开的、合法的党，派代表出席国家杜马的工作，公开出版、发行党的机关报《真理报》，这本身就是制度现代化范畴内俄国民主化的进步。可惜这样的进步好景不长。"二月革命"后俄国国内出现了极其复杂的政治形势，软弱的临时政府、分崩离析的各种政治势力、军队的混乱、来自底层民众的呼声混杂在一起，最终为激进的布尔什维克夺取政权创造了机会。而对列宁来说，政权的获得意味着从此可以按照马克

81　有关文献这样记载了列宁向布尔什维克杜马党团成员交待任务时的谈话。列宁说："黑帮分子的杜马是永远不会通过改善工人状况的法律的。工人代表的任务是利用杜马的讲台，每天向黑帮分子表明：工人阶级是有力量的，是强大的；革命高潮重新到来的日子已经为期不远了；这个革命将把整个黑帮，连同他们的大臣和政府一起扫除干净。当然，也可以对预算提出修正案，甚至还可以提出某种法律草案，但所有这些行动应该为了一个目的：痛斥沙皇制度，揭露政府的全部骇人听闻的专制罪行，宣传工人阶级的无权状态和遭受残酷剥削的事实。这就是工人期待自己的代表去做的事情。"（参见黄楠森、曾盛林著《列宁传》，页 349）

82　《列宁选集》第 3 卷，页 15。

83　同上，页 277。

思主义阶级斗争和无产阶级专政的逻辑改造俄国、建设俄国。布尔什维克的一党专制也正是在这个基础上一步步地成为现实。

可以举个例子，那就是苏维埃政权建立不久布尔什维克公布的解散"立宪会议"的法令。

"立宪会议"本来是临时政府时期就准备召开的会议，旨在使俄罗斯的政治-社会转型纳入法治的、宪政的轨道。列宁本人对这样的"立宪会议"并不感兴趣，用他自己的说法："过去把召集立宪会议的要求列入革命社会民主党的纲领是完全合理的，因为在资产阶级共和国中立宪会议是民主制的最高形式。"但"苏维埃共和国是比通常那种有立宪会议的资产阶级共和国更高的民主制形式"，而且是"能够保证痛苦最少地过渡到社会主义的唯一形式"。[84]

不管怎样，立宪会议代表的选举还是在 1917 年的 11～12 月举行了，结果并非布尔什维克所愿：社会革命党在选举中赢得了多数席位。1918 年 1 月 5 日，立宪会议在彼得格勒塔夫利达宫正式开幕。在会议进行中，多数代表不同意事先由列宁起草好、已经以立宪会议的名义在《真理报》上刊登、并要求立宪会议"批准"的《被剥削劳动人民权利宣言》。——在这个《宣言》中，表达了立宪会议要臣服于苏维埃政权的意思，并宣誓"立宪会议拥护苏维埃政权和人民委员会的法令，并且认为它本身的全部任务就是规定对社会进行社会主义改造的根本原则"。[85] 显然，这是一个未经协商的、强加于人的文件。而当会议的大多数代表拒绝讨论这样的文件时，布尔什维克党做出了激烈的反应：退出立宪会议，并于第二天宣布"解散立宪会议"！

列宁本人并不认为这么做有什么不妥。他在自己起草的《解散立宪会议的法令草案》中断言，无产阶级根据本身的革命经验"打消了同资产阶级妥协的幻想，认清了资产阶级民主议会制形式的欺骗性，从实践中得出了结论：不同这些议会制形式以及一切妥协行为决裂，

84　同上，页 363。
85　同上，页 388。

被压迫阶级就不可能得到解放"。"十月革命把政权交给了苏维埃，并通过苏维埃把政权交给了被剥削劳动阶级，因此引起了剥削者的拼命反抗，它对这种反抗的镇压充分显示出它是社会主义革命的开始。"[86]

就这样，阶级斗争和无产阶级专政的逻辑不但被用于否定议会制度，而且被顺理成章地用于镇压异见。

甚至，这种镇压已经不仅仅停留在发布一纸宣言，而是落实在了用武力表达的行动上：当彼得格勒的市民为纪念立宪会议而举行和平游行时，他们竟然饱尝了来自革命士兵和赤卫队员的子弹！

当然，这一段带血的历史在后来长达几十年的时间内是普通俄国人（那时他们被称为"苏联人"）所不知道的，中国人自然更无从知道。我们只是从 1988 年才在苏联出版、1998 年才译成中文的高尔基的著作《不合时宜的思想：关于革命与文化的思考》中，才确切得知这样的史实。当年的高尔基曾在十月革命前后编辑《新生活报》期间发表一系列时评，批评布尔什维克党的各种政策。其中有一篇提为"从 1 月 9 日到 1 月 5 日"的文章，就是讲的枪杀和平纪念立宪会议示威者这件事情。[87]

86　同上，页 389。

87　"1 月 9 日"指 1905 年的 1 月 9 日，那一天正好是沙皇政府下令向手无寸铁的工人示威者开枪的日子。"1 月 5 日"则指 1918 年 1 月 5 日，是布尔什维克镇压纪念立宪会议游行者的日子。高尔基的文章对这两个事件作了辛辣的比较，并对 1918 年 1 月 5 日的镇压提出强烈谴责。这里不妨摘录一段文字如下：

1918 年 1 月 5 日，手无寸铁的彼得格勒的民主派——工人、职员——为纪念立宪会议举行了和平游行。

俄国的优秀人士为立宪会议的思想所鼓舞已经几乎有一百年了，立宪会议，这是一个将给全体俄国民主派以自由表达自己意志的可能性的政治机构。数以千计的知识分子、数以万计的工人、农民在为立宪会议的思想斗争的过程中，死于监狱、流放地和苦役场，死于绞架上和士兵们的枪弹下。在这一神圣思想的祭坛上早已血流成河，而现在"人民委员们"又下令向民主派开枪，可他们是为纪念这一思想而游行的。我要提醒一下，"人民委员们"中的许多人在他们整个政治活动的过程中，自己也曾教导工人群众，必须为立宪会议的召开而斗争。《真理报》写道，1 月 5 日的游行是资产者、银

　　从逻辑的角度讲，令我们深思的毋宁是这样一点：当年的列宁确曾真诚地相信他的所作所为都是正义的，镇压阶级敌人的反抗正是为了促进、实现真正的社会主义民主。当第二国际的思想家考茨基写了一本小册子批评列宁和苏维埃政权不该解散立宪会议、认为这样的做法是"消灭了民主"时，列宁立刻给考茨基冠以"叛徒"的罪名，强调"着眼于形式上的民主，那是资产阶级民主主义者的观点"，"革命的利益高于立宪会议形式上的权利"。[88] 列宁的逻辑是："无产阶级不粉碎资产阶级的反抗，不用暴力镇压自己的敌人，就不能获得胜利，而凡是实行'暴力镇压'的地方，没有'自由'的地方，当然也就没有民主。"[89] ——今天我们已经知道，这个"无产阶级"和"资产阶级""人民"和"敌人"两相对立的逻辑开了一个多么恶劣的先河，在当时又导致了多么严重的后果：1922 年苏维埃政权就采取过一项"非常行动"，把包括尼·别尔嘉耶夫在内的 160 名作家、哲学家、历史学家、教授、诗人——他们构成当时俄罗斯文化的核心和精华——驱逐出境。更有材料显示，由于当时多数知识分子完全没有接受布尔什维主义，多达 200～250 万人不得不流亡国外！[90]

　　至于"无产阶级"的、"社会主义"的民主，列宁是这样讲的："无产阶级民主比任何资产阶级民主要民主百万倍；苏维埃政权比

行家等等组织的，向塔夫利切斯基官行进的正是"资产者"和"卡列金分子"，这是在撒谎。

《真理报》是在撒谎，因为它非常清楚，"资产者们"在立宪会议开幕这件事上没有什么可高兴的，他们在 246 名社会党人和 140 名布尔什维克的环境中无事可作。《真理报》知道，参加游行的有奥布霍夫工厂、帕特隆工厂和其他工厂的工人；它知道，瓦西里岛区、维堡区和其他区的工人是举着俄国社会民主党的红旗走向塔夫利切斯基官的。正是这些工人遭到了枪杀，不管《真理报》撒多少谎，它也掩盖不了可耻的事实。

（高尔基《不合时宜的思想：关于革命与文化的思考》，朱希渝译，江苏人民出版社 1998 年版，页 260）

88　引自"无产阶级革命和叛徒考茨基"，见《列宁选集》第 3 卷，页 626。

89　同上，页 615。

90　参见德·沃尔科戈诺夫所著《斯大林：胜利与悲剧》，张慕良等译，世界知识出版社 2001 年版，页 267、277。

最民主的资产阶级共和国要民主百万倍。"因为"苏维埃是被剥削劳动群众自己的直接的组织，它便于这些群众自己用一切可能的办法来建设国家和管理国家。""出版自由不再是假的，因为印刷所和纸张都从资产阶级手里夺过来了。最好的建筑如宫殿、公馆、地主宅邸等等也是如此。苏维埃政权把成千上万座最好的建筑物一下子从剥削者手里夺过来，就使群众的集会权利更加'民主'百万倍……。"[91]

这里，我们不必讥笑一个可能由于长期的秘密生活所致竟然把"在最好的建筑物里开会的自由"理解为"民主"的革命领袖。——这种逻辑的荒谬是显而易见的：绝不能说中国的人民代表大会是在"最好的建筑物"人民大会堂里开的，这个会就一定是"民主"的。我们不必拘泥于列宁的此类表述，而要抓住他的论证的核心，那就是他在同一篇文章中所讲的，无产阶级民主表现在"完全彻底地打碎了官吏机构，赶走了所有的旧法官，解散了资产阶级的议会，建立了正是使工农更容易参加的代表机关，用工农苏维埃代替了官吏，或者由工农苏维埃监督官吏，由工农苏维埃选举法官。"[92]

总之，"无产阶级民主"是对穷人的民主，工农已经成为新社会的主人。这就是列宁的结论。这个结论当然是从马克思主义的"科学社会主义"那里引申来的。它一方面把不是工农的所有其他的人都打入另类，不再属于人民的另类，另一方面又把工农神圣化。而我们又已经知道，无产阶级必须通过"党"实施自己的领导（因为一盘散沙式的无产者是无法承担阶级领导的重任的），"党"才是无产阶级的先锋队。这样，对工农的神圣化必然导致对"党"本身的神圣化。"职业革命家"和布尔什维克"铁的政党"自然都成了"无产阶级"的天然代表。在夺取政权以前是这样，夺取政权以后更是这样。

党专制的逻辑就是这样形成的。

对于这种名义上是无产阶级掌权、实际上却由少数几个人在最

91　《列宁选集》第 3 卷，页 606。
92　同上，页 607。

高层操纵的党专制，同样是马克思主义者的罗莎·卢森堡曾做出过下列分析：

> 列宁和托洛茨基用苏维埃代替了根据普选产生的代议机构，认为苏维埃是劳动群众唯一真正的代表。但是随着政治生活在全国受到压制，苏维埃的生活也一定会日益陷于瘫痪。没有普选，没有不受限制的出版和集会自由，没有自由的意见交锋，任何公共机构的生命就要逐渐灭绝，就成为没有灵魂的生活，只有官僚仍是其中唯一的活动因素。公共生活逐渐沉寂，几十个具有无穷无尽的精力和无边无际的理想主义的党的领导人指挥着和统治着，在他们中间实际上是十几个杰出人物在领导，还有一批工人中的精华不时被召集来开会，聆听领袖的演说并为之鼓掌，一致同意提出来的决议。由此可见，这根本是一种小集团统治——这固然是一种专政，但不是无产阶级专政，而是一小撮政治家的专政……[93]

事情还不止于此。一党专制不仅将窒息社会的公共生活，清除所有与当权者不同的声音，而且在党内也将形成排斥异己、领袖独裁的格局。这是党专制逻辑的必然演变和发展，且为俄国和其他国家共产党掌权的历史所证明。不过，在继续讨论这个问题之前，我想先插入有关列宁的经济主张和十月革命后布尔什维克党经济政策的研讨。从本书提供的方法论框架、特别是制度现代化逻辑的自身要求看，这样的研讨是必要的。列宁的经济主张及其政策实践是连接马克思主义经济理论和后来延续几十年的各国共产主义乌托邦经济发展战略和经济制度建构的重要环节。理解这个问题对本书的后续研究（尤其是后面几卷对极权主义和威权主义经济结构的考察）意义极大。处理完这个问题后，我将回到政治结构中党的领导的独裁化这个话题。

93　卢森堡《论俄国革命·书信集》，殷叙彝等译，贵州人民出版社 2001 年版，页 31～32。

从战时共产主义到新经济政策：列宁的经济乌托邦

列宁的经济乌托邦思想直接来源于马克思。第 22 节我曾指出，马克思虽然对斯密、李嘉图作过深入研究，对商品生产和商品交换的一般机制有过出色分析，但他的经济学研究却一直被他的人类学前设和政治哲学目标所左右。由于马克思总是在"异化"和历史活动的"自发性"意义上讨论"交换"和后来被正统马克思主义经济学家归结为"价值法则"的那些现象，这位思想家不可能得出制度现代化逻辑语境内有关市场经济之经济结构及其正面功能的一般结论。

马克思经济学分析的政治学后果是阶级神话的完成。在这个神话中，赤贫的无产者将转变为自由的存在者。而对于列宁来说，这当然不是什么神话，而是真理。马克思、恩格斯关于未来无阶级社会中商品生产将退出历史舞台的思想自然成为列宁苏维埃实践设计的根据和出发点。

我们先来看看马克思、恩格斯是怎样阐述这个问题的。

在《哥达纲领批判》中，马克思这样谈到未来共产主义社会中人的劳动的非交换性：

> 在一个集体的、以生产资料公有为基础的社会中，生产者不交换自己的产品；用在产品上的劳动，在这里也不表现为这些产品的价值，不表现为这些产品所具有的某种物的属性，因为这时，同资本主义社会相反，个人的劳动不再经过迂回曲折的道路，而是直接作为总劳动的组成部分存在着。[94]

恩格斯在《反杜林论》中的有关说法则更为直截了当、通俗易懂：

> 一旦社会占有了生产资料，商品生产就将被消除，而产品对生产者的统治也将随之消除。社会生产内部的无政府状态将为有计划的自觉的组织所代替。个体生存斗争停止了。于是，人在一定意义上才

---

94 《马克思恩格斯选集》第 3 卷，页 303。

最终地脱离了动物界，从动物的生存条件进入真正人的生存条件。[95]

列宁对马、恩的上述观点是非常熟悉且高度认同的。在《国家与革命》中，列宁断言布尔什维克党面临的"政治上的迫切问题"乃是"剥夺资本家，把全体公民变为一个大'辛迪加'即整个国家的工作者和职员，并使这整个辛迪加的全部工作完全服从真正民主的国家，即工兵代表苏维埃国家"。[96] 在这个"大辛迪加"里，将不再有商品生产和商品交换，这里将贯彻共产主义的劳动原则。当然——列宁引用马克思在《哥达纲领批判》中的说法——此处所谓"共产主义"还只是共产主义的第一阶段（或低级阶段），因为社会还不可能一下子超出"资产阶级法权的狭隘眼界"，在消费品的分配领域还不得不执行"按劳分配"即"不劳动者不得食"的原则。但由于资产阶级已经创造了使人人都能参加管理的文化、经济前提，"在这种经济前提下，完全有可能在推翻了资本家和官吏之后，在一天之内立刻着手由武装的工人、普遍武装的人民代替他们去监督生产和分配，计算劳动和产品。"总之，"计算和监督，——这就是把共产主义社会第一阶段'调整好'，使它能正常地运转所必须的主要条件。"[97]

列宁关于（第一阶段的）苏维埃共产主义社会的经典形容是：

> 整个社会将成为一个管理处，成为一个劳动平等和报酬平等的工厂。[98]

这些还只是理论。现在我们看一看十月革命成功后苏维埃政权的实践。众所周知，1918 年到 1920 年，苏维埃俄国在经济上实行的是以余粮收集制和国家垄断一切贸易活动为核心的"战时共产主义"政策。余粮收集制意味着禁止一切粮食私营，农民必须把除口粮以外的全部粮食上交国家。考虑到当时的具体历史语境（国内蜂起的武装

95　同上，页 633。
96　《列宁选集》第 3 卷，页 199。
97　同上，页 202。
98　同上，页 202。

叛乱、外国武装干涉、交通瘫痪、物资尤其是粮食奇缺），不可否认这些措施带有救急的、乃至于被迫的性质。但仅仅从这个角度理解战时共产主义是不够的，也是不符合史实的。从当时以及后来列宁就这个问题发表的大量言论看，战时共产主义经济政策的实行超出了权宜之计的范围。比如，我们可以读一读列宁 1919 年 2 月起草的《俄共（布）纲领草案》，在这个文件中，列宁列举了夺取政权后布尔什维克党和俄国无产阶级专政在政治、经济、土地问题等方面面临的基本任务。关于经济任务，列宁认为"苏维埃政权现实的任务是坚定不移地继续在全国范围内用有计划有组织的产品分配来代替贸易。目的是把全体居民组织到生产消费公社中，这种公社能把整个分配机构严格地集中起来，最迅速、最有计划、最节省、用最少的劳动来分配一切必需品。"虽然"在从资本主义向共产主义过渡的初期立即消灭货币是不可能的"，但"俄共将力求尽量迅速地实行最激进的措施，为消灭货币作好准备，首先是以存折、支票和短期领物证等等来代替货币，规定货币必须存入银行等等"。[99] 显然，废除货币交换和商品生产绝不是说说而已，而是作了认真的谋划，并写入党纲，公开发表了出来。列宁还高度赞扬了"共产主义星期六义务劳动"的"革命首创精神"："不领任何报酬地加班工作，并且大大提高了劳动生产率。难道这不是极伟大的英雄主义吗？难道这不是具有世界历史意义的转变的开端吗？"[100] ——在这样的叙述中，似乎马克思憧憬的"自由人联合体"就要由俄国工人阶级把它开始变为现实。[101]

只是当战时共产主义在实践中遭受重大挫折后，列宁才意识到这条路是走不通的。他的坦率承认错误，倒是后来共产党领导人中很

99　同上，页 728～729。

100　《列宁选集》第 4 卷，人民出版社 1995 年版，页 16。

101　列宁的说法是："普通工人起来承担艰苦的劳动，奋不顾身地设法提高劳动生产率，保护每一普特粮食、煤、铁及其他产品，这些产品不归劳动者本人及其'近亲'所有，而归他们的'远亲'即归全社会所有，归起初联合为一个社会主义国家然后联合为苏维埃共和国联盟的亿万人所有，——这也就是共产主义的开始。"见"伟大的创举"，《列宁选集》第 4 卷，页 17。

难再得见到的优点。1921 年 10 月 29 日在莫斯科召开的一次党的会议上，列宁坦言：过去"在估计可能的发展道路时，我们多半（我甚至不记得有什么例外）都是从直接过渡到社会主义建设这种设想出发的，这种设想也许不是每次都公开讲出来，但始终是心照不宣的。"[102] 在《十月革命四周年》这篇文章中，列宁更加坦率地承认：在经济建设这个"最重要最困难的事业"中，"我们遭受的失败最多，犯的错误最多"——

我们为热情的浪潮所激励，我们首先激发了人民的一般政治热情，然后又激发了他们的军事热情，我们曾计划依靠这种热情直接实现与一般政治任务和军事任务同样伟大的经济任务。我们计划（说我们计划欠周地设想也许较确切）用无产阶级国家直接下命令的办法在一个小农国家里按共产主义原则来调整国家的产品生产和分配。现实生活说明我们错了。为了作好向共产主义过渡的准备（通过多年的工作来准备），需要经过国家资本主义和社会主义这些过渡阶段。不能直接凭热情，而要借助于伟大革命所产生的热情，靠个人利益，靠同个人利益的结合，靠经济核算，在这个小农国家里先建立起牢固的桥梁，通过国家资本主义走向社会主义……[103]

"靠个人利益，靠同个人利益的结合，靠经济核算"，这正是从1921 年开始实行的新经济政策的精神实质。显然，这个新政策是不得已转而实行的。日益明显的农业危机、规模日甚的农民暴乱、粮食和燃料困难的加重等迫使布尔什维克当权者做出政策上的调整。新政策的核心是允许粮食自由贸易。这就是说，农民在合法纳税后，可以在市场上出售自己的产品并从中谋利。从制度现代化立场看，这当然是一个意义非凡的转变，须知，经济增长动力源的自由主义式的理解、产权结构更符合市场经济要求的制度性安排等等，都可以从允许

102　"在莫斯科省第七次党代表会议上关于新经济政策的报告"，《列宁选集》第 4 卷，页 596。
103　《列宁选集》第 4 卷，页 569～570。

粮食自由贸易这件事上合理地推导出来，生发出来。但列宁并没有、也不可能这样看问题。作为一个马克思主义者，列宁确实并未否认、而是痛快地承认了一个事实，那就是贸易自由意味着"资产阶级的复活"。然而他同时强调实行新经济政策并不是要退回到资本主义，而是从战时共产主义向正常的社会主义产品交换过渡的一种形式。[104] 当然，这个话说的很牵强，不过表明列宁并未放弃他的共产主义经济乌托邦的理想。到 1922 年，列宁承认实行新经济政策是一种暂时的"退却"或"换车"，但他同时说："我们现在退却，好像是在后退，但是我们这样作是为了先后退几步，然后再起跑，更有力地向前跳。"[105]

对于苏维埃政权实行新的贸易自由政策，当时的俄国持不同政见组织路标转换派曾有"布尔什维克正在发生内部蜕变"的说法，而列宁对这种说法的反应是很耐人寻味的。一方面，列宁认为"这是阶级敌人粗鲁地公开说出的阶级真话"，他们希望苏维埃政权"走向通常的资产阶级政权的道路"；另一方面，敌人又的确"指出了我们面临的危险"。[106] 既然是"阶级敌人"说出的"阶级真话"，那么从阶级斗争的需要出发，布尔什维克也不能让敌人的阴谋得逞。所以列宁说："这不是竞赛，这是资本主义与共产主义之间拼命的激烈的斗争，即使不是最后一次也是接近最后一次的殊死斗争。"[107] 至于"危险"，列宁曾在另一个场合仔细分析过他所理解的、布尔什维克面临的危险是什么——

在解决建立苏维埃政权和解散立宪会议的问题时，危险来自政治方面。这种危险是微不足道的。在全世界资本家所支持的国内战争的时期到来后，出现了军事上的危险，这种危险就比较严重了。而在我们改变了我们的经济政策后，危险就更大了……。资本主义的恢

104　参见"论粮食税"，《列宁选集》第 4 卷，页 501～503。
105　"在莫斯科苏维埃全会上的讲话"，《列宁选集》第 4 卷，页 732。
106　"俄共（布）第十一次代表大会文献"，《列宁选集》第 4 卷，页 678～679。
107　同上，页 679。

复、资产阶级的发展和资产阶级关系在商业领域的发展等等，这些就是我们目前的经济建设所遇到的危险，就是我们目前逐步解决远比过去困难的任务时所遇到的危险。[108]

显然，在列宁的排列顺序中，"政治危险"是最微不足道的，之所以"微不足道"，大概是指无产阶级已经掌握了暴力机器，可以轻而易举地宣布解散议会，镇压阶级敌人的反抗。——当然，列宁的浅薄也正在于此。他完全没有意识到无产阶级政权的结构本身其实孕育着更大的政治危险。军事危险在列宁看来是较为现实的危险，不过布尔什维克已经建立了自己的红军，战胜这种危险也应不在话下。最重要的还是经济方面的危险，因为资本主义经济关系确实正在苏维埃政权控制下的俄国复活，而且，这种"复活"对布尔什维克共产党人来说带有不得已的被迫性质。"不管我们怎样觉得商业领域距离共产主义很遥远，但正是在这个领域我们面临着一项特殊任务。"

把市场经济和"资本主义"的复活理解为布尔什维克的主要危险，这当然还是马克思的共产主义经济假设和苏维埃阶级斗争逻辑的产物。在这样一个认知逻辑内，对市场机制和市场功能的承认是不可能彻底的。好在列宁作为实践家，他清楚地意识到苏维埃政权除此以外别无其他出路。然而，在论证布尔什维克如何完成这项"特殊任务"时，列宁再一次暴露出自己的视野和思考问题角度的局限性。

列宁认为，当时苏维埃政权面临的最大问题是党的官员不懂得管理。从 1921 年起实行的新经济政策，一方面表现在允许农民自由买卖粮食和其他农产品，另一方面就是在国营企业实行经济核算，提高效益，甚至通过引进国外资本、设立合营公司来增加工业品的生产供给。问题在于——据列宁看——布尔什维克党人和苏维埃政府的官员不会管理这些事情，不会管理经济。"我们要什么有什么，既有政治权力，又有各种经济资源和其他资源。就是缺本领。""我们的人

---

108 "在莫斯科省第七次党代表会议上关于新经济政策的报告"，《列宁选集》第
　　4 卷，页 608。

到处发号施令，结果完全事与愿违。""资产阶级人士往往比我们优秀的共产党员懂行，我们党员虽然拥有全部政权和一切条件，但丝毫不会利用自己的权利和自己的政权。"列宁很同意一个布尔什维克党员说的这样一句话："仅仅战胜资产阶级、给资产阶级致命打击是不够的，这不过是事情的一半，还必须强迫他们为我们工作。"[109]

说刚刚夺取政权的布尔什维克不懂得经济管理，这完全可以想象，可以理解。问题是什么是管理？在什么意义上去谈管理？如果承认市场经济的基本原则，那么政府人员的管理只是为市场经济服务意义上的管理，只是以"看得见的手"的方式为市场运行确定基本规则、并矫正市场运行中可能出现的缺陷的管理。而国营企业的领导则是学会如何运用市场运行的知识、经验，从而更好地驾驭市场这种意义上的管理。但列宁似乎主要不是在这两个意义上谈，而是指苏维埃政府工作人员要比资本家更有"文化"、更能控制、战胜私营资本活动意义上的管理。换言之，列宁并未从整个苏维埃经济结构的重新整合、承认市场原则所具有的根本意义、并把它纳入新的经济制度安排之类角度看问题，反而把这样考虑问题的人说成是"敌人"，这样，政治理念之逻辑框架的谬误自然决定了列宁不可能有制度现代化之市场经济制度建构的观察视野。

当然，我们确实可以想象那个年代满脑子共产主义概念的党的布尔什维克官员，面对正在复兴的市场经济的无措与愚蠢（列宁自己举的例子是进口一船罐头也要由中央政治局来决定[110]）。说到底，新经济政策背后的逻辑不过是：要维持苏维埃政权，就必须争取农民的支持；要获得农民的支持，就要用商品换取农民的粮食（而过去余粮收集制的强拿硬要是不行的）；要生产商品特别是工业品，就要用资本家的知识和经验，但必须是让他们为我们服务，而不是相反。苏维埃官员的愚蠢正在于连这样的事情都处理不好。

109　"俄共（布）第十一次代表大会文献"，《列宁选集》第 4 卷，页 669、680～681。

110　关于这件事，参见《列宁选集》第 4 卷，页 683～685。

由此不禁使我们慨叹：对当时的列宁来说，破除马克思主义的共产主义迷信，重新把市场经济作为经济结构和经济制度建构的核心要素来思考，确实显得太遥远了！列宁当时面对的问题太低级，问题的实质一面反而被掩盖了。这样的实质问题至少包括：（1）如何重新认识市场经济的本性？（2）政府在市场经济中的角色究竟是什么？（3）如果市场经济在苏维埃政权条件下的复苏是不可避免的，那么政府官员有否在金钱力量面前异化的可能？又如何去面对这种异化，正视它并设法解决之？——但是，这样三个问题列宁都从未涉及，而且也不再有机会去研究，去处理。上述引文大多出自列宁 1922 年 3 月 27 日在俄共（布）第十一次代表大会上作的政治报告。这是列宁最后一次参加党的代表大会并在会上作报告。两个月后列宁就病倒了。直到 1924 年 1 月 21 日去世，列宁再也没能就经济问题提出新的、有意义的见解。他的有限度的经济改革没过多少时间就被他的后继者所中断；而他的未经深刻省思的经济乌托邦则对后来各国共产党当权者的经济实践发挥了不良的、持久性的影响。这是后话。

从党专制走向领袖独裁：列宁主义的逻辑后果

现在，我们再把话题转回到一党专制的政治建构上来。

正如前文已经指出的，关于领袖"专断"或"独裁"问题，米歇尔斯曾在寡头统治角度内作过深入讨论，但由于他所议论的主要对象并非执政党，所以从我们现在的角度和需要看，米氏的研究仍然是不充分的，它的有待继续的部分，要由我们——生活在一党专制的现实语境中、具有专制主义迫害亲身体验的当代中国批判思想者来完成。

我们的任务首先是要探讨取得政权后、并且是在一党垄断权力的条件下党的领袖走向独裁的趋势乃至必然性。是的，无论从逻辑上讲还是从历史经验上讲，我都认为这种独裁的形成是必然的、不可避免的：首先，由于列宁主义否认议会制度的合理性——从而也就否认了多党竞争和建立在这种竞争基础上的权力制衡的合理性及必要性

——取得政权后的党形成党专制的局面乃是不可避免的、必然的；其次，在既没有来自外部的制约，又缺乏来自党内的制约和监督的条件下，党的领袖形成独裁和唯我独尊的局面也是必然的。而且，这种独裁还不仅仅是对党而言；由于一党专制条件下党的领袖同时又是国家政权的最高代表者，党首的独裁同时就是国家最高执政者的独裁。这样，从党专制走向领袖独裁（包括党内独裁和国家政权独裁）就成为列宁主义合乎逻辑的政治结果。

当然，这个东西的形成有一个过程。很多人喜欢用追求权力（对权力的贪婪）来解释独裁者的行为。这种解释固然说出了部分真理，但对了解共产党领导人何以会踏上独裁之路，却是远不够充分的。一般来说，共产党的第一代革命者多具有强烈的理想主义和献身精神，并非单纯敛权的贪婪之徒。然而，在错综复杂的斗争中，不同观点、不同策略主张之间的交锋是不可避免的。掌握权力往往意味着可以强行贯彻自己的主张；坚信自己主张的正确往往又形成对其他不同观点的排斥。在残酷的、瞬息万变的斗争环境里，形成集中的而非分散的、独裁的而非民主的决策模式和领导风格尤显自然。

取得政权以后，情况会发生静悄悄的、然而又是意义深远的变化：在革命斗争年代形成威望的领袖会在以后的掌权岁月里膨胀其自信心、自负感和成就感，更加听不进不同意见。在重大的国家决策问题上，由于没有任何有效的、来自党外的权力制衡和监督，决策者事实上丧失了决策过程中不可缺少的纠错机制。党内"民主"则更加靠不住：在野的社会民主党尚且有形成寡头垄断的趋势，执政的、成为国家唯一权力中枢的党更不可能真的有什么"党内民主"。围绕权力会形成一系列新的规则，它们只能有悖于、而不是忠实于真正的民主精神。在这个意义上，一党专制的政权建构本身就是促进领袖独裁的最大的酵母，或曰领袖独裁本来就是一党专制的必然后果和体制性产物。当然，"组织"的力量也不容忽视。无论在夺得政权以前还是夺取政权以后，"组织"都是成就领袖独裁的重要工具。在成为唯一的执政者后，"组织"的最大变化是党组织和国家政权机构的融合。

党的织体成为国家政权的核心，国家政权不过是党的织体的外化。领袖则同时身兼党首和国家最高执政者二职，其作为独裁者的"使动性"自然获得无与伦比的畸形展现的可能。

以上所谈，还只是党专制走向领袖独裁的一般逻辑。在各个具体的历史场景，由于每个共产党领导者个人经历、修养和素质方面的不同，领袖独裁的表现方式、程度也会有所不同。比如，当独裁意味着没有人能够通过正常渠道和途径对最高决策者的见解、决定提出有意义的挑战时（所谓"有意义的挑战"指本质上不同、或有重大分歧的意见、观点、政策主张），这可能是一种程度较烈的独裁，或称强势领袖独裁；而若提出这样的意见还是可以被容忍的，至少在一定程度上被容忍，但这种容忍不一定意味着意见被采纳，则这样的独裁可以被视为是一种弱势领袖独裁，或较温和的独裁。

现在我们就以列宁和他的后继者为例，看看这个党专制走向领袖独裁的大致进程。

列宁是无可争议的布尔什维克党的领袖，具有战略家的才能和极高的个人魅力。在长达 20 余年的时间里，他经历了无数党内斗争，最终基本能够控制这个党按照自己的主张和意愿发展，并夺得了政权。虽然列宁的性格中有偏执、暴烈的一面，但在列宁当政时期，俄共的党内独裁并未达到顶点，党内还允许不同的声音存在。比如，在 1917 年 4 月俄国社会民主工党（布）第七次全国代表会议上，列宁做的主报告，加米涅夫做副报告，两个报告的观点并不一致。列宁强调要适时地把资产阶级民主革命转变为社会主义革命，加米涅夫则认为社会主义革命尚不成熟，党和工人阶级的当前任务只限于监督临时政府。虽然加米涅夫的观点受到了"批判"，但毕竟在党的正式会议上讲了出来。再如 1918 年到 1920 年期间，俄共党内曾就企业管理中究竟应该实行"集体管理制"还是"一长制"有过激烈的争论。列宁本人主张一长制，但在不少场合遭到反对。1920 年 1 月 12 日召开的全俄工会中央理事会共产党党团会议就反对列宁提出的一长制原则，认为一长制会破坏工人民主的基础。在 1 月 23 日到 29 日召开的全俄国民经济委员会第三次代表大会上，列宁发表讲话，再次坚持一长制的管理原则，但仍然没有被会议接受，这个会以多数票通过了关于在一般情况下实行集体管理形式的决议。直到 1920 年 3 月 29 日至 4 月 5 日召开的俄共（布）第九次代表大会，才结束这个争论，最终通过了列宁的一长制管理原则。[111] 这些都说明当时俄共党内尚有一定程度的民主气氛。列宁主事期间党的代表大会每年都能如期召开，也是党内生活基本正常的一个证明。

在俄共历史上构成党专制向领袖独裁过渡的一个重要环节，是对"派别活动"的批判和禁止。这一点列宁本人要负主要责任。所谓"派别活动"，用列宁自己的说法，就是党内"产生了几个具有各自的纲领、力求在某种程度上自成一派并规定内部纪律的集团"。在列宁看来，这种情况是不利于"党的队伍的统一和团结"的。在 1921 年 3 月列宁写的"俄共第十次代表大会关于党的统一的决议草案初稿"中，列宁强调"在同派别活动进行实际斗争中，每一个党组织必须密切注意，决不容许发表任何派别言论。对党的缺点进行绝对必要的批评时，应当使一切实际的建议以尽量明确的形式毫不迟延地立刻提交党的地方和中央领导机关去讨论和决定"。如果有人一定要搞"派别活动"，"可以采取党内一切处分办法，直到开除出党"。[112]

从表面上看，似乎党员还是可以就党的工作提出批评的，列宁所反对的只是党内形成有组织、有纲领的不同派别。但经验会告诉每一个党员，他的个人声音（尤其是那些不同于党的现行纲领、主张的声音）是很难被党的领导人所听到、所重视、所采纳的；不允许党员以集合的、集体的声音讲话，实际上等于剥夺了党员批评的权利。或者，我们再退一步，承认"党内有派"有足够的理由去禁止，问题是被开除出党的异议分子是不可能另外组党并以合法身份参与国家的政治生活的。这正是一党专制的可怕之处。党专制条件下的"取缔派

---

111 以上这两个例，参见黄楠森、曾盛林著《列宁传》，页 452～453、604～605。
112 见《列宁选集》第 4 卷，页 469～472。

别活动"只能强化党的领导人的独裁倾向，而丝毫无益于党的"民主"和整个国家政权的民主化。而当这种"派别活动"被解释为"资产阶级"和"小资产阶级"对"无产阶级先锋队组织"的影响时，[113]对"派别活动"的围剿又被罩上阶级斗争逻辑的神圣光环。这样，任何独裁者都可以轻易地打着阶级斗争和"党的统一""党的纪律"的旗号排挤乃至镇压党内对手，而真正形成对权力的垄断。另一方面，由于没有了不同政见之间的交锋，党的领导人对权力的争夺，也将越来越失去早先可能还具有的基于某种政治理念或策略主张而进行争辩的政见之争的性质，而变成赤裸裸的纯粹权力之争。

在独裁体制内，纯粹权力之争意义上的权力角逐的发生，多呈现于权力交接班已成自然之势的时候。列宁就遇到了这样的事情。当这位布尔什维克的领袖已经病入膏肓、自知将不久于人世时，他清楚地看到了自己死后唯一的执政党上层领袖发生分裂的危险。在著名的"给代表大会的信"中，列宁这样表达了他的担心："稳定性的问题基本在于像斯大林和托洛茨基这样的中央委员。依我看，分裂的危险，一大半是由他们之间的关系构成的……。斯大林同志当了总书记，掌握了无限的权力，他能不能永远十分谨慎地使用这一权力，我没有把握。另一方面，托洛茨基同志，正像他在交通人民委员部问题上反对中央的斗争中所证明的那样，不仅具有杰出的才能。他个人大概是现在的中央委员会中最有才能的人，但是他又过分自信，过分热衷于事情的纯粹行政方面。现实中央两位杰出领袖的这两种特点会出人意料地导致分裂，如果我们党不采取措施防止，那么分裂是会突然来临的。"[114]

问题是如何防止这种可能的分裂？在回答此类问题时，列宁再一次暴露出思考角度和观察视野的局限性。病重的列宁面对这个党和苏维埃政权生死攸关的考验，其思维逻辑自然而然地回到马克思

---

113 列宁本人就是这么解释的。见《列宁选集》第4卷，页473～474。
114 《列宁选集》第4卷，页744～745。

主义的"阶级"立场；对这样一个具体的、又是重大的权力问题的解决，列宁的思路竟明显地体现出对阶级概念的传统的路径依赖。

列宁的解决方案是这样的：增加中央委员会委员的人数，从工人中选拔几十个人充实到党的领导机关中，这样就可以有效地减少分裂的危险，因为"几十个工人参加中央委员会，就能比其他任何人更好地检查、改善和改造我们的机关"。列宁特别强调——

工人中央委员主要应当是这样的工人，他们的岗位低于五年来被我们提拔为苏维埃职员的那一层人，他们更接近于普通的工人和没有成为直接或间接剥削者的农民。我想，这种工人出席中央委员会的一切会议，出席政治局的一切会议，阅读中央委员会的一切文件，能够成为忠诚拥护苏维埃制度的骨干，他们，第一，能使中央委员会本身具有稳定性，第二，能真正致力于革新和改善机关。[115]

这段话在今天读来，已经成为笑柄。后来在实践中真的推行过此类做法的，大概只有文革时期的毛泽东。[116] 列宁对一党专制体制下领导人的合理更替问题显然也没有什么高招；在否认"资产阶级"的议会制度和通过多党有序竞争实现国家领导人的选拔和更替机制的合理性后，列宁的自然选择是乞灵于"无产阶级民主"。但我们今天已经清楚地看到，这种"民主"压根儿就是子虚乌有，不可能存在的。从学理上讲，无论列宁的设想还是毛泽东的实践，都是马克思主义阶级神话的产物，表现为既浪漫且幼稚的阶级偶像化。在政治学和政治哲学研究视角内，"阶级偶像化"是一个颇值得分析的现象，其特点（也是其特有的内在矛盾）是把某种神圣的形而上属性赋予"无产阶级"，但又必须把具体的、体现这种"属性"的工作交给某个个人。然而全部问题在于，作为阶级的个人是不存在的；把某个人或某些个

115　同上，页 748。

116　文革期间召开的中国共产党第十次全国代表大会，的确吸收了一批普通工人充当中央委员，尽管他们中的一部分人甚至不是十大代表。参见徐景贤所著《十年一梦》中"睡梦里当上了中央委员"一节。香港时代国际出版有限公司 2004 年版，页 267～274。

人说成"阶级的代表"，乃是马克思主义最成问题的、招致了最大贻害的抽象。——这个问题，本书在以后适宜的地方还会继续讨论。而从结构角度看，列宁有关用"工人阶级"的新鲜力量充实无产阶级司令部的主张，只能在事实上帮助最高领导集体中领袖独裁的形成。还是罗莎·卢森堡讲的那个道理：在这样一个权力结构内，新来的"工人阶级代表们"除了鼓掌对领袖的意见表示赞同外，恐怕做不了别的什么。他们根本就不可能构成权力机构中的独立力量。而由于他们的存在，领袖独裁正好可以打着"阶级"的名义更加名正言顺地粉墨登场。列宁去世后，斯大林接班，俄罗斯现代历史上最残暴的红色独裁就此开始。

斯大林主义的基本特征

关于斯大林主义，世界上已经有无数多的书籍去描述它、研究它。我在写这一小节之前，主要参考了俄国人德·安·沃尔科戈诺夫 1989 年出版的《斯大林：胜利与悲剧》一书。这是一部巨著。作者长期在苏联军队、科研机构和大学中任职，为写这部书查阅了大量苏共档案，材料翔实可信。加之该书出版于戈尔巴乔夫公开化时期，已无思想禁忌之虞，作者对斯大林主义的分析和揭露本身，就是当时苏联思想界开放程度的证明。

有意思的是，沃尔科戈诺夫对斯大林持严厉的批判态度，对列宁却仍然保持高度的尊敬。而我以为，就逻辑角度言，斯大林主义的出现并没有给一党专制的演变增加什么东西；党专制逻辑中最本质的要素都已经包括在列宁主义中了。斯大林主义的"贡献"乃在于以鲜明的形式突出了"共产主义"苏维埃专制制度的结构特征，又在这些特征中渗入了极富斯大林个人特点的残暴性。现在，我们就从政治、经济、社会整合几个方面对斯大林主义的专制主义作一个简单扫描。

政治结构方面：斯大林统治苏联的时期[117] 是一党专制的政治结

---

117 这个时期从 1924 年列宁逝世算起，到 1953 年斯大林去世截止。列宁、斯

构和一人独裁的专制王国走向成熟、达于顶点的时期。1936 年公布的、修改后的苏联宪法首次以制宪形式确认了苏联共产党的领导地位。[118] 宪法虽然赋予最高苏维埃以国家立法权，但这样的"立法权"从来没有独立行使过。从 1931 年起，苏共中央总是采取和苏维埃国家机关联席会议的形式共同发布联合决定或决议。这些"决定""决议"之类当然都是由党起草的，反映最高领袖的意愿，最高苏维埃不过是履行法律程序的工具而已。斯大林自己就公开讲过："我们的苏维埃组织和其他群众组织，没有党的原则指示，就不会决定任何一个重要的政治问题或组织问题——这个事实应当是党的领导作用的最高表现。"[119]

至于建立个人独裁王国，则是斯大林充分利用党专制的优越条件，辅以他个人的机敏、残酷和狡诈，苦心经营十数年的结果。列宁去世不久，他先借助两个同样怀有权力野心、但相对愚蠢的老布尔什维克——季诺维也夫和加米涅夫——打败了最主要的政坛对手托洛茨基，然后又把这几个人一同撵出了权力舞台的中心，最后则从肉体上消灭了他们。[120] 1934 年被称为"胜利者的代表大会"的苏共第十七次代表大会本来是为斯大林歌功颂德的会，没想到在投票选举中央委员会委员时，竟有近四分之一的代表（约 300 人）投票反对斯大林入选中央委员会。这出乎斯大林本人的意料，也招致斯大林凶狠的

大林和后来的毛泽东一样，都是到死或不再能理事的时候，才交出手中的大权。

118 参见刘向文、宋雅芳所著《俄罗斯联邦宪政制度》的有关描述，法律出版社 1999 年版，页 11。

119 《斯大林全集》第 8 卷，人民出版社 1954 年版，页 36。也可参见蔡定剑所著《中国人民代表大会制度》第 3 章第 1 节"前苏联苏维埃制度的产生及演变"的相关引述和讨论。该书页 46～54。

120 季诺维也夫和加米涅夫是在 1936 年 8 月以涉嫌基洛夫谋杀案的罪名被枪毙的。托洛茨基被驱逐出境，1940 年 8 月在墨西哥被苏联内务部派去的刺客杀死。当时，美国哲学家悉尼·胡克正在校对他的批判马克思主义的新著《理性、社会神话和民主》。听到托洛茨基被刺的消息后，胡克马上评论说："这是对一个人所组织的最残酷无情的迫害行为的登峰造极。"（参见胡克《理性、社会神话和民主》，金克等译，上海人民出版社 1965 年版，页 152）

报复：在随后不久就大规模展开的清洗中，参加了十七大、有表决权和发言权的 1225 名代表，有 1108 人被逮捕，其中多数人死在内务人民委员部的地下室和集中营。在这次代表大会上选出的 139 个中央委员和候补委员中，有 98 人被捕并被处决。[121] 沃尔科戈诺夫还为我们提供了下列骇人听闻的数字：在 1929 年到 1933 年的强行农业集体化中，多达 850 万到 900 万农民被镇压；1937 年到 1938 年的大清洗则至少殃及 450 万到 550 万苏联公民；同期苏联军队内部的清洗涉及 4 万多红军官兵，尤其是高级将领，几乎所有的副国防人民委员、所有的军区司令员和集团军级干部都被处死了（这招致了卫国战争初期苏军战场上的惨败）；战后（40 年代末）清洗的"第三次高潮"中，被卷进去的又达 550 万到 650 万人之众。总之，从 1929 年到 1953 年，总共约有 1950 万到 2200 万苏联公民成为斯大林主义红色恐怖的牺牲品！[122] 在实施这些清洗的过程中，斯大林发展出了一套只对他一个人负责的秘密警察系统，这个渗透到政治、经济、军事、文化所有部门，操纵着亿万人生杀大权的惩办机构，被认为是"斯大林官僚制度的最恶劣的产物"。[123] 而雅哥达、叶诺夫、贝利亚等人则作为斯大林铁血专制的刽子手被历史所纪录。

经济结构方面：斯大林强力推行的农业社会主义政策事实上导致了战时共产主义的某种复活和新经济政策的死亡。在这个过程中，他还消灭了另一个政坛对手布哈林。[124] 列宁的经济乌托邦思想被斯大林所继承并发扬光大，逐渐制度化为计划经济的国民经济体制形式。计划经济的"有计划按比例分配社会劳动"被认为超越了资本主义的"生产无政府状态"。晚年的斯大林还写过一本小册子《苏联社

---

121 见沃尔科戈诺夫《斯大林：胜利与悲剧》，页 421、443。

122 同上，页 661、1246。

123 同上，页 1367。

124 布哈林原本是个激进的思想家，曾是战时共产主义政策的积极鼓吹者，后来转而信奉新经济政策，列宁死后成为维护新经济政策最有力的领导人。斯大林与布哈林的冲突带有政见之争的性质，与斯大林干掉季诺维也夫和加米涅夫不同。

会主义经济问题》，在这本书中，斯大林发挥了所谓社会主义是一种没有资本家参与的"特种商品生产"的理论，生产资料不再被认为是商品，只有消费品才是商品。相应的，价值法则的作用也受到严格限制，它不再充当生产领域资源配置的"比例调节者"。[125] ——这些提法和相应的经济政策实践，显然以相对弱化的形式体现了对马克思、恩格斯共产主义经济思想的尊奉。其所导致的最致命的结果，则是苏维埃经济生活中创造力和经济活力的丧失。

值得一提的是，甚至在经济生活中，斯大林式的独裁也随处可见。沃尔科戈诺夫在他的书中就指出——

我认为，斯大林主义把政治对经济、国家对社会占首要地位弄到了荒谬程度。我们称之为命令式官僚主义体制的深刻根源就在这里。……领袖们可以随意作决定，根本不考虑经济的合理性、物质的可能性、这种或那种技术和经济方案的适时性。只要回想一下斯大林的贝加尔—阿穆尔铁路、大陆到萨哈林岛的海底隧道、北乌拉尔到叶塞尼河的干线的建筑情况就够了。这些工程没有经过应有的经济论证就不声不响地开工，到后来都下了马。被弄到荒谬程度的政治绝对主义，使得对任何政治决策（包括经济、技术、科学、农业等领域的决策）的哪怕是装潢门面的批评都成为不可能。政治变成了神秘的、万能的怪物，谁对它的正确性哪怕是间接表示某种怀疑，谁就有被它吃掉的危险。斯大林主义是政治对经济、对社会生活和精神生活、对文化的绝对专政。斯大林主义是无产阶级专政演变为党专政，然后又演变为一个人专政。在"统治人物"专政下，国家和社会的一切设施仅仅起一种由他支配的机关的作用。[126]

沃尔科戈诺夫的评价事实上已涉及我们要谈的第三个方面，那就是斯大林时期的社会整合。这个苏维埃新沙皇当然没有公民社会的概念，更不允许任何来自民间的、对党的领导的独立批评与监

---

125 斯大林《苏联社会主义经济问题》，人民出版社 1958 年版，页 12～18。
126 沃尔科戈诺夫《斯大林：胜利与悲剧》，页 1325～1326。

督。对知识分子的迫害并不是从斯大林掌权时期开始的，但斯大林继续了这种迫害，并把它发展到登峰造极的地步。从本质上讲，斯大林时期对不同政见的镇压同沙皇时代有着惊人的相似性，甚至法律条文使用的语言都差不多。所不同者，是苏维埃的镇压手段和控制的严密程度远远超过了沙俄时代的警察机关。[127] 在一个人人自危、每个人都可能成为苏维埃政权潜在"敌人"的社会氛围里，是不可能有正常的舆论建设、正常的社团建设、正常的人际交往的。主体自由以及以此为基础的互主体交往关系的深层缺位，成为斯大林铁腕专制的必然后果。

为斯大林铁腕专制助纣为虐的不仅是警察和暴力机关，还有党的意识形态机关。从某种意义上讲，后者对公民社会的摧毁更加厉害，也更加彻底，因为它的摧毁对象不仅指向人的肉体，而且指向人的灵魂。出版了 300 多版、印量达 4300 万册的《联共（布）党史简明教程》成为几代苏联人党化教育的经典教材。这部教材不厌其烦地告诉人们：党的历史就是同形形色色的阶级敌人进行斗争的历史。

---

127 沃尔科戈诺夫特地引用了沙皇时期（1845 年）的《关于国事罪和破坏管理秩序罪特别法典》和 1926 年《俄罗斯联邦刑法典》的有关条文，作了一个比较：关于对不同政见的镇压，沙皇的法律是这样写的："凡犯有以企图否定和怀疑最高当局之无限权力、或粗暴指责法律所确定之管理形式和王位继承制为内容（尽管并没有直接和公开策动反对最高当局的暴乱），编写和传播手抄本或印刷品、发表公开演说等罪行的人，要受到褫夺一切公权并放逐到工厂服 4-6 年苦役的处罚。"相应的，《俄罗斯联邦刑法典》的文字是："凡进行以煽动他人推翻、破坏或削弱苏维埃政权为内容的宣传鼓动……以及传播、编写或藏匿有上述内容的书籍者，要剥夺自由并严加隔离，期限不少于 6 个月。"

至于为什么苏维埃对不同政见的镇压比沙皇还要严厉，控制还要严密，沃尔科戈诺夫是这样解释的：沙皇时期"的警察制度并非铁板一块，比如说，出国就是一件轻而易举的事情。只要写一份申请书给省长，再花上一笔数目不大的手续费，就能到国外去。例如，在 1900 年，去国外呆过几个月的俄国人约有 20 万之多。因此那些推翻沙皇制度的主要人物能够身居国外也就不足为奇了。他们当中的许多人熟知警察司的弱点，于是，在建立（革命以后）新的安全体系时，这些人便主张制定更加严格的规章制度，来判定每一个具体的人是否忠实于苏维埃国家。"（《斯大林：胜利与悲剧》，页 1369~1370）

"党的历史教导说，没有一个革命的无产阶级政党，没有一个消除了机会主义、对妥协主义者和投降主义者毫不调和、对资产阶级及其国家政权采取革命态度的党，无产阶级革命的胜利，无产阶级专政的胜利是不可能的。"[128] 全社会的宣传、文化、教育、出版等工作当然都要据此定调。党的意识形态工作的领导人——诸如日丹诺夫、苏斯洛夫之流——则是斯大林主义文化专制政策的忠实执行者。他们颁布了一系列禁令，规定电影院、戏院可以演什么、不可以演什么，文学家、音乐家可以创作什么、不可以创作什么，历史学家和哲学家可以研究什么、不可以研究什么……。[129] 当然，对于这一套，今天的中国人早已十分熟悉。我这里想要强调的毋宁是：它们并不是中国共产党人发明的，而是俄国共产党人发明的；这套做法也不是哪个人独出心裁的结果，而是体现了党专制之专制主义的既定逻辑。

总之——用当代俄国学者米格拉尼扬的话说——斯大林时代的苏联处于一种"全盘的奴隶状态"，"整个社会生活都受到了严格的限制，国家变成了一座兵营。""乍一看，俄罗斯发生的一切似乎是要结束不公正和不平等。但对财产机械地重新分配破坏了在社会机制中形成的所有有利于社会迅速发展的刺激因素。对社会财产的再分配产生的只是短期效果，只是造成了建立公正秩序的幻觉。"在短期的兴奋之后，经济生活就陷入"长时间的萧条"。而在政治方面，"定型的政治体制的目标就是要使公民生活的各个领域完全格式化，维持原状，也就是说国家重新'吞噬'了个人和正在形成的公民社会。"[130]

斯大林主义是苏俄专制主义的集大成者。这当然是对马克思共产主义的、人道主义理想的实质性的背叛。但我们必须注意其中蕴含的一个历史的诡吊：党专制所导致的权力的异化一方面是对马克思理想人性的否定，也是对马克思乌托邦政治哲学的否定，另一方面又是它合乎逻辑的结果。因为恰恰是马克思所钟情的"无产阶级专政"

---

128 《联共（布）党史简明教程》，人民出版社 1975 年版，页 388。
129 参见《斯大林：胜利与悲剧》，页 1345～1347。
130 米格拉尼扬《俄罗斯现代化之路：为何如此曲折》，页 31。

成就了一党专制，而一党专制和建立在这个基础上的领袖独裁又为人性恶的释放（权力的异化）创造了得天独厚的条件。个人独裁（不管是相对温和的个人独裁，还是像斯大林那样极其残暴的个人独裁）都是借助"无产阶级专政"才成为现实的，不管当事人是否明确地意识到这一点。——具有悲剧性的是，甚至像斯大林这样的暴君，也认为自己的所作所为是在忠实地追求"人类解放"的高尚理想。这个问题，我们还是留待以后再展开吧。

至此，我们已从发生学意义上详细探讨了马克思主义到列宁主义再到斯大林主义的异化过程和党专制逻辑的形成过程。有了这个基础，我们就可以马上转入对中国共产党之一党专制逻辑定位的专门讨论了。

第五章

中国的特殊性三：

马克思主义的引进和一党专制之现代专制主义逻辑构造

（基本命题部分）

20 世纪发生的中国共产主义革命曾聚集了一代人的梦想，不仅是强国之梦，更是社会改造之梦。社会改造的依据就是马克思主义的"阶级革命"（作为手段）和走向"无阶级社会"的远景（作为目标）。虽然严格地说，中国共产党在夺取政权方面的成功并不是运用马克思主义学说的结果，但这并没有否定党的领袖们确实在按照他们所理解的马克思主义勾画"新社会"发展的蓝图，也没有否定列宁主义的政党组织形式和政权建构模式成为中国共产党人学习和模仿的基础摹本。

然而，如果说俄国革命是马克思主义在一个兼具东方专制色彩的欧洲民族结出的异样果实，那么中国革命更是在一个古老得多的、更纯正更典型的东方民族中嫁接西方激进理论的结果。这个嫁接所蕴含的悖谬与不幸，它所造成的巨大的历史扭曲，只是到了今天才被人们所认识。批判理论的任务之一就是辨明这种悖谬的性质。

本章作为上一章的继续，将集中讨论中国共产党之党专制作为中国现代专制主义体制构造的基本特征。正如上一章开头已经强调过的，这里的讨论是逻辑的，而非历史的。总体化研究目前关注的中心，是根据事物发展的内在逻辑党专制必然呈示出来的那些东西；我将把它们归纳为中国共产党党专制逻辑的若干命题。至于这些命题在历史中的具体展开，是本书第三、四、五、六各卷研究的对象。本章分为两节，其中，第 24 节提出的命题大体概括了极权主义阶段中

共党专制的基本逻辑特征；第 25 节提出的命题则是对中共党专制之
威权主义阶段逻辑特征的提炼与概括。

24. 中国共产党一党专制体制的逻辑定位

**中共党专制逻辑之命题 1：一党专制是中国现代专制主义的
主要表现形态，是中国现代公共权力建构过程中发生的病理性变
异**

"以公共意志的名义对公共权力与个人权利的双重否定"——
这是本书已经给出的现代专制主义的基本定义（见本卷第 1 章第 13
节）。就中国而言，这种否定是通过党专制的制度形式实施并体现的。

我们知道，马克思主义并不缺乏道德激情。事实上，对劳动者苦
难的同情，对一个公正社会的强烈憧憬，乃是从马克思到列宁再到毛
泽东几代共产主义革命者共同的道德基础。马克思主义也并不否定
民主，但它认定"无产阶级民主"是比"资产阶级民主"更高级的民
主，实现这种"民主"乃是"无产阶级革命"要追求的目标。这样，
制度现代化意义上公共权力的建构在马克思主义语境中变成了"阶
级专政"的建构。而当"党"被理解为"无产阶级的先锋队"时，"阶
级专政"变成"党专政"（一党专制）就是逻辑中的必然。中国共产
党人既然接受了马克思主义"阶级专政"的理想，又学到了列宁主义
政党组织建构和国家建构的全套功夫，则中国共产党掌权之日必是
一党专制生根、开花、结果之时，自然就确定无疑了。

从中国现代史的演进过程看，公共权力的建构本来并非只有"党
专制"一途；历史如何在特殊的现代化之"后发外生"的语境内、在
相互作用又相互冲突的种种要素的夹击下扼杀了中国尚在襁褓中的
宪政民主，是本书第二卷要展开讨论的话题，这里暂且不表。中国的

“党专制”也并非只有共产党一家独有。事实上，早在共产党夺取政权之前，执政的国民党就已经在“训政”的旗号下实行了多年的“党治”。但国民党与共产党不同的是，它只学习了苏俄的“以党治国”原则（还学习得很不到位），却拒绝苏俄的“阶级专政”说和马列主义社会理想。国民党是信奉孙中山倡导的“三民主义”的，而三民主义中有一条就是“民权主义”。最终实施宪政、从而“还政于民”的承诺使国民党的党专制既不够彻底，也不够典型。唯有中国共产党接受了马克思主义“阶级斗争”和“阶级专政”的社会革命纲领，又掌握了列宁主义政党和国家建构的根本精髓，并把它进一步发展，达到“青出于蓝而胜于蓝”、乃至鬼斧神工、出神入化的境地。所以，中国共产党的一党专制才是中国现代专制主义的主要表现形态，它比国民党的“党治”发展得远为成熟且彻底，对现代中国社会的影响也远为深刻和长久。

就大的时间尺度而言，20 世纪中国所面临的基本任务本来是进行制度现代化意义上的从传统社会向现代社会的转型。这个转型与共产主义革命搅在了一起，是一种历史性不幸。事实上，中国共产党的党专制乃是中国现代公共权力建构过程中发生的可怕的病理性变异。“病理性变异”在这里首先意味着作为党专制之逻辑起源和发生学基础的马克思主义、列宁主义本身就含有致病因子，这些致病因子和中国特殊历史社会条件的结合，势必导致公共权力建构过程中的异化。当中国共产党以“人民”的天然代表自居，又在“阶级”的范畴内解释“人民”，甚至把它写入宪法时，[1] 对人民主权的抽象肯定已经变成了对国民主权和公民权利的现实否定。这样，不管中国共产党第一代创始者心怀多么崇高的社会理想，党专制的既定逻辑决定了这套体制实施的结果必定是对原初理想的背离，是对现代社会转型本应达致的公共权力和公民权利建构的双重否定。

1　1954 年制定的中华人民共和国第一部宪法，即规定“中华人民共和国是工人阶级领导的、以工农联盟为基础的人民民主国家”。“人民”在这里具有明确的阶级含义。

中共党专制逻辑之命题 2：在实施乌托邦社会发展战略时，马列主义的社会改造理念会外化为党专制的巨大结构拉力，迫使社会全面走上极权体制的轨道

我们已经看到，革命和革命胜利之初的乌托邦理想多不乏质朴与真诚。根据马克思主义的社会改造理念实现整个国家政治、经济、社会全方位的变革，会呈示为党的领导人自觉的主观认知。党专制的力量在于它能够义无反顾地推进这种变革，并时而笨拙、时而巧妙地把乌托邦追求的目标和乌托邦实践的手段结合在一起。本命题中尤其要注意的是"结构拉力"这个提法，它意味着党的社会改造理念会以制度建构的形式强行作用于社会，形成党所憧憬的社会结构格局。在这个由某种"崇高"理念支配、带有人为色彩和"超前设计"特征的社会改造行动中，一切原有的、不符合党专制原则的社会结构因子都将被剔除；原本正常的、正在进行中的制度转型也将被强行终止，而纳入到党所划定的"新的"轨道中。

这样，我们就不难理解——比如说——何以中国在经历了 20 世纪上半叶波澜壮阔的宪政民主实验、已经积累了民主转型诸多经验的背景下，仍然最终落入中国共产党党专制的巢臼。中国与俄国不同。俄国的现代社会转型虽然早于中国，但俄国的"资产阶级革命"（二月革命）和"社会主义革命"（十月革命）却是在一年之内这个很短的时间间隔中发生的。中国则在推翻帝制后经历了长达 30 多年的、民国各个历史时段的民主建设历程。历史甚至提供过这样的机会，让国共势不两立的两大政党坐在一起按照"西方"的原则共商国是——这正是从"重庆谈判"到 1946 年"政治协商会议"的史实所告诉我们的东西。今天的人们常常指责中国共产党背弃了革命胜利前夕的大度与承诺，致使今天的"民主党派"和"政协"成为一具具行尸走肉，成为一堆好看而没有实际用处的"花瓶"，殊不知这正是以"阶级专政"为理念的党专制必然导致的逻辑结局。"新民主主义"经济纲领的中途夭折也必须作如是观。从中国共产党所秉承的社会

改造理念看，用"党的最高纲领"取代"最低纲领"是迟早的事。一个要建设"社会主义"的革命党怎么能容忍"资本主义因素"在经济结构中的长期存在呢？在这个意义上，不管党的领导人在"过渡时期"长短的理解上有多少差异，承认"公有制"必须取代"私有制""社会主义"必须取代"资本主义"却是所有共产党领袖的共识。这就是党的理念所具有的力量。

恰恰是这种力量和它所拥有的制度化手段，把 1949 年后的中国送入了极权主义的绞肉机。

中共党专制逻辑之命题 3：党专制是一种绝对的宰制力量，通过社会控制和社会动员，它内在地具有吞噬全社会的逻辑本能

党专制的基本特征是党的组织建构与国家政权建构的融合，"党"成为凌驾全社会之上的绝对的宰制力量。比如，"全国人民代表大会"只是名义上的最高国家权力机关，它的重大"立法"行动或"选举"行动，都必须体现"党"的意图；它的唯一使命则在通过合法形式使"党"的旨意变成国家意志。国务院则是负责落实"党"的旨意的最高国家行政机关。国务院总理和人大常委会委员长这样的职务必定由党的领袖中的重要人物担任。在党专制条件下，司法独立是谈不到的，因为各级司法部门都必须服从党委的领导。新闻独立、教育独立之类也是根本谈不到的，因为在党专制体统中，它们都不过是贯彻"党"的意志的工具而已。

中国共产党尤其致力于把党的织体深入到每一个基层政权和基层社会组织，深入到工厂、乡村、学校、街道。党的细胞遍布社会的各种肌体、各个角落，它内在地具有吞噬全社会的逻辑本能。在极权主义最兴盛的时期，党所具有的强大的辐射力、渗透力会通过无数党的基层组织（基层党委和支部）得到生动的体现。

值得强调的是，不可以把中国共产党党专制条件下对社会的全面宰制仅仅理解为社会控制。毋宁说，极权时代"党"对全社会的垄断地位既为社会控制、也为社会动员提供了基础手段。事实上，卓有成效的社会动员恰恰是中国共产党的革命事业获得成功的重要历史经验。执掌政权以前长达数十年的艰苦斗争，在恶劣环境下实施割据、开发"根据地"的经历，不但磨砺了共产党人的意志，而且大大提高了中共的组织效能。大概正是这样一种历史磨砺和考验，赋予毛泽东一代中共领导人同时将社会控制与社会动员把玩于股掌之中的非凡能力。理解毛式极权主义，这是一个不可不关注的重要的逻辑关节点。

中共党专制逻辑之命题 4：以"阶级专政"名义实施的党的独裁，势必导致并归结为党的领袖的个人独裁

"阶级专政"势必走向个人独裁，这既是权力的本性使然（在任何时代，追逐权力都是人的贪婪本性的政治表现），又是党专制自身建构规则的必然结果。俄国革命是如此，中国革命同样如此。

在革命党的成长过程中，领袖本来借助（乃至依托）组织而产生；强有力的领袖会使组织本身变得更为强有力。但领袖一旦获得"独尊"地位，作为独裁者的领袖就总是要试图超越组织。党的"民主议事规则"和"民主集中制"之类的"组织原则"将很难抑制这股力量的生长。一旦最高领袖的独裁局面形成，党组织将丧失作为组织对领袖的约束，而成为独裁者贯彻自身意志的工具。这个领袖与组织关系互换的辩证法，不但体现了一般意义上政党"寡头化"的政治逻辑，尤其凸显了执掌政权后的革命党党专制演变的政治逻辑。毛泽东本人成为中共领袖和国家最高领导人后发生的一切，深刻而典型地证明了这一点。

可以这样概括党专制语境内特有的独裁者制约悖论：一方面，就党的领袖肩负的重大领导使命言，这个"党国安危系于一身"的人最应该受到制约；另一方面，又恰恰是党专制本身，孕育出党的最高领导者最不受制约的体制性结局。

党专制造成的公共权力制衡的结构性缺席，使独裁力量获得巨大的发展空间。独裁者凭借自身所具有的强大使动力量，在"创造历史"方面甚至可以产生奇迹。只是在社会付出可怕的、有时是不可挽

回的代价后，独裁者对社会的疯狂"使动"才会以反向受动的形式逐渐终止。事实上，我们在"大跃进"和"文化大革命"中所看到的，正是此类情形。讨论这些史实的本书后续文卷将进一步揭示：党专制条件下独裁者个人的认知局限往往会放大为体制性癫狂，这种癫狂最终将给整个民族带来灾难。

中共党专制逻辑之命题 5："党指挥枪"意味着武装力量成为党专制的工具，成为最高独裁者的私产

在马克思本人的理解中，未来"无产阶级专政"的社会将不再有常备军，这样，既可减轻国家财政负担，又可以防止冒险家借助合法武装力量对国家权力的僭取。我在前文已经指出，这样的理解有其深刻一面，也有其天真一面（见本卷第 4 章第 22 节）。列宁作为第一个苏维埃政权的创建人，已经充分认识到武装力量对维持一个新生政权的重要性。用党的力量改造旧军队、通过政工人员实施党对军队的政治领导，是列宁主义的重要遗产，是马克思未曾预料到的"阶级专政"的必然走向。

中国革命的特点是"枪杆子里面出政权"。共产党与国民党长期武力争雄的历史、靠"实力"而不是靠任何其他东西得天下的曲折经历使中国共产党人有一切理由比苏俄更看重军队的作用和党对武装力量的绝对控制。从逻辑上讲，暴力革命和阶级斗争逻辑相结合，必然在助长一党专权的自然趋向的同时，凸显军队在政权建构中的关键性角色。军队是"党"领导的"人民军队"，是"无产阶级专政"的"坚强柱石"。这种党-军关系的形成在中国现代专制主义构造中具有重要的结构意义。同时应该看到，在党专制语境内，武装力量成为独裁者的工具乃是"党-军"关系逻辑发展的必然结局。党的最高领袖握有对军队的绝对控制权，这是独裁者实施狂热的乌托邦社会发展战略、自信"天下大乱达到天下大治"的最终本钱，也是独裁者制服党内异端、平息党内冲突的最终本钱。文化大革命中毛泽东战胜林彪军人集团就是这方面的一个例证。

在民主化要求凸显的改革年代，"党指挥枪"的专制主义原则会和宪政主义内含的"军队国家化"原则发生日益明显的冲突。当改革进程中的矛盾激化乃至发生危机，武装力量被用来镇压和平示威的学生和市民时（就像六四天安门惨案所表明的那样），武装力量作为党专制工具的本质就将暴露无遗。独裁者会像使用私产一样使用靠公共财政供养的军队，由制度现代化逻辑规定的武装力量的公共性质不得不臣服于由党专制逻辑规定的武装力量的御用性质。

中共党专制逻辑之命题 6：经济领域实施的乌托邦社会改造，势必否定市场经济的产权制度前提和动力机制

马克思主义一向强调，"消灭剥削"不仅是共产党人的道德理想，而且要通过经济结构改造的制度化形式兑现之。没有必要怀疑中国共产党人追求这样一个目标的真诚性。然历史的残酷恰恰在于：当"人民共和国"的当权者高举"正义"的利剑把一切"剥削阶级"斩草除根时，它也势必连根拔掉中国尚不发达的市场经济及其产权制度根基，从根本上否定经济发展的内在动力机制。结果，不但阻断了制度现代化意义上经济结构的现代转型，而且为经济衰败埋下致命的伏笔。

这里涉及的不仅仅是数量意义上的经济增长问题，也不仅仅是经济机制本身的合理性问题。从逻辑上讲，"计划经济"与锻造"共产主义新人"的乌托邦目标之间有着内在的关联性。计划经济不仅是"按比例分配社会劳动"的高级历史形式，而且是超越劳动的"自发性"和"异化"状态，使劳动走向"自由"（在这个词的马克思主义人类学意义上）的必要的制度桥梁。斯大林主义及其传人曾通过承认社会主义条件下"物质刺激"的合理性，打断过（至少是动摇过）两者之间的联系。倒是毛一代中国共产党人以他们自己的理解方式和实践方式恢复了这种联系。在技术意义上，中国的"计划经济"是粗陋的（远没有苏联的计划体制精致和完善）；但在社会意义上，中国的经济制度却发挥着重要的"思想"职能，它必须服务于"限制资产

阶级法权"，服务于"共产主义新人"的造就和培养。文革中"要斗私批修"之类的口号典型表达了毛式"共产主义新人"的培养逻辑。

然而，经济发展内在动力的被抑制，势必在经济的长期发展趋势中显示出后果，导致短缺经济时代的到来。"精神"的高扬是不可能长期建立在"物质"匮乏的基础上的。当专制体制压抑了人们的正常需求，甚至把它挤压到一个可怜的、微不足道的角落时，历史已经积聚了足够的反弹力，待时机成熟时，让"物质"重新翻转过来，以十倍、百倍的疯狂去彻底地颠覆"精神"。

中共党专制逻辑之命题 7：国家对经济资源、经济信息、经济开发手段的全方位垄断，乃是党专制卓有成效的社会控制体系的重要组成部分

现在让我们继续关注极权主义时代经济制度建构的逻辑特征。从社会控制角度看，国家对经济资源、经济信息、经济开发手段的全方位垄断，既是极权主义社会运行的前提，又是党专制卓有成效的社会控制体系的重要组成部分。

建立城乡分立的户籍制度、实施对有限资源的集中管理，本来生发于基于中国自身条件的工业化积累的现实需要；但在党专制语境内，这些制度安排迅速具有了社会控制方面的结构意义。与此相应的是出现了各种不同的"身份"系列：城乡居民身份系列（拥有一个"城市户口"就意味着获得了一份口粮供应和一份在城市就业的机会；没有"城市户口"则意味着农民永远不可能进入城市）；城市中"干部"与"工人"身份系列（"党"制定了详细的人事管理和劳动管理制度以实施对二者的不同管理）；企业中的"所有制"身份系列（"社会主义改造"以前有"国营""私营"之分，"社会主义改造"以后有"全民""集体"之分）。当然，还有一个非常重要的身份系列并不是由管理需要引出的，而是党的理念的直接结果，那就是"阶级"身份系列。在党专制语境内，"阶级出身"对一个人来说具有莫大的意义。"苦大仇

深、根红苗壮"可能带来招工、上学、入党、提干方面的一系列好处；"地富反坏右"和他们的子女则除了遭受政治上的歧视外，还会遇到实际生活中的诸多困难，甚至生存威胁。"阶级身份"以及与此相应的株连政策导致的国民待遇的不平等，曾经给亿万公民造成极其惨重的伤害，但这并没有否定作为控制手段，它给统治者带来的"好处"和组织效能。

与控制相关的另一个重要概念是"单位制"。"单位制"综合了战争年代"供给制"的经验和建国以后新政权的需求，而成为共产党的一大发明。党借助一个一个的"单位"（它可以是一家工厂，也可以是一所学校、一家报社、一个文艺团体，乃至一个政府机构）一方面实施有限资源的配给，另一方面又把每一个人（及其家庭）紧紧地固着于这个精心安排的体系内。个人的生老病死，"单位"全要管；个人的"政治表现"，"单位"也要负全责。其实，"单位"只是党专制这张巨大的网上的一个网结，是党专制这部巨大机器上的一个部件。个人对"单位"的高度依赖，乃是个人对"党"、对"国家"高度依赖的现实体现。正是在这种依附关系中，个人在"享受"党提供的"社会主义优越性"的同时，亦必然付出丧失自主选择权利和独立权利的巨大代价。

中共党专制逻辑之命题 8：高度的意识形态垄断、独断与强有力的思想控制，体现了专制主义政体的必然要求

意识形态意味着理论与国家权力的结合，在这种结合中，理论（无论它原来具有多么"科学"的乃至"批判"的品格）都将成为权力的奴仆和论证权力合法性的工具。意识形态必定是垄断性、独断性的，垄断性指不允许自由的思想表达空间的存在，独断性则意味着唯有与权力结合的意识形态本身享有"真理"的美名。——这是本书已经给出的意识形态的基本界定（见"导论"第 7 节、第 1 章第 13 节）。

当马克思主义被中国共产党领袖宣称为"放之四海而皆准"的"普遍真理"，被尊奉为"指导我们思想的理论基础"时，它自然也

难逃自身的工具化命运。"工具化"在这里首先指必须按照"党"的需要解释马克思主义。党的领袖将拥有意识形态的最高解释权和唯一发展权。这样，不但各种"非马克思主义"的理论、学说被强行逐出思想市场，对马克思主义本身的不同理解（更不用说批评）亦都将成为非法的。

"舆论一律"是为了强化思想控制。这里首先被扫荡的，是那些具有独立见解的人，特别是知识分子。新闻、出版、教育机构在党专制语境内都是实施思想控制的制度化设施。它们将根据"党"的需要制造"新闻"，制造"党"的"好干部"或"好战士"，也可以根据"党"的需要制造十恶不赦的"阶级敌人"。——当然，在国际上还存在"帝国主义、修正主义和各国反动派"的情况下，"党"不会忘记有效地阻断一切其他信息源，并伴之以必要的恐怖手段（如宣称"收听敌台广播"乃非法之举）。

这样，党专制的逻辑已经内在地决定了这个被"党"控制一切的社会只能是一个与外部世界完全隔绝的社会，是一个高度单一化、同质化、简单化的社会。在这个社会里，不可能产生深刻的思想，产生具有永久魅力的文学，产生自由的、不为意识形态所左右的艺术，产生真正独立的哲学与社会科学。

中共党专制逻辑之命题 9：使意识形态内化为信仰，乃是极权主义党文化的真正特色

命题 8 强调的是党专制之思想控制与精神垄断的强制性一面。这个问题还有非强制的、诱导性的一面。或者，更准确地说，强制乃是以被强制者主观认同的方式发挥作用，表现为被强制者心理上的自觉接受和主动就范。

中国共产党在夺取政权的长期斗争中曾付出巨大牺牲，这段传奇般的历史赋予"党"伟岸的形象和道德感召力。"党"对历史的精心剪裁又大大加强了这种力量。简单化、信条化的马克思主义作为"党的宗旨"和革命胜利的基本经验被灌输给普通的工人、农民、士

兵，以激发其"朴素的阶级感情"，提高其"阶级觉悟"，从而自觉地为"党"工作。常年不断的"政治学习"，各种场合的"忆苦思甜"，规模宏大的集体仪式，情感化的、直白的艺术宣传等都有助于此类目标的实现。

对知识分子"思想改造"的成功，更是"党"的力量无所不在、无坚不摧的证明。以"阶级专政"代表自诩的党对"资产阶级"或"小资产阶级"的知识分子拥有巨大的道德上的优越感。强迫他们为党工作并不是本事；在"思想改造"的过程中让知识分子自惭形秽、自动服输才是"党"的拿手好戏。在这个过程中，奴役的不自觉状态将向自觉状态转化。当个人的行为（甚至只是内心活动）不符合"党的精神"时，人们会自觉地自我矫正，自觉地向"组织"靠拢。从逻辑上讲，一切有利于"党"和"革命事业"的行为都是值得赞许的。这样，向"组织"告密之类的行径不但不被认为是突破人类伦理底线的无耻之举，反而是对"党的事业"忠诚的表现。"党"甚至可以有组织地鼓励、怂恿此类行为。如此，这个社会必然造成两种结果：一方面是精神上永远长不大的"未成年人"，另一方面是可怜而又精明的、蝇营狗苟的偷生术。两者看上去是矛盾的，但又是相反相成的，是党专制这同一棵树上结出的两枚果实。

使意识形态内化为信仰，恰恰是意识形态发挥其功能的前提。在这个过程中，个人崇拜将发挥巨大的精神建构作用。从独裁者一方讲，有意识地制造个人崇拜，既是巩固权力、战胜政敌的需要，也是党专制体制自身的需要。从受众一方讲，当"个人"的至高无上性受到置疑（这种置疑乃是党专制运作的必然结果）时，领袖崇拜将是恰得其时的精神填补。在党专制语境内，"党"的伟大将凝结为领袖的伟大。领袖就是人格化的大我，他将给小我以力量。以领袖崇拜为特征的信仰不可能是理性基础上的信仰，而必定是非批判、非反思意义上的迷信与盲从。但在马克思主义意识形态框架中，这样的"信仰"却可以表现为充分理性的。这样，现代专制主义往往造就奇特的精神景观：当人类最可宝贵的自由已经本质上丧失殆尽时，社会却仍旧可能是意气风发、斗志昂扬的，因为人们在"党的事业"和革命奋斗的远景目标中找到了自我的归宿。

这就是党文化。我把党文化定义为精神层面的"党"的存在，它可以通过文学的、艺术的、教育的乃至日常生活的种种形式表现之。在极权主义时代，党文化致力于营造简单的"革命"世界观和"螺丝钉"式的服从人格。这种努力恰好与经济领域的平均主义和禁欲主义共收异曲同工之妙。

中共党专制逻辑之命题 10：各种"群众组织"和"人民团体"不过是党专制的玩偶，人们不可能被允许为政治目的或经济目的自由结社，也不可能有真正的宗教自由

既然党专制是一种绝对的垄断性存在，那么逻辑上就不可能有独立于党的控制的其他社会力量的生存。当然，"党"也需要一些"群众组织"和"人民团体"充充门面，不过，它们只能作为"党"动员或控制大众的手段（所谓"党联系群众的纽带"）发挥作用，而绝不可能作为独立的社会组织对本组织成员发生影响，更不可能代表本组织成员的利益或需求对"党"说三道四。事实上，无论"工会"还是"工商联"还是"妇联"还是"学联"，它们对本团体成员的代表都只能是名义上的，并不具有实质性的意义。在极权主义条件下，人们不可能被允许为政治目的或经济目的自由结社。

同样道理也适用于宗教。或者，更准确地说，宗教在"社会主义"社会中的命运，更突出地证明了党专制的极权主义本质。

宗教本来是人类精神生活的重要形式。但由于共产党人自命为无神论者，又有马克思批评宗教乃"精神鸦片"之说，宗教组织在共产党治下的社会中已处于极不利的地位。更根本的是，教会由于自身具有的如下两个特点势必与党专制发生内在的冲突：第一，凡教会组织都有自己独立的信仰（或信基督，或信佛陀，或信真主，等等），而共产党当然不希望人们在共产主义意识形态之外还有什么其他的信仰；第二，凡教会必有一定规模的教徒聚集，而共产党当权者最担心的恰恰是超出政府控制范围之外的民众的有组织的聚集。教会的这两个特点显然都犯了党专制社会的大忌。

仅凭这两条，教会在党专制社会中的命运已经可想而知。尽管中华人民共和国宪法有"公民有宗教信仰自由"的明文规定，这种"自由"却注定是被限定的。它不能超出极权主义控制所能容忍的限度。

中共党专制逻辑之命题 11：党专制营造的生态环境决定了党自身变腐的必然趋势，靠诉诸"革命理念"、清理"阶级队伍"之类手段进行的党的纯化，无助于克服党所面临的危机

人们都记得黄炎培 1945 年访问延安时向毛泽东说出的一番担心：大凡一个团体、一个政党初起之时，都是艰难困苦、聚精会神，历九死而一生，而保其生机勃勃；及至环境渐好，精神也就渐渐放下，堕性发作，日趋下坡，乃至人亡政息。正所谓"其兴也勃焉，其亡也忽焉"。中共又何以可能跳出这样一个"周期率"？毛泽东当时答曰：我们已经找到了一条新路，能跳出这个周期率。这条新路就是民主。只有让人民来监督政府，政府才不敢松懈。只有人人起来负责，才不会人亡政息。[2]

不能说中共领导人完全是在摆样子、吹牛皮。当时的毛泽东确实有足够的警醒面对党执掌政权后走向衰败的危险，但历史证明他的自信和开出的解决问题的"药方"却是自欺欺人的。这个回答已经成为 20 世纪中国政治中的最大反讽。

党专制的自身逻辑决定了"人民"不可能真的去"监督"政府，因为"人民"没有实施这种监督的最基本的手段。在以"阶级专政"自我标榜的党-国政权结构中，"党"既没有来自其他独立力量的制约，又自我堵塞了几乎所有的批评渠道。"党"一手制造了对自己歌

2　转引自许纪霖著《无穷的困惑：黄炎培、张君劢与现代中国》，上海三联书店 1998 年版，页 191。

功颂德的社会氛围，并任凭这种歌功颂德走向极端。在实际政治运行中，掌握政权后党的政治录用机制决定了"入党做官"的政治行为逻辑的暗行滋长，这会自然动摇战争年代英雄们的革命意志，更会腐蚀和平年代成长起来的千百万"向党靠拢"的青年人。在权力和特权面前，党的理念和"为人民服务"的道德信条的逐步空泛化乃至仪式化将不可避免。

党专制下的社会必定是一个人治而非法治的社会。法律在这样的社会中是无足轻重的。当整个国家呈示为一个最高独裁者掌权的权力结构时，大大小小的权力金字塔也会在各个部门、各个"单位"中涌现。各级当权者习惯于对上负责，对下不负责，固步自封，因循守旧，热衷于文山会海，却不思创新进取。修养低下者更可能任人唯亲、拉帮结派、以我划线、以权压人。人们考虑的中心不再是革命的理想，而是自己的权势。

总之，党正在变腐。所有由"党"自己创造的生态环境、生态条件都决定着党自身变腐的必然趋势。

更可怕的是，没有人能够阻止这样的趋势。在党专制语境内试图扭转颓势、恢复"革命青春"的努力势必是一场无望的战斗。事实上——正像本书后续文卷将表明的——毛泽东在"阶级斗争"和"继续革命理论"框架内要解决的，正是执政党自身的变腐问题。然而，靠诉诸"革命理念"、清理"阶级队伍"之类手段进行的党的纯化，靠发动大规模的"运动"来揭发"阶级敌人"或"党内修正主义分子"，无助于克服党所面临的危机。恰恰相反，"运动"往往诱发极权主义的破坏本能，使每一个运动参加人不是被害者就是害人者，或二者兼而有之。社会良知和做人的基本准则在"革命的狂热"中丧失殆尽。

就最高决策层而言，保卫党的纯洁的斗争具有更为复杂的性质。中共党内高层的权力斗争与最高独裁者捍卫其乌托邦理念的斗争十分复杂地、又非常紧密地缠绕在一起。这种不同逻辑的交织，充分说明了现当代中国事务的深刻性。我甚至要说，恰恰是从"文化大革命"这样空前绝后的历史经历中，批判学者可以引申出毛式共产极权主义特有的一系列悖论及其悲剧性结果。本书将证明，这种悲剧结果所内具的丰富性与深刻性，已经远远超过了苏俄的斯大林时代。

中共党专制逻辑之命题 12：独裁者无力解决最高权力的有序交接问题，从逻辑上深刻揭示了党专制体制的根本痼疾

在党专制体制内，最高权力的有序交接是一件非常困难的事情。对各国第一代共产党掌权者来说，这件事几乎是不可能的（事实表明，包括前苏联、中国、北朝鲜在内的许多共产党政权，其第一号人物都是在自然规定的生命期限已经来临时才不得已交出最高权力的）。但是，这个可悲的事实并不意味着党的最高领导人不重视"接班人"问题。至少就中国共产党而言，有意识培养"接班人"的努力甚至可以上溯到党夺取政权以前的战争年代。这个问题最终成为"党"无法跨越的深度"沼泽"，其原因只能在党专制的自身逻辑中去寻找。

首先，党专制的逻辑决定了最高权力交接只能在党内领袖群体中进行。由于没有一个真正意义上的宪政民主体制，没有各政党在平等基础上和平竞争执政地位的过程，权力交接只能表现为党专制语境内的领袖"接班"。这个过程按照宪政民主的标准来衡量不可能是有序的、公开的、透明的、平等的。

其次，即便按照共产党党内民主规则衡量，"接班人"的产生也很难是有序的、民主的。党专制逻辑之命题 4 已经表明，党的领袖获得"独尊"地位的开始，就是领袖作为独裁者试图超越组织的开始。党的"民主集中制"之类的"组织原则"将很难抑制独裁者的为所欲为。一旦最高领袖的独裁局面形成，党组织将丧失作为组织对领袖的约束，而成为独裁者贯彻自身意志的工具。在接班人问题上，即便我们假设独裁者在"候选人"的决定上并无私心，但我们无法避免独裁者是根据他的"标准"、根据他的主观好恶、根据他的用人尺度来决定取舍。而且，独裁者越是凌驾一切，决定一切，"党"作为组织干预"接班人"选择的可能越是微乎其微。

更值得回味的是在权力问题上独裁者的心理状态。从"革命的需要"出发，最高权力总有"接班"的一天，对于此点，独裁者还不至于丧失最起码的理智。但另一方面，对于那些有可能成为自己接班人的党内领袖，独裁者内心深处又会藏有深深的恐惧乃至敌意。任何观点、意见上的分歧都可能被独裁者理解为对权力的觊觎。除非对最高领袖表现出绝对的忠诚，任何人（哪怕他再有能力）都很难在"接班人"的位子上坐稳。这种"接班"前景的高度不确定性、非程序性和人为性，以及由此衍生出的一系列和权力争夺有关的故事，是党专制体制生发的故事中最神秘的部分。野心家对权力的贪婪，理念的东西与现实的东西的错综交合，领袖与臣子之间、以及不同派系（不同政治倾向）的党内大员之间围绕"接班"问题展开的或隐蔽、或公开的较量，都使这个过程显得既扑朔迷离，又惊心动魄。

无论怎样，在生命问题上大自然对每一个人都是公平的。当独裁者到了不得不"到马克思处报道"的那一天，权力的交接往往会以非正常的形式进行。伴随着死人的离去，往往是活人之间继续进行的生与死的斗争。这个斗争当然还是为了权力。

独裁者无力解决最高权力的有序交接问题，从逻辑上深刻揭示了党专制体制的根本痼疾。斯大林曾经证明了这一点。毛泽东以更为曲折、复杂的形式再次证明了这一点。

一代强人自然生命的结束，往往是一个时代的终结。这也可以视为党专制语境内社会变迁的特征之一。我们不妨就此转入对党专制之下一个发展阶段——威权主义阶段——逻辑特征的讨论和刻画。

25. 中共极权主义到威权主义嬗变的逻辑轨迹

中共党专制逻辑之命题 13：威权主义是极权政治与市场经济的结合，党专制的传统与改革开放的内在要求构成威权主义时代最深刻、最根本的逻辑悖谬

我们已经看到，中国共产党党专制语境内的极权主义意味着一个异化了的公共权力对社会政治、经济、文化、精神生活的全面控制。从本质上说，这种控制既是实现党所憧憬的乌托邦社会改造目标必须倚仗的手段，又是这个目标本身的一部分。在极权主义条件下，不可能有市场经济的容身之地，因为市场经济的产权制度前提和动力机制是完全有悖于乌托邦社会改造目标的价值预设的。

然而，正是毛式乌托邦追求与制度设计的空想性，特别是这种追求在实践中的彻底失败，为历史走向新的、完全不同的发展之路，也就是重新承认市场经济，提供了可能。

值得沉思的是这种"重新承认"所采取的历史形式。事实上，邓小平所代表的"改革派"领导人对市场经济的最初认可，乃是极权主义乌托邦毁灭民生的不得已反应，而绝不是对市场经济之制度含义的自觉承认。基于传统意识形态而发生的这种认知意义上的迟滞，曾一再阻遏人们从科学层面认识市场经济的制度现代化内涵，也限制了人们从更深层的意义上理解"市场"力量对社会生活的多方面影响。

更重要的是政治领域与经济领域正在发生的事情的关系。从制度现代化的规范意义讲，与市场经济相对应的政治结构应当是民主政治，二者在建构一个合理、健康的社会方面，有着结构上的相互需要（见本卷第 1 章第 14 节）。但民主政治却是中共党专制的死结。本来，毛泽东的极度专权和文革这样悲剧的发生，数千万人口的非正常死亡和导致此类悲剧的最深刻的制度根源的存在，已经提供了充分的理由证明政治体制改革的必要。政治民主化在逻辑上应该与经济市场化并辔而行。问题在于，真正意义上的政治体制改革必然走向对党专制自身的否定，而这是与当权者的利益相矛盾的。所以，尽管历史终究会提出、且已经提出这样的要求，但当这样的要求被固守陈旧意识形态的党的当权者所拒绝时，中华民族将不得不遭受更多的苦难。党的"第二代"领导人可以在"计划多一点"还是"市场多一点"这类问题上互相角力，但在维护党专制这个根本点上却高度一致。在"坚持四项基本原则，反对资产阶级自由化"[3]的口号下，毛以后的中共当权者明确表达了党专制的根基不能碰这个根本原则。这样，从逻辑上讲，改革年代中共当权者制定的基本国策（既要坚持"四项基本原则"，又要坚持"改革开放"），其"两个基本点"之间必然发生冲突，且这样的冲突必然是无解的。

继续保持极权主义政治前提下的市场经济不可能是健康的、完善的市场经济。它最终将发展为权贵资本所主导的扭曲的市场经济。极权主义政治+扭曲的市场经济遂成为开放年代党专制特有的社会结构格局。这是一个在精神上继承了毛式极权主义精髓，但在内容、外部条件和内部张力上又迥然不同于毛式极权主义社会的结构格局。威权主义时代所有新的病症、所有新的矛盾展开、所有新的社会罪恶都可以籍此获得解释。

中共党专制逻辑之命题 14："老人政治""垂帘听政"式的新的独裁形式和陈旧的政治思维，构成毛以后最高权力的显著特征。它的内在的保守性有可能葬送民主化改革的历史机遇

在党专制语境内，掌权者对权力的独裁这一点是不会有变化的。

3　"坚持四项基本原则"的提法出自邓小平本人。邓 1979 年提出："我们要在中国实现四个现代化，必须在思想政治上坚持四项基本原则。"其内容包括"必须坚持社会主义道路，必须坚持无产阶级专政，必须坚持共产党的领导，必须坚持马列主义、毛泽东思想"。（见《邓小平文选》第 2 卷，人民出版社 1994 年第 2 版，页 164）

变化的只是独裁的形式。假如说，毛泽东代表了独霸天下、一人定乾坤的最典型独裁特征，那么毛以后实际掌握最高权柄的中共元老群体则代表了对独裁的某种集体分享，在这种分享中，元老中最孚众望者将在权力的使用中占有最大的权重。从逻辑上讲，这是党专制体制内最高权力演变的一种重要现象。它代表着某种过渡，从强有力的领袖个人独裁向带有寡头特征的集体独裁的过渡，从"开国元勋"向新生代执政者的过渡，从强人政治向常人政治的过渡。

构成"第二代"领导主体的党的元老本来都是"第一代"革命者，是经过文革洗礼后的建国领袖群体的遗存。这个事实赋予该群体以双重含义：一方面，多数元老仍然认同信仰了一辈子的"革命"理念，这种认同是真实的，并非虚假的；另一方面，他们又对"党"和领袖犯过的错误痛心疾首，希望改弦更张，找到某种发展的新路。但认知、能力和魄力上的局限，使他们无法突破现存体制的狭隘眼界。他们既是党专制体制的受害者，又是这个体制的坚定维护者。维护的动机开始时可能更多是认知上的（巨大的传统意识形态思维惯性构成这种认知的基础），但随着新的权力机构的确立，随着权力结构与市场力量的结盟，这种动机会逐渐向利益维度转化。总之，中共元老群体本质上是保守的，或者说，随着改革的深化和改革所触及的矛盾的尖锐化，它会越来越趋向于保守。元老们可以在经济改革的方式和力度上各有主张，乃至互相矛盾（譬如邓小平和陈云），但在政治体制改革上却共守一条底线，那就是绝不能动摇"党的领导"。

这样，我们就可以理解——比如——为什么邓一代领导人不能彻底清算毛泽东掌权时期犯下的过错乃至罪行。邓可以"彻底否定文化大革命"，但对毛却丢弃不得，必须永远供在台案上，因为"丢掉了这个旗帜，实际上就否定了我们党的光辉历史"。[4] 元老们更不可能承认过去半个多世纪中国共产党的乌托邦追求在根本路径选择上就是错误的，正是这种路径选择上的错误，使中国人在一个美梦的感

4　引语见《邓小平文选》第2卷，人民出版社1994年第2版，页298。

召下真诚地干了许多蠢事，使作为民主化进程的20世纪中国史几乎丧失了时间意义（就该进程从一个起点开始，却又在奔跑一圈后回到了原点而言）。我相信，除了现实利益考量外，对上述历史悖谬的深深恐惧，乃是中共掌权者不敢面对自己的过去的真正原因。

基于同样理由，元老们对任何表现出"自由化"倾向的党内新生代领袖不能容忍，也就是合乎逻辑的了。在元老们的"支持"下成立中共中央的工作班子，这种一、二线分立虽然带有最高权力过渡的临时性意义，但仍然具有"垂帘听政"式的控制功能。一旦元老们认为前台工作的新生代领袖"不听话"，则随时可以拿下，并用"合适"的人取而代之。这种渗透了前现代皇权专制色彩、又极富"现代"特征的党专制独裁术对中国民主化进程的影响和阻遏是灾难性的。本书第五卷将证明，20世纪80年代的中国本来拥有民主化改革的强烈时代需求并正在创造相应的历史条件，或者说，历史曾经走到一个十字路口，使中华民族面临多种不同路径选择——包括选择这样一条路径，即通过深化政治体制改革而走向真正的宪政民主——的机会和可能。党内民主派和民间自由力量的生长正在创造这样的条件。然而，由于党专制语境内元老派的力量高于改革派的力量，由于这个体制赋予元老们权力的最终支配地位，改革的机会终于与历史擦肩而过。这个机遇的丧失再次证明党专制的独裁力量所具有的顽固性和巨大使动性，它仍然可以拖住历史前进的步伐，影响未来10年、20年甚至更长时间中历史的走向。而当这种阻遏是借助血与火的文字写成时，"党"的自我意识和"党"在臣民心目中的形象也将发生本质性的改变。

中共党专制逻辑之命题 15："有中国特色的"权贵资本的形成，使现代市场经济的文明缺陷和极权制度的野蛮本性结合到一起，并互相强化

"权贵资本"的最简单明了的定义是权力与资本的融合。在威权

主义条件下，权贵资本的形成具有铁一样的逻辑必然性。

当一个社会刚刚从物质禁欲主义的禁锢中解脱出来时，物欲的升腾是一种完全可以预期的现象。正如命题 6 已经指出的，就在专制体制压抑了人们的正常需求，甚至把它挤压到一个可怜的、微不足道的角落时，历史正在积聚足够的反弹力，待时机成熟时，让"物质"重新翻转过来，以十倍、百倍的疯狂去彻底地颠覆"精神"。更一般地讲，市场经济本来就是牟利经济。现代市场经济最伟大的社会进化属性和最根本的文明缺陷都可以从"牟利是资本的本能"这句话中获得解释（见本卷第 2 章第 16、17 节）。以上两个方面都意味着，中国的改革开放和对市场原则的重新认可，势必表现为"潘多拉之匣"的突然打开。只有借助强有力的制度形式，营造公平、法治的制度环境，才能保证市场经济的健康发展，防止膨胀化的物欲对他人权益的非法侵害。而这恰恰是党专制所无法做到的。

党的各级官员手中握有权力，这种权力在毛泽东极权主义时代能够给自己带来的经济好处是有限的。开放使官员们突然意识到权力就意味着金钱，财富的聚敛可以通过巧妙地使用权力轻而易举地实现。最初，权力与资本的结盟可能只是简单的行贿受贿；但人的贪婪本性和无数制度上的"漏洞"会诱使当权者主动"设局"，大赚不义之财。随着改革进程中生产资料市场、不动产消费市场、资本市场、金融市场的不断开放，权力和资本的联姻也将进入"蜜月"。既然权力是不受制约的，腐败的迅速蔓延也就没有什么可奇怪的了。

更重要的是"有中国特色"这个"头衔"。在开放年代"党"的意识形态话语中，"有中国特色"本来是中国类型"社会主义"的自我标榜。我却宁愿用这个词去形容中国权贵资本的特殊发生学来源。须知，中国的经济改革是在"公有制"并未根本触动这个背景下进行的，这意味着有一大块被称为"国有资产"的存量资产有可能成为各级当权者的鲸吞目标。就在"党"的宣传机构和学术研究机构还在"私有化"这类概念的使用上羞羞答答时，实际生活中的权贵私有化早已如火如荼地展开了。在中国版的"圈地运动"中，在各地、各行业的"企业改制"过程中，有多少国有资产（它实际是几亿普通劳动者几十年劳动的血汗）悄悄地、又是完全合乎逻辑地被转移到新的权贵们的账下，是一件永远不可能弄清楚的事情。正是在这个过程中，极权制度的野蛮本性和市场经济的文明缺陷被融合到一起，相互补充又相互强化。人的本性中最恶劣的东西——对权力的渴求和基于权力的贪婪——也正是在这个过程中被激发、燃烧、膨胀到了极致。

如果说，毛式极权主义是权力与乌托邦理想的结合，那么邓及邓后的威权主义就是权力与利益的结合。——当然，这里所说的"利益"并非规范市场经济条件下人们追求的合法利益，而是对合法利益造成损害的权贵们的非法利益。难怪有人讲，"中共先是用专制的手段灭私充公，然后又靠专制的庇护化公为私，两件相反的坏事居然让一个党全做了。"[5]

中共党专制逻辑之命题16：威权主义条件下取得的经济增长，将付出巨大社会代价；"断裂社会"的出现意味着底层民众成为"改革"的牺牲品

不应该否认这一点：威权主义条件下仍然可以取得可观的经济增长。这既是一个逻辑现实（其逻辑根据在于市场经济对所有社会的催动作用），也是被中国改革开放进程所证明的一个历史现实。同样不能否认的是这样的经济增长会在改革的初期给所有人带来好处，包括农村和城市中的普通劳动者，因为在权贵资本还没有形成社会经济生活中的垄断力量以前，在中国经济刚刚从一个谷底复苏的起步阶段，普通劳动者有可能通过劳动与收益间的直接联系体会到改革惠于他们的正面影响。但这样的好景不长。

随着中国市场化进程的加快，随着一批又一批富人和城乡新贵的崛起，社会总体财富的分配天平将越来越向不利于普通劳动者的

5　王思睿"后极权社会的两种前景"，刊于北京社会经济科学研究所"改造与建设"网站。

方向倾斜。蛀虫们对存量国有资产的监守自盗和偷偷摸摸的瓜分，本来已经侵犯了最广大公众的基本权益；新贵们对增量资产的巧取豪夺则以更加明火执仗的形式鲸吞着改革年代靠出卖劳动力为生的无数雇工的血汗。虽然统计数字显示的中国农村的贫困人口在逐渐减少，但这并不能否定下列事实，即中央政府通过社会转交系统进行的对贫困地区的财政"输血"，在许多场合只是肥了当地政府官员和各种各样与官府"有关系"的人，结果，真正需要救助的大批贫困者反而变得更加贫困。在城市，则有大量的下岗失业人员（其中很多人是由于原来就职的国有企业的非正常倒闭而被成批抛入社会的），他们和数千万因失去土地（或土地不再产生收益）不得已从农村涌入城市的"农民工"一起构成庞大的社会"弱势群体"。在日益拉大的社会不同群体的收入差距面前，在"日新月异"的大城市建设和广袤农村依然如旧的贫困所折射出的社会发展方面的巨大反差面前，平等与公正正在凸显为新的体制性稀缺，社会的畸形化和整体性结构断裂正在使一个修复中的社会重新变得千疮百孔。

这里，我们不妨借用"断裂社会"这个术语。在社会学语境内，这个概念指"在一个社会中，几个时代的成分并存，互相之间缺乏有机的联系"。[6] 从政治哲学角度看，"断裂社会"则意味着由于体制原因造成的社会各阶层、各群体在资源占有、资源享用方面日益扩大的鸿沟。"下层群体"越来越成为特权阶层和各种各样的暴发户借"改革"之名行掠夺之实的牺牲品，他们不再感受到"改革"带来的好处，却在为"改革"付出越来越多的代价。这种变了味儿的"改革"及其造成的社会结构错位乃至断裂，突出表明了开放年代中国社会转型所具有的冷酷性：底层民众支付"改革"的成本，有权有势者则坐享"改革"的收益。威权主义时代中国特有的"资本原始积累"还突出表明了社会转型的悖谬性质：本来应该有助于政治民主化的市场化，

6　见孙立平《转型与断裂：改革以来中国社会结构的变迁》，清华大学出版社2004 年版，页 115。

在党专制语境内却生出权贵资本这样一个怪胎，无论在什么含义上，它都不是作为社会变革的积极因素、而是作为改革的否定性力量粉墨登场的。

中共党专制逻辑之命题 17：官方意识形态的彻底堕落和社会价值系统的崩溃，构成威权主义社会特有的精神景观

马克思主义本来是作为为穷人伸张正义的理论获得其巨大道义力量的。"阶级专政"说虽然逻辑上必然导致党专制的形成，但在政治上强调"工人阶级必须领导一切"、经济上奉行"平均主义"的年代，官方意识形态本质上的虚假并没有暴露为事实上的虚假。威权主义时代则完全不同了。当工人、农民等昔日的"明星"重新沦为社会的最底层，处处受人盘剥而又缺乏制度性的自我保护（他们不可能被允许成立独立工会之类的组织）、甚至不能用马克思主义的理论武器揭露现实的黑暗（"党"当然不承认社会主义社会也存在"剥削"）时，仍然以"阶级专政"说事的意识形态，其虚假性已经完全变成赤裸裸的。从根本上说，继续乞灵于"阶级专政"说的党的意识形态在威权主义时代必然逻辑性地走向堕落，它的现实功能只剩下了两条：一是顽固地（同时又越来越不能自圆其说地）为一党专政的合法性提供辩护性论证，二是在进行这种论证——也就是，拿"工人阶级"和"人民"说事——的同时，事实上充当特权利益的保护伞和遮羞布。

问题还有另外一个方面。在极权主义时代，"党"的意识形态本来发挥着为臣民提供信仰支撑的巨大功能。这种功能的退化乃至彻底丧失是威权主义社会的重要现象。如果伴随着"共产主义"信仰退隐的是理性的自由主义信仰的上升，这当然是求之不得的好事；但在党专制语境内，这又是一件不可能的事情。"党"会出于本能地误导社会，把理性自由主义故意读解为"西方资本主义"的东西，然后加以排斥，不允许学校系统传授人类的普世政治文明和精神文明。这样，当极权主义时代的信仰狂热破灭后，在威权主义物欲膨胀的滔天浊浪中，社会价值系统崩溃、人的精神领域成为一片废墟将呈示为可

怕的现实。在这个社会中，人们不再有信仰；除了金钱，人们不再崇拜其他任何东西。生活的实用主义和机会主义态度遍布社会各个阶层，暴富心理和"明星热"成为青年一代鲜明的心理特征（这里的"明星"当然不再是普通劳动者或"毛主席的好战士"，而是"大款""大腕"和权贵一族）。与没有信仰、不讲责任、不讲社会良知共存的是可怕的冷漠，人们缺乏正义感和对弱者的基本的同情心。经商者把"假冒伪劣"视为赚钱的诀窍，甚至一向朴实的农民都学会了往出售的棉花里塞石头。社会道德底线的崩塌体现在方方面面，诚信危机的背后实乃一个民族病入骨髓的精神危机。

我们知道，在过去两千年的历史中，儒学提供的价值观曾长期左右普通中国人的精神生活。儒学价值观中当然渗透了前现代的皇权文化传统，但也有颇具人类普适意义的价值内容。是"党"对"封建主义"的批判，把澡水和孩子一同泼了出去，中断了民族的价值传承。而当党的意识形态感召力发生自身危机的时候，它对仍具普适意义的本土文化传统的中断和对以"西方"面目出现的人类普世文明的拒斥将最终以合力的形式作用于这个民族。这个结果同样是灾难性的。世纪末中国人灵魂的普遍荒漠状态，不但是作为信仰的党的意识形态自我否定的结果，不但是金钱拜物教作为"矫枉过正"的历史力量猖獗肆虐的结果，而且是民族精神传承和世界普世文明引进双重断裂的结果。

中共党专制逻辑之命题 18："党"对公民社会的扼杀，将采用威胁与利诱的双重形式，迫使体制内知识分子接受"招安"，迫使独立知识分子边缘化、无形化

改革开放带来公民社会的复兴，本来体现了制度现代化的一般逻辑。独立知识分子重新步入历史舞台，乃是民族精神复兴和公民社会重建的基本标志。然而，这股力量的兴起势必与党专制继续维持思想控制的"一统"要求产生巨大的紧张。本质上说，这个冲突是无法调和的，因为它们分别代表着自由与专制水火不容的两极。

但在开放这个新的时代背景下，"党"对公民社会成长的阻遏却有一个从简单的、较为"直白"的方式向更为"精致"、更为隐蔽的方式演变的趋势。如果说，针对"自由化"知识分子的公开批判、组织围剿体现了毛式极权主义的遗风，那么其对象包括所有知识人的暗中收买、巧行招安则是威权主义时代的特色。只要"与党中央保持一致"，大学教师、科研机构的学者、新闻传媒的编辑和记者都可以获得各种各样体制内的好处。在"一切向钱看"的威权主义社会大背景下，在体制内的各种利益诱惑面前，自由将变得格外脆弱。更何况利诱只是"党"控制知识分子的一手，"党"还有另一手，那就是威胁。从控制与被控制的角度看，不管是极权主义还是威权主义，专制主义条件下"党"与知识分子的关系从来都是猫和老鼠的关系。只要被控制者老老实实就范，控制者和被控制者就可以相安无事，"和平共处"，但控制者随时握有惩治被控制一方"不轨行为"的手段。招安加上威胁，或者说以威胁为后盾的招安，实乃威权主义时代"党"对付知识人、特别是那些有独立（异议）倾向的知识分子的基本策略。

从逻辑上讲，接受招安的知识分子必定导致心理与人格的可怕裂变。他（或她）知道，当权者今天的意识形态无非是一堆谎言，但他（她）必须假装认真地接受这些谎言，并在自己的学生、读者和公众面前堂而皇之地宣传之、"论证"之、歌颂之。在接受谎言、传播谎言可以带来的"好处"和拒绝谎言、揭穿谎言将要承担的后果之间，多数人会本能地选择前者。这样，剧场行为泛滥，犬儒主义盛行，也就没有什么可奇怪的了。在被称为"第二次思想改造"的金钱社会的洗礼下，中国知识分子真正的优良传统正在丧失。党专制造成的面具化社会，又把越来越多的体制内"知识精英"变成玩世不恭的庸人。当权者"装模作样的统治"，被治者"装模作样的服从"，各有所需，各有所得。可以断言，威权主义统治是建立在谎言基础上的，没有大量被治者参与谎言的传播，威权主义社会就一天也无法维持。但我们必须加上一句话，那就是金钱（及其背后的威胁）才是"党"营造这个面具化社会的真正力量。

至于那些顽固不化的"异议分子"（这样的"异议分子"是永远除不净的，因为植根于公共理性和社会性的人对自由的追求，永远是"异议分子"产生的源泉），"党"的办法则是割断他们与社会的联系，不让社会听到他们的声音。应该承认，与极权时代动辄以"反革命罪"惩处异议知识分子相比，威权时代的当权者已经显示出较多的"宽容"。这与其说是统治者的进步，不如说是环境的变化和时代本身的进步。[7] 但党专制的逻辑仍然决定了统治者不会容忍异议者在自己控制的领地内公开地说三道四，于是利用一切监控手段和封锁手段（比如，建立互联网"封锁墙"）把异端主张删除或屏蔽，就成为"党"的宣传部门乃至安全部门的一项常设性"工作"。他们试图把独立知识分子彻底边缘化、无形化，把他们对公众的影响减小到最低限度，而独立知识分子势必要作相反方向的努力。这样，控制与反控制之间的博弈将是一场长期的、对双方而言都是艰苦的过程。

中共党专制逻辑之命题 19：和毛泽东时期相比，恐怖手段在维持威权主义社会"稳定"方面具有越来越重要的意义

在毛式极权主义时期，以武力表达的恐怖只是针对"地富反坏右"的手段。乌托邦式的大众动员、基层党组织控制的强有力、简单而普遍贫穷的生活方式都使社会反倒处于相对平衡的状态。威权主义则不同。社会贫富不均的急剧扩大，"断裂社会"的出现，上访者的增加，民众意见反映渠道的日益狭窄，都意味着社会"减震器"的失灵，权力的脆性特征凸显。各级官员（尤其是基层政府官员）的腐败加剧了社会矛盾，官-民之间的面对面冲突有增无减。于是，公安、武警、秘密警察之类恐怖手段在维持威权主义社会"稳定"方面具有

7　当然。这个事实并不意味着当权者已经完全停止了对异议者的人身监禁乃至肉体迫害。利用"颠覆国家政权"之类罪名对异议者实施监禁在威权主义的中国仍时有发生。只不过鉴于冷战后国际社会对中国人权状况的关注大幅度提升，才使得政府在此类问题的处理上较过去更为谨慎。

了越来越重要的意义。

恐怖手段可以用于制服"地方性骚乱"（其实，这里的所谓"骚乱"大多是被侵犯了基本权益的公民的维权之举），可以用来对付成千上万的上访者，可以监控、"震慑"异议分子和一切可疑的人，也可以用于对成规模的独立信仰者的有组织镇压。这里有必要就最后一种情况多说几句。在党专制的逻辑语境内，宗教从来是"党"的天敌。命题 10 已经指出：教会由于自身具有的下列两个特点势必与党专制发生内在的冲突：第一，凡教会组织都有自己独立的信仰，而共产党当然不希望人们在官方意识形态之外还有什么其他的信仰；第二，凡教会必有一定规模的教徒聚集，而共产党当权者最担心的恰恰是超出政府控制范围之外的民众的有组织的聚集。教会的这两个特点显然都犯了党专制社会的大忌。问题在于极权主义信仰破灭后，威权主义社会造成的价值真空势必会有其他的东西来填补，人们对信仰——或者说，对精神充实本身——的追求，实在植根于人的本性。而当某种宗教理论或宗教实践活动对人们产生了足够的吸引力，它的组织系统和信徒聚集又达到相当规模时，"党"会本能地感到不安甚至威胁。任何一个小的事件或冲突都可能拨动中南海脆弱的神经。而当党的最高决策者神经质地做出镇压的最后决定时，历史大错乃至历史罪恶将就此铸定。这正是世纪末中国共产党政府镇压法轮功信众时发生的事情（对此，本书第六卷将予以详细讨论）。

从理性角度看，这种不断给自己制造敌人的镇压术显然是愚蠢的，但它的确体现了党专制的某种既定逻辑。

在法治社会中，法律允许存在的恐怖手段只能用来对付违法犯罪者。一旦恐怖手段被用于镇压无辜的平民、勇敢的维权者或独立的信仰群体时，作为公共权力机构的政府就彻底走到了自己的反面。

中共党专制逻辑之命题 20：党的领袖集团的平庸化使"党"没有勇气面对、更难以摆脱党专制自身造成的困境

随着党的元老一代的相继逝去，"第三代"乃至更新一代领导者接掌党和国家的最高权力是一件迟早要发生的事情。从逻辑上讲，党的"接班人"的有序产生和合理交接问题仍然没有解决，因为这是党专制的权力结构和权力运作机制内无法解决的问题。本命题要强调的是这样一点，即随着时间的推移和强人政治向常人政治过渡的完成，党的领袖集团的平庸化将日益凸显。新一代掌权者没有经历过革命战争年代生与死的考验，缺乏枭雄式的大智大勇在所难免。更重要的是他们的成长完全在极权体制内完成，他们首先是作为这个体制的产物、并有忠实于这个体制的表现才能被提拔到领导岗位上。他们可能是勤奋的，但作为党的干部的第一条标准却是"听话"。虽然不排除偶尔有"另类"人物出现，但总的讲新的领袖集团中的大部分人会显得平庸而无能。共产党组织系统僵硬的干部选拔方式，出于权力争夺或权力稳固需要的拉帮结派、任人唯亲，带有准封建特征的"太子党"接班等等，都排斥了真正有能有为者进入最高权力的核心。

另一方面，平庸的领导却又面临着棘手的形势：党正在癌化，权力与金钱结盟导致的党的肌体"癌细胞"的扩散，使得威权主义时代党的变腐远非极权时代所能比拟。更可怕的是，党的癌化正在引起整个社会的癌变。在党专制语境内，这是一个"不以人的意志为转移"（当然也不以当政者的意志为转移）的客观进程。靠诉诸传统手段（如"党的先进性教育"之类）拯救"党"的努力是注定不会有结果的，因为癌变的发生根本就不是什么"教育"不力的问题，而是一党专权、权钱结合的政治-经济生态必然生出的产物。靠"纪律""法治"和党的监察系统扭转局面的努力也是注定不能成功的，因为党专制语境内不可能真的有什么"法治"，党的监察系统本身也无力解决由党专制造成的体制性问题（事实证明，"党组织"作为实施专制控制的机器通常是有力的，至少是有效的，但作为自身反腐的机构，则要逊色许多，这也是党专制的本性使然）。

党的领袖集团的平庸化还逻辑地隐含着另一个后果，那就是中央权威的逐渐流失。这种流失会由于开放条件下地方利益的多元化和"诸侯"势力的增长而日益加剧。最高当局的政策往往受到以经济利益为纽带的区域性官商联盟的抵制。官僚集团的内聚力弱化，规则体系纸面化，权力功能的"去中央化"，将成为威权主义时代纵向国家权力结构内在紧张的真实写照。党专制的体制客观上赋予最高决策者特殊的地位与角色期待，但地方利益的崛起和最高领袖集团的平庸化降低了这个体系本来赋予决策者的使动性。

从总体上说，除非由于某种历史的机缘，在党的最高决策层出现立志根本性改革的大智大勇者，或者由于体制内外自由力量的生长给当权者造成了足够的压力迫使其改革，平庸化的党的领袖群体将更多致力于如何保住党专制体制的既定遗产，他们在创新方面不会有多大出息。这既是他们个人的悲哀，更是这个制度的悲哀。

中共党专制逻辑之命题 21：从"悲剧"到"笑剧"，威权主义的"成熟"乃至溃烂标志着党专制已经走到自己的逻辑终结点

"黑格尔在某个地方说过，一切伟大的世界历史事变和人物，可以说都出现两次，他忘记补充一点：第一次是作为悲剧出现，第二次是作为笑剧出现。"——这是马克思评论路易·波拿巴时说过的话。[8] 我以为，用"悲剧""笑剧"的比喻来说明共产党的历史，倒是十分贴切的，且颇富历史哲学的味道。

前述 20 个命题，已经逻辑地勾勒出中国共产党党专制的根本特征及其历史嬗变轨迹。我们看到，毛泽东一代共产党人在追求、实践其社会改造理想时，曾真诚地相信自己代表着"人民的利益"，代表着中国（乃至整个人类）的未来。甚至在他们缔造的这个制度犯下毁灭自由、毁灭生命的滔天罪恶时，他们仍自信握有正义和真理。正如"导论"所言，"以毛泽东为代表的中共极权型专制主义，特别是该体制与它立于其上的道义基础和意欲达到的原初目标之间的巨大冲突，乃是当今世界独一无二的现象。毛泽东继承了从秦始皇到蒋介石的中国专制主义遗产的全部精髓，但这种继承恰恰是在中国共产党

8　见《马克思恩格斯选集》第 1 卷，人民出版社 1995 年版，页 584。

人决心'走出封建历史怪圈'的过程中成其所就的。"在这个意义上，毛一代共产党人的历史具有悲剧性；极权主义的罪恶更多为体制使然，而非独裁者个人有意为之，有些结果甚至超出独裁者认知和预见能力以外。威权主义就不同了。党专制体制有悖于宪政民主和人类文明主潮的病理症候早已昭然若揭；权力与非法利益的结合已经充分暴露了党的意识形态的虚伪性；一党统治的合法性已经由于这个党控制的政府居然向和平示威的学生开枪而受到空前动摇；普通百姓正在从改革的受益者沦为改革的牺牲品。所有这些都在证明一件事情：党专制已经从历史的悲剧转变为可耻的"笑剧"，而且这种转变具有铁一般的逻辑必然性。

不是么？如果说毛式极权主义对"资本主义"的讨伐是大张旗鼓、理直气壮的，那么邓和邓以后的威权主义对"资本主义"的重新承认却是偷偷摸摸、羞羞答答的。如果说毛泽东本人还有承认党正在变腐的勇气、甚至有向这种变腐趋势挑战的冲天豪情，那么邓及邓以后的当权者却对党的衰变的事实讳莫如深，乃至一再遮掩。如果说，极权主义党文化制造的是一个简单而狂热的世界，那么威权主义党文化制造的则是一个虚伪而平庸的世界。如果说，毛泽东还想通过把工人代表补充进中央委员会以显示政权的"工人阶级"属性，那么中共"第二代"掌权者安排成批的"太子党"接班却具有清楚的准世袭意图。诸如此类的对比还可以继续下去。

总之，这是一个已经完全"成熟"、且正在溃烂的制度。从"悲剧"到"笑剧"的转化证明这个制度已无任何前途可言。

然而，党专制的逻辑终点恰恰是民主力量生长的起点。或者，更准确地说，威权主义社会逻辑上的内在紧张，已经为自由、民主因素的萌生创造了条件。毕竟，威权主义是承认市场经济的，而"只要市场经济存在，它就会顽强地为自己创造生存、发展空间，并以自身日益增长的影响力反作用于政治体制，促使其向民主化方向一步步演变"。（见本卷第 1 章第 14 节）改革开放以来身份制度退出历史舞台，单位制度某种程度的解构，都体现了历史的进步。尽管中国的市场经济受到专制权力的极大扭曲、财富分配体系极度不公正，但是市场毕竟增加了人们的活动空间和活动内容，也使人的选择（包括对抗专制主义的选择）有了更大的回旋余地。有良知的知识分子正在学习用更加巧妙的办法对付"党"的专横，并发展出一套卓有成效的抵抗艺术。人们总是希望"生活在真实之中"的，这源于公共理性和社会性这个高贵的人类本性。中央权威的式微和地方利益的崛起则可能带来这样一个副产品，那就是利益格局的多元化，这种多元化如果能合理地、适时地转换为权力制衡的某种结构要素，则其积极意义不可低估。总括起来讲，党专制语境内威权主义社会的衰变和溃烂正在召唤真正意义上的政治体制改革。不管这个不合理的制度还会苟延残喘多少天，从逻辑意义上它已经走到了自己的终结点，却是毫无疑义的。

我们不妨借用马克思的话作为本章的结尾。马克思在《"黑格尔法哲学批判"导言》中曾说：

当旧制度本身还相信而且也应当相信自己的合理性的时候，它的历史是悲剧性的。当旧制度作为现存的世界制度同新生的世界进行斗争的时候，旧制度犯的是世界历史性的错误，而不是个人的错误。因而旧制度的灭亡也是悲剧性的。

相反，现代德国制度是时代错乱，它公然违反普遍承认的公理，它向全世界展示旧制度毫不中用；它只是想象自己有自信，并且要求世界也这样想象。如果它真的相信自己的本质，难道它还会用一个异己本质的外观来掩盖自己的本质，并且求助于伪善和诡辩吗？现代的旧制度不过是真正主角已经死去的那种世界制度的丑角。[9]

如果作个不太严格的类比，那么似乎可以说，只要把马克思文中的"旧制度"改为"毛式共产极权制度"，把"现代德国制度"改成"当代中国的威权主义制度"，则文中的基本描述用来说明中国共产党党专制的嬗变逻辑，倒是颇为合适的。

9　同上，页5。

第六章

从总体化的内在紧张与交错互动

理解中国现代专制主义的独特性

前面五章，我们已经从三个不同层面研究了对理解中国现代专制主义而言最重要的那些总体化要素，它们分别是：

基础层面（第 1、2 章）——对制度现代化之现象逻辑和本体逻辑的规范分析。现象逻辑指具有普适意义的、又是在现象上可观察的制度现代化之各个结构要素的组织特征及逻辑联系，本体逻辑指现代制度建构之所以成为"普适"的社会进化之哲学人类学根据。完成这两项工作，使我们拥有了专制主义总体化解析的最一般的学理基础。

中间层面（第 3 章）——在基础层面被舍弃的文化特殊性成为研究的中心。这里，我们讨论了前现代中国皇权文化中最主要的结构要素，并研究了在什么意义内、通过什么样的途径，皇权专制传统将对中国的现代社会转型发生影响。

现实层面（第 4、5 章）——中国现代专制主义最成熟的形态，也就是，中国共产党的党专制，进入了我们的研究视野。本来，作为现实层面存在的中国现代专制主义还有民国时期的几种不同表现形态，但鉴于批判研究目前的任务是揭示中国现代专制主义总体化的抽象特征和一般逻辑，我们必须提取最能反映这种逻辑的对象予以讨论。中国共产党的党专制由于其典型性、成熟性，显然最能满足这方面的要求。在这一部分，我还用了很多笔墨来讨论作为党专制发生学来源的马克思主义、列宁主义和斯大林主义，这部分是因为党专制的许多最根本的东西只能从它的发生学源头获得解释，部分是因为在本书后续各卷的行文中，我们将不再有机会系统地研讨这个问题。

本章，我想在上述研究的基础上作一个总结。

"导论"曾在下列两种不同意义上区分了总体化的基本含义：第一种含义指作为研究对象的总体化，这就是批判客体自身结构存在意义上的多重性。"就这个多重性既体现着运动发展方向性的内在要求，又在现实运动中代表着对它的扭曲而言，总体化乃是一个有着巨大张力的、矛盾的辩证发展进程；而就这个多重性乃是诸多历史要素综合作用的结果，'被规定的普遍性'在这里显示为被歪曲了的个别性而言，总体化又是被历史限定了的历史存在形式本身。"第二种含义的总体化指作为研究范式的总体化，也就是批判主体把握对象的方法和原则；在批判学术的表述中，它是"思维中的具体"展示自身、完成自身叙述的手段。

本章的总结就将分别围绕"作为研究对象的总体化"（第 26 节）和"作为研究范式的总体化"（第 27 节）展开。

26.　作为研究对象的总体化

我们已经知道，中国现代专制主义最典型、最成熟的表现形态就是中国共产党的一党专政制度，它首先是中国共产党人"以俄为师"的产物。但从总体化的研究角度出发，作为研究对象的中国共产党的党专制就不能仅仅理解为引进马克思主义、列宁主义和斯大林主义的结果，而必须考虑到这种"引进"或"嫁接"的文化背景或语境。中国共产党人究竟从马克思主义那里学到了什么？为什么偏偏学到了有助于党专制孕育、发展的那些东西而丢弃了马克思主义中本来更具科学意义的东西？党专制演变中生发的各种现象与中国的前现代文化传统——特别是皇权专制传统——有着怎样的联系？这种联系又怎样造成了对制度现代化普遍要求的表面"超越"和实质上的扭曲？诸如此类的问题都是把总体化作为三个层面的综合整体来考察时才进入了批判者的研究视野。

我们不妨仍然沿用上一章罗列命题的形式来界定总体化之综合整体意义上党专制（作为中国现代专制主义最成熟形态）的抽象特征。

中共党专制逻辑之命题 22：单一的"党专制"并非中国现代专制主义的特色，只有党专制与皇权传统的结合才是名副其实的"中国特色"

这个命题很容易从现象上获得解释或证明。比如，毛泽东驾驭党内群臣的方式，就颇有中国古代帝王的遗风，竟至聪明、干练、人中之杰如周恩来者，也不能不匍匐在毛的脚下甘当奴仆。当毛在庐山会议上整了敢于"犯颜直谏"的大将军彭德怀时，陶铸曾写信给当时的被批判者黄克诚云："彭的错误已明若观火，你为何不站出来与之划清界限，帮助德怀同志挖掘思想，改正错误？……你我都读过一点所谓古圣贤之书。一个人立身于世，不讲求操守是很可悲的。尤其我们作为一个党员，对于党的忠诚等于旧社会一个女人嫁了人一样，一定要'从一而终'，绝不可'移情别恋'，否则便不能成为'贞节'之妇。"李锐在他的《庐山会议实录》中转录这封信后指出："这种要有封建道德要求于妇女贞节般的政治操守，视落井下石为爱人以德的思想，当时确是绝大多数人的共同心态。"[1]

问题是这样的"共同心态"何以可能存在，又何以可能对这些老共产党员的愚忠行为产生如此深刻的影响（不要忘记，他们本来都是矢志共产主义事业的久经考验的斗士）？这就涉及到本书第 3 章谈到的"国民性"和"文化性格"的传承问题。我曾指出：在文化变迁中，精神层面的变化通常要滞后于物质层面和制度层面的变化。"精神"层面的文化乃是一个民族群体的生活实践、认知方式、交往规则、宗教习俗、艺术趣味、人生态度等等的长期积淀，是外在物质生

1　见李锐《庐山会议实录》，春秋出版社、湖南教育出版社 1989 年版，页 300。

活和制度生活准则在心灵中的内化。这些被"积淀"、被"内化"的东西一旦形成，就获得了相对独立的存在样态，成为一个民族文化上、心灵上的"深层结构"，它并不因物质文化、制度文化的变化而马上随之变化。换言之，表现为"国民性"或"文化性格"的"深层结构"更多地体现着"传统"的力量。"传统"往往是约定俗成的、非反思的，它更多地表现为无需论证的行为前提，以无意识形式存在的思维"前见"，不以为非、见怪不怪的心理定势，社会约束与社会评价的当然尺度等等。而唯因"传统"是这样一种有如基因复制一样的"文化编码"，是这样一种精神意义上的文化结晶体，它才在呈示出自身的连续性的同时，也呈示出极强的凝固性或顽固性。（见本卷第 3 章第 21 节）

千百年来，皇权文化对中国人的影响是极其深刻的，它已经成为我们这个民族文化性格的一部分。无论是近代开始的社会转型还是激进的共产主义革命，都没有、也不可能斩断这种影响。相反，皇权文化中积淀的制度遗产，特别是与这种制度遗产相联系的观念模式和行为模式，会作为某种潜规则作用于现代人。而所谓潜规则，根据本书的定义，乃指"社会转型过程中体现前现代传统的内在制度（包括它的行为互动模式和无意识认知模式）对现代制度建构的文化阻遏，这种阻遏未必是自觉的，但却是强有力的、持久的。即便在传统社会的有形政治结构和经济结构已经瓦解之后，这样的阻遏仍会在新社会的体内存在相当长的时间。"（亦见本卷第 3 章第 21 节）既如此，我们就不难理解，何以在完成了"人民民主"革命的 20 世纪的中国仍然会保存许多和前现代似曾相识的东西，比如，像当年帝王崇拜一样的领袖崇拜现象。毛泽东从来没有宣称过"朕即国家"，但他所构造的这个以"无产阶级专政""人民当家作主"为名的政权，却渗透了旧时帝王文化的许多骨血。在历史的表象，人们看到的是革命潮流的涌动，但前现代的精神遗存往往会以更隐蔽的方式保留下来，并发挥作用。独裁者运用权力的方式和臣僚乃至普通公众对这种权力运用的反应方式都体现着文化传统的潜在制约；由文化心理结构规约的认知路径和情感归宿往往促成了宏观意义上政权建构与运行的非民主结果。

从制度建构意义上讲，中国现代的党治结构（包括国民党的"以党治国"和共产党的党专制）与前现代的皇权结构有很多可以比较之处，比如君临一切的独裁制度，中央集权的大一统制度，对武装力量的绝对掌控制度，政教合一的意识形态制度，自我纠偏的监察制度，重人治而不重法治的治国传统等等。在前边的文字中，我已经对此作过一些说明；本书的后续各卷还将对此作更为深入、展开的讨论。就两者的关系言，前现代的皇权专制传统对现代中国的党治建构似乎发挥了某种潜在的路径依赖和变异制导作用。中国现代专制主义当然并非古代皇权制度的简单翻版；但看不到两者之间的内在联系和历史承继性，也是一种学术上的浅薄。从方法论角度讲，当我们断言单一的"党专制"并非中国现代专制主义的特色，只有党专制与皇权传统的结合才是名副其实的"中国特色"时，这不仅仅是道出了一个事实，更是对中国现代专制主义总体化之第二、第三层面交互作用及其结果的一种归纳。

中共党专制逻辑之命题 23：党专制体现了马克思主义激进传统中的负面因子和中国文化传统中的负面因子的"劣势组合"

马克思主义理论中并非没有科学的东西。这个理论体系中真正科学的成分没有被中国共产党人所汲取，其激进的、非科学的成分反倒成了中国现代专制主义的酵母和孵化器。这是一个极其深刻的问题。我们要梳理清楚这种情况的发生何以可能，它又是在什么意义上、通过什么途径发生的。

我们知道，马克思本人是一位严肃的学者。尽管他的理性自由人的乌托邦哲学假设和推翻私有制的政治信念从根本上支配着他的学术研究，但我们还是可以从这个体系所蕴含的深刻的历史感中体味到作者的博大与严谨。比如，这位思想家一方面对资本主义持严厉批判态度，另一方面又坚持"无论哪一个社会形态，在它所能容纳的全部生产力发挥出来以前，是决不会灭亡的；而新的更高的生产关系，在它的物质存在条件在旧社会的胚胎里成熟之前，是决不会出现的。所以人类始终只提出自己能够解决的任务。因为任务本身只有在解决它的物质条件已经存在或至少是在生成过程中的时候，才会产生。"[2] 这样的金玉良言，毛泽东一代中国共产党人显然并没有真正领会。证明这一点的最简单的事实就是建国后共产党政权对资本主义的迫不及待的"改造"。须知，即便党的社会改造理念迟早会以制度建构（结构拉力）的形式强行作用于社会，形成党所憧憬的社会结构格局，就像命题 2 已经指出的那样，但根据马克思的上述经典，这种"迫不及待"也是犯了超越历史发展阶段的错误。更深刻的问题在于：毛泽东究竟要追求什么样的"社会主义"？本书的后续文卷将证明，毛泽东其实是戴着中国前现代文化的农业乌托邦眼镜来解读商品生产和"废除资产阶级法权"问题的。而恰恰在这种解读中，传统文化中的"义利之辩"和"大同理想"同马克思主义的"共产主义"叠合在一起，基于儒学智慧和农业乌托邦信念的人性假设同马克思主义的体现为"自由人联合体"的人性假设叠合在一起。

当然，这种"组合"并非典型的、本命题意义上的"劣势组合"。经济建构中的乌托邦设计（用计划经济取代商品经济）虽然客观上有助于极权主义政体的运作，并成为这个体系的一部分，但这并不否认经济乌托邦制度设计中蕴含着深刻的哲学人类学问题，我们不能简单地用"负面"一词概括之（本书第四卷将专门讨论这个问题）。

所谓"劣势组合"，是指马克思主义激进传统中的负面因子和中国文化传统中的负面因子的结合。这种结合在政治领域表现得最为明显。

第 4 章已经详细讨论过，马克思主义对"资产阶级民主制"的否定，构成这个西方激进学理的重要组成部分，也是其重要的负面思想元素。由马克思式的"阶级革命"导致列宁主义的一党专制，体现了

---

2 《马克思恩格斯选集》第 2 卷，人民出版社 1995 年版，页 33。

这个激进传统的一般逻辑。我们现在要关注的是，当这个逻辑应用到中国人这里时将会发生什么样的情况。中国本来就有丰厚的皇权文化的政治传统。从社会进化的角度看，这个传统体现的是农业文明的本质，是逆向于制度现代化的发展要求的。但这个文化传统中的负面存在——特别是与皇权专制相关的那些思想、观念、制度遗存——却恰恰和现代的党专制制度有着内在的亲和力。一方面，积淀深厚的皇权文化基因为现代的党崇拜（如"没有共产党就没有新中国"）和领袖崇拜（如毛是中国人民的"大救星""红太阳"）提供了天然土壤，另一方面，现代一党专制制度又从皇权专制传统中获得了重要的文化支持。这正是我所谓的"劣势组合"，即最后的组合结果把组合双方的缺陷、弱点综合到了一起。我们甚至可以说，这种"劣势组合"存在着某种逻辑上的双向扩大效应，即从党专制角度看，在引进列宁主义政治体制的过程中，在建立没有制约的党-国最高权力的过程中，那种本来处于被淘汰过程中的前现代文化因子被重新赋予新的"生命"，从潜伏状态进入活跃状态，改头换面地再一次成为现代社会的主角；而从"文化"角度看，这种被重新激活并招摇上市的本土货会反过来作用于外来者，也就是说，皇权文化留给现代中国人的精神遗产会通过从领袖到普通人的无数人的行为增加党专制这种"舶来品"的中国味道，比如，进一步扩大党专制中的人治因素。中国共产党的党专制和所谓"毛式马列"其实正是二者结合的产物。

明白了这一层，我们就会理解，何以同样是共产极权政权，中国的党专制和领袖独裁仍然有许多自己独有的特色。比如，斯大林时期的苏联共产党和毛泽东时期的中国共产党同样少有民主（无论是治党还是治国），但斯大林为了达到独揽政权的目的不惜大量杀人，包括杀掉那些列宁时代的老布尔什维克领袖；而毛用不着斯大林那样的杀人术，通晓中国历史的毛有足够的智慧用传统方式驾驭这个体制和体制中的人，并把皇权传统和党专制的精髓融为一体。毛不会等到人们在党代会上投了反对票时再动手反击，这是斯大林才会做出的蠢事。同样道理也可以用来说明为什么中国共产党领袖中没有出现类似南斯拉夫的米洛万·吉拉斯或匈牙利的纳吉·伊姆雷那样的叛逆者。吉拉斯写出了《新阶级》，纳吉则在 1958 年被处决前写下了著名的《为了保卫匈牙利人民》，系统阐释自己的"异端"政治见解。而中国呢？刘少奇被迫害致死前没有留下只言片语，邓小平也是靠几次"悔过"才有了文革后的东山再起。此类"悔过"当然也可以解释成是一种中国式的"智慧"。但从本命题角度看，这与其说是"智慧"，不如说是中国式的悲哀。

中共党专制逻辑之命题 24：党文化是"劣势组合"基础上形成的新"文化"，且既有精神形态，又有其制度形态

命题 9 曾把党文化定义为精神层面的"党"的存在，它可以通过文学的、艺术的、教育的乃至日常生活的种种形式表现之。在引入总体化第二层面的讨论并得出"劣势组合"的命题后，我们需要从文化界定的更规范的意义上进一步深化党文化这个概念。

在前现代社会向现代社会的转型过程中，"文化"本身也在发展，文化的传承和变异都会随社会变迁而发生。问题是新形成的文化"传承"了原有文化的哪些内容、又淘汰了哪些内容，"变异"又是在向哪个方向变。我并不否认创业一代的中国共产党人曾有良好的主观动机去创造一种全然不同于"封建"时代旧中国的新文化，但历史的诡秘恰恰在于，这种动机在坚韧的历史惯性面前往往显得很脆弱，很容易变形；而当党专制作为外来的"真经"与自己老店里的"陈货"掺合在一起、并发生某种"中和反应"时，结果对动机的背叛就显得更为自然。

我们可以这样说：党文化是在半个多世纪的时间里外来激进经验与中国固有传统中的不良因子之"劣势组合"基础上形成的新"文化"，它反应党专制条件下人们的全部生活，既有精神形态，又有其制度形态。从现象上看，这种"文化"似乎已经与中国的旧文化有了很大区别，但骨子里二者却仍然有许多神似的东西。比如，"理论地"讲，今天生活在大陆的中国人已经是中华人民共和国的"公民"，拥

有选举、罢免国家领导人的权利，但实际上这种"权利"是根本派不上用场的，因为党专制语境内的"选举"制度（"党"操纵、控制着全部"选举"过程）早已实质性地否定了这种权利。这就是说，在普通子民无力影响国家权力建构和掌权者的取舍这层意义上，今天的中国人同皇权时代的中国人其实没有多大区别。他们仍然是臣民而不是公民，只不过图有一层公民身份的外表，且恰恰是这种外表掩饰了作为臣民的现实。问题的另一个方面是当代中国人何以会接受此类明显是摆样子、"走过场"的制度安排，而很少有人提出这是对自己公民权利的侵犯？这正是传统的力量所在。习惯了作子民的人对公民新角色缺乏自觉的承担。党专制之所以能横行无忌，恰恰是利用了这种传统力量。摆样子、"走过场"的制度安排又进一步加强了这种力量。

古代皇权制度是围绕君权设计、运转的，现代专制主义制度则是围绕党权设计、运转的。从意识形态建构角度看，无论是皇权时代的制度化的儒学，还是现代党专制体制中作为官方教义的马克思列宁主义，它们的功能都在服务于政权合法性的论证。当然，二者也有区别。儒学毕竟是"本土货"，拥有深厚的本土文化根基，它之作为意识形态发挥作用，也更多带有文化-心理内结构而与有形制度产生互动的这样一种特征。马列主义就不同了，它是一种外来的意识形态，是借助一场革命从外部植入的东西。它必须通过与本土文化遗产的联姻才能内化，进而发挥专制主义的建构作用。事实上，这也正是马克思主义理论中的科学成分没有被中国人吸收、而其非科学的、乃至反科学的成分却被充分汲取的原因，或原因之一。无论如何，这种内化的结果是形成了如上所说的新的"文化"，"党"代替君权成为这个文化中出现频率最高的词语，"党"的语言成了学校教育和新闻传播的系统语言，"党"不仅代表权力，而且代表真理，不仅代表治人者，而且代表被治者。一句话，"党"成为新的"文化"中弥漫一切、笼罩一切的东西。在极权主义时代，它是人们信仰、效忠的对象；在威权主义时代，它又成了人们攫取利益和特权的最得力的工具。在至少三代人以上的时间里，这种党文化被庞大的党机器不断地培植、复制，致使很多人生活在如此不合理的制度中却浑然不觉。对皇权专制制度的非反思性接受曾是前现代皇权子民的自然归宿；现代中国人对以"人民民主"为招牌的一党专制制度的非反思性接受，则是党文化大力"洗脑"、灌输、培植的结果。

当然，与前现代皇权文化一样，作为制度与精神存在的党文化在自身的不断复制与蜕变中，也无法摆脱这样一些后果，诸如权力与利益的结盟导致"超强权力转化为超大私利"，知识对权力的臣服导致教育的御用性和精神侏儒的一代代生产，理论的意识形态化导致理论本身的退化，当政者赋予自己的道德形象与自己的实际作为出现越来越大的反差，等等。甚至，党文化浸润出来的社会腐溃都和前现代很相象，比如威权主义时代权贵资本的形成、基层官员的腐败和他们鱼肉乡民的不择手段。唯一的不同是党专制语境内产生的罪恶都是打着"社会主义""公有制"的旗号干出来的，公私不分、假公济私成为此类勾当最重要、最鲜明的特征。党文化哺育了这一切，它既是这些罪恶的制度上和精神上的助产婆，又是它们的遮羞布。

中共党专制逻辑之命题 25：党专制与皇权文化传统的结合，必然全面逆向于制度现代化的普遍要求，表现为社会发展的表面"超越"和实质扭曲

制度现代化的普遍要求是我们在总体化的基础层面已经揭示的东西，它包括政治领域的民主化，经济领域的市场化和社会整合领域公民社会的建构。这三项要求体现着社会进化的内在机理和人类文明发展的根本趋势。现在，当我们的研究得出这样的结论，即党专制完成了外来激进经验和中国皇权文化传统的"劣势组合"、并把自身呈示为追求中的（以"阶级专政"形式表现的）现代公共权力的异化时，作为研究对象的中国现代专制主义总体化三个层面间的紧张关系开始全面地、充分地暴露出来。

　　我在第 1 章就指出，在民主政治建构过程中，"鉴于公共权力与个人权利之间的张力、特别是这种张力关系中内含的某种脆弱性和不稳定性，现代专制主义之产生本来就存在着抽象的可能"。不过在总体化研究的基础阶段，这种"抽象的可能"还不是现实的可能。现在，这样的转变已经发生，那就是，中国现代专制主义通过它的最典型、最成熟的形式——中国共产党的党专制——把对社会进化普遍要求的表面遵从乃至"超越"和现实运动中对它的扭曲这两者都纳入其中，构成一个充满内部张力的巨大的矛盾体。这个总体化内在紧张的基本格局就是总体化第二、第三两个层面的融合对基础层面的否定。

　　说党专制是对制度现代化普遍要求的表面"遵从"，是因为共产党人从来没有否认过民主的基本价值；事实上，中国共产党的第一代创业者确实曾把在中国实现民主作为一个崇高目标加以追求。说党专制是对制度现代化普遍要求的"超越"，则是指马克思主义的信仰曾使中国共产党人自信，他们建立的"无产阶级专政"优越于"资产阶级"的"民主"，代表着人类社会更高的"发展阶段"。然而，本书前边列出的极权主义和威权主义党专制逻辑的诸多命题已经足以证明这种"遵从"和"超越"实际意味着什么。如果读者有兴趣把本书第 1 章所列举的制度现代化各个结构部分的相关制度安排（包括民主政治建构中的竞争性政党制度、选举与代议制度、分权制衡与有限政府、武装力量的政治中立与非党化、制度认同先于文化认同、民主宪政的非意识形态特征，市场经济建构中的私有产权及其法律保障，和公民社会建构中的新闻出版自由、教育独立、学术独立、结社自由等等）与党专制逻辑揭示的种种事实作一个对比，你就会发现以党专制为其制度呈示的中国现代专制主义实在是对制度现代化普遍要求的全面违逆。当然——我想再一次强调——这种违逆并非什么人主观追求使然；毋宁说，它恰好与第一代革命者和共产党人的理想相矛盾，是行动结果对理想自身的背叛。什么力量导致了这种背叛？就是本书所揭示的中国现代专制主义总体化进程本身。当中国共产党人宣称 1949 年后中国人民已经"当家作主"，成为"国家的主人"时，正是专制主义总体化第三层面和第二层面的融合——也就是，一种貌似"超前"的东西和过去的、但尚未死亡的东西的融合——共同摧毁了这个神话。一方面，中国传统皇权文化中本来就没有"公民"和"公民权利"概念，个体从来是湮没于家族和皇权社会之中的。另一方面，党专制的体制结构又恰恰凸显了公共权力的易异化性，凸显了无制约的权力被自身腐蚀的可能。这样两个东西的联姻导致权利的发育不良和权力侵犯权利的结果，难道不是顺理成章的么？可以说，党专制社会中对公民权利的表面张扬和实际上的漠视，既有前现代文化的影子，又体现着现代独裁政体的特征。

从中国现代专制主义总体化的内在紧张这个角度，我们还能进一步体味，何以在党专制的社会中会出现形式性制度与实质性制度的两分，以及内在制度与外在制度的两分。从表面看，当代中国有自己的代议制度、司法制度、行政制度、文官制度，它们似乎都在独立行使自己的职能。但稍作观察就会发现，这种"独立"其实只是形式性的，党专制对所有这些制度领域的统驭才是中国最具实质意义的制度。这种统驭体现着中国皇权文化的传统，虽然做了精心的改装。但保留这些"形式"又并非无关宏旨，因为它们会给制度带来"人民民主"的外观，使它们看起来更加合法。当然，换一个角度，我们也可以说，这种具有假面特征的制度安排也给独裁者自己设下了陷阱，因为改革力量毕竟可以把本来是形式性的东西转换成具有实际意义的建设性体制要素，譬如人民代表大会如果加入了真正的自由选举程序，就有可能成为较真实意义上的民意机构，或至少成为向此类机构的过渡。总之，由形式性制度和实质性制度两分生出的紧张，对总体化的不同层面可能具有不同的意义。内在制度和外在制度的区分涉及的东西更加微妙。如果我们把外在制度定义为以法律或其他纸面文件形式出现的、人为制定的外部规则，那么内在制度则指非正式的、深层的、往往以默契形式达成的应变规则或模式（见"导论"第9 节）。中国的前现代社会曾经形成过许多反映皇权文化特点的"内在制度"，在社会转型过程中，它们会以潜规则的形式对现代人的行为产生影响。有趣而不无深刻的是，党专制语境下的社会会生出许多新的"内在制度"，比如官场做戏规则、假大空规则、谎言规则等等，它们既包含着对前现代中国人"生存智慧"的继承，又有许多适应于党专制社会要求的新的"创造"。从本质上说，大量的内在制度与外在制度的对立，纸面要求与实际行为间的巨大反差，剧场行为和面具社会的泛滥，仍然根源于中国现代专制主义总体化三个层面间的内在紧张。当人们必须学会用不同的面孔示人、用不同的规则行事时，至少证明了一条，那就是这个社会本身也是表里不一的。以党专制为特征的专制主义总体化社会就是这样一个社会。

中共党专制逻辑之命题 26：党专制对利益原则和公共理性原则的双重否定与人为扭曲，揭示了这个制度在历史哲学意义上的存在悖谬

利益原则和公共理性原则是本书界定制度现代化之现象逻辑与本体逻辑的重要范畴。当我们闭目凝思这一对范畴在党专制社会中遭遇的命运时，中国现代专制主义在历史哲学意义上的存在悖谬更加昭然若揭地呈现在我们面前。

先请读者简单复习一下这两个范畴的基本含义：在制度现代化的现象逻辑语境内，利益范畴揭示了人们的政治行为和经济行为的基本动因。我们曾研究过权利、权力与利益的不同关系。在公民政治行为范畴内，与权利相联系的利益诉求通常是以政治形式表达的经济诉求。这种利益诉求具有充分的合理性与合法性。权力与利益的关系就不同了。权力本身就是攫取利益的手段。权力的使役性和强制性使利益的获取变得轻而易举，且这种攫取往往呈扩张型的膨胀趋势。权力的非法使用获得的利益同样是非法的。为了约束权力，防止权力的不当或非法使用，才有限制权力、通过宪政民主体制去制约权力的必要。利益范畴对现代市场经济条件下经济行为动因的揭示则是借

助劳动从谋生向谋利的转化来展开的。自主行动的个人，以谋取利润为目标的行为动机，实现利润手段的合理化以及由此必然导致的竞争体系，构成了市场经济的基本逻辑。当然，这样的逻辑还只是现象水平对象的自我描述。在制度现代化的本体逻辑语境内，利益范畴则揭示了政治行为和经济行为背后更深刻的东西，揭示了现代政治制度和经济制度演进成因的哲学人类学根据。既然人的本性中有基于生物性的天性自私的一面，那么"以权力制约权力、以野心制约野心"就是一种英明而又无奈的制度安排。但是，人的本性中还有另一面，那就是社会性。社会性代表着理性的积淀，人类文明的积淀。民主宪政和市场经济都是这种积淀的成果。这样，"作为本体逻辑的利益范畴一方面凸显了政治、经济行为中人的'自私的'自然本性的始基性存在，凸显了这种本性作为推动社会发展动力的巨大功能，同时也凸显了以现代制度形式呈示的人之理性、社会性对生物自然本性的制约和超越。"（见本卷第 2 章第 16 节）公共理性同样是理解制度现代化和社会发展之内驱力的重要范畴。这个概念揭示了公民社会存在的深层依据。在现象逻辑水平，公民的社会交往行为和该行为体现的"互主体性"形成既不同于权力运作、也不同于市场运作的公共领域。这个领域恰恰具有抵御政治结构和经济结构中的"目的合理性"和唯利是图趋势的强大力量。那么，这样的力量来自哪里？这正是本体逻辑水平之公共理性范畴要告诉我们的东西：它仍然来自于社会性。不过，与政治、经济领域中立基于生物性的社会性相比，这是一种更加本真意义上的社会性。社会性通过公共理性所要表达的，不是人的外在的物质存在，而是人的道德的、价值的、精神的存在。"当一个公民不是作为谋取经济利益的经济人或谋求政治权力的政治人，而是作为与纯然个体利益追求相对立的社会公共利益之伦理主体从事活动时，他的行为中所包含的本体的、理性的、自觉的社会性之本质就得到了明白无误的呈示。"（亦见本卷第 2 章第 16 节）人类社会正是在利益原则和公共理性原则这两个车轮的共同驱动下一步一步发展到今天的。这两个范畴之间的内在张力反映着哲学人类学意义上人性构成的诡秘，理解这种张力关系，包括它的"合理性"和合理性背后的矛盾，成为我们理解社会进化和制度现代化进程之全部复杂性的关键性枢纽。

现在让我们看看这两个范畴在总体化第二、第三两个层面分别遭遇的情形，并审视为什么党专制必然导致对利益原则和公共理性原则的双重否定与人为扭曲。

我们已经知道，在中国前现代皇权文化语境中，利益范畴是未展开的、先天不足的。中国的传统智慧，特别是儒学人性善的道德假设不可能发展出先进的利益激发（就经济结构而言）和利益制衡（就政治结构而言）的文化观念和制度体系。另一方面，中国文化中鲜有个人权利的概念，这不但导致现代利益原则产生的困难，同样导致现代公共理性原则产生的困难。以臣民社会为其表征的中国前现代皇权文化尚且不知"主体性"为何物，"互主体"以及以互主体为标志的公共领域自然更加无从谈起。这就是我们所承接的文化传统。然而，我们这个传统中还有另外一个方面，那就是"当皇权结构抑制了工具合理性的发展，抑制了法治基础上利益竞争与利益谋取格局的形成，窒息了合理建构利益竞争机制和利益平衡机制的可能时，对利益的追逐就会以一种相对来说更原始、更没有程序规约、也更残酷的形式进行。"（见本卷第 3 章第 20 节）现代社会转型和民主社会建构要完成的，恰恰是结束这种利益追逐的原始方式。

问题是，当中国的社会转型被纳入马克思主义"阶级革命"的渠道时，合理的利益激发和利益制衡机制的建设又遇到了新的困难。我已经指出过，马克思本人从来没有真正理解什么叫人性恶；马克思终生坚持的对人的自由劳动本性的设定是与文明世界依靠利益原则作为推动力的整个发展历史相矛盾的，也是与马克思、恩格斯自己阐述的唯物史观相矛盾的。而当中国共产党人戴着农业乌托邦的有色眼镜来解读马克思主义关于"废除商品生产"的预言时，这种欧洲激进思想中包含的乌托邦成分被进一步夸大和畸形化了。毛泽东追求的"一大二公"的共产主义乌托邦有一个重要特征，那就是建构某种人为的正义：公有制本来是想消灭"剥削"；但对私有产权的否定却导致了利益原则的全面被压抑，导致了社会生活的普遍贫穷。而如果说毛的乌托邦和"人为正义"窒息了利益的正常萌动，那么邓和后邓时期的权贵私有化则以畸形的方式使利益冲动复生且恶性膨胀，也就是，不是在法治的市场化环境中实现合法利益追求，而是依托权力进行非法利益的攫取。这种攫取在某些方面似乎回到了前现代，既是赤裸裸的，又是伪善的，它综合了资本的逻辑与皇权逻辑的全部丑恶。

在政治领域，马克思主义不懂得现代利益原则是公共权力建构必须考虑的重要因素，公共利益的普遍性只能借助个体、集团利益的多元化和利益竞争的有序化来实现。"阶级革命"导致的一党专制否定了权力制衡的合理性，也就否定了通过利益之间的合法抗衡实现利益扬弃的可能。无论是在极权主义还是威权主义条件下，党专制保护并促进的只能是特权利益和与权力相关的各种非法利益。为了保护这些利益，阻止来自社会的批评，对公民社会的否定又成为逻辑上的必然。这样，党专制在否定和扭曲利益原则的同时，必然同时否定公共理性原则。我们在党专制社会中看不到制度现代化框架内应有的利益原则和公共理性原则之间的必要张力，看不到人性恶的合理利用和有效遏制，看不到人的本体意义上的自由落实为公共权力监督的制度上的安排。换言之，党专制既否定基于利益制衡需要的权力监督，又否定基于道德和人类良知的公共理性监督。党专制体制的结构整体性和系统性，使得这个制度对利益原则和公共理性原则的否定与扭曲也必然是整体性的、系统的。

既然如此，既然党专制从根本上否定健康人性的成长，否定这种成长要借助一系列的结构条件来保证，却纵容了负面人性的恶性膨胀，这个制度在社会进化的历史哲学意义上难道还有存在的价值么？

中共党专制逻辑之命题 27：作为中国现代制度转型过程中发生的"扭曲的特殊性"，党专制并不具有历史建构意义上的恒常价值

命题 26 是从利益原则和公共理性原则之历史哲学蕴含的角度推出党专制何以有悖历史发展大方向的结论的。本命题将从中国现代制度转型之"规范的特殊性"和"扭曲的特殊性"区分的角度，得出同样的结论。

第 3 章曾经指出，中国的现代化带有"后发外生"的特点，这是理解中国现代制度转型之特殊性的重要切入点。"后发外生"意味着原来的文化传统中尚未产生来自内部的变革力量或至少是变革力量不足时，就被外来的、更先进的的力量所冲击，后者体现着社会进化的内在本质和普遍要求，因此势必拥有更强的内在"征服"力量。"后发外生"的现代化，就其整个过程的相对非自然和它所表现的文化承续的危机乃至局部断裂而言，必然是痛苦的；但另一方面，既然社会进化和制度现代化拥有全人类范围的普适性，"后发外生"就不过是制度现代化普适性原则统摄下各民族发展道路特殊性的一种表达。这个过程虽然是"后发"的、"外生"的，却并不意味着某种外物的无根据的从天而降，并不意味着对"外来物"的全无理由的被动接受。恰恰相反，制度现代化的普适原则之所以能在"后发"国家逐渐生根，是因为这个东西本来就是全人类所共有的，拥有最始基意义上的哲学人类学的内在根据。所以我才讲，"后发"国家的制度现代化既是"后发"的，又是被"诱发"的。"后发"只是描述了现象，"诱发"才更深刻地触及了实质。

中国自鸦片战争以来和西方国家的对抗，从本质上说，乃是落后的农业文明同先进的工业文明之间的较量，较量的性质已经预先决定了较量的结果。只不过由于征服者逻辑的存在，较量加剧了文明的传播者和文明的接受者之间的紧张。这也是历史的一种悖谬。但不管怎么说，古老的中华民族走进现代、走向共和，就是从这种紧张中迈

出第一步的。无论在以后的进程中还会遇到什么样的坎坷、磨难，只要这种磨难仍然属于总体化语境内基础层面（制度现代化的普适要求）和中间层面（前现代文化的制度、观念遗存）这两个层面之间的碰撞，中国现代制度转型和现代化中出现的一切问题、一切困难就都属于"特殊性"的正常范围，这就是我所谓"规范的特殊性"。从逻辑意义讲，中国制度现代化的完成、中国现代民主国家的构建，本来是有可能在"规范的特殊性"范围内实现的。命题 1 已经通过另一种方式谈过这一点。

但历史后来发生的、我们现在仍然深陷其中的现实却是历史进程中的"扭曲的特殊性"，即历史发展偏离了它的正常轨道，总体化建构中的第三个要素闯了进来，它改变了传统与现代对接的虽然复杂、却又相对朴素的性质，使这个过程充满了怪异、离奇和自相矛盾的色彩。是的，党专制是一种非常诡秘的存在，它在宣称批判传统的时候反倒回归了传统；它在断言超越现代的时候反倒误读了现代，或干脆扭曲了现代。由于党专制这个要素的加入，中国现代专制主义的总体化呈现为一个极其独特的、巨大而又复杂的矛盾体，它使中国的现代制度转型变得格外艰难，每前进一步都要付出巨大的代价，有时还会长时间地原地踏步，甚至倒退。

然而，不管这种"扭曲的特殊性"因为何种原因登上中国的历史舞台，也不管它曾经给（而且至今仍在给）这个古老的、正在走进现代的民族带来多少额外的痛苦，就历史发展的内在本性言，这种历史进程的被扭曲的特殊是不会长久持续下去的。制度现代化有其自身的逻辑，它会顽强地通过各种历史偶然性、排除各种历史干扰为自己开辟前进的道路。还是那句话：社会进化是有方向的，但又是生成性的。生成性包括了各种偶然性历史要素组合的可能；但偶然性与必然性的交织并不否认如下一点，即从根本上说，社会进化是一个全人类普适的发展过程；各民族历史演进的具体差异无非是以自身的特殊性（无论是"规范的特殊"还是"扭曲的特殊"）证明社会进化本身的普遍性。

正是在这个意义上我可以断言：作为中国现代制度转型过程中发生的"扭曲的特殊性"，中国共产党的党专制并不具有历史建构意义上的恒常价值。

中共党专制逻辑之命题 28：20 世纪国际共产主义运动的解体和后冷战时代的来临，同样标志着中国共产党的党专制走到了自己的逻辑终结点

这是中国共产党党专制的最后一个命题，它把我们带入一个更广阔的时空领域，即 20 世纪国际共产主义运动的兴衰和它的历史可理解性。对这种兴衰本质的洞察将有助于我们对中国共产党党专制之历史命运和未来结局的理解。

从历史的表象看，20 世纪发生在俄国、中国和其他一些欧、亚、拉美国家的共产主义运动导源于 19 世纪后期两位激进思想家——马克思和恩格斯——批判资本主义的理论。然而，我已经指出过，马克思其实是误读了 19 世纪中叶欧洲阶级冲突与社会不平等的基本性质，也没有能准确判断它的未来发展趋势。当马克思断言资产阶级议会只是实施阶级统治的工具时，他乃是以绝对主义的口吻夸大了阶级冲突在这个问题解释上的权重，歪曲了由于政治资源不平等导致的国民参政不平等的逻辑性质。而他的"无产阶级专政"的理论预期，尤其暴露了马克思政治哲学的幼稚和空想性。欧洲社会后来的发展很快否定了《资本论》所作的预言（特别是资本主义行将崩溃的预言）。如果说马克思主义经典传统中还有什么正面结果，那就是它的关于社会平等的呼吁通过欧洲各国社会民主党的理论和政治实践保留了下来，并直接或间接地影响了发达国家内部社会关系的调整。

以俄国十月革命发端的 20 世纪国际共产主义运动是激进的马克思主义的另一项遗产，但这是一项非常糟糕的遗产。列宁基于马克思阶级斗争理论而对俄国社会发展走势的判读同样是错误的。让"无产阶级"充当"资产阶级民主革命"的主体，又在不间断的革命中创建

"社会主义"，这不但是对"俄罗斯特殊性的否定之否定"，更是对制度现代化之普适原则的否定。问题是，这样一场被后来历史演变证明是荒谬的革命并没有限定在俄国范围内。通过共产国际这个俄国人一手操控的组织，狂热的俄国共产党人又把俄国革命的理想和组织运作模式输出到了其他国家，包括中国。列宁所建立的拥有"铁的纪律"的布尔什维克党为后来所有同类的党树立了标杆，俄国人创造的苏维埃制度也成了所有其他落后国家的共产党效法的榜样。毛泽东就曾宣布，十月革命"改变了整个世界历史的方向，划分了整个世界历史的时代"。中国的"新民主主义革命"之所以区别于"旧民主革命"，中国革命之所以已经成为"世界革命的一部分"，其依据就在这个地方。[3] 在经历了苏东社会主义垮台的强烈震撼后，今天的中国共产党领导人已经羞于再在公开场合谈论这些陈年旧货，但表面的回避掩饰不了这样一个基本事实，即执政者当年革命的根据和建立政权的合法性，从根子上讲，是从这个地方导出来的。

1989 年是 20 世纪人类历史中的一个重要年份。正是以这一年为开端，继中国的六四天安门公民维宪运动以后，在"社会主义的故乡"苏联及其卫星国也发生了一系列革命。已经存在 70 年之久的"社会主义制度"在前苏联令人震惊、又完全合乎逻辑地迅速崩溃；"柏林墙"的被推倒则标志着一个时代——以"共产主义"为名的现代专制主义时代——在欧洲的终于结束。从社会进化的历史哲学意义上讲，20 世纪的共产主义运动是世界范围内制度现代化进程的一个重大偏离或扭曲。"征服者逻辑"和"资本逻辑"这些制度现代化演进中负面现象的存在曾经在一定程度上助长了这种扭曲，或至少成为扭曲发生的某种背景。但从根本上说，共产主义革命的失败源于这个革命自己结下的果实，特别是这个果实发生的可怕的变异。权力的自我异化在许多共产党政权中达到惊人的程度，它不仅包括斯大林的

3　见毛泽东"新民主主义论"，《毛泽东选集》（合订本），人民出版社 1968 年版，页 628～629。

暴政，也包括恩维尔·霍查的暴政、波尔布特的恐怖统治、齐奥塞斯库的家族统治、金日成-金正日的"皇位世袭"，等等。如今，这些统治中的大部分已经成为历史，但它们无疑给 20 世纪留下了极其惨痛的记录。最真挚、最高尚的动机可以导致最野蛮、最可怕的结果，以"人民"的名义建立的权力最终可能变为人民的敌人、公意的敌人。——这就是 20 世纪共产主义运动留给后人的教训。好在"冷战"终于结束了，以民主政治、市场经济、公民社会建构为主要内容的制度现代化的文明之光开始普照全球大地。人类已经迎来体现新的交往规则的全球治理时代，而全球治理能够真正运转的第一个制度性的前提条件，就是专制主义国家彻底退出人类历史舞台。

这样，本命题得出了与命题 21 同样的结论，只不过一个从国内角度，一个从全球角度。如果说，就本土意义上现代专制主义的演变而言，中国共产党的一党专制制度已经从"悲剧"演变为"笑剧"，威权主义的"成熟"乃至溃烂标志着党专制走到了自己的逻辑终结点，那么从全球角度看，20 世纪国际共产主义运动的解体和后冷战时代的来临，同样标志着中国共产党的党专制已经走到了自己的逻辑终结点。这样一个逻辑事实是谁也否定不了的，不管统治者是否有勇气承认它。

27.　作为研究范式的总体化

上述有关总体化作为研究对象得出的研究结果，已经可以证明总体化作为研究范式所具有的优势。研究范式指研究工作由以进行、由以依托的理论框架、方法与原则。那么，本书对中国现代专制主义的考察，又采用了（并将继续采用）什么样的理论框架、应用了（并将继续应用）哪些方法和原则呢？"导论"曾经列出了六条方法论原则，包括社会进化的一般逻辑公设原则、从抽象上升到具体的总体化把握原则、结构性分析原则、历史比较与文化发生学探究原则、实证分析与制度的两分法原则、文本解读的解释学原则。我们看到，这些原则已经被应用到三层次并列、存在着内在交错关系但又呈现为一个整体的总体化研究纲领之中。总体化是批判理论有关中国现代专制主义这个课题展开研究的基本框架。为了揭示对象的本质、它的复杂的内部关系和运行特征，本书还创制了一些重要范畴、概念，它们有的相对具体，有的则具有更深意义上的"形而上"蕴含。归结起来可否这样说：本书所提供的社会进化观使中国现代专制主义研究获得了必要的历史哲学和哲学人类学基础；制度现代化理论以这样的社会进化观为依据，提供了现代制度转型的结构分析框架；利益原则和公共理性原则既是连接上述"基础"与"框架"的桥梁，又是解剖现代专制主义的锐利武器，它们在本书的学理构成中，具有核心地位；结构分析、发生学分析、实证分析和解释学分析则是中国现代专制主义研究的基本手段。

在上述概括的基础上，我还想就作为研究范式的总体化的若干重要特征再作一些说明。

总体化是为中国现代专制主义量身定做的研究纲领

读者可能会问：为什么中国现代专制主义的总体化研究必须是三个层次的统一？我的回答是：只有这样三个层面的统一，才能一揽中国问题的全貌，抓住中国问题的要害。可以说，总体化是为中国现代专制主义量身定做的研究纲领，它的每一个细节，都是为准确把握中国现代专制主义所独有的特征而设计的。

西欧、北美那些现代化的先行国家没有碰到过今日中国这样的问题。我在第 2 章曾指出，欧洲的现代制度转型之所以率先获得成功，之所以呈现出某种自然生长的性质而较少曲折与反复，乃是因为欧洲的前现代文化遗产中更多地留存有与制度现代化要求相吻合的结构因子，同时也是因为欧洲人对人性的理解思路及建立其上的实践性制度安排与社会进化的深层人类学依据有更多的吻合。在上述两个意义上，欧洲人都是幸运的。正是这种幸运解释了为什么是在欧洲率先出现了近现代民主政治、市场经济与公民社会的制度建构，为什么是欧洲人而不是亚洲人或别的什么人率先以民族实践的特殊性体现、彰显了人类社会进化与文明生长的普遍性。美国人则更为幸运。美国宪政主义可以清楚地追溯到它的英国源头，英国 13 世纪时诞生的《大宪章》（这个文件被认为是英国宪政史上第一个伟大的里程碑）对后来美国的建国者制定自己的宪法显然具有深刻的影响。甚至早在美国建国以前，那些来自欧洲的殖民开拓者就十分注重保护他们从英国带来的基本权利，特别是被称为"自然权利"的生命权、自由权和财产权。1641 年通过的《马萨诸塞自由录》是殖民地的第一部权利法案。北美 13 个殖民地当时都是创制宪法的沃土，它们制定的宪法已经包含基本权利原则、权力分立和制衡原则、代议制政府的组织原则等等。所以，《独立宣言》并非飞来之物，1787 年的费城制宪会议也不是凭空召开的，这个会议达成的结果，既有那一代美国先贤的自我创造，又体现了比美国历史长得多的欧洲自由传统。美国人没有历史包袱，他们也就不大理解"文化"在现代中国人行为中占有的份量。一个最简单的例子就是当年（1945～46）马歇尔调停国共冲突的失败，他想在中国推行两党制，却低估了在中国这样的文化传统中实施宪政改革的艰巨性（总体化第二层面的影响），也没有看到共产党的理念在根本上是与调停人的努力目标相对立的（总体化第三层面的制约，虽然在当时这种制约还是潜伏着的，并没有完全浮出水面）。美国人没有碰到过类似中国现代专制主义第二、第三层面上的问题，他们在中国问题理解上的某种幼稚自然也就成为可理解的一件事情。

现代化的后发国家多少都有如何面对传统的问题，也就是说，它们多少都会碰到制度现代化的普遍性与本土文化传统特殊性之间的协调问题要处理。但不管这种处理涉及多少不同的个案，牵涉多么复杂的历史情境，表现出多少历史的个别性和偶然性，只要它们没有本书意义上的总体化第三层要素插入这个过程，那就仍然属于我所谓的"规范的特殊性"的范畴。以日本为例，这个岛国迟至 19 世纪中叶还是一个封闭的、闭关自守的国家。1853 年美国海军东印度舰队司令帕瑞的到来，打破了这种锁国状态。1868 年明治维新是日本近代史上的重要事件，已经存在了两个多世纪的德川幕藩体制迅速走向崩溃，国家进行了一系列政治和社会改革。日本的自由民权运动生发于 19 世纪 70 年代，民间自由组党也是从那个时候开始的。1896 年成立的宪政党内阁是日本历史上的第一个政党内阁。当然，在日本近代政治发展中，传统力量（藩阀势力）与新生民主力量之间的斗争从来没有停止过。20 世纪上半叶，日本又一度处于法西斯势力控制之下，政党政治衰微，直到二战结束，才在美国占领军的协助下恢复了民主建设进程。不管怎样，如果用本书提供的总体化框架思考问题，那么在日本所发生的现代社会转型就仍然只涉及第一层面（制度现代化的普遍要求）和第二层面（传统文化与制度）之间的冲突。这种冲突是复杂的，但从总体化的角度观之又是相对简单的。其他东亚或东南亚国家也大体如此，比如韩国在日本占领时期没有任何政党，二战结束后的 1946 年政党数目迅速发展到 100 多个，并于 1948 年举行了国会议员选举，建立了多党议会和政府。后来发生的军人政变和一党统治代表着传统力量的反扑，这种情况直到 20 世纪 90 年代发生逆转，1992 年金泳三的上台执政标志着韩国民主化和制度现代化进入一个新的发展时期。东南亚国家的现代社会转型和政党政治的发展，则多与民族独立有关，比如菲律宾、马来西亚和新加坡，征服者逻辑在这些国家的近现代政治发展中，有重要的解释权重。

与中国情况最接近的、同时包含了总体化三层要素在内的国家，大概只有俄国。俄国既是一个有着前现代专制传统的大国，又是列宁主义和斯大林主义的发源地。因此，俄国与中国可供比较的地方很多。但，深入考察后我们会发现，就专制主义总体化所包含的内在紧张和其呈示的复杂程度言，俄国仍然没有中国如此典型，如此沉重而又凝重。中国拥有比俄国更为悠久的前现代传统，当 1472 年拜占廷末代公主索非娅嫁给莫斯科大公伊凡三世并带来全套的拜占廷朝仪、伊凡三世本人也提出将"大公"改称"沙皇"时，中国的皇权体制早已在距此 500～1000 年前的汉、唐经历了它的最辉煌年代，而开始走入衰微。俄国是一个兼有欧亚两种文明传统的国家，中国则是一个更纯粹、更典型的东方国家。这种差别在后来经历了"共产主义革命"的红色苏联和红色中国那里也会留下烙印。就总体化的第三层面而言，我们看到，毛泽东在追求、实现他所钟情的社会改造理想方面，比斯大林更加虔诚、更加执著、更具有东方农民的特征；毛泽东在运用前现代的统治术治党、治国方面也比斯大林更加纯熟而"老道"。这种反差造成了远较前苏联为甚的中共党专制之专制主义总体化的内在紧张格局。中、苏两国后来的改革历程也证明了这一点。赫鲁晓夫的"秘密报告"揭开了前苏联"解冻"和改革的序幕，虽然中经勃列日涅夫的"停滞年代"，也有许多动荡和曲折，但改革终于在戈尔巴乔夫和叶利钦的手中成了正果。中国则要不幸得多。传统力量在中国这里似乎显得更为顽固且有力，时至今日，中国仍然深陷于党专制造成的泥潭中未能脱身。党专制在逻辑上走到了它的终结点并不意味着党专制的解体已经成为现实中的事实。如何解释中国现代专制主义的这种"坚韧"？仍然要求助于总体化这个研究范式。

作为为中国现代专制主义量身定做的研究纲领，总体化既是对对象存在之多层次特征——基础层面（社会进化与制度现代化的普遍要求）、中间层面（前现代皇权专制传统的阻遏性影响）、现实层面（党专制的现实制度与精神建构）相互错位又相互扭结——的理论归纳，又是对对象之历史运动本质的深层揭示。在方法上，它体现着横向研究（现代专制主义建构的结构分析）与纵向研究（现代专制主义的历史发生学考察）的统一，体现着中国现代专制主义研究中共时性与历时性的统一。因此，这是一个立体化的研究模型，是一个更为复杂、更为全面的研究纲领。本书的后续研究将进一步证明，合理运用这个纲领，将大大拓宽和加深我们对现代中国问题的认识，对很多看似矛盾的现象，也能得出——或至少是有可能得出——更科学的解释。

总体化中的政治哲学、历史哲学、文化哲学和哲学人类学

哲学意味着本质的洞察，意味着前提批判。单纯材料的堆砌或就事论事的议论，都不是哲学。那么，对中国现代专制主义的研究为什么一定要上升到哲学的高度来进行？有两条主要理由：第一，我们现在所从事的，是对过去 100 年中国制度现代化进程及其扭曲的历史反省，这个反省不是局部的，而是整体性的。要使我们的反省达到一定高度，达到足以把握对象的纵深性、复杂性、全局性的历史高度，就必须借助哲学思维，运用哲学前提批判的手段，使我们站得更高些，看得更远些。第二，还要考虑到，我们的研究对象本身——中国现代专制主义，特别是它的最典型、最成熟的形式，中国共产党的党专制——自身就拥有系统化的、意识形态化的哲学表达。它曾经具有强大的动员力量和教化力量；甚至在这种力量已经极度衰微的今天，它仍然不愿意、也不会自行退出历史舞台。要解构这种意识形态，证明它的不合理性和非科学性，同时说明它的来源，揭示其如其所是的深层根据，就要求批判理论拿出自己的哲学，这种哲学要有足够的深刻性和解释力，才能承担反思、解析中国现代专制主义的任务。当然，正如"导论"已经指出的，批判哲学的产生需要很苛刻的条件，包括作为研究对象的中国现代专制主义的完全"成熟"乃至走向危机，也包括作为研究主体的反思行动者自身在认知、体验、洞察和介入等方面能力的提高，使其达到与自己承担的使命相当的水平。幸运的是，我们这一代人终于看到了上述两方面条件的降临。我们生逢社会大转变的年代，过去几代人经历的苦难对我们来说成为宝贵的财富。我们有理由、也具备了现实的可能站在更高的历史基点上去审视历史，把握未来。

作为研究范式的总体化要承担的就是这样的任务。总体化研究中运用了各种哲学手段，或者说，以总体化方式进行的对中国现代专制主义的考察，体现了不同角度、诸多层面的哲学前提批判。比如，

当我们讨论权力的本性、讨论公共权力的易异化性、讨论公民权利和公共权力之间的内在张力时，我们所涉及和处理的实际上是一个政治哲学问题。现代专制主义的定义恰恰是从这个地方引出的。有关社会进化的一般逻辑公设则属于历史哲学的范畴。我在前文曾经指出，社会进化之一般逻辑公设的确定，从批判理论构建的角度看，有两大功能：一是提供理论判断的标准或坐标；二是构筑专制主义总体化分析的深层学理基础。（"导论"第 5 节）本书不同意黑格尔－马克思式的历史目的论，不同意把历史理解为"世界精神"的逐次展开（黑格尔）或以共产主义为必然归宿的关于人类社会"史前史"的先验归纳（马克思）。本书一方面强调社会进化是有方向的，以此反对历史相对主义和与此相联系或干脆以此为根据的文化保守主义；一方面强调历史又是生成性的，以此反对社会发展的预定论或前定论。这样一种社会进化观的形而上根据何在？答案就在本书提供的哲学人类学。人的生物性和社会性这两个哲学人类学元规则的引入，为社会进化的历史可理解性构建了一个更具基础性质的人类学平台。"这个人学模型强调人的生物性与社会性之间的相互作用，认为人类的现实历史乃是人类双重本性借助文化－历史中介彼此斗争又彼此中和的永恒过程。对于社会进化来讲，立基于生物学的人的自然本性与立基于广义文化－历史的人的社会本性构成历史运动之可见系列的更深层次的元规则系统。"（亦见"导论"第 5 节）这样，表现为"需要、本能、热情、私利"之类的东西就不再是"纯属自然的存在"，这"一大堆的欲望、兴趣和活动"，也不再仅仅是"世界精神"为完成它的目的而使用的手段。[4] 文化哲学则是同样的历史哲学和哲学人类学原

4　关于那些"纯属自然的存在"如何成了"世界精神"完成自身目标的手段的论述，见黑格尔《历史哲学讲演录》中判的"绪论"。黑格尔是这样说的："世界历史开始于它的普遍目的——'精神的概念'获得满足，只是自在地获得满足，那就是说，以'自然'的身份获得满足；这一种普遍的目的是一种内在的，最内在的，不自觉的冲动；而历史的全部事业（如我们已经说过的），就是要使这种冲动达到自觉的行为。因此，我们叫做主观方面的东西，如象需要、本能、热情、私利、以及意见和主观的概念，都表现为纯属自然的

则应用于文化特殊性领域的结果。在总体化研究框架内，中国前现代的皇权文化体系被理解为现代专制主义的文化发生学来源。而皇权文化，包括它的制度形式和意识形态表达，说到底，是前现代华夏农业文明种下的果实。在制度现代化的大潮中，它势必要被淘汰但又不甘于被淘汰。于是就有了总体化基础层面和中间层面之间的斗争。马克思主义的异化、党专制体系的建构作为总体化第三层要素的加入，使这种斗争和总体化三层次间的相互咬合、相互错位变得更为复杂。把握 20 世纪中国历史行程的脉搏、揭示这种律动与前现代文化传统间的复杂关联，这显然既要有历史哲学的深刻洞察力。也要有文化哲学的深刻洞察力。

利益原则和公共理性原则是贯穿了政治哲学、历史哲学、文化哲学和哲学人类学的重要范畴，这也是它们在本书的研讨中具有枢纽地位的根据所在。我们在总体化三个不同层面的考察中都运用了这两个范畴，这意味着我们对总体化三层面的把握都具有哲学性把握的性质。前面几章的讨论已经能够证明，本书正是借助利益范畴和公共理性范畴，借助这两个范畴在现象逻辑和本体逻辑水平上的展开，借助它们在制度现代化的结构分殊（基础层面）、前现代皇权传统的文化阻遏（中间层面）、党专制的马克思主义和列宁主义发生学（现实层面）的分析中所具有的强大解释力，奠定了中国现代专制主义研究的基础和基本逻辑框架。这首先是一种哲学的力量。比如，在本书提供的哲学人类学和社会进化观的理论视野内，通过利益范畴和公共理性范畴的展开，我们对历史发展的动力、原则和一般走向的解释显然超越了马克思主义的阶级斗争逻辑。在马克思主义传统中，对私有制的批判是一个核心性问题，是共产主义乌托邦的重要支点。而我

存在，——在一开始的时候，它们都不期而出现了。这一大堆的欲望、兴趣和活动，便是'世界精神'为完成它的目的——使这一目的具有意识，并且实现这目的——所用的工具和手段。"（《十八世纪末—十九世纪初德国哲学》，北京大学哲学系外国哲学教研室编译，商务印书馆 1975 年版，页 478～479）这一段论述，显然与黑格尔在《小逻辑》中讨论"历史之狡猾"的思想完全一致。（见本卷第 4 章注 45）

们的研究已经表明，财产的马克思主义意义上的"公有化"和"社会化"只是一个神话，是做不到的，这植根于人类的本性（体现人的生物自然属性的经济行为中的"自私性"）；但人类可以借助合理的制度设计（无意识的利益共谋系统和有意识的利益转交系统，它们表征人的社会性，——虽然还只是立基于生物性的社会性），借助公共理性的道德力量（它们表征人的更纯粹的、本真意义上的社会性），在利用"自私"本性的强大动能的同时减少其破坏性，最终达到人的自然属性的合理扬弃和人的社会属性的光大与申扬，达到两者在人类社会进化中的有张力的动态平衡。得出这样的结论需要对人的本性的更全面的哲学理解。马克思显然没能做到这一点。从马克思到列宁到毛泽东，共产党人走的是另外一条路。当俄国共产党人和中国共产党人义无反顾地追求"公有制"且自认为是"科学"时，历史发展的正常进程已经被打乱，被扭曲；而当这样一种扭曲与政治领域里通过党专制表现出来的公共权力的异化同时发生时，现代专制主义终于成了如其所是的那副模样。

这样，我们就看到，批判理论所拥有的哲学视界，不但超越了马克思主义阶级斗争和社会发展观的逻辑，而且能够帮助批判行动者辨别这种激进学说的要害与局限所在。更重要的是，通过总体化这样一个研究手段，批判行动者可以洞察 19 世纪的欧洲激进理论被引进中国后势必带来的后果，揭示这种后果中所包含的现实与历史之间的复杂关联，从而得出有助于使我们这个国家、我们这个民族挣脱现代专制主义羁绊的病理学诊断。我必须说，我们之所以可能做到这一切，首先是哲学帮了大忙。批判理论需要哲学，批判理论也建构了自己的哲学。这种哲学在本书后续文卷的研究行程中还会派上用场。

总体化的综合特征

"综合"在黑格尔—马克思传统中是指"从抽象上升到具体"的认识发展行程。在本书前边的讨论中，有关"从抽象上升到具体"在中国现代专制主义总体化研究中的方法论意义，已经做了足够的论述。现在，我想从另一个角度谈谈"综合"问题。

分析和综合是科学研究的两种基本手段。分析是将整体分解为部分，综合是将部分结合为整体，二者相互依存，缺一不可。那么，在分析和综合两者之间，我们为什么首先要强调综合？这是由本书所承担任务的性质所决定的。我在前文曾明言：本书不可能对 20 世纪历史上所有与专制主义相关的事件、过程、人物一一进行"考证"式的研究，这不是本书的任务；相反，我给自己设定的任务是从整体上把握中国现代专制主义演变过程中政治、经济、社会建构的宏观联系，把握既呈示、又掩饰这种宏观联系之历史过程的本质特征。因此，我们所关注的必定是大历史、大场景、大逻辑关系。不但如此。鉴于对研究对象的总体化把握涉及三个不同层面之逻辑存在与历史存在的复杂关联，本书所说的"综合"就不仅是总体化中某一个层面各个结构要素研究基础上的"综合"，而且也是对总体化三个层面相互影响、相互作用而形成的一种整体性关系的把握。这样的"综合"会赋予我们更犀利的眼光去洞察那些隐藏在表象背后的历史隐秘。

举一个例子：关于 20 世纪中国政治演变为什么造就出一个"全能主义的国家社会"的问题。"全能主义"是已故政治学家邹谠创造的一个概念，其意指"政治权力可以侵入社会的各个领域和个人生活的诸多方面，在原则上它不受法律、思想、道德（包括宗教）的限制。在实际上（有别于原则上）国家侵入社会领域和个人生活的程度或多或少，控制的程度或强或弱。"[5] 显然，这里讲的"全能主义"就是我们所说的极权主义，尽管邹谠本人极力想把二者区分开。[6] 那么，

5　邹谠《二十世纪中国政治：从宏观历史与微观行动的角度看》，牛津大学出版社 1994 年中文版，页 223。

6　邹谠区分"全能主义"和"极权主义"的理由有二：第一，"极权主义"这个概念产生于冷战年代，为了避免它的特定政治含义，才创制了"全能主义"这个新名词。第二，"全能主义"专指国家—社会关系的一种形态，而非指国家政体本身。"全能主义"与独裁制度不一定有内在必然的联系。（参见同上书，页 222～224）综观邹谠的有关议论，我以为这样的区分其实并无意义。作者似在回避批评中共为一极权政体，但又不能不同意在原则层面上"全能主义"和"自由主义"是两个对立的概念，犹如"极权主义"和

为什么会有"全能主义"出现？邹谠的解释是 20 世纪初中国社会的"全面危机"导致了"社会革命"，进而又导致了"全能主义国家社会"的产生。"中国面临一个全面危机，各个领域中的个别危机构成一个整体，这个全面的危机必须全面解决，尽快解决，解决的方法是社会革命，社会革命必然是全面的。革命的力量必须侵入进驻控制社会的各个领域。在克服全面危机的同时，也解决各个领域中的危机，而解决各个领域的危机，又是克服全面危机的方法。于是全能主义的国家，在漫长的革命过程中逐步成长，用最简单的方式表达：全面危机——社会革命——全能主义的国家社会。"[7]

如何定义 20 世纪初中国社会的"全面危机"不是这里要关注的问题，而是本书第二卷讨论的对象。我现在要提的问题是：即便假设这样一场"全面危机"只能通过"社会革命"的方式来解决，是否就一定意味着一个"全能主义国家"产生的不可避免？邹谠在他的著作中谈到"这个转变中最重要的关键是知识分子政治活动家接受马克思主义，建立新的关系网，组织列宁主义政党"，[8] 这当然是一个非常关键的因素。但在共产党成立之前就已经存在的国民党也是以"社会革命"为己任的。一般来说，产生于动荡的、剧烈变化的、但仍然保留着某种专制语境之社会条件中的"革命党"，的确需要以集中的、甚至带有独裁特征的组织化方式把力量凝聚起来，的确需要把这种力量"侵入进驻控制社会的各个领域"，方能有所作为；在夺取政权方面获得了成功的革命党成为带有某种"全能主义"特征的执政党在开始时也几乎具有自然的、必然的性质。但这仍然不能证明"全能主义国家社会"的产生就是不可避免的。假如获得了政权的革命党能够自觉启动宪政民主框架内竞争性政党制度的建设、自觉建构体现权

"民主自由主义"是两个对立的概念。近年来，"全能主义"这个词屡被国内学人所引用，正在于这个概念似乎更为中性化且相对隐讳，不像"极权主义"概念火药味十足且直指问题的核心。

7　同上书，页 **234**。

8　同上书，页 **235**。

力制衡要求的宪政国家体制，那么"全能主义"就至多是获得了成功的"革命党"实现社会民主转型的过渡性手段。当年孙中山为国民党设计的"军政、训政、宪政"建国三阶段，就体现了这样的原则精神。"军政""训政"都带有某种程度的"全能主义"性质，但实施它的目的是动员、训练民众学会运用民主，最终达到"宪政"的目标。至于国民党后来干的如何，那是另一个问题。这就是说，至少在逻辑上，社会革命在单一革命党主导下的成功，并不必然意味着"全能主义国家"的建立和巩固。后来取代了国民党占有政权的共产党倒真的建立了一个空前绝后的"全能主义国家"，但这并非因为共产党也是一个在"全面危机"的环境中起家的"革命党"，而是因为这个党所具有的特定的革命理念，这个理念从根本上否认"宪政"的价值（它不过是"资产阶级"的"民主"）而崇尚"无产阶级专政"。换言之，共产党在获得政权后没有能适时完成"革命党"向"建设党"的转变（这里的"建设"不仅指经济建设，尤指政治建设，即建设一个多元宪政民主体制，自觉地把自己置于多党竞争的环境中），首先是因为"阶级专政"的理念和党专制的政治逻辑发挥了作用。这是中国共产党从"革命党"变成了独裁党、中国在 1949 年后堕入极权主义深渊的关键。而洞察这一点，需要具有总体化的综合视野，既看到总体化第三层面党专制理念的来龙去脉，也要看到这种东西与总体化基础层面制度现代化普遍要求的内在紧张，还要看到以总体化中间层面存在的旧的文化依存对中国现代社会转型、包括中国何以走上党专制之路的影响。明了了这一切，我们就会得出结论：生发于社会的"全面危机"、志在"社会革命"的革命党，以及这种类型的党在夺取政权过程中必要的集中，都不是掌权后执政党奉行"全能主义"政治的理由。革命党完全可以在革命成功后遵循制度现代化的逻辑继续前行。而中国 1949 年后执政者的极权主义，体现的是党专制的逻辑，这种逻辑是对制度现代化逻辑的表面"超越"和实质上的扭曲。区分开这两种不同的逻辑关系，在中国现代专制主义的学术研究中，显然具有重要的意义。完成这种区分，则需要研究者拥有更宽广的理论视野。

　　现在让我们回到"总体化的综合特征"这个话题的一般性研讨。"综合"固然是总体化研究首先强调的要点，但这并不意味着轻视"分析"。科学的"分析"是合理"综合"的基础，没有对"部分"的透彻把握，我们也不可能真的理解"整体"。所以，在谈完综合问题后，我们还要谈谈分析。在中国现代专制主义的总体化研究中，我们会使用各种各样的分析手段。比如结构性分析和实证分析。前文我曾区分了结构的"使动性"和"制约性"，并谈到有两类不同的社会行动者，他们对结构的"使动"方式和"受动"（或"受制"）方式是大不相同的。独裁者当然是专制主义研究非常注重的一类社会行动者，他们呼风唤雨，往往对历史进程产生重大的影响。然而，独裁者暴露于外的"能动"（使动）特征往往与深藏于内的"受动"本质互为补充，这种"能动"中的"受动"是我们理解专制主义独裁者之历史角色的重要把握点。普通大众则正好相反。作为个体，他们不过是芸芸众生中的一员，对历史无足轻重；但无数"受动"角色的集合却可能成为一种"使动"力量，足以影响历史，我称这种情形为"被动"中的"主动"，"受动"中的"能动"。（见"导论"第 7 节）如果说，独裁者的"使动"通常带有主动性、瞬时性和具体场景（微观场合）下发动的特点，那么大众的"受动"中的"能动"则更多带有长期性和宏观制约或宏观效果之类的意义。对结构的这两方面的研究都会涉及大量历史细节，没有科学的、缜密的分析，我们就很难把握不同意义上"使动"和"受动"的结合、宏观和微观的结合如何影响了或造就了历史。实证分析同理。事实上，对历史细节的分析多为实证分析。当然，在具体研究中，我们需要区分两种不同类型的经验事实，它们作为科学认识的范畴具有完全不同的逻辑意义。一类是作为"认识手段"的经验事实，用来验证某一个概念或判断；一类是作为"实在根据"的经验事实，用来说明某一个具体的因果关系。我已经说过，这种区分来自韦伯的知识学（"导论"第 9 节），合理运用这些智慧，将有助于提高中国现代专制主义研究中实证分析的水平。

　　总的来说，总体化的研究思路是一个综合性思路，它要展示的是宏观大视野、大逻辑。但没有高水平的对具体事件、人物的分析，这样的综合也很难靠得住。好在这些年来，在海内外学术界的共同努力下，关于中国现代专制主义研究、特别是关于中国共产党党专制的研究，已经产生了一批高质量的实证研究成果，比如高华的《红太阳是怎样升起的》[9] 一书梳理了延安整风运动的来龙去脉，对了解中共党文化和个人崇拜的形成有重要价值；再如高文谦的《晚年周恩来》[10] 一书详细讨论了文革期间的毛、周关系，对研究作为独裁者的毛泽东、作为中共党内重要人物的周恩来，对研究文革史等亦有重要的学术价值。本书作者深以能够引用、借鉴这些研究成果为幸。可以说，有关中国现代专制主义演变进程中那些具有关键意义的历史事件、历史人物的实证分析，既是总体化逻辑在具体历史中的展开，又是该逻辑在经验水平上的证明。

总体化对过程性的强调

　　总体化揭示了中国现代专制主义形成与演变的历史，揭示了行动者认知与实践结果间的巨大反差，揭示了罪恶何以可能由最高贵的动机导致产生。除了其他原因以外，这种洞察力量来自总体化对过程性的强调。过程性意味着变化和演变，意味着多重因果链条在具体历史语境中的交织，意味着事物发展的某种立体性和长程性。对研究者来说，强调"过程"的要义之一就是强调不能用简单的、非黑即白的两分法来解读历史现象或历史人物，这种解读往往造成对历史的曲解。

　　让我们看个最典型的例子，那就是如何解读中国共产党这个中国现代专制主义的最大载体本身。六四开枪以后，中国共产党专制政府遭到了广泛的批评。中共对法轮功的镇压也招致了海内外法轮功

9　　高华《红太阳是怎样升起的：延安整风运动的来龙去脉》，香港，中文大学出版社 2000 年出版。

10　高文谦《晚年周恩来》，香港，明镜出版社 2003 年出版。

信众的强烈抗议和反击。一些学术著作和宣传材料把中国共产党从"根儿"上加以否定，似乎这个党从它建立的那一天起就充满了邪恶而没有做过一点儿好事。[11] 这种激愤可以理解。我个人在本书中表达的对中国共产党政府镇压民主运动和宗教信众的批评、指责，包含着同样的激愤心情。但作为学者，我不同意把中国共产党描绘成一个从建党的第一天起就怀揣祸心的罪恶群体。这种做法与共产党经常自我标榜的一贯"伟大、光荣、正确"犯了同样的错误，即不承认过程，不承认事物都会变，不承认事物发展、演变过程的复杂性。

以今天遭到强烈抨击的共产党的腐败而言，其实，早在还没有取得全国政权之前，共产党领袖们就表达了对这种危险的高度警觉。毛泽东在中共七届二中全会上关于警惕"糖衣炮弹的攻击"的说法是非常著名的。这位中共最高领袖初进北京城时经常提起的人就是李自成，一个因为骄奢淫逸使到手的江山得而复失的农民起义悲剧人物。国内学者单少杰著《毛泽东执政春秋》，该书曾援引陈云在中共七届四中全会上的一段讲话云："原来想，革命已经胜利，似乎可以不出张国焘之类人物了。现在看来，恰恰相反，革命胜利了的国家，更容易出。现在比起秘密工作和在山沟里打游击的时代，更容易出现野心人物。大家是为革命来的，还是为做官来的呢？回答这个问题也容易。起初是干革命来的，以后是革命加做官，既革命，又做官。后来官越做越大，味道也越来越大，有人就只想做官，不想革命了，把革命忘光了。在胜利了的国家里头，有电影，有照片，开会时热烈鼓掌，阅兵时可威风啦。火车站欢迎的时候，送鲜花，夹道欢呼。物质享受是很具备的，很可以腐化。从前在瑞金、延安时，想腐化也很难，现在腐化很容易。我们对于执政以后党内的状况是不能盲目乐观的。"[12] 在做了上述引证后，单少杰接着指出：关于执政党需要进行

11　以学术方式反映这种倾向的比较典型的作品如辛灏年的《谁是新中国》（美国蓝天出版社 1999 年出版），以通俗宣传材料表达这种观点的最典型的作品是 2004 年发表的大纪元系列社论《九评共产党》。

12　见单少杰《毛泽东执政春秋（1949～1976）》，明镜出版社 2000 年版，页 99。

自我制约这个问题，毛泽东和其他党内领袖不仅发了许多议论，也确实做了许多实事。比如，1950 年到 1951 年，中共先后发起"整风"和"整党"运动，清除党内的蜕化变质分子和"阶级异己分子"。运动于 1954 年基本结束，被劝退和开除出党者达 65 万人，占整党前中共党员总数的八分之一。1951 年到 1952 年的"三反运动"（反贪污、反浪费、反官僚主义）共打出"老虎"（贪污 1000 元以上者）10 余万，其中，逮捕 900 余人，处决 40 余人，包括两位党的高级官员——原中共天津地委书记刘青山和原天津地区专员张子善。"因此，说这个执政党从未认识到自我制约的重要性，那是冤枉了人家。因为，他们曾反复念叨过李自成的教训，念叨过糖衣炮弹的害处。同样，说这个执政党从未做出过自我制约的实事来，那也是冤枉了人家。因为，他们也曾该抓的抓了，该判的判了，甚至该杀的也杀了，手起刀落，血溅自身衙门，一点都不含糊。"[13] 可是为什么后来还是发生了一系列问题，无论毛式的群众运动还是开放年代执政党的自我整肃都无法阻止党自身的变腐趋势呢？正如中共党专制逻辑之命题 11 和命题 20 所揭示的，这是个制度问题，而不是简单的个人道德问题。很多人开始革命时动机是真诚的，是制度的不合理导致结果背离了初衷。把共产党说成一开始就是一群恶人，是不尊重历史的表现。这种做法只会把复杂的问题简单化，把严肃的科学问题情绪化。

其实，对共产主义制度的批判者来说，问题也不是一下子就能搞清楚的。制度问题有个逐渐暴露的过程，换个说法就是专制体制有一个逐渐形成、逐渐成熟的过程，总体化三层次间的复杂互动与内在紧张正是在过程中才得以呈现、得以完成的。但这个过程的本质既超出当事人的主观认知，也非这个制度的怀疑者马上能够辨明；只是在主客观条件都具备了的今天，批判理论才可能借助总体化的工具揭示全部事情的本质。还以腐败问题言，我们今天说，尽管中共领袖们做了很多努力，但从根本上解决不了执政党的自身变腐问题，因为体制

13　同上书，页 100。

内的反腐败思路不可能医治由体制本身生出的腐败顽症。这一点，极权主义时期是如此，威权主义时期同样如此，只不过腐败的表现方式、范围、程度不同，威权主义时期的中国共产党于此面临着更加深重的危机罢了。其实，这种认识的得出本身，也受惠于历史的发展。批判理论既是时代的开路先锋，又是时代的产儿。显然，这样一种有关批判理论产生以它的研究对象"成熟"为条件的观点，仍然体现着某种"过程"哲学在里面。

在中国现代专制主义研究中，充分理解"过程"的意义还有更多的理论价值。比如，"过程"可能意味着历史的某种非线性发展，意味着历史因果联系的多重性和概率特征，意味着历史在具体的时空条件下展开的多种可能性。社会进化的一般方向性与具体历史生成的偶然性之间的张力正是借助"过程"得以展示的。在这个意义上，对"过程"的强调就是对历史可理解性的强调。本书后续文卷将结合各类具体历史课题进一步展开这个问题的讨论。

建构中国现代专制主义政治学、中国现代专制主义经济学和中国现代专制主义社会学

以总体化方式对中国现代专制主义的研究，一方面要高屋建瓴，洞察百年风云中历史演变的大逻辑、大格局，另一方面要体察入微，借助丰富的经验资料，总结中国现代专制主义——特别是中国共产党党专制体系——形成、运作、演变的实际过程，得出清晰的、符合科学之客观性、可检验性要求的具体研究成果。在经验科学领域内，批判理论的抱负应是建构具有"中距"特征（即体现总体化框架内中国问题之全部独特性）的中国现代专制主义政治学、中国现代专制主义经济学和中国现代专制主义社会学。鉴于中国的民主化转型仍将是一个艰苦、漫长的过程，此类经验科学成果的推出，显然既有理论意义，又有重要的实践价值。当然，这样一个任务，不是一本书、一人之力能够完成的。如果本书能为此做一些奠基性工作，我已经感到

十分满足。

比如，建构中国现代专制主义政治学，核心是要阐明公共权力异化的内在机制。在党专制语境内，这个问题显然与"党"作为凌驾于国家政权以上、又渗透到社会生活各个领域的强大"组织"力量有关。"组织"将是中国现代专制主义政治学重点研究的现象。在日常生活中，我们都会体会到"组织"的厉害。譬如，假设你是一个具有共产党员身份的大学教师，再假设你是一个有独立见解、不随波逐流的人，那么你会在很多场合感到"组织"带给你的尴尬，因为作为独立主体的个人和作为组织成员的个人是不同的，前者可以有自己的思想，后者则只能是组织的工具。如果你还担任一定的行政职务（比如系主任），那就更麻烦了。"上级"要求你向学生传达不许上街游行的通知，你可能心里并不情愿，但必须执行"组织"交待的任务，充任"组织"要求你充任的"角色"。这样，不管你在认知上、情感上如何认同学生的行动，你只能作为"组织"的工具去阻拦学生。这样一种现象在千百个大学系主任身上的发生，证明了"组织"所拥有的强大力量。以党专制为研究对象的现代专制主义政治学就是要揭示这种"组织"力量的起源，分析它的构造特征和基础，说明它对权力运作、对"组织"内外的执行者、接受者行为方式的多方面影响。这是就中国共产党作为执政党的"组织"力量而言，需要做诸如此类的研究。共产党之前还有个国民党，这意味着在建构中国现代专制主义政治学过程中，还可以做许多比较研究。仍以"组织"问题为例，2003年中国社会科学院近代史研究所的学者王奇生出版了一本专著《党员、党权与党争》，[14] 这本书是专门研究 20 世纪 20～40 年代中国国民党的组织形态的。作者从党治结构、党政关系、党的政治录用机制、党的组织规模与组织基础、党的派系竞逐、党员群体分析等角度研究了国民党的历史，得出的结论是国民党只是一个"弱势独裁政

14　王奇生《党员、党权与党争：1924～1949 年中国国民党的组织形态》，上海，世纪出版集团、上海书店出版社 2003 年出版。

党"，因为国民党虽曾长期执掌国家政权，也曾师法苏俄实行"以党治国"的一党专政，但在自身组织建设上却出奇地糟糕。比如，国民党的"以党治国"只体现在中央层级，地方上则普遍党权失落，党作为组织无法实施对社会的有效影响和控制，这与后来的共产党形成极大的反差。什么原因造成了这种反差？这正是中国现代专制主义政治学需要研究的问题。王奇生在他的书中援引了陈果夫日记中对国民党体制缺陷的反省："党的宣传为民主自由，党的训练为军事化，党的组织为学苏联，内部是中国的。如此东拼西凑，不成一套，如何是好？"[15] 中共则显然不存在这样的"体制缺陷"，它对苏俄的学习是彻底的，包括的党的政治理念和党专制的组织形式。除了其他因素以外，这应当是中国共产党比中国国民党能够建设更强有力的组织系统的重要原因。这种能力使共产党成就了更多的事情，包括打败了国民党，建立了"新中国"；但同样是这种能力，使掌权后的共产党经历了更可怕的异化。在历史对比的意义上搞清国共两党自身组织建设上的异同、产生这种异同的原因以及它们对两党命运的影响，是中国现代专制主义政治学极富魅力的研究课题之一。

中国现代专制主义经济学要研究的对象，包括极权主义经济与威权主义经济两者。当然，在这两个场合，研究都不是仅仅局限于经济现象本身，而是要解析党专制的专制主义政治结构与极权主义（或威权主义）经济结构间的互动影响，在这种互动和相互影响中把握经济生活的走向，揭示各类经济现象背后的本质。因此，以专制主义为对象的经济学势必是一种制度经济学。关于计划经济与极权主义的关系，已经有不少人做过研究，其中较著名者如哈耶克的《通往奴役之路》。[16] 这部书诞生于 20 世纪 40 年代，是作者对包括纳粹主义和斯大林主义在内的欧洲极权主义的深入反省之作。哈耶克对"伟大的乌托邦"（社会主义对新自由的承诺）的批判、对与"个人主义"相对

15　同上书，页 360。

16　弗·哈耶克《通往奴役之路》，王明毅、冯兴元等译，北京，中国社会科学出版社 1997 年出版。

立的"集体主义"的分析、对经济控制为什么必然导致极权主义的深入推理，都给我们以启发。这说明极权主义虽然生发于不同的国度、不同的历史条件，但的确拥有某些共同的属性。但中国问题仍有其独特性。在毛式极权主义时期，计划经济既是"党"实施经济控制和政治控制的手段，又是实施毛式乌托邦社会改造工程的手段。在中国，对私有产权的否定——从而，也是对利益原则的否定——曾出现过极其浪漫的形式，这当中包含着大量的鲜活历史素材等待人们去整理；关于中国计划经济年代"公有制"的各种内在矛盾，我们今天也应该在专制主义批判的更高历史视点上予以重新解读。[17] 至于威权主义经济，这是直到今天仍在继续发展、继续演化的现实。中国现代专制主义经济学在这个领域面临着更艰巨的任务。比如，改革开放以来中国的权贵私有化是一个迄今为止尚未得到严格的经验科学——特别是经济科学——研究的重大课题。权力与市场的结盟在中国采取了十分独特的形式，这与中国的国情有关，与中国党专制体制的顽固有关，说到底，是与中国现代专制主义总体化的内在交错特点有关。中国在现代社会转型中遭遇的困境、在政治民主化和经济市场化过程中出现的结构性失衡乃至断裂，以及这种断裂引起的社会后果，从全球角度看也具有十足的典型性。可以断言，以中国威权主义为对象的制度经济学在这个研究领域必将大有作为，它有可能结出既对中国未来的改革拥有实践指导意义、又具有自身的理论完备性的大量科学成果。

社会学是个很宽泛的概念。比如韦伯的社会学就包括了统治社会学、经济社会学、宗教社会学、法律社会学以及作为方法论基础的"理解"的社会学等等（参见他的巨著《经济与社会》）。在本书中，所谓中国现代专制主义社会学主要指以社会整合领域之专制主义现象为研究对象的社会学。我们知道，党专制语境内的社会整合，核心

17　说"重新解读"，是因为关于计划经济年代"公有制"的矛盾，已经有经济学者做过研究，比如由樊纲主笔的《公有制宏观经济理论大纲》（上海三联书店 1990 年出版）就是这方面的一部重要著作。

就是对公民社会的否定。但这是通过一系列制度设施予以实施的，并有极其深厚的社会文化基础。在极权主义阶段，强有力的社会动员曾形成某种外表看上去"朝气蓬勃、意气风发"的社会景观，对主体价值的实质性的否定是通过"无限忠于党""无限忠于领袖"之类现代愚民术来实现的。中国人在包括"反右派"、四清、尤其是文革在内各类政治运动中表现出来的狂热、非理性、或以非理性形式表现的"理性"，为政治社会学和大众心理学研究提供了不可多得的素材。这里不仅有一般意义上的"从众"、社会的过度服从、卡里斯马式的领袖魅力、受别人支配的自我、群体行为的盲目性与破坏性等行为要素，而且——更重要的是——它们具有鲜明的中国式的"时代"特征和文化特征。比如，"出身"不好的人在参与带有"盲目性"特征的群体行动时，可能有更深层的自我保护考虑，从而并不是"盲目"的，而是充分"理性"的。以如此丰富的研究素材为基础，中国学者完全可以写出一部比法国人勒庞的《乌合之众》更出色的极权主义大众心理学。至于威权主义阶段，可供研究的、渗透了中国问题之独特性的社会学素材同样非常丰富。比如，前文已经反复谈到过，威权主义时代的中国社会是一个具有面具特征的、谎言充斥的社会。这个社会"造就了一个完全面具化、假面化的伪公共领域；它使每一个'正式'场合交往的行动者成为表里不一的伪主体。这个伪主体的伪交往行动在把他人异化为'他者'的同时，自己也变成了'他者'，既是他人的'他者'，也是自己的'他者'，即自我的行动异化为否定本真自我的力量。威权主义政治生活的垄断与日益商业化、金钱化的经济生活的并存，给上述伪公共领域的泛滥蒙上了更加浓厚的玩世不恭的色彩，而且促成更为严格意义上的'政治性剧场行为'的大面积发生。"（"导论"第 10 节）除了政治领域以外，谎言现象也渗透到社会经济生活、精神生活的其他领域，渗透到科学、教育、医疗、环境保护这样一些本来十分神圣的职业领地。显然，这是一个值得深入研究的、具有相对独立性的课题。我们完全有可能在占有大量第一手材料的基础上创立一门中国威权主义时代的谎言社会学。

　　以上分别论述了建构中国现代专制主义政治学、中国现代专制主义经济学和中国现代专制主义社会学的可能前景。需要强调的是，这种学科区分也是相对的。由于党专制自身结构上的整体性，有些问题或社会现象既可以从政治学的角度、也可以从经济学或社会学的角度进行研究。比如"单位制"，就这个制度体现着"党"对全社会"无微不至"的政治控制而言，它可以是极权主义政治学的讨论对象；就这个制度承担着短缺状态下资源的分配功能而言，它又可以是极权主义经济学研究的对象；就这个制度勾织了复杂的体制内依赖关系和表征这种关系的人际交往模式而言，它还可以是极权主义社会学解读的对象。再比如关于威权主义条件下中国私营企业"角色"定位的研究。从政治学角度看，改革开放条件下产生并成长起来的民营企业并没有成为制衡公共权力的一种独立的政治力量，这是由于党专制语境内（这个语境必然意味着一个不规范、不完整的市场环境）企业利益的获得必须以不得罪、乃至投靠权力为前提。民营企业在争取平等的市场主体身份、参与市场公平竞争方面遭遇的种种困境，则属于威权主义经济学研究的内容。至于民营企业的行业整合、民营企业内部老板和员工之间或相对融合或高度紧张的关系——这种关系已经全然不同于"单位制"下领导与职工的关系——等等，又从一个独特的方面为威权主义社会学提供了大量素材。在本书的后续文卷中，我会在各卷的适当地方安排专章讨论上述学科建构的方式或具体内容。

抽象的总体化与具体的总体化

　　到此为止，我们已经对作为研究范式的总体化所拥有的若干重要特征做了较充分的讨论。从"五四到六四"全书的逻辑结构看，第一卷的任务是确定中国现代专制主义研究的"理论框架"。既然我们选定了总体化的多重分析作为基本研究手段和方法论原则，那么它在这个理论框架的确定阶段只能表现为抽象的总体化，即总体化在抽象意义上的展开。随着研究在后续各卷的继续深入，抽象的总体化将上升为具体的总体化，即总体化在具体历史情境中的展开。第一卷中得出的所有命题都将通过这种展开而得到进一步的证明与丰富。事实上，接下来的本书第二卷到第六卷所论主题，虽然沿着历史时空的自然顺序一一论列，但它们并非单纯的时间性递进关系，而是同时拥有清晰的中国现代专制主义演变的逻辑性递进关系。所以，各卷的主题既是相对独立的，又是互相联系的，后边的讨论既是对前边得出的研究结果的承续，又是对它的再深入。

我记得熊彼特在《资本主义、社会主义和民主主义》一书中曾谈到，在研究资本主义这样一种现象时，"人们通常摹想的问题是，资本主义是怎样支配现存结构的，而有关的问题却是，资本主义是怎样创造和毁灭现存机构的。当人们还没有认识这一点时，研究者所做的工作就是毫无意义的工作。"[18] 这段话颇具方法论价值。本书的总体化研究正是要揭示中国现代专制主义——尤其是中国共产党的党专制体制——如何产生、又如何走向毁灭的条件和过程。我相信，表现为抽象的总体化上升之结果的具体的总体化，将能够胜任这一工作。

就中国现代专制主义研究言，这个第一卷只是理论的（方法论的）准备。接下来的第二卷则既是历史的准备，又是具体总体化研究的一部分。民国时代民主与独裁较量的风云诡秘的历史，构成 20 世纪中国社会转型的重要历史时段；它的经验教训也深深影响了后来的执政者。研究共产党必须先研究国民党。所以，本书第二卷的主题就将是"宪政与独裁：民国的历史经验"。

18　熊彼特《资本主义、社会主义和民主主义》，绛枫译，商务印书馆 1979 年版，页 106。

本卷参考文献

（以引用先后为序）

著作类：

1. M·霍克海默著《批判理论》，李小兵等译，重庆，重庆出版社 1989 年版。

2. 柳文郁、唐夫主编《毛泽东评点古今诗书文章》，北京，红旗出版社 2002 年版。

3. J-P·萨特著《辩证理性批判》，林骧华等译，合肥，安徽文艺出版社 1998 年版。

4. J-M·夸克著《合法性与政治》，佟新平等译，北京，中央编译出版社 2002 年版。

5. 张良编著《中国六四真相》（上、下册），香港，明镜出版社 2001 年版。

6. G·W·F·黑格尔著《小逻辑》，贺麟译，北京，商务印书馆 1981 年版。

7. J·G·费希特著《论学者的使命》，梁志学译，北京，商务印书馆 1980 年版。

8. 黎安友（Andrew J·Nathan）著《蜕变中的中国》，柯洛漪译，台北，麦田出版公司 2000 年版。

9. 张博树著《现代性与制度现代化》，上海，学林出版社 1998 年版。

10. 江泽民著《在庆祝中国共产党成立八十周年大会上的讲话》，北京，人民出版社 2001 年版。

11. 李铁映著《论民主》，北京，人民出版社、中国社会科学出版社 2001 年版。

12. B·贡斯当著《古代人的自由与现代人的自由》，阎克文等译，北京，商务印书馆 1999 年版。

13. 李静主编《中国问题：来自知识界的声音》，北京，中国工人出版社 2002 年版。

14. 孟繁华主编《九十年代文存》，北京，中国社会科学出版社 2001 年版。

15. 哈佛燕京学社和三联书店主编《公共理性与现代学术》，北京，三联书店 2000 年版。

16. G·W·F·黑格尔著《逻辑学》（上卷），杨一之译，北京，商务印书馆 1977 年版。

17. G·W·F·黑格尔著《逻辑学》（下卷），杨一之译，北京，商务印书馆 1981 年版。

18. 汪晖、陈燕谷主编《文化与公共性》，北京，三联书店 1998 年版。

19. K·马克思著《政治经济学批判》，中共中央马列著作编译局译，北京，人民出版社 1976 年版。

20. H-G·加达默尔著《真理与方法》，洪汉鼎译，上海，上海译文出版社 1999 年版。

21. A·吉登斯著《社会的构成》，李康等译，北京，三联书店 1998 年版。

22. 普列汉诺夫著《论个人在历史上的作用问题》，北京，三联书店 1965 年中文版。

23. 薄一波著《若干重大决策与事件的回顾》（上卷），北京，中共中央党校出版社 1991 年版。

24.《毛泽东选集》第 5 卷，人民出版社 1977 年版。

25. M·麦斯纳著《毛泽东的中国及后毛泽东的中国》，杜蒲等译，成都，四川人民出版社 1989 年版。

26. 肖前等主编《历史唯物主义原理》，北京，人民出版社 1983 年版。

27. 曹锦清著《黄河边的中国：一个学者对乡村社会的观察与思考》，上海，上海文艺出版社 2000 年版。

28. 谢维扬著《中国早期国家》，杭州，浙江人民出版社 1995 年版。

29. 吴思著《潜规则：中国历史中的真实游戏》，昆明，云南人民出版社 2001 年版。

30. M·韦伯著《社会科学方法论》，李秋零等译，北京，中国人民大学出版社 1999 年版。

31. W·柯武刚、M·史漫飞合著《制度经济学：社会秩序与公共政策》，韩朝华译，北京，商务印书馆 2000 年版。

32. 刘勇、高化民主编《大论争：建国以来重要论争实录》，珠海，珠海出版社 2001 年版。

33. 胡平著《人的驯化、躲避与反叛》，香港，亚洲科学出版社 1999 年版。

34. D·诺思著《经济史上的结构和变革》，厉以平译，北京，商务印书馆 1992 年版。

35. J·哈贝马斯著《公共领域的结构转型》，曹卫东等译，上海，学林出版社 1999 年版。

36. F·哈耶克著《自由秩序原理》，邓正来译，北京，三联书店 1997 年版。

37. J·布坎南著《自由、市场与国家》，平新乔等译，上海，上海三联书店 1989 年版。

38. 宋玉波著《民主政制比较研究》，北京，法律出版社 2001 年版。

39. J·罗尔斯著《政治自由主义》，万俊人译，南京，译林出版社 2000 年版。

40. 张晓明著《伟大的共谋：市场经济条件下的利益关系研究》，北京，中国人民大学出版社 2002 年版。

41. J.Habermas: The Theory of Communicative Action, Boston, Beacon Press, 1984(Vol.1), 1987(Vol.2)。

42. 沈红著《美国研究型大学的形成与发展》，武汉，华中理工大学出版社 1999 年版。

43. D·托克维尔著《论美国的民主》，董果良译，商务印书馆 1996 年版。

44. S·齐泽克等著《图绘意识形态》，方杰译，南京，南京大学出版社 2002 年版。

45. 邓正来和 J.C.亚力山大共同主编《国家与市民社会：一种社会理论的研究路径》，北京，中央编译出版社 2002 年版。

46. 张博树著《经济行为与人：经济改革的哲学思考》，贵阳，贵州人民出版社 1988 年版。

47. 卢现祥著《西方新制度经济学》，北京，中国发展出版社 1996 年版。

48. T·帕森斯著《现代社会的结构与过程》，梁向阳译，北京，光明日报出版社 1988 年版。

49. E·伯恩斯和 P·拉尔夫合著《世界文明史》，罗经国等译，北京，商务印书馆 1987 年版。

50. J·罗尔斯《万民法》，张晓辉等译，长春，吉林人民出版社 2001 年版。

51. 沙莲香主编《中国民族性》，北京，中国人民大学出版社 1990 年版。

52. C·恩伯和 M·恩伯合著《文化的变异：现代文化人类学通论》，杜衫衫译，沈阳，辽宁人民出版社 1988 年版。

53. 李玉洁主编《中国早期国家性质：中国古代王权和专制主义研究》，开封，河南大学出版社 1999 年版。

54. 刘泽华著《中国的王权主义》，上海，上海人民出版社 2000 年版。

55. 杨鸿年、欧阳鑫著《中国政制史》，合肥，安徽教育出版社 1989 年版。

56. 王亚南著《中国官僚政治研究》，北京，中国社会科学出版社 1981 年版。

57. 钱穆著《国史大纲》，北京，商务印书馆 1996 年修订版。

58. 谢和耐著《中国社会史》，耿升译，南京，江苏人民出版社 1995 年版。

59. 金观涛、刘青峰著《兴盛与危机：论中国社会超稳定结构》（1992 年增订本），香港，中文大学出版社 1992 年版。

60. 胡寄窗著《中国经济思想史》，上海，上海人民出版社 1962 年版。

61. 傅筑夫著《中国古代经济史概论》，北京，中国社会科学出版社 1981 年版。

62. 冯尔康主编《中国社会结构的演变》，郑州，河南人民出版社 1994 年版。

63. 岳庆平《中国的家与国》，长春，吉林文史出版社 1990 年版。

64. 蒋庆著《政治儒学》，北京，三联书店 2003 年版。

65. 李宪堂著《先秦儒家的专制主义精神：对话新儒家》，北京，中国人民大学出版社 2003 年版。

66. 黄秉泰著《儒学与现代化：中韩日儒学比较研究》，北京，社会科学文献出版社 1995 年版。

67. 干春松著《制度化儒家及其解体》，北京，中国人民大学出版社 2003 年版。

68. 张晋藩著《中国法律的传统与近代转型》，北京，法律出版社 1997 年版。

69. 瞿同祖著《中国法律与中国社会》，北京，中华书局 1981 年版。

70. 孙隆基著《中国文化的深层结构》，桂林，广西师范大学出版社 2004 年版。

71. 忻剑飞著《世界的中国观》，香港，三联书店 1991 年版。

72. 黄仁宇著《中国大历史》，北京，三联书店 1997 年版。

73. K·A·魏特夫著《东方专制主义》，徐式谷等译，北京，中国社会科学出版社 1989 年版。

74. 李泽厚著《中国古代思想史论》，北京，人民出版社 1985 年版。

75. 金耀基著《从传统到现代》，广州，广州文化出版社 1989 年版。

76. 罗荣渠主编《从"西化"到现代化：五四以来有关中国的文化趋向

和发展道路论争文选》，北京，北京大学出版社 1990 年版。

77. 马泽民著《马克思主义哲学前史》，重庆，重庆出版社 1994 年版。

78. 《马克思恩格斯全集》第 46 卷，北京，人民出版社 1979 年版。

79. F·梅林著《马克思传》，樊集译，北京，人民出版社 1965 年版。

80. K·马克思著《1844 年经济学-哲学手稿》，刘丕坤译，北京，人民出版社 1979 年版。

81. 《马克思恩格斯选集》第 1～4 卷，北京，人民出版社 1995 年版。

82. M·韦伯《经济与社会》，林荣远译，北京，商务印书馆 1998 年版。

83. 《马克思恩格斯全集》第 1 卷，北京，人民出版社 1956 年版。

84. 《马克思恩格斯全集》第 3 卷，北京，人民出版社 1960 年版。

85. K·马克思著《资本论》（1～3 卷），郭大力、王亚南译，北京，人民出版社 1963 年版。

86. 《马克思恩格斯通信集》，北京，三联书店 1957 年版。

87. 顾肃著《自由主义基本理念》，北京，中央编译出版社 2003 年版。

88. J·熊彼特著《资本主义、社会主义和民主主义》，绛枫译，北京，商务印书馆 1979 年版。

89. 《列宁选集》第 1～4 卷，北京，人民出版社 1995 年版。

90. E·伯恩施坦著《社会主义的前提和社会民主党的任务》，殷叙彝译，北京，三联书店 1965 年版。

91. 王云龙著《现代化的特殊性道路：沙皇俄国最后 60 年社会转型历程解析》，北京，商务印书馆 2004 年版。

92. 黄楠森、曾盛林合著《列宁传》，郑州，河南人民出版社 1989 年版。

93. 张忠栋等主编《现代中国自由主义资料选编》（1～9），台北，唐山出版社 2001 年版。

94. R·米歇尔斯著《寡头统治铁律：现代民主制度中的政党社会学》，任军锋等译，天津，天津人民出版社 2003 年版。

95. A·米格拉尼扬著《俄罗斯现代化之路：为何如此曲折》，徐葵等译，北京，新华出版社 2002 年版。

96. 高尔基著《不合时宜的思想：关于革命与文化的思考》，朱希渝译，南京，江苏人民出版社 1998 年版。

97. D·沃尔科戈诺夫著《斯大林：胜利与悲剧》，张慕良等译，北京，世界知识出版社 2001 年版。

98. L·卢森堡著《论俄国革命·书信集》，殷叙彝等译，贵阳，贵州人民出版社 2001 年版。

99. 徐景贤著《十年一梦》，香港，时代国际出版有限公司 2004 年版。

100. 刘向文、宋雅芳合著《俄罗斯联邦宪政制度》，北京，法律出版社 1999 年版。

101. S·胡克著《理性、社会神话和民主》，金克等译，上海，上海人民出版社 1965 年版。

102. 斯大林著《苏联社会主义经济问题》，北京，人民出版社 1958 年版。

103. 《联共（布）党史简明教程》，北京，人民出版社 1975 年版。

104. 许纪霖著《无穷的困惑：黄炎培、张君劢与现代中国》，上海，上海三联书店 1998 年版。

105. 《邓小平文选》，北京，人民出版社 1994 年版。

106. 孙立平著《转型与断裂：改革以来中国社会结构的变迁》，北京，清华大学出版社 2004 年版。

107. 李锐著《庐山会议实录》，春秋出版社、湖南教育出版社 1989 年版。

108. 《毛泽东选集》（1～4 卷合订本），北京，人民出版社 1968 年版。

109. 《十八世纪末—十九世纪初德国哲学》，北京大学哲学系外国哲学教研室编译，北京，商务印书馆 1975 年版。

110. 邹谠著《二十世纪中国政治：从宏观历史与微观行动的角度看》，香港，牛津大学出版社 1994 年中文版。

111. 高华著《红太阳是怎样升起的：延安整风运动的来龙去脉》，香港，中文大学出版社 2000 年版。

112. 高文谦著《晚年周恩来》，香港，明镜出版社 2003 年版。

113. 辛灏年著《谁是新中国》，纽约，蓝天出版社 1999 年版。

114. 单少杰著《毛泽东执政春秋（1949～1976）》，香港，明镜出版社 2000 年版。

115. 王奇生著《党员、党权与党争：1924～1949 年中国国民党的组织形态》，上海，世纪出版集团、上海书店出版社 2003 年版。

116. F·哈耶克著《通往奴役之路》，王明毅、冯兴元等译，北京，中国社会科学出版社 1997 年版。

117. 樊纲等著《公有制宏观经济理论大纲》，上海，上海三联书店 1990 年版。

论文类：

118. 张博树"制度现代化：我们不应该再次失去历史"，何博传主编《现代与传统》第 5 期，1994 年。

119. 秦晖"当代中国的'主义'与'问题'"，李静主编《中国问题：来自知识界的声音》，中国工人出版社 2002 年版。

120. 汪晖"当代中国的思想状况与现代性问题"，孟繁华主编《九十年代文存》（上卷），中国社会科学出版社 2001 年版。

121. 任剑涛"自由主义、新左派与现代求知方式"，哈佛燕京学社和三联书店主编《公共理性与现代学术》，三联书店 2000 年版。

122. C·泰勒"承认的政治"，汪晖、陈燕谷主编《文化与公共性》，三联书店 1998 年版。

123. 毛泽东"关于农业合作化问题"，《毛泽东选集》第 5 卷，人民出版社 1977 年版。

124. 王毅"追寻不公正的根源"，李静主编《中国问题：来自知识界的声音》，中国工人出版社 2002 年版。

125. 韩丽"中国立法的非正式性及其政治功能"，程晓农主编《当代中国研究》2002 年第 2 期。

126. 张博树"中国社会的政治性剧场行为"，《北京之春》2002 年 4 月号。

127. 江宜桦"自由主义的宪政民主认同"，王焱编《宪政主义与现代国家》，三联书店 2003 年版。

128. 王毅"中国皇权专制主义的逆现代性：对李慎之先生提出'皇权主义'定义的回应"，冯崇义编《李慎之与自由主义在中国的命运》，香港社会科学出版社有限公司 2004 年版。

129. 胡适"试评所谓'中国本位的文化建设'"（1935 年 3 月 31 日），罗荣渠主编《从"西化"到现代化：五四以来有关中国的文化趋向和发展道路论争文选》，北京大学出版社 1990 年版。

130. 胡适"两种根本不同的政党"（1947 年 7 月 6 日），张忠栋等主编《现代中国自由主义资料选编》（民主·宪政·法治卷），（台北）唐山出版社 2001 年版。

131. 王思睿"后极权社会的两种前景"，刊于北京社会经济科学研究所"改造与建设"网站。